普通高等学校
应用型教材

**市场营销**

# 国际营销学

## （第3版）

安　静　编著

中国人民大学出版社
·北京·

**图书在版编目（CIP）数据**

国际营销学 / 安静编著. --3版. --北京：中国人民大学出版社，2022.6

普通高等学校应用型教材. 市场营销

ISBN 978-7-300-30686-5

Ⅰ. ①国… Ⅱ. ①安… Ⅲ. ①国际营销－高等学校－教材 Ⅳ. ①F740.2

中国版本图书馆CIP数据核字（2022）第096565号

普通高等学校应用型教材·市场营销

**国际营销学（第3版）**

安 静 编著

Guoji Yingxiaoxue

| | | | |
|---|---|---|---|
| **出版发行** | 中国人民大学出版社 | | |
| **社　　址** | 北京中关村大街31号 | **邮政编码** | 100080 |
| **电　　话** | 010-62511242（总编室） | | 010-62511770（质管部） |
| | 010-82501766（邮购部） | | 010-62514148（门市部） |
| | 010-62515195（发行公司） | | 010-62515275（盗版举报） |
| **网　　址** | http：//www.crup.com.cn | | |
| **经　　销** | 新华书店 | | |
| **印　　刷** | 固安县铭成印刷有限公司 | **版　　次** | 2014年10月第1版 |
| **开　　本** | 787 mm×1092 mm　1/16 | | 2022年6月第3版 |
| **印　　张** | 17.75　插页1 | **印　　次** | 2024年7月第3次印刷 |
| **字　　数** | 400 000 | **定　　价** | 45.00元 |

# 前言

FOREWORD

21 世纪企业的国际营销活动是在全球化背景下进行的。概括而言，全球化就是全球经济、投资和移民方面的融合。全球化的发展、演化趋势影响着国际营销实践的每一环节和过程，其变化在检验现有国际营销理论有效性的同时，也在推动着理论本身的变革与发展。

2014 年编著本书的第 1 版时反全球化的势力正在增强，但未形成明显的逆全球化潮流。2018 年修订第 2 版时，推进和抵制全球化的两股力量之间的博弈日益激烈。曾经的全球化领导者美国，打着美国利益优先的旗号变身为全球化发展的阻碍力量，而中国开始从全球化的主要参与者向领导者过渡，担负起推动全球化发展、维护全球多边自由贸易体系的责任。而今天，全球化在经历诸多挫折后，发展的速度和势头已明显趋缓。但正如习近平主席所言：经济全球化是历史潮流。[①] 因此，本书第 3 版依然将国际营销理论和企业国际营销实践置于全球化背景下，同时保留、强化了前两版中的另外两个特点——“从世界看中国”以及“将实践引入课堂”。今日不同于往时，21 世纪

① 习近平在第二届中国国际进口博览会开幕式上的主旨演讲.（2019-11-05）. https://baijiahao.baidu.com/s?id=1649338323409335778&wfr=spider&for=pc.

第 2 个 10 年的全球化、影响国际营销环境的各种力量以及时常会走在理论前面的企业国际营销实践，已经并仍在发生重大变化，这为本书的修订提供了必要性，同时也主导和决定了修订内容的取舍。

1. 全球化的新特征

全球化的进程还在继续，但发展动力在减弱，在可预见的未来，全球化与逆全球化的较量将是国际关系的一条主线。全球贸易保护主义不断加剧，技术民族主义甚嚣尘上，再加上新冠肺炎疫情的影响，全球产业链、供应链、价值链已处于收缩调整中；全球经济领导格局由奉行多边主义发展为诸边主义，贸易流量和全球价值链的区域集中度在增加。尽管如此，全球化发展的原动力依然存在，习近平主席指出："当今世界，全球价值链、供应链深入发展，你中有我、我中有你，各国经济融合是大势所趋。"[①]最初推动全球化的发达国家和地区的跨国公司，其国际经营战略虽然会受到政治力量的干扰，但为了谋求发展、获取利润，依然会追求在全球范围内配置资源、在全球布局生产等全球化的益处。以中国为代表的发展中国家及其企业也依然会从全球化的过程中寻找发展机遇。

2. 从世界看中国

世界百年未有之大变局加速变化，我国发展面临的外部环境的不稳定性不确定性较大。在当下的全球化状态下，中国企业在市场机会全球化、生产全球化、采购全球化和技术全球化等诸多国际营销实践领域都遭遇到了重大阻碍和挑战，中国企业国际化的脚步不得不放缓，国际大循环动能明显减弱。

从世界看中国，我国是世界经济大国，2021 年中国 GDP 占世界 GDP 的比重已超过 18%。现在的中国已是当之无愧的世界经济增长的"火车头"，2010—2019 年，中国对世界经济的贡献率平均接近 30%，超过美国、欧元区和日本的贡献率的总和。同时，中国也是世界第一制造业大国，是世界上唯一拥有联合国产业分类中全部工业门类的国家。此外，中国在诸如个人电脑、汽车、日用消费品等诸多领域都已是世界最大的单体市场，而且拥有包括 4 亿多中等收入群体在内的 14 亿人口所形成的超大规模内需市场。据麦肯锡预测，未来 10 年，中国消费的增长有望与美国和西欧的总和相当。这些因素构成的合力，推动着国内大循环强劲发展。在这样的内外环境下，习近平总书记提出："要推动形成以国内大循环为主体、国内国际双循环相互促进的新发展格局。"[②]双循环是重塑我国国际合作和竞争新优势的战略抉择，也是指导我国跨国经营企业国际商务活动的重要指南。双循环战略并非意味着中国企业国际营销战略的式微，而是在引导企业转变国际营销战略导向。重视国内市场发展将助力企业摆脱外国技术制裁和封锁，有助于企业进行有效创新；

---

① 习近平在第二届中国国际进口博览会开幕式上的主旨演讲.（2019-11-05）.https://baijiahao.baidu.com/s?id=1649338323409335778&wfr=spider&for=pc.

② 王子晖.看习近平这几次重要讲话，弄懂"大循环""双循环".（2020-09-05）.https://baijiahao.baidu.com/s?id=1676953684931635520&wfr=spider&for=pc.

双循环战略所推动的城市化和需求侧改革将带来规模更大的城市群和消费增长，将为企业提供庞大的国内市场以缓解海外市场萎缩的压力；中国将以开放和合作的姿态帮助重塑现有的国际经济秩序和金融秩序，阻遏逆全球化的势头，消减企业国际营销中的环境障碍。这些战略变革需渗透到企业国际营销实践的诸多领域，这也是第 3 版内容更新的重点之一（主要通过“营销视角”和“案例分析”等专栏展现）。

3. 将实践引入课堂

理论是任何一个学科发展的合理目标，脱离现实生活的理论是没有生命力的。将实践引入课堂是一个重要的、应该保持和坚守的国际营销学教学理念。成功的营销实践推动了国际营销学的发展，决定了其未来的发展方向。鉴于此，本书力求通过丰富的案例分析、营销视角以及全球视野等栏目，相对完整、系统地呈现全球化背景下国际营销实践过程中每个必要的步骤，并以此为轴介绍、阐释相关的理论知识体系，并通过将理论和实务有机结合，把国际营销令人激动、充满挑战的方方面面揭示给读者。第 3 版继承了前两版的这种思路，并通过对这些栏目的内容几近全面的更新，呈现和分析了在当今全球化状态下国际营销理论和实践的发展。此外，通过强化栏目内容选择的时效性和聚焦于热点话题，本版力求全面、真实地勾勒出当前跨国公司在关键领域中的国际营销实践的真实现状。

企业在国际市场的竞争优势与国家实力和国家优势密切相关，因此一本致力于“将实践引入课堂的”教材无法脱离对中国的社会制度、文化特征、经济技术发展现状以及特定时期国家的主要发展战略等方面内容的阐述。这些内容有助于学生了解我国的国情和经济体制、政治制度、社会文化的特点与优势。

第 3 版的修订聚焦于国际经营企业（跨国公司）为应对目前全球化发展新特征所做的和应做的变通与应对之举，以及这些战略变革对现有国际营销理论带来的挑战和对本土理论创新的需求。本版据此对第 2 版内容进行了删除、添加、调整，全书包括 5 篇 12 章，各篇章的结构和内容更新详述如下：

第 1 篇“导论”含第 1 章，主要目的在于提高读者对全球化新状态下的国际市场营销实践的初步认知，分析、了解我国企业在国际营销实践中面临的新问题和新挑战。为此，围绕当下全球化发展的新特征对第 1 章第 2 节有关全球化的内容进行了调整、更新，在第 3 节中加入了国际营销基本战略导向等新内容。

第 2 篇“全球贸易环境”包括第 2 章，主要勾画当前国际市场营销所面临的全球贸易环境，介绍、分析了世界贸易组织对促进全球贸易发展的作用以及一些重要的区域经济一体化组织对企业国际营销活动的影响。删除了第 2 版中的第 3 章，将其中的第 1 节（有关世界贸易组织的内容）和第3节（有关区域经济一体化的内容）合并起来作为本章第4节，使第 2 篇的主旨内容更集中于全球贸易环境与国际营销的关系上。

第 3 篇“国际市场营销环境”包括第 3～5 章，主要从经济、技术、政治和法律以及文化等方面，描绘、分析国际市场营销环境。对第 3 章第 1 节有关世界经济环境概述的内容做了大幅更新，第 5 章第 2 节和第 3 节的内容进行了结构调整，每节的内容更集中。

第 4 篇“评估全球市场机会，制定市场进入战略”包括第 6～8 章，重点分析企业如何通过国际营销信息系统等获取营销决策所需的信息；考察企业如何进一步评估初选市场，如何找出准备进入的目标市场；分析进入国际市场的四种主要模式的特征和优缺点。

第 5 篇“国际市场营销组合战略”包括第 9～12 章，主要关注企业在进入海外目标市场后，如何制定适合的国际营销组合战略。主要调整了第 12 章的部分内容，更改了第 2 节和第 3 节“沟通工具”的小节顺序，并在第 3 节中增加了“社交媒体营销”等内容。

另外，第 3 版全面更新（或更换）了相关章节所涉及的数据、图表等，并尽可能地保持所用数据和图表的来源与衡量指标的一致性，以便可以和前两版中的数据、信息构成大致的时间序列，从而动态呈现相关国际营销领域的变化。除第 7 章外，全书每章开头的全球视野和章中案例都是新编写的，专栏营销视角和案例分析分别有 28 个和 8 个是新增的。为保证全书篇幅精炼，营销视角以二维码方式呈现。此外，对大部分章节后的实训练习栏目进行了更新，以配合学以致用的教学目标。

企业的国际营销实践是国际营销理论发展的重要推动力。当前，在诸如国际市场进入模式出现“混搭”、国际产品开发战略从实物向服务延伸、国际营销手段整合等方面，企业的营销实践已走在国际营销理论发展的前面，第 3 版新增的各专栏内容在阐述这些实践时，注重引导学生进行理论层面的思考；同时围绕中国跨国公司在国际舞台上数量和质量的双提升，着重探寻本土化国际营销理论发展的契机。这些是本版修订中的重要诉求，在新增内容中有不同程度的体现。

在教材内容的安排上我们将产品、价格、渠道和促销分开介绍，但在实践中一定要将四个因素组合起来，并结合具体的国际营销环境和企业的国际经营目标，制定行之有效的国际营销战略，并努力实施。

企业的国际市场营销实践丰富多彩，尽管国际营销学的基本概念和理论框架是稳定的，但是具体可以使用的各种战略在不断变化。各类从事国际市场营销活动的企业，特别是那些全球公司会不断用它们的营销实践，为国际营销学提供鲜活的素材和不断更新的理念，正因如此，国际营销学才充满了活力和吸引力。

第 3 版的修订工作得到以下同学的帮助：西北师范大学商学院工商管理专业的本科生张丽荣、胡思远、李转丽、王芝梅、符艳收集、整理了部分需要更新的图表和数据；工商管理专业硕士研究生王思佳、秦碧农承担了部分更新数据和图表的收集、核实和校对工作，对他们的付出致以衷心的感谢。

非常感谢使用本书的老师和同学们，是你们的选择和阅读，使这些印刷在纸上的文字有了生命力，使它们呈现出国际营销理论和实践的魅力，并赋予本书延续的生命力。

目 录
CONTENTS

01 第1篇
导 论



02 第2篇
全球贸易环境

03 第3篇

## 国际市场营销环境



04 第4篇

## 评估全球市场机会，制定市场进入战略

# 05 第5篇 国际市场营销组合战略

第1篇

# 导　论

第1章

# 全球化下的国际营销

全球化是当今世界的巨大变化之一。如同青铜时代或工业时代一样，全球化也是一个时代，只不过它以前所未有的速度和规模出现。

## 学习目标

- 了解当今全球化背景下国际营销的新特征。
- 掌握全球化在营销活动不同层面的具体含义。
- 了解跨国公司在国际市场营销中扮演的角色及其变化趋势。
- 掌握国际市场营销发展三个阶段的特点。
- 认识新兴市场国家的企业在国际市场营销活动中的地位和作用。
- 了解我国的跨国公司在全球市场上竞争力的变化。

全球视野

### 全球化在调整中曲折前行

20世纪80年代，（经济）全球化率先从欧美发达国家开始，它们放松市场（特别是金融市场）管制，从政策上鼓励发展中国家开放市场、深度参与国际贸易。代表性事件之一是2001年底中国加入世界贸易组织（WTO），从而经济全球化得以覆盖世界人口第一大国，成为名副其实的“全球化”，并一路高歌猛进，直至2008年世界金融危机爆发，国际贸易急转直下，国际投资严重下滑。尽管二十国集团（G20）峰会机制的建立促使老牌大国和新兴大国共商危机应对之道，但金融危机中西方国家的援助政策强化了全球化的一个后果——只把金融和高科技巨头变成超级富豪，同时毁掉了大批制造企业，导致发达国家的大批民众成为全球化的主要反对者。

2016年在这些力量的推动下，英国通过了脱欧公投，打着“美国优先”旗号的特朗普赢得了美国总统大选，“逆全球化”暗流涌动，带来了一系列严重后果：世界经济增长面临贸易与投资保护主义的严重冲击；美国当局推崇“零和游戏”，发动所谓“贸易战”“科技战”，特别是对他国技术企业大肆“围剿”，致使国际供应链倍受干扰；美国单边主义政策当道，使世界贸易组织工作几近停摆。

艰难之际，2020年突如其来的新冠肺炎疫情又将全球化推向“大休克”的边缘。新冠肺炎病毒摧毁了多边主义并扰乱复杂的跨境供应链。这种病毒看上去像是在完成2008年金融危机尚未完成的工作：大衰退导致更多的贸易保护主义，迫使各国政府质疑全球化，对移民的敌意加剧，而且全球贸易增速持续低于全球经济增速。

然而，即便如此，世界经济一体化的发展也没有出现彻底的逆转或去全球化，取而代之的是不确定、不稳定的“慢全球化”或“全球慢化”①。

历史表明，多重危机最终带来了更多而不是更少的全球化。目前，这些挑战正在推动全球化的结构发生改变——全球经济领导格局由奉行“多边主义”发展为“诸边主义”，全球势力划分由单级主导向多级平衡发展，气候变化等生态问题对社会经济发展构成威胁，第四次工业革命下新技术以前所未有的速度和规模兴起。

在可预见的未来，全球化与“逆全球化”的较量将是国际关系的一条主线。经济战略家帕拉格·康纳的告诫也许会帮助人们在这场较量中选择立场——“人们不应该担心全球化的消亡，而应该担心他们在全球化中的地位，因为如果没有一席之地，将后悔不已。”

资料来源：陈向阳．全球化将在调整中曲折前行，参考消息，2020-01-14（11）；莫将治理不善归咎于全球化．参考消息，2021-03-02（12）；疫情后将迎来全球化黄金时代．参考消息，2021-05-06（12）.

---

如“全球视野”所述，全球化经历了诸多挫折后，其发展的速度和势头在趋缓，但全球化需要改革而不是摧毁。今天企业的国际营销活动就是在这样的全球化背景下进行的。

考虑到参与全球竞争的企业，特别是中国等发展中国家的企业，其国际化的程度和所处阶段很不相同，本书用国际市场营销来描述企业把采购生产要素和销售产品的触角伸向全球，并与来自不同地方的企业展开激烈竞争的活动和现象，同时，依据国际化程度将国际市场营销活动区分为出口营销、跨国营销和全球营销三种。

全球化的进程还在继续，但发展动力在减弱，进入被称为“慢全球化”的新阶段。全球化的结构正在以一种非常重要的方式发生改变②：创意、数据和知识的全球化信息流正在取代传统的贸易、资本和人员流动信息流；服务贸易在强劲增长；发展中国家的工资上涨、制造业机器人化、技术和贸易保护主义等因素正在使全球价值链丧失力量；贸易流量和全球价值链的区域集中度在上升；数字化程度提高。这些变化正在全面深刻地影响跨国经营企业在国际营销诸多领域的战略决策，这些变革在本书各章节的内容中将会有不同程度的体现。

本章的主要目的是提高读者对全球化背景下国际市场营销的认识。具体介绍国际市场营销的内涵、类型和发展阶段以及国际市场营销和其他相关企业活动的关系，介绍全球化

① 《经济学人》在2019年1月24日题为《全球化已经失去势头》的文章中，将在强大的反全球化势力影响下的全球化低速发展的新状态称为“全球慢化”。

② 恩里克·凡胡尔．2020年全球化的四大关键趋势．参考消息，2020-06-21（10）.

的含义和起源，从国际市场营销过程的角度解释全球化不同层次的含义，并分析当今全球化背景下西方老牌跨国公司和新兴市场国家的企业在国际市场营销实践中面临的新挑战。

# 第1节　国际市场营销概述

国际市场营销每天都在我们身边发生，极大地影响着我们的生活，并提供新的机遇和挑战。国际市场营销是一项有进取性的活动，没有参与其中的国家、企业和个人只能被动地承受国际市场营销及其变化所带来的影响。对国际市场营销的探索是一项令人兴奋且重要和必要的工作。

## 一、国际市场营销的内涵

### （一）国际市场营销的定义

简单地说，国际市场营销（international marketing）就是跨越国界进行营销。具体来讲就是指导企业将商品和服务提供给一个以上国家的消费者或用户，满足其需求，以实现企业盈利目标的整体营销活动行为。从进出口贸易、许可证贸易到合资经营和直接投资都是国际市场营销的具体形式。

从上述定义可以看出，国际市场营销的本质仍然是通过创造和交换价值来满足个人和群体需要的过程。企业可以在国内的本部运作，为另一国的顾客服务，也可以在国外建立或购买一个子公司从而服务于该国市场或以不同的产品组合和营销组合服务于不同的国家和地区，比如华为、海尔等。一些全球性的企业，如IBM、麦当劳等，会从全球范围审视机会和风险，为尽可能多的全球市场提供服务，并努力协调其在全球不同市场的营销计划和活动。由此可见，国际市场营销活动很复杂，既源于企业营销操作上的不同，也与企业对国际市场营销的态度有关，单一的解释并不能细致、准确地阐述国际市场营销的内涵。有关国际市场营销的准确定义和解释取决于企业在国际市场的参与度，具体可以这样理解。

1. 出口营销

出口营销（export marketing）即企业跨越国家或行政边界从事产品销售活动，简言之就是在国际市场销售国内生产的产品。主要特征是国内生产、国外销售。

2. 跨国营销

跨国营销（multinational marketing）即企业在多个国家进行市场营销活动，活动范围广泛，不再局限于跨境销售；依然区分国内、国外市场；总部设在国内，重要决策由总部做出，不同国家市场被视为独立个体、独立的利润来源。主要特征是各目标国市场之间的关联不密切，甚至相互分离。

3. 全球营销

全球营销（global marketing）即企业对遍及全球的营销活动进行全面协调，致力于选择和发现全球营销机会，实施全球性资源配置，以期具备全球性竞争优势。主要特征是没有国内、国外市场之分；在全球进行资源配置，包括吸纳人才、筹措资金和采购原材料；在全球市场销售产品。

也可以将上述解释认为是对国际市场营销活动的三种类型或企业国际化进程中的三个阶段的描述。下面结合对企业国际化进程的一般阶段的分析，进一步加深读者对国际市场营销内涵的理解。

### （二）国际市场营销的发展阶段

从时间维度或纵向上看，出口营销、跨国营销和全球营销是随着全球经济的发展以及企业国际化程度的提高依次出现并深化演进的。如海尔，从 1990 年向德国出口 2 万台冰箱，到 1999 年在美国投资建厂，再到今天以并购或直接投资的方式进入欧洲、澳大利亚、亚太地区以及非洲等几十个国家和地区，从最初的一个名不见经传的中国企业成长为一个拥有国际品牌的跨国公司，可以说是一步一步经历了上述三个发展阶段，从一个初步涉足国际经营的企业发展为一家大型的全球性跨国公司。

从空间维度或横向上看，出口营销、跨国营销和全球营销又是并存的。这种并存性主要是由不同企业在同一时间维度处于国际化进程或国际营销的不同阶段决定的。表 1－1 可以帮助我们更直观地了解企业国际化的发展阶段与国际市场营销不同形式的演化进程之间的关系。

**表 1－1　企业国际化进程的一般阶段**

| | |
|---|---|
| 阶段 1 | 间接出口 |
| 阶段 2 | 建立海外销售子公司 |
| 阶段 3 | 建立国际分支机构 |
| 阶段 4 | 多国化 |
| 阶段 5 | 全球化 |

资料来源：迪恩·B. 麦克法林，保罗·D. 斯威尼. 国际管理：第 3 版. 北京：中国市场出版社，2009：269.

#### 1. 阶段1——间接出口

间接出口也称非直接对外营销。在这一阶段，企业并不积极培植国外客户，而是接受出口订单，将产品销售给贸易公司以及其他找上门来的国外客户，或者通过国内的代理商或分销商将产品销往国外。

#### 2. 阶段2——建立海外销售子公司

出于对国内市场饱和等消极因素的规避或对国外市场机会等积极因素的迎合，企业开始探讨有目的、有计划地出口的可行性。在此阶段，企业拥有持久的可以生产销往国外市场的产品的能力，通过国外中间商或自己建立的国外销售子公司向一个或多个国外市场主动出口，逐步成为在一个或多个国外市场拥有海外销售经验的出口商。

### 3. 阶段3——建立国际分支机构

在前面阶段取得的成功使企业的外销额占总销售额的比重不断提高，国外利润的重要性日益显现。在此基础上，企业基于某些特定标准，评估不同国际市场的需求潜量，搜寻可以纳入其国际营销战略的最佳目标市场，在目标市场建立国际分支机构，并根据特定目标市场的需求调整产品，开始有针对性地、系统地、战略性地开拓国际市场。国外利润不再被简单地视为对国内利润的补充，而是公司财务目标不可分割的组成部分。

在上述三个阶段，企业进行的是出口营销。

### 4. 阶段4——多国化

在此阶段，企业全面参与国际市场营销活动，在全球范围内寻找市场，并在目标市场投资、建立生产基地，有计划地在多个国家的市场生产、销售产品。处于这一阶段的企业已成为跨国公司，主要特征之一是除了在本国进行生产，还在其他国家进行生产和经营。

### 5. 阶段5——全球化

在这一阶段，企业最深刻的变化体现在市场导向及其相应的营销活动上，此时企业将包括国内市场在内的全球市场视为一个统一体，不再简单地以国别作为细分市场的依据，决定市场细分的因素是收入水平、使用方式或其他一些超越国家和地区的因素。当企业一半以上的销售收入来自国外且不再刻意区分国内、国外市场时，就意味着企业进入从多国化向全球化的转化进程，其营销活动也同步地从国际市场营销向全球营销过渡。

可口可乐公司是从国际市场营销向全球营销成功转变的一个有说服力的例子。20 世纪 90 年代之前，可口可乐公司还处于多国化阶段。伴随着全球化的浪潮，可口可乐公司迅速向全球公司发展，其组织结构的变革是这个巨大变化的结果。在多国化阶段，可口可乐公司所有的国际分部都要向主管国际经营业务的执行副总裁汇报，该执行副总裁与负责美国国内业务的副总裁向总裁报告。变革后，可口可乐公司由六个国际经营单位组成——五个可口可乐分部和一个可口可乐食品分部，美国经营单位的盈利占全球利润的 20%，属于六个国际经营单位中的一个分部。可口可乐公司意识到，美国市场只是公司全球市场的一个组成部分，未来的成长将主要依靠美国以外的新兴市场。

并非所有企业都一定要进入全球化或全球营销阶段，决定企业是否进入全球营销阶段的关键因素是该企业所在的行业是否属于全球性行业。

### 6. 全球性行业

按照迈克尔 · 波特（Michael Porter）的观点，全球性行业（global industry）是指其竞争优势可以通过整合和利用全球规模经营而获取，企业在主要地缘市场或国家性市场的战略地位从根本上受其在全球总体地位的影响的行业。汽车、彩电、手机、计算机等消费类电子产品属于典型的全球性行业。全球性行业要求企业在世界范围内协调一致的基础上进行竞争或面对战略劣势。如果企业投身于某个全球性或正在全球化的行业，全球营销便成为必不可少的活动。对于那些不具备全球性行业的本质特征的企业，如雀巢这样的包装食品企业，尽管其也在许多国家经营，但除了产品开发有一定程度的全球性，各国外子公司都是自治的，竞争优势的获取取决于各国的环境，并不直接受国际竞争的影响。这类行业中的企业所从事的国际市场营销是跨国营销，不会上升到全球营销阶段。

## 二、国际市场营销学的产生和发展

### （一）国际市场营销学的产生

国际市场营销学是在市场营销学的基础上发展起来的，其理论核心依然是如何辨别和满足消费者与社会的需要，其基本的概念、原理、方法以及理论框架与市场营销学并无根本性的区别，但国际市场营销学的内容更广泛，包括企业是否进入国外市场以及如何进入等市场营销学未涉及的内容，其对于营销环境的研究也更复杂。

与市场营销学一样，国际市场营销学最早也产生于美国。第二次世界大战后，美国以科技革命为先导，生产率大幅提高，生产和资本进一步集中，出现了一些规模庞大的垄断企业。为追逐更高的利润，这些公司将触角伸向了国外，通过对外投资在国外设立分公司或子公司，从事跨国销售和经营，成长为跨国公司。20 世纪 60 年代，随着跨国公司国际营销实践的深入，一般营销理论在解决跨国公司所面临的问题和挑战时，有些捉襟见肘。实践的需要催生了理论的发展，学者们开始进行相关的研究。1956 年，美国学者普拉特（Pratt）在其著作《近代国际商业评论》中提出“出口营销学”的概念，认为出口营销就是出口企业针对美国以外的各国，运用美国的商业化政策和营销方式，有秩序、有组织地进行交易的过程。1959 年，宾夕法尼亚大学的克莱默（Kramer）教授首次提出“国际市场营销”的术语。此后，许多学者都对国际市场营销理论和战略进行了研究和论述，国际市场营销学就这样诞生了。

### （二）国际市场营销理论的发展

国际市场营销学学科体系的建立和完善是以国际市场营销理论的发展为根基的。以时间和研究重点划分，国际市场营销理论的发展主要经历了起步、发展和提高三个阶段。

1. 起步阶段（20世纪60—80年代）

该阶段企业的国际市场营销活动基本上属于比较典型的出口营销和跨国营销，企业的营销活动主要围绕确定目标市场以及制定营销组合战略展开，不同之处是企业面临来自国外营销环境的更大挑战。这一阶段的理论研究侧重于对环境差异的识别、理解和适应。比较有代表性的研究成果是帕尔玛特（Perlmutter）于 1969 年首创的 EPRG 体系，该体系将跨国公司的国际营销战略分为四类：母国中心主义（ethnocentrism）、多国中心主义（polycentrism）、区域中心主义（regiocentrism）和全球中心主义（geocentrism）。各营销战略的主要内涵如表 1 – 2 所示。

帕尔玛特的 EPRG 体系表明了跨国公司在国际营销活动中经历的四种国际营销战略导向及阶段，对认识和理解不同层次和范围的国际营销活动做出了重大理论贡献。

**表 1－2　EPRG 体系的营销战略内涵**

| | 母国中心主义 | 多国中心主义 | 区域中心主义 | 全球中心主义 |
|---|---|---|---|---|
| 市场特征 | 外国市场处于次要地位，用于推销国内多余产品 | 各个外国市场互相独立 | 每个区域均为一个市场 | 将全世界视为一个统一市场 |
| 需求特征 | 外国市场与本国市场相同 | 各国市场有不同需求 | 区域市场内有相同需求 | 全世界的需求偏好相同 |
| 营销战略 | 外国市场与本国市场相同 | 在各国市场采取不同的营销战略，营销组合应做重大调整 | 在区域市场范围内采用标准化营销 | 全球协调与营销一体化 |

资料来源：吴晓云．国际市场营销学教程．天津：天津大学出版社，2004：8．

### 2. 发展阶段（20世纪80—90年代）

在这一阶段经济全球化的趋势初步显现，在当时快速发展的信息技术、环境科学、生命科学以及办公自动化等高新技术领域，各国的市场需求很接近，跨国公司面临日渐趋同的全球市场。这一阶段的理论关注点开始集中于国际市场营销标准化战略与适应性战略的区别、国际市场营销策略组合的实施等方面，具有代表性的当属西奥多·莱维特（Theodore Levitt）的跨国公司应实施标准化营销战略的理论观点。他在 1983 年发表于《哈佛商业评论》上的《全球化的市场》一文中指出：营销者正面对一个“同族化的地球村”，建议企业开发标准化、高质量的世界性产品，并通过标准化的广告、定价和分销活动在全球各地营销这些产品。莱维特的理论引发了广泛争论，焦点集中于对标准化与适应性营销战略的选择，起初的研究主要强调两者的矛盾，后期的研究更强调两者的统一，“标准化-适应性连续统一体”的观点得到了广泛认可。这意味着企业在国际营销活动中既不能采用绝对的标准化战略，也不能实施绝对的适应性战略，更现实的是通过对营销战略构成要素进行调整与组合，使具体战略更倾向于某一端。20 世纪 90 年代后，战略管理学者大前研一（Ohmae Kenichi）所倡导的“全球思考，地区行动”的观点其实是对“标准化-适应性连续统一体”观点的继承和发展。

### 3. 提高阶段（20世纪90年代至今）

20 世纪 90 年代后，经济全球化的浪潮汹涌而至，日益增强的世界贸易几乎将所有的国家、机构和个人连接在一起，新技术（特别是信息技术和互联网）的发展，改变、缩小和打破了时空区隔，改变了人们从事商业的模式，国际市场营销得到了普遍的认同和发展。发达国家的跨国公司快速开拓世界市场，新兴市场国家的跨国公司也不甘示弱。为了适应企业营销实践的需要，理论研究聚焦于将全球市场视为一个整体、企业如何很好地制定和实施全球营销战略，标准化与当地化已不再是战略要点，关注的焦点集中于协调全球市场、谋求全球整体利益。针对这一阶段的理论体系也因此被称为全球营销学。

## 三、国际市场营销学与其他相关学科的关系

国际市场营销活动围绕着如何辨别和满足消费者与社会的需要展开，为实现此目标，营销者就要研究不同国家的消费者行为，了解他们的购买动机、欲望和需求，借助心理学方面的知识就非常必要；为了服务好消费者，需要为其提供尽可能大的顾客让渡价值，探讨成本、收益、产量与需求量之间的关系，经济学的知识便不可或缺；企业的营销活动跨越了国界，其管理也相应地进入了国际管理的范畴，国际管理的知识和理论可以帮助企业在国际市场中更好地寻求机遇，应对挑战；国际市场营销涉及产品的进出口业务、国外市场的进入和拓展，这些活动都离不开国际贸易相关知识的指导……国际营销活动的这些特征决定了国际市场营销学的边缘性和综合性属性，其中市场营销学、国际管理学及国际贸易学与国际市场营销学的学科关联最为密切。

### （一）国际市场营销学与市场营销学的关系

前面已对国际市场营销学与市场营销学的关系做了介绍，国际市场营销学的本质就是运用市场营销学的理论和方法，研究企业在跨越国境的营销实践中遇到的问题，是一般营销理论的延伸；就营销战略而言，国际市场营销多了一个进入战略；由于企业从事的国际市场营销可能会处于不同的阶段，而不同阶段所适用的理论并不完全相同，这也进一步增加了国际市场营销活动的复杂性，扩展了国际市场营销学的研究内容。

### （二）国际市场营销学与国际管理学的关系

国际管理是将管理的理念和技术应用到跨国环境中，针对不同的经济、政治和文化环境采取合适的管理实践的过程，简单说就是对企业跨越国境的经营活动的管理。

国际管理学的产生与全球经济一体化的不断深入密不可分，归根结底，国际市场营销学与国际管理学的关系是营销学与管理学的关系在国际市场上的延伸。从目前的学科分类看，它们是两门虽然相关但又有着属于自己的研究对象和研究方法的独立学科。追溯工业革命后营销活动的产生和发展历程，可以看出营销并非一项商业功能，而是每个企业的基础，诚如管理大师彼得·德鲁克（Peter Drucker）所言：把营销归属于与制造一样的功能领域是错误的，因为营销渗透到了企业的每个方面，营销能驱动企业，而且营销只有在企业中树立权威才能正确进行（参见营销视角 1－1）。

**营销视角 1－1　营销是企业的根基**

国际管理学的本质是在不同的文化背景下，对不同地域和不同环境中的人、财、物的整合及管理过程。企业之所以要整合人、财、物，说到底还是因为企业要通过创造顾客来谋求自身的生存和发展。从战略制定和实施的角度看，国际管理就是对企业的国际营销过程的管理。当然有些学者并不支持这一观点，他们依然认为管理学和营销学是分属于不同学科领域的独立学科。

### （三）国际市场营销学与国际贸易学的关系

国际贸易又称世界贸易、对外贸易，是世界各国之间有关商品、服务和生产要素的交换活动。国际贸易是各国之间分工的表现形式，反映了世界各国在经济上的相互依存。从国家角度可称为对外贸易，从国际角度可称为国际贸易或世界贸易。

国际贸易的状况以及变化趋势直接或间接地影响着企业的国际市场营销活动。简单来说，任何企业的国际市场营销活动都是在一定的国际贸易环境下进行的，国际贸易的快速发展把越来越多的企业卷入了全球化的进程中，企业在不断变化的贸易环境中寻找自己的营销机会。二者之间的关系具体体现在以下几个方面。

1. 国际营销必须以国际贸易先行为前提

企业不可能在没有贸易关系的国家从事国际营销活动。母国与东道国之间的贸易关系状况直接影响着企业国际市场营销战略的制定和实施。

2. 交换主体不同

国际贸易是国与国之间有关商品、服务和生产要素的交换活动，交换主体是国家，国家是国际贸易的组织者。国际市场营销主要是企业与顾客之间的产品或服务的交换活动，企业是主动的交换者，另一方可以是国家、其他企业、本企业的国外子公司或附属机构以及最终顾客。

3. 交换对象的流通形态不同

国际贸易的交换对象的流通形态是跨越国界的，进行交换的产品或服务必须是从一国转移到另一国。国际市场营销中交换对象的流通形态则是多样化的，产品和服务可以是跨越国界的，也可以是在国外直接投资建厂进行生产和销售。在后一种情况下，企业的产品并未发生跨越国界的交换，但企业进行的营销活动却是跨越国界的国际市场营销。正因为如此，一定时期内一国的国际市场营销总额与国际贸易总额存在差异，一般是前者大于后者。

4. 国际贸易的作业流程比国际市场营销狭窄

国际贸易虽然也涉及产品的购销、定价、实体分销等活动，但是这些活动并非围绕企业整体的营销战略展开。除了上述这些活动，国际市场营销活动还包括市场营销调研、消费者行为研究以及营销沟通等，关键的区别在于国际市场营销所有的活动都围绕满足顾客需求展开，而国际贸易更看重的是产品或服务交易的达成。

5. 国际市场营销活动比国际贸易更富有主动性及创造精神

国际贸易关注的是交易的达成，主要是对市场现存的需求做出响应，而国际市场营销不仅可以满足现有需求，而且会通过对营销环境和消费者行为等的调查研究去创造新的需求。一个企业是否具有这种创新精神直接决定了它在国际市场上的竞争力。

# 第2节 什么是全球化

本书所说的全球化是指始于20世纪90年代初、工业革命以来的第二次全球化。第一次全球化浪潮发生于19世纪中叶到20世纪20年代，当时劳动力的流动性很高——每年有30万人从欧洲移民出去，1900年后更是达到每年100万人。贸易和资本的流动更加自由，工业化国家的大公司在国外开办工厂获取原材料，生产各种产品，大型货轮定期将这些制成品运送到远方的市场。这一波全球化于1914年在控制着全球过半外商直接投资的英国企业的推动下进入全盛期。

然而，第一次世界大战、俄国十月革命和西方经济大萧条打断了这次全球化的发展。从第一次世界大战开始到冷战结束的70多年间，世界各国基本上是互相隔离的，这既是东西方地理上的分隔，也是社会主义与资本主义在意识形态方面的隔阂。尽管第二次世界大战后西方的经济持续发展，商品、资本和人员的国际流动却局限在分割的资本主义或社会主义体系或相邻区域内。

1989年东欧剧变以及1990年德国的统一，使得中东欧国家开始建立自由市场经济体系，中国、印度等发展中国家逐步消除了对外资的限制，欧洲市场、亚太市场和北美市场三个强大的市场得以建立，全球化经济重获新生，并成为21世纪的重要特征。

## 一、全球化的含义和起源

对于全球化（globalization）这一术语，比较一致的看法是由西奥多·莱维特在《全球化的市场》一文中首次提出。他指出，高新科技特别是信息技术及其产业的迅速发展，导致运输和通信成本大幅降低，直接推动了国际贸易、投资、金融和人才等经济因素在世界范围内优化配置，使整个经济空前紧密地联系在一起，逐步迈向一体化。

1990年，经济合作与发展组织（OECD）前首席经济学家奥斯特雷（Ostry）第一次完整地提出了经济全球化的概念，他说经济全球化是“生产要素正在以更快的速度在全球范围内流动，从而实现资源在全世界范围内的最优配置”。1996年，联合国贸易和发展会议对经济全球化的定义如下：全球化是世界各国在经济上跨国界联系和相互依存日益加强的过程，运输、通信和信息技术的迅速进步有力地促进了这一过程。国际货币基金组织（IMF）认为，全球化是指跨国商品、服务贸易及国际资本流动规模的增大和形式的增多，并且技术的广泛迅速传播使世界各国的经济的相互依赖性增强，是现代经济的一个动态过程，是社会经济发展到一定阶段的产物。

综合上述几种解释，可以认为经济全球化是资本、技术、信息等各类生产要素在全球范围内的流动和配置，是各国、各地区经济融为统一的、相互依存的经济体系的过程和现象。

美国学者西蒙（D.F.Simon）认为，经济全球化就是产业全球化。经济全球化的主要特点是生产经营的全球化，而在全球范围内组织生产和流通活动的跨国公司又是经济全球化的重要动力和主体力量。

正如经济力量不是全球化过程唯一的动因一样，全球化现象也不仅仅局限于经济领域，在政治、文化和个人生活领域同样存在全球化现象，不过一般而言全球化主要是指经济的全球化。经济全球化反映的是全球经济日益整合的一种趋势，并通过国际贸易的快速增长、全球经济联系的加强、全球贸易规则的建立、全球公司的兼并与重组以及全球资本的自由流动表现出来。

全球化的这些特征从不同的方面影响着企业的国际营销活动，读者将在本书后续的内容中看到这些影响的具体表现。

## 二、对全球化概念的不同理解

要想全面认识全球化，不仅要从经济学的角度解读，还要看到“全球化”一词也常与国际营销活动的不同方面相联系，表现出不同的具体含义。

### （一）市场准入的全球化

市场准入是指一国允许外国的货物、劳务与资本参与国内市场的程度。市场准入的全球化简单讲就是存在全球范围的市场准入。这得益于世界贸易组织对贸易自由化的推动，也受惠于像中国、东欧等一些国家和地区的开放程度日益提高，封闭的市场日益减少，企业因此可在全球范围内开拓自己的疆域。

市场准入全球化的理想状态是整个国际贸易的自由公平和市场进入的开放与无障碍性。然而，就实际情况看，这只能是一个渐进的过程，考虑到各国经济发展水平的差异以及各国政府根据本国的国情所确定的市场准入的规模、程度和时间等各不相同，市场准入的全球化既不全面也不平衡。对国际市场营销者而言，至少在目前，市场准入的全球化并不完全意味着世界市场的融合和统一。比如由于基础设施不足、法律规范和商业框架标准缺位等原因，企业在新兴市场的运作比较困难。

### （二）市场机会的全球化

随着全球市场准入程度的提高和主要经济体对特殊领域管制的逐步放开，市场机会的全球化程度也在不断提高。这意味着不同国家、不同行业的企业可以以战略联盟或合作经营的方式共享存在于不同区域的市场机会。如 2015 年中国广核集团主导的中方联合体和法国电力集团签订协议，双方共同出资为英国修建位于英格兰西南部萨默塞特郡的欣克利角 C 核电站，并就共同修建和运营该核电站达成战略投资协议。

### （三）生产全球化

生产全球化是指一个企业将生产活动分散到各地，从而使其产品或服务的成本最低或质量最高的过程，包括从全球市场采购主要生产投入品（如原材料或装配元件）以及服务的国际外包。许多公司正在采用外包的方法组织生产，例如波音 787 飞机的研发经理管理着数千名员工与世界 100 多个国家和地区的约 100 个供应商；生产全球化可以为企业带来获取廉价劳动力、专业技能和生产投入品等诸多方面的好处。

### （四）行业标准的全球化

行业标准的全球化可以理解为行业标准在全球范围的逐步统一。近几年，一些国际技术标准组织和一些发达国家纷纷制定并实施了技术标准战略，直接原因是经济全球化。经济全球化造就了统一的世界市场。为了在全球市场提高运营效率和商品流通效率，技术标准的统一十分重要。

实施国际市场营销的企业（主要是跨国公司）为了生产具有全球竞争力的产品，先将产品分解，再在全球范围内选择各个生产环节的最佳生产者，以求最大限度地降低成本。保证这种国际分工得以实施的前提条件是技术标准的统一化。全球产品的生产需要统一标准的支持，正如第 33 届世界标准日的祝词中所说："标准是一种世界各地、各种业务用于开发产品、服务和相关体系的技术语言。在这种语言基础上所生产的产品和服务，无论在何地都应具有相同的质量。"许多企业在开发产品的同时也开发标准，并力争将其转化为国际标准。由于标准中包含专利技术，所有使用该标准的生产厂商必须支付相应的专利使用费用，标准本身就成为企业的一个利润来源。日本与欧美企业为普及各自的充电桩标准展开了激烈竞争，充电桩标准将对新兴市场国家逐渐开展的电动汽车的竞争产生影响。以日产汽车、三菱汽车、东京电力等公司为主的日本企业力争使自己的快速充电标准 CHAdeMO 方式引导全世界；而德国大众和美国通用汽车等欧美汽车企业则用自己的 Combo 规格来抗衡。在欧美，能兼容 CHAdeMO 和 Combo 两种方式的充电桩占据主流。但在新兴市场国家，充电桩工作将从零开始。哪种规格被采用，意味着采用这种标准的车企的电动汽车的出口会变得容易。全球最大的电动汽车市场是中国，中国拥有自己的充电标准，为使 CHAdeMO 继续存在下去，日本 CHAdeMO 协会提高了其与中国标准的兼容性，还慷慨地向印度公开技术。

可以说，在全球化时代，国际经济竞争在很大程度上表现为标准之争，国际标准是国际贸易中的一部分和产品质量仲裁的准则，也是跨国公司应对国际市场竞争的有力武器。开发标准比开发产品更重要，一项标准一旦被国际承认或采纳，将带来极大的经济效益。因此，许多国家和企业千方百计地在国际标准活动中争取主动权、发言权，并竭力在国际标准中反映本国的要求和体现本国的利益（参见营销视角 1－2）。

**营销视角 1－2　中国争当国际技术标准的主导者**

### （五）采购的全球化

采购的全球化指企业不仅局限于本地采购，还在全球范围内搜寻更质优价廉的原材料、零部件和服务。全球采购除了可以使企业获得更廉价、质量更好、品质更统一的产品和服务，还可以使企业更容易获得新技术和新创意、更稳定的供应以及规模经济效应。

全球采购的主体可以是制造企业，如通用电气、通用汽车、苹果等技术密集型的具有国际品牌和资金优势的跨国公司，它们作为采购龙头企业主导着采购体系和采购市场，主要采购零部件和一些配套性产品；也可以是大型零售商，如沃尔玛、家乐福等，它们采购的主要是快消品和劳动密集型产品，包括服装、鞋帽、食品等。不过由于阿里巴巴和亚马逊这些电商平台线上销售额的快速增加，沃尔玛等传统零售公司的采购量随着它们在全球各地门店数量的减少而快速下降。

### （六）技术的全球化

技术的全球化是指在经济全球化的大背景下，技术的开发与利用走向全球化的趋势。技术的全球化可以分为技术的全球开发和技术的全球利用，目前这两方面都存在不同国家和不同行业的企业间的合作。

多年来，跨国公司一直是推动世界科技进步的一支核心力量。20 世纪 90 年代以来，随着经济全球化的迅猛发展和国际竞争的日趋激烈，越来越多的跨国公司开始设立海外研究与开发机构。一些国际著名的大型跨国公司如微软、苹果、特斯拉等，都在中国设有独立的研发机构。我国企业也积极在海外设立研发机构。以华为为例，截至 2020 年底，华为在美国、欧洲、日本、印度、新加坡、俄罗斯等地创建了 16 个研究所、28 个创新中心、45 个产品服务中心。百度等公司直接把研发中心设在了美国的技术中心硅谷。

研发的全球化促使跨国公司将其技术知识的生产和供应活动从母国转移到其他国家和地区，发达国家跨国公司的技术总会通过一定的贸易渠道转移到发展中国家，从而形成一种技术互补关系。同时，由于技术本身也是国际贸易对象之一，通过直接的技术贸易和技术许可，跨国公司可以使自己的技术进入全球市场。

### （七）顾客需求的全球化

全球化经常与经济全球化相联系，在私人领域全球化同样以不同的方式影响着人们的生活。通过传媒、互联网和大众流行文化这些非个人的渠道，以及来自不同国家和文化的个人间的接触，全球化的力量进入了人们的生活，表现之一就是很多方面的消费需求开始趋同。例如，世界很多地方的十几岁的少年对音乐、时装和快餐的需求如出一辙；全球的富人对私人游艇和飞机有着同样的热忱；苹果公司的 iPhone 和 iPad 受到全球时尚人士的热捧；欧洲的奢侈品在世界绝大多数地方都能找到痴迷者。

然而，国际市场营销者要认识到，并非所有的消费领域都存在需求趋同的趋势。全球化并不完全意味着营销人员会面临一个“同族化的地球村”，差异化需求依然广泛存在。

### （八）竞争的全球化

经济全球化使得国内经济和国际经济间不再有明确的界限，反映在市场竞争中就是在几乎所有行业，企业都要同时与本土企业和跨国公司竞争，而且曾经只在国内市场运营的企业为获得价格优势或更接近目标市场，纷纷通过投资和服务外包将触角延伸到世界各地。

发达国家的跨国公司凭借其雄厚的经济实力、良好的品牌形象、成熟的管理经验以及先发优势，无疑在这场全球化的竞争中占据了优势，它们善于利用技术变革和全球化带来的机遇，给所进入国家的本土企业带来了极大的挑战。为了谋求生存和发展，新兴市场国家的企业也开始积极主动地参与到全球化竞争中，并取得了不俗的业绩。《财富》世界

500强企业的全球化趋势日益明显，来自欧美的企业数量在减少，来自中国的企业数量在增加，由2001年的12家上升到2020年的124家。同时，来自印度、俄罗斯、巴西等其他新兴经济体的企业数量也在逐步攀升。

### （九）合作的全球化

要在世界市场竞争，企业必须加强其在资金、技术、管理以及营销等方面的能力，单个企业很难在上述几个方面同时保持强势，因此，处于同一供应链上的企业或从事互补经营的企业往往结成战略同盟或合作伙伴，其中既有发达国家的跨国公司之间的合作，也有它们与发展中国家企业结成的联盟。新兴市场国家的企业要参与全球竞争，在全球范围内寻找国际合作伙伴是一条符合企业现状的快捷有效的发展路径。

英特尔在中国市场与联想有着20多年的合作关系，从技术创新到产品创新，再到市场推动，双方都有密切的合作。联想与谷歌也有很好的合作，在2018年1月拉斯维加斯举办的国际消费类电子产品展览会（CES）上，双方合作推出了无线虚拟现实（VR）一体机Mirage Solo。

### （十）分销的全球化

就目前情况看，供应链越来越集中于一些极具实力的渠道分销商、零售商和物流服务公司，这促进了分销的全球化。同时，以互联网为基础的电子商务技术革命性地改变了数据的交换和传输方式，这不仅意味着企业采购产品和服务、管理供应链、与客户的联系方式以及监控整个业务流程的方式整体性发生了根本变化，也意味着企业的销售区域可以低成本、短时间地扩展到全球。比如，中国制造商开始通过亚马逊的平台将商品直接卖给美国等地的海外消费者。消费者在亚马逊网站找到梅西百货和沃尔玛等实体店并不出售的诸如美甲笔、靠枕套等特别款式的商品后下单付款，然后由与亚马逊有合作关系的中国制造商直接从广州等中国城市寄给购买者，中国制造商可以在本土向全球用户分销自己的产品。

总之，从国际市场营销的视角看，全球化带给企业的是刻不容缓的机会和挑战，以及前所未有的重组机会。各类企业在受到全球化的影响的同时，反过来也影响着全球化本身，其中不乏负面效应。比如，跨国公司在全球扩张时对发展中国家弱势行业的侵扰；发达国家的跨国公司将生产转移到劳动力相对低廉的国家和地区后，导致本国蓝领工人丢掉工作。特别是2008年的金融危机对全球经济和贸易造成了损害，这些因素汇聚在一起，形成了一股来势汹汹的反全球化势力，给各类企业的国际营销活动带来了许多新的挑战。

## 三、逆全球化

尽管全球化是不争的事实，但是由于其演化过程的无法预期性以及带来的混乱和动荡，人们对全球化的认识和理解存在差异，反对全球化的势力与全球化的发展一直如影随形。从本章的“全球视野”可以看出，2008年金融危机后，逆全球化有了新特点。国际社会中主张全球化和抵制全球化的两股力量激烈博弈，尽管继续走全球化发展道路的主张得到了更多国家和更多政治、经济精英的支持，但逆全球化力量的存在和增强还是给全球经济一体化和贸易自由化带来了很多阻碍，企业的国际营销活动也因此面临新的挑战。

### （一）全球化的益处

2008 年之前的几十年，全球经济增长达到了有史以来的最快速度，这在一定程度上归功于全球化带来的商品、资本和人口更加自由的流动。不少经济学家认为，全球化为全球经济增长提供了三重推动力：把生产设在劳动力最便宜的地方；提升竞争力；在全世界传播新技术和知识。得益于新兴市场的崛起，现代全球化带来了自工业革命以来世界范围内不平等程度的首次下降。据世界银行统计，自 1990 年以来全球有 11 亿人脱离赤贫。

对跨国公司而言，全球化最直接的好处是能够利用每个地点的不同优势，在全球范围内布局生产、研发、销售和分销网络。例如，半导体和消费类电子产品都需要大量的研发支出，像英特尔、苹果这样的全球公司如果不能在中国生产和销售，其全球领导地位将土崩瓦解。

### （二）全球化的弊端

2008 年的金融危机及其后果——经济增长放缓、世界贸易停滞不前、不平等加剧，打破了政治和经济精英对民众的承诺——全球化和贸易自由化会造福所有人，贸易产生了赢家和输家。

全球化是把双刃剑，其在发达国家与新兴经济体产生了两种发展倾向：凡是深入参与全球化的地区与社会群体，收入成倍增长；没有参与全球化的地区与群体，收入则下降。尽管发达国家的跨国公司赚得盆满钵满，但他们的“蓝领工人”却在 21 世纪的第一个 10 年过后，绝对收入居然低于 20 世纪 70 年代的水平。也正是这些人成为反全球化的重要力量。

### （三）反全球化的势力

2008 年前全球化的反对势力主要包括工会、大学生、特别利益集团及其他群体。他们反对全球化的理由是：全球化压低了工人的工资；本国的跨国公司在国外投资，转移了工作机会；某些国家获得了全球贸易带来的大部分好处，剥夺了其他落后国家的发展机会。如今，发达国家的大批民众加入了以新兴市场和发展中国家为主的全球化反对者的行列。全球化主要体现在信息、资本、商品和人员这四个要素可以在全球范围流动，信息和资本的流动难以限制，商品和人员的流动在一定程度上可以受限，因此反全球化的主要表现就是贸易保护主义和反对移民。

许多曾经大力推动全球经济一体化的西方国家为消除民众的不满情绪，开始转向贸易保护主义。全球金融危机以来，英国设立了 200 多个新的贸易壁垒，美国和德国更多。

西方各国实施的保护政策导致的后果是，世界经济长期无法走出金融危机的阴影。2008—2016 年，全球经济增速从 3.5% 的战后平均水平跌至刚刚超过 2%，世界贸易在全球产出中所占的比重自 2008 年以来一直没有太大变化，全球贸易增速从危机前的超过 8% 跌至几乎为零，这是第二次世界大战以来世界经济经历的最长停滞期。

这些变化似乎显示，经济一体化前进的动力陷入停顿，在某些方面甚至还倒退了，全球化不再驱动世界经济增长。金融危机前对全球化扩张的热情让步于去全球化的担忧。

### （四）去全球化的后果

在全球化时代，人们目睹了自19世纪初以来全球家庭收入不平等的首次缓解。1980—2015年，全球平均实际收入增长了120%。全球化也为发展中国家提供了发展经济、追赶西方国家、走现代化发展道路的重要机会。在1990—2010年的全球化黄金时代，大多数新兴经济体能够不同程度地缩小与发达国家之间的差距。

从企业层面来看，去全球化的说法低估了取代全球供应链的难度和代价，夸大了成本与供应链弹性之间的冲突。参见营销视角1－3。

**营销视角1－3 半导体产业向“逆全球化”说不**

归根结底，全球化之所以会发生是因为它创造了价值，缩小了国家间的贫富差距，减少了贫困人口，给消费者带来了更多的商品选择，增强了跨国公司的能力……而一个去全球化的世界会夺走这些好处。逆全球化的力量会增加全球化发展的障碍，但不可能消除全球化。习近平指出：“经济全球化是历史潮流。长江、尼罗河、亚马孙河、多瑙河昼夜不息、奔腾向前，尽管会出现一些回头浪，尽管会遇到很多险滩暗礁，但大江大河奔腾向前的势头是谁也阻挡不了的。”①

### （五）逆全球化给国际营销带来的挑战

逆全球化浪潮下，企业在国际营销实践中面临的主要挑战是贸易保护主义和技术保护主义抬头，中国企业首先受到影响。西方国家认为中国是20世纪90年代以来全球化进程的最大赢家，从中国进口的商品降低了欧洲和美国对非熟练工人的需求，使这些人或者丧失了工作岗位，或者几十年都拿着很低的工资。这种观点对中国和中国企业都是不公平的。

全球化的机会是公开的，能不能抓住这个机会，与一个国家的政治制度、经济体制、政府治理水平、企业创新精神、百姓吃苦猛干的劲头等因素密切相关，如同斯蒂格利茨所言，“问题不在于全球化，而在于如何管理这个进程”。全球化的主要失败之处是没有确保收益更平均地分配，尤其是在高收入经济体中，那些受到负面冲击的人没能得到缓冲保障。但不能因此把全球化当作替罪羊。技术替代、数字经济的崛起对一国不公平的收益分配带来的影响更大。现实是西方国家的贸易保护主义者给中国企业施加的压力一波高过一波。受到冲击的不仅是中国的传统制造企业，像华为、阿里巴巴这样的全球行业领头羊也在西方市场不断碰壁。

从历史经验看，保护主义不会成功。以中国为代表的很多国家都在努力捍卫经济全球化和多边贸易体制。这轮保护主义的兴起预示着全球化进程的历史转折，给处于国际化进程的企业敲响了警钟，国际营销依然是在全球化背景下进行的，但现在的环境已与2008

① 习近平在第二届中国国际进口博览会开幕式上的主旨演讲.（2019-11-05）.https://baijiahao.baidu.com/s?id=1649338323409335778&wfr=spider&for=pc.

年前大不相同，曾经在全球舞台上长袖善舞的跨国公司面临着重重考验。

## 四、跨国公司——推动全球化的重要力量

跨国公司的出现并非经济全球化的结果，跨国公司在世界市场上强烈扩张的欲望是推动经济全球化的巨大动力，经济全球化突出表现为跨国公司的急剧扩张。联合国贸易和发展会议发布的《2017 年世界投资报告》显示，全球跨国公司的海外分公司的国际生产活动仍在扩张，但近年来放慢了速度。值得一提的是，国有跨国公司在全球经济中的作用不断扩大。全球大约有 1 500 家国有跨国公司，仅占全球跨国公司的 1.5%，但它们拥有 86 000 多家海外分公司，相当于全球总数的 10%。它们的总部分布广泛，半数以上在发展中经济体，近 1/3 在欧盟。中国拥有的国有跨国公司数量最多，占全球的 18%，从表 1－3 中可以清楚地看到这种趋势。

### （一）跨国公司的含义和主要特征

跨国公司（multinational corporation）又称多国公司，是指在国外拥有大量投资，并在国外很多地方经营、制造产品或提供服务的发展良好的大型国际公司。

按照全球多极化问题专家丹·施泰因博克的观点，跨国公司历史悠久，曾于 1914 年在控制全球过半外商直接投资的英国企业的推动下进入全盛期。第二次世界大战结束后，美国大型企业开始充分利用欧洲的重建需求，凭借技术转让和管理能力进行扩张。借助规模庞大和完整的国家经济，美国跨国公司的数量与日俱增，从通用电气、宝洁到英特尔，都在基于技术和管理创新的国际化进程中得到长足发展。战后重建完成后，有赖于国家战略的推动，包括联合利华、飞利浦和爱立信在内的欧洲跨国企业开始重振雄风，自 20 世纪 60 年代起，英国、法国和德国的跨国公司开始在一些行业挑战美国企业。20 世纪 60 年代末来自日本的竞争对手不断涌现，并在从汽车到消费类电子产品的各个领域的市场中占有越来越大的份额。进入 21 世纪后，中国的跨国公司快速崛起，从海尔、联想到华为、腾讯，乃至其他来自电力、银行、保险、建筑、汽车和石油等行业的众多企业，在各自的领域或者成为领头羊，或者成为西方跨国公司的重量级竞争对手。

20 世纪 70 年代人们开始了对跨国经营机制相对系统的研究。联合国经济及社会理事会于 1973 年通过、1986 年修订的《跨国公司行为守则（草案）》中提出，跨国公司应具备以下三个要素：第一，跨国公司是指一个工商企业，组成这个企业的实体在两个或两个以上的国家经营业务，而不论其采取何种法律形式经营，也不论其在哪个经济部门经营；第二，这种企业有一个中央决策体系，因而具有共同的政策，这些政策可能反映了企业的全球战略目标；第三，构成这种企业的各个实体分享资源、信息并且分担责任。

从表象上看，界定一家企业是否为跨国公司一般有三个指标，即资产、营业收入、员工数量中海外部分占公司总规模的比例。大致而言，这些比例若达到 20%～30%，该企业即可算作跨国公司。

从内涵上讲，跨国公司要符合更高的要求。跨国公司不仅需要实现业务国际化，还需

要实现战略国际化、结构国际化。在战略上，跨国公司不能只把目光限于国内，而要放眼全球，在全球范围内采购原材料、配置人员、安排生产与研发。此外，股权结构、公司治理结构、机构设置也要符合国际化特点。

21世纪，在多数行业能够生存和发展的几乎都是跨国公司。表1－3以营业收入为标准列出了《财富》杂志2020年世界500强企业前25名榜单。可以看出，其中大多数企业都是全球市场的主要竞争者。

**表1－3 《财富》杂志2020年世界500强企业前25名榜单** 单位：百万美元

| 排名 | 上年排名 | 公司名称 | 营业收入 | 利润 | 国家 |
|---|---|---|---|---|---|
| 1 | 1 | 沃尔玛 | 523 964 | 14 881 | 美国 |
| 2 | 2 | 中国石油化工集团 | 407 009 | 6 793 | 中国 |
| 3 | 5 | 国家电网 | 383 906 | 7 970 | 中国 |
| 4 | 4 | 中国石油天然气集团 | 379 130 | 4 443 | 中国 |
| 5 | 3 | 荷兰皇家壳牌石油 | 352 106 | 15 842 | 荷兰 |
| 6 | 6 | 沙特阿美 | 329 784 | 88 211 | 沙特 |
| 7 | 9 | 大众 | 282 760 | 15 542 | 德国 |
| 8 | 7 | 英国石油 | 282 616 | 4 026 | 英国 |
| 9 | 13 | 亚马逊 | 280 522 | 11 588 | 美国 |
| 10 | 10 | 丰田汽车 | 275 288 | 19 096 | 日本 |
| 11 | 8 | 埃克森美孚 | 264 938 | 14 340 | 美国 |
| 12 | 11 | 苹果 | 260 174 | 55 256 | 美国 |
| 13 | 19 | CVS Health | 256 776 | 6 634 | 美国 |
| 14 | 12 | 伯克希尔－哈撒韦 | 254 616 | 81 417 | 美国 |
| 15 | 14 | 联合健康集团 | 242 155 | 13 839 | 美国 |
| 16 | 17 | 麦克森 | 231 051 | 900 | 美国 |
| 17 | 16 | 嘉能可 | 215 111 | －404 | 瑞士 |
| 18 | 21 | 中国建筑集团 | 205 839 | 3 333 | 中国 |
| 19 | 15 | 三星电子 | 197 705 | 18 453 | 韩国 |
| 20 | 18 | 戴姆勒股份 | 193 346 | 2 661 | 德国 |
| 21 | 29 | 中国平安保险（集团） | 184 280 | 21 627 | 中国 |
| 22 | 25 | 美国电话电报公司 | 181 193 | 13 903 | 美国 |

续表

| 排名 | 上年排名 | 公司名称 | 营业收入 | 利润 | 国家 |
|---|---|---|---|---|---|
| 23 | 27 | 美源伯根 | 179 589 | 855 | 美国 |
| 24 | 26 | 中国工商银行 | 177 069 | 45 195 | 中国 |
| 25 | 20 | 道达尔 | 176 249 | 11 267 | 法国 |

资料来源：2020 年《财富》世界 500 强排行榜.（2020-08-10）. http://www.fortunechina.com/fortune500/c/2020-08/10/content_372148.htm.

2020 年的世界 500 强企业共涉及包括基础产业、制造业、消费产业和高新技术产业在内的 56 个行业，位列前 25 名的都是各自行业的领导者或头部企业。2020 年《财富》500 强企业排行榜中最引人注目的变化是中国有 124 家企业进入 500 强，第一次超过了美国的 121 家，而且企业规模不断扩大，在世界 500 强中的地位不断攀升。中国上榜的企业，除了国企，还有不少民营企业，尤其是科技企业，其中互联网企业共有 4 家，比美国多 1 家，说明数字经济在中国经济中的比重不断提升。

中国上榜企业的平均销售收入（669 亿美元）和平均净资产两项指标达到 500 强平均水平。不过，中国企业的盈利水平比较低，平均利润不到 36 亿美元，低于全球 500 家大公司的平均利润（41 亿美元）。这意味着我国企业需要不断进行技术创新，从重视速度转变为注重质量，实现高质量发展，提高全球市场竞争力。

纵向看，中国跨国公司在近几年的发展速度还是比较快的。根据 2020 年的相关数据，中国前 100 大跨国公司的海外资产总额达到 104 526 亿元，比上年增长 9.87%；海外营业收入达到 73 307 亿元，比上年增长 15.49%；海外员工总数达到 1 310 176 人，比上年下降 5.87%。2020 年中国前 100 大跨国公司的入围门槛为 120.22 亿元，比上一年提高 21.64 亿元。中国前 100 大跨国公司前 25 名榜单如表 1－4 所示。

**表 1－4　2020 年中国前 100 大跨国公司前 25 名榜单**

| 排名 | 公司名称 | 海外资产（百万元） | 海外营业收入（百万元） | 海外员工（人） | 跨国指数（%） |
|---|---|---|---|---|---|
| 1 | 中国石油天然气集团有限公司 | 929 692 | 1 250 100 | 133 734 | 26.54 |
| 2 | 中国中信集团有限公司 | 586 941 | 97 193 | 34 573 | 12.64 |
| 3 | 中国石油化工集团有限公司 | 577 032 | 952 392 | 38 765 | 22.20 |
| 4 | 中国远洋海运集团有限公司 | 566 398 | 56 444 | 5 790 | 29.26 |
| 5 | 腾讯控股有限公司 | 541 311 | 245 346 | 4 679 | 43.07 |
| 6 | 中国海洋石油集团有限公司 | 521 775 | 458 042 | 4 819 | 35.58 |
| 7 | 中国中化集团有限公司 | 399 562 | 76 899 | 22 623 | 41.44 |
| 8 | 中国化工集团有限公司 | 377 343 | 60 016 | 30 172 | 26.22 |

续表

| 排名 | 公司名称 | 海外资产（百万元） | 海外营业收入（百万元） | 海外员工（人） | 跨国指数（%） |
|---|---|---|---|---|---|
| 9 | 华为投资控股有限公司 | 371 427 | 333 018 | 3 282 | 32.87 |
| 10 | 国家电网有限公司 | 316 713 | 97 919 | 15 367 | 4.30 |
| 11 | 联想控股股份有限公司 | 276 404 | 288 078 | 27 267 | 49.87 |
| 12 | 中国交通建设集团有限公司 | 267 325 | 148 839 | 36 710 | 19.27 |
| 13 | 中国铝业集团有限公司 | 218 953 | 32 139 | 2 125 | 14.60 |
| 14 | 广州越秀集团股份有限公司 | 199 244 | 3 667 | 1 748 | 14.99 |
| 15 | 中国建筑集团有限公司 | 196 206 | 104 031 | 26 914 | 8.33 |
| 16 | 中国五矿集团有限公司 | 190 759 | 9 949 | 11 568 | 14.21 |
| 17 | 浙江吉利控股集团有限公司 | 171 243 | 157 827 | 44 726 | 41.62 |
| 18 | 中国电力建设集团有限公司 | 150 061 | 110 521 | 134 682 | 37.96 |
| 19 | 中国广核集团有限公司 | 139 106 | 22 943 | 3 612 | 16.09 |
| 20 | 中国兵器工业集团有限公司 | 130 033 | 233 707 | 13 766 | 28.77 |
| 21 | 潍柴控股集团有限公司 | 128 054 | 76 238 | 38 506 | 40.67 |
| 22 | 美的集团股份有限公司 | 124 176 | 120 099 | 33 000 | 36.19 |
| 23 | 海尔集团公司 | 116 792 | 99 222 | 33 011 | 32.48 |
| 24 | 洛阳栾川业集团股份有限公司 | 96 139 | 59 516 | 5 890 | 73.87 |
| 25 | 万洲国际有限公司 | 91 849 | 10 570 | 55 000 | 64.77 |

说明：跨国指数按照（海外营业收入 ÷ 营业收入总额 + 海外资产 ÷ 资产总额 + 海外员工 ÷ 员工总数）÷ 3 × 100% 计算得出。

资料来源：2020 中国跨国公司 100 强名单 .https://baike.baidu.com/item/2020%E4%B8%AD%E5%9B%BD%E8%B7%A8%E5%9B%BD%E5%85%AC%E5%8F%B8100%E5%BC%BA%E5%90%8D%E5%8D%95/53931716?fr=aladdin.

2020 年中国前 100 大跨国公司的海外营业收入、海外资产、海外员工的平均比例分别为 21.27%，16.89%，10.23%，虽比 2016 年均有提高，但除海外营业收入外，其他两个指标未能达到衡量跨国公司标准的 20%～30% 的海外占比范围，表明中国企业的国际化程度有待提升。在做大的基础上做强，提升盈利能力是我国跨国公司未来一个阶段的重要目标。

### （二）跨国公司的发展阶段

国际化是企业在21世纪赖以生存的关键，跨国公司则是企业国际化进程中的一个阶段性成果。人们常常使用三种不同的称谓来描述国际化公司，分别是国际公司（international corporation）、跨国公司（multinational corporation）和全球公司（global corporation）。

国际公司通常指将产品出口到另一个国家和地区的公司；跨国公司是指除了在母国生产，还在其他国家生产，并在世界市场从事经营活动的大公司；全球公司是指那些具有全球性品牌的产品与服务，将世界作为一个统一的市场，经营活动几乎遍布世界各国的国际性公司。企业国际化的这三种形式也对应着国际营销的三个阶段。

从国际营销实践看，三类公司的管理导向有所区别。国际公司倾向于母国中心导向和多国中心导向；全球公司是全球中心导向；当今大多数跨国公司的管理导向与全球公司是相同的，但也有些跨国公司可能倾向于多国中心导向或地区中心导向。

尽管跨国公司和全球公司之间存在差别，但是为行文方便，在不需要明确区分二者差别的情况下，本书将全球公司视同跨国公司。

### （三）跨国公司的“去国籍化”

目前，大型跨国公司和全球公司出现了“去国籍化”的现象。人们也将全球公司称为“无国籍公司”（stateless corporation），因为这些公司在进行经营决策时基本上不考虑国家的界限。

跨国公司或全球公司的“去国籍化”现象主要表现在以下三个方面。

#### 1. 股权多元化

自20世纪80年代末期以来，日本与美国的跨国公司形成了相互持股的局面。进入90年代后，各国公司相互持股的现象日益普遍，而且突破了发达国家和新兴市场国家的界限，如美国的雅虎公司就曾持有阿里巴巴24%的巨额股份；谷歌在2014年以7.5亿美元购入中国科技巨头联想5.94%的股份；南非传媒集团米拉德国际控股集团（MIH）掌控了腾讯公司34.47%的股权，是腾讯最大的股东，腾讯则持有“阅后即焚”照片分享应用程序母公司（12%）、特斯拉（5%）等多家外国公司的股份；微软公司在欧洲、美国以及亚洲的许多跨国公司也拥有股份。跨国公司相互持股的发展趋势造成了跨国公司传统意义上的国籍概念日益淡化，人们很难分辨它们的真正国籍。例如，新西兰航空公司尽管冠以“新西兰”头衔，但其主要股东是新加坡航空公司。

#### 2. 经营本地化

“全球思考，地区行动”成为跨国公司将“全球存在”转变为“全球竞争力”的主导思想和制定全球经营战略的基本原则。本地化诉求一方面源于满足当地差异化需求的考虑，另一方面是为了避免由于当地人可能存在的排外情绪而造成对公司无形的心理抵触。可以说，经营本地化是跨国公司或全球公司与当地公司竞争的一种重要手段。这种手段的使用促使跨国公司进一步淡化了其国籍意识。

#### 3. 总部概念虚无化

目前还有一种趋势，即跨国公司将原来集中于总公司的职能部门分散到全世界不同的国家和地区。如美国的一家公司为实现可持续发展并且成为全球公司的目标，在新加坡建立了人力资源培训中心，将质量管理中心迁移至阿根廷，将销售管理部门设在欧洲，总公司只承担改善下属分公司之间的沟通及权力共享方面的职责。在这样的过程中，总部概念变得无关紧要。跨国公司正在成为这样一个实体：从其诞生的国家中分离出来，它的成功不再与哪个国家的经济紧密相连。以联想为例，它在 2005 年以 17.5 亿美元收购了 IBM 的计算机业务后，就一直致力于将自己打造成一个全球公司。联想的高层在世界各地开会。公司的全球市场部设在印度的班加罗尔，建立了以中、美、日三地为核心的全球一体化研发团队，员工经常开视频会。

### （四）跨国公司在全球经济中的地位及变迁

20 世纪 80 年代末 90 年代初，西方跨国公司开始迅速发展。投资者喜欢跨国公司的规模经济和效率，发达国家的政府希望本国巨头能“天下无敌”，新兴市场国家的政府则欢迎跨国公司带来的就业机会、出口和技术，跨国公司获得了经济全球化的核心地位。据 2007 年相关数据，跨国公司控制了全球生产总值的 40%～50%，国际贸易的 50%～60%，对外直接投资的 90%，且拥有全球 90% 的技术转让份额。

这些跨国公司曾被认为是优秀的赚钱机器。然而，现在情况发生了变化，2012—2017 年，跨国公司的利润下降了 25%，资本收益率降至 20 年来的最低点。虽然科技巨星和拥有强大品牌的消费品公司仍快速发展，但约 40% 的跨国公司的股本回报率不到 10%（低于 10% 是表现不佳的标准）。在大多数行业，西方跨国公司的增长速度和利润率都低于新兴市场的本土公司。跨国公司在全球利润中的占比从 10 年前的 35% 降到了现在的 30%。对许多西方公司而言，跨国经营已经成为负担而非优势。

与之形成鲜明对比的是来自新兴市场国家的跨国公司的实力在不断增强，我国最早扬帆出海的企业之一——海尔集团的产品已覆盖 160 多个国家和地区：108 个工厂，一半在国内，一半在海外；全球十大研发中心有 8 个在海外；2020 年全球营业额达 2 097 亿元，海外营收突破 1 000 亿元，海外营收占比接近 50%。此外，还有不少像华为、宝钢集团、阿里巴巴、三一重工、联想一样处于行业领头羊位置或正在挑战这一位置的企业。印度的印孚瑟斯、塔塔集团和巴蒂电信，巴西的巴西航空和沃托兰廷集团，墨西哥的宾宝集团，俄罗斯的俄罗斯天然气工业股份公司，印度尼西亚的布米资源……这些都是正在崛起的新兴市场国家的跨国公司，跨国公司不再是西方发达国家独享的称谓。来自不同经济阵营的跨国公司同台竞技，对全球各地区间的经济均衡发展起到了促进作用。

## 第 3 节　全球化背景下的国际市场营销

全球化背景下的国际市场营销并不完全等同于全球营销。如前所述，由于企业所处的国际化进程不同，其国际市场营销可能会处于出口营销、跨国营销和全球营销的不同阶段，而无论是哪一阶段，国际市场营销都摆脱不了全球化的影响。

### 一、全球化背景下，国际市场营销势在必行

作为一种经济发展的趋势和现象，当今的全球化始于 20 世纪 90 年代初，在此之前，国际市场营销只是企业的一种战略选择，并非所有的企业都需要进入国际市场以谋求生存

和发展。将企业推上国际竞争舞台的主要原因是：企业可能发现国外市场的利润高于国内市场；国内市场萎缩，企业需要扩大顾客基础以取得规模经济效益；企业要降低对单一市场的依赖以减轻风险；也可能是对竞争对手的国际营销活动所做的反应，或者由于国外竞争对手进入自己的国家而被迫去国外经营。总之，无论是主动还是被动，国际市场营销并非企业的必然选择。

在全球化背景下，国际市场营销势在必行。全球化的主要特征是非国民化，国家边界变得越来越不重要，贸易和投资壁垒的降低以及技术创新构建起了国际商务的交易平台，分散在世界各地的企业得以正面交锋，大型跨国公司可以越来越容易地进入曾经因时空因素而被隔离的当地行业，中小型本土企业不得不通过加强相互间的合作或与大型跨国公司合作来保持自身的竞争力，或者大胆尝试改革，以正面迎战跨国公司。

在全球化背景下，国际经营和国内经营的分界线不再存在，或者变得模糊了，一国市场已成为全球市场不可分割的部分。很多企业会在全球任何地方寻求创意、雇员、原材料和客户，同样，强硬的竞争对手也可能从任何地方冒出来。企业逐渐意识到，在今天一个行业、一家企业已经无法孤立地存在，不管愿意与否都得参与到全球商务中去。而为了利用国际商务机会、应对国际商务风险，就必须接纳国际市场营销的概念，以国际市场为导向，理解新的环境因素及其变化并做出反应，以使国际市场成为获得增长、获取利润和满足需求的源泉。反之，如果企业拒绝参与国际市场竞争，就会丧失对全球市场环境做出反应的能力，更不能应对激烈的国际竞争甚至国内竞争（你不出去，别人也会进来，在国内市场也存在很多国际竞争对手）。

在全球化背景下，进行国际市场营销是企业生存和发展的关键。企业应主动参与其中，找准并利用全球化商务增长所提供的机会，从全球范围理解自己的生存和发展，积极培育自己适应国际市场的能力，最终提高自己的生存能力。一言以蔽之，在全球化时代，国际市场营销不仅重要而且必要。

## 二、国际营销的基本战略导向

全球化并不意味着世界市场的高度趋同，各国在经济、技术、政治、法律，特别是社会文化方面的差异广泛且普遍存在，直接影响着跨国公司的国际营销战略导向是偏向全球化还是倾向本地化。

### （一）全球化战略

全球化战略（globalization strategy）是指跨国公司在全球范围内生产与销售同质性的产品和服务，即跨国公司将全球视为一个同质性市场，坚持全球范围内的标准化，追求规模经济的竞争优势。标准化的好处体现在以下几个方面：

（1）标准化可以降低开发、采购、生产和库存的成本；

（2）标准化可以提高产品质量，较少的产品种类有助于保障质量要求；

（3）标准化可以强化消费者对产品与服务的偏爱以及提高品牌忠诚度；

（4）标准化有助于提升公司的竞争力，标准化产品和服务使公司更容易进入新市场，因为其品牌已经被全球消费者广为认同。

西奥多·莱维特教授是这种战略的积极倡导者，他认为全球标准化的出现是由三个因素引起的：首先，消费者需求与兴趣的同质性在全球范围内不断增长；其次，全球消费者愿意为以统一的产品特点、功能、设计和低成本为基础的高质量产品而牺牲自己的偏好；最后，企业可以通过供应全球市场实现在生产和市场营销中的规模经济。

莱维特的这种观点受到许多国际营销和国际管理研究者的质疑。许多研究者发现，由于文化差异性，实际上并不普遍存在全球消费者被同质化的证据。有学者声称，全球化过程是个自相矛盾的结果，因为它没有形成需求和消费的同质性（至少不是在所有的产品领域），这反而使我们了解到不同文化的巨大差异以及它们广泛的分布区域，因此本地化战略有了用武之地。

### （二）本地化战略

本地化是指跨国公司需要了解细分市场上消费者的不同口味与偏好，对不同国家的标准与规则做出反应，即将全球视为异质性市场，根据不同国家或地区的细分市场特征与消费者需求，为不同市场生产不同的产品或提供不同的服务，借此获得地区优势，并将这种地区优势整合为全球竞争优势。

本地化战略（localization strategy）是一种内涵丰富的思维方式，它涉及研究与开发、产品设计与品牌定位、供货渠道选择、价格制定和沟通等一系列营销环节的本地化。同时，由于企业所处的产业领域不同、产品与服务的特点不同，不同企业在本地化过程中追求的具体目标各有差异。例如，可口可乐公司追求的是产品与营销传播的本地化。根据中国消费者的口味，可口可乐公司推出了果味型汽水。在春节期间，可口可乐公司设计了“阿福”新年特别包装，取其“年年庆有余，岁岁添欢乐”的寓意，将可口可乐的营销传播与中国文化结合起来。大众汽车公司在中国追求的是产品设计与原料采购本地化，微软、IBM 和惠普追求的则是研发与人力资源的本地化。

### （三）全球思考，地区行动

就许多方面来说，本地化意味着对全球化的限制。不过由于不同市场在营销环境方面的差异，跨国公司的产品和服务必须适应地区市场的要求。缺乏有关外国市场的知识和经验是绝大多数跨国公司共同的弱点和劣势，本地化不仅有助于弥补这些劣势，而且使全球化的优势得以放大。

例如，麦当劳是一家追求全球标准化的全球公司，它的企业标识、店面装潢、服务标准与产品质量要求几乎都是标准化的，但对标准化的追求并没有使麦当劳忽略地区文化的差异性。在麦当劳看来，“口味”本身就是一种文化，不同国家与地区的文化多样性必然造成消费者口味的多样化，因此麦当劳根据不同地区消费者的口味调整其配餐。在印度，其核心产品是羊肉汉堡包；在中国，它为客户提供带辣味的炸鸡块。麦当劳在亚洲地区的广告诉求与在澳大利亚和欧洲地区的广告诉求也有着明显的差异。麦当劳的战略体现的是典型的“全球思考，地区行动”的战略导向。

“全球思考，地区行动”战略原则的形成，正是跨国公司从战略高度思考与管理全球市场差异化和文化多样性的必然结果。全球化使不同国家和地区的生产过程、方法以及营销过程的标准化成为一种可能，因此追求产品与服务的标准化是必要的，同时世界各国在政治、经济制度、法律法规领域的差异以及文化多样性又促使企业要顾及地区差异特征，全球化与本地化的平衡则使跨国公司在具有标准化成本优势的同时又能充分兼顾当地市场的差异化需要，从而为获取国际竞争优势提供了具体路径。

目前，“全球思考，地区行动”已经得到很多跨国公司的认同，跨国公司营销组合战略中的每一方面（如产品、传播等）都要做这方面的考量，我们将在第 5 篇中看到这个导向是如何贯穿跨国公司国际营销战略制定全过程的。

## 三、参与国际营销的企业及其经营模式的变化

### （一）西方发达国家的企业

20 世纪 90 年代前，在国际市场扮演主角的主要是西方发达国家的国际化经营企业，一般认为它们是经由出口、在国外设立销售部、在国外组装或制造产品、在国外成立子公司以及成为在其他国家拥有独立子公司的跨国公司这样的过程，渐进地通过开展国际业务而发展壮大的。也有一些企业会根据市场的具体情况，战略性地直接跨入深层次的国外经营阶段。它们的国际运作模式有两种：一是 20 世纪初至 60 年代，主要在国内创新，然后向世界各地出口产品，并逐渐创立国外分（子）公司；二是七八十年代，为了更好地了解关键市场，有些企业开始把研发及一些关键部门设在国外，但是这种模式很难把企业的营销理念统一起来，也分散了总部的精力与注意力。

20 世纪 90 年代后至 21 世纪前 10 年，西方跨国公司不再区分母国市场和国外市场，而是秉持全球中心导向，抓住全球化快速发展的机会，在世界各地进行积极的投资、研发、生产与销售活动，其利益超越了国界和政治体制。

近些年，西方跨国公司所享受的长达 30 年的套利窗口正在关闭——企业的税负已基本降到最低，类似中国这样吸引跨国公司投资建厂的一些新兴市场国家的工人的工资在上涨。

发展中国家的本国公司变得更有经验。它们不在海外设立费用高昂的办事处和工厂，就能模仿、复制或替代跨国公司的创新。从美国的页岩油行业到巴西的银行业，从中国的电子商务行业到印度的电信行业，处于优势地位的公司都是本土企业而非跨国公司。

作为应对，一些西方跨国公司努力在它们运营的市场打下更牢的根基，比如通用电气和西门子就将供应链、生产和就业本土化，并在当地缴税。另一些公司则通过“搭建平台”使自己变得“无形且巨大”，从优步到谷歌，这些硅谷明星仍在国外扩张。但是，这样的虚拟跨国公司容易成为反全球化势力的目标，因为它们直接创造的就业机会太少，缴纳的税收不多，而且不受针对实物商品的全球贸易规则的保护。

### （二）新兴市场国家的企业

21 世纪后，发展中国家的跨国公司开始与老牌跨国公司“比武过招”，其中一些已在世界市场获得了显赫名声。这些正在崛起的新兴市场国家的跨国公司的最主要优势是位于

世界上经济增长最有活力的地区，并拥有巨大的低成本资源储备——从生产人员、工程师到土地等。此外，它们还学会了通过开发可靠、使用方便和收费低廉的产品或服务获取利润。目前，除了利用低成本的人力资源和针对发展中国家的市场开发经验来缩小与西方国家的老牌跨国公司的差距，它们已开始通过技术创新谋求全球竞争优势。中国企业在这方面的表现尤为突出（参见营销视角 1－4）。

**营销视角 1－4 中国企业已成为真正的竞争者**

### （三）小型企业

全球化发展到现在，小型企业在国际营销中扮演着越来越重要的角色。管理学中对小型企业的定义是：员工在 500 人以下，不必非得从事全新或具有创新性的实践活动，相对来讲对其所在的行业影响甚微的独立经营单位。单个小型企业虽然微不足道，但是其总量已占到全球企业总数的 97% 以上，1995 年小型企业的制成品出口额首次超过了大型企业。2011 年在出口收入总额中小型企业约占 30%，即每年销售额约 5 000 亿美元。

小型企业主要是以以下几种国际化经营模式进入国际市场并从事国际市场营销活动的。首先，如前所述，小型企业是经由大型跨国公司主导的产业链并由于国际和国内市场的不可分割性而被裹挟进入国际竞争的；其次，信息与网络技术的发展使得规模不再是获得竞争优势的决定性因素，各种中小型企业可利用新技术向大型的传统独占领域进行市场渗透；最后，随着全球化趋势的进一步加强，传统的劳动密集型产业向发展中国家转移，这导致许多发达国家的中小型企业不得不到国外寻求合作伙伴，以维持其生存和竞争能力。

### （四）天生的全球性企业

全球化催生了一种新型的国际企业，即天生的全球性企业（born-global firm）。其从一开始就以全球视角来寻找市场并开展国际商务活动。天生的全球性企业的主要特征是具有以创新文化和知识为基础的组织能力。尽管这些企业最初是在国内市场狭小的国家诞生的，但现在它们出现在所有主要的贸易国家。它们最典型的国际市场营销模式是电子商务，借助互联网与世界各地的消费者进行交易。像爱彼迎、优步这些平台企业刚一出现，就立刻全球化了。中国的字节跳动也属于典型的天生的全球性企业。这类企业的出现体现了国际市场营销活动的广泛性以及营销主体的多样化。以互联网为基础，天生的全球性企业更快地适应了业务在不同国家和客户之间流动，正如一家提供音频共享网络服务的德国网站 SoundCloud 所观察到的：很显然我们的业务从一开始就必须全球化，我们更像是互联网的公民，而非国家的公民。

## 四、我国企业的国际化进程和国际市场营销现状

我国企业的国际市场营销的发展与国际化进程紧密相关，而后者又紧随中国经济发展模式的演变而变化。在国家“走出去”战略的引导下，同时借力中国加入世界贸易组织的良好时机，我国企业的国际化进程沿着以国际贸易为先导，然后分阶段、分步骤地将生

产、销售和研发环节向外拓展的路径快速提升。国际市场营销的动因主要是获取市场、技术、资源和资金，但未能从整体上表现出有能力创造和开发出在全球经济中具有竞争力的新产品的态势。

2012 年后，随着中国经济的发展模式从简单的投资拉动向创新和效率驱动转型，中国企业开始通过技术创新，以中国品牌而不仅仅是中国产品在全球市场展开竞争。在此过程中涌现出了一批具有全球中心导向的跨国公司，而且规模逐年扩大。

中国跨国公司的成长从低到高经历了三个阶段：产品销售国际化、研发及生产国际化、品牌及管理体系国际化。海尔是处于第三阶段的典型代表，特征是企业品牌在全球范围内具有良好声誉，内外部产业链在全球范围内合理布局与动态调整，引领行业发展并对行业标准有话语权。

在全球经济的大舞台上做生意，中国企业受益颇多，在许多领域出现了创新意识强、竞争优势突出的跨国公司。但总体看存在大而不强、大而不优，国际化经营能力仍然不足，企业的影响力和全球行业地位尚待提升的问题。与此同时，如何应对以贸易和技术保护主义为主要破坏力的全球化发展新趋势，也是中国企业在国际化道路上面临的重大考验。在后续各章中我们将会看到中国跨国经营企业遇到的各类挑战以及应对之策。

## 案例分析1–1

### 苹果公司寻求“全球最优化模式”

苹果公司能够在利润、市值、品牌价值、影响力等诸多衡量跨国公司实力的指标上均名列前茅，部分原因在于其始终不渝的全球经营。用日本战略管理专家大前研一的理论来说就是采用了“全球最优化模式”①，即企业能够在价格最低、品质最好的国家采购原材料，在劳动力成本最低的地区进行生产和加工，在商品价格最高的市场进行销售的经营模式。

苹果公司拥有优质、高效的全球供应链。从 2021 年 6 月苹果公司披露的 2020 年主要供应商名单中可以看到，有超过 200 家分布在世界各地的供应商为其供货——其中来自中国的供应商以 51 家居首位——覆盖了 2020 年苹果公司采购额的 98%。在苹果公司的供应链中，核心模块（芯片）的供应商以欧美、日本等发达地区的厂商居多，如高通、Skyworks 等；中国供应商主要聚集在精密组件及材料供应模块、代工模块中，如信维通信、领益智造、富士康、台积电等。

苹果产品的主要生产基地在中国，大约半数的 iPhone 手机是在中国郑州的富士康制造基地生产的。这不只是因为中国劳动力成本相对低廉，还在于中国拥有数量丰富的、中等技能水平的流水线工程师以及中国企业令人惊叹的速度与灵活性。

苹果产品是为全球市场而生产的，以富士康郑州基地为例，新生产的 iPhone 从生产线上下来后，被运输到距离工厂大门仅几百米远的海关准备出关。在海关，富士康把组装好的 iPhone 出售给苹果公司，苹果公司再把它们出售给其在全球各地的分支机构。全球各地的市场为苹果贡献着不同的收益，从苹果公司 2021 年第二财季的营收来看，美洲、

① 大前研一. 低增长社会：保护主义与反全球化危机的应对之道. 北京：北京时代华文书局. 2019：26.

欧洲市场营收总量排名前列，大中华区营收增长速度最快。

对跨国公司而言，“全球最优化模式”受内外部因素的影响需要动态调整。近几年随着中国劳动力成本的上涨以及对中美贸易摩擦负面后果的担忧，苹果公司开始通过联合代工企业将 iPhone 的部分生产基地向越南和印度等国家转移，而且从 2017 年开始逐渐在印度扩大产能，走出了如下的发展历程：2017 年在印度制造 iPhone SE 系列；2018 年在印度制造 iPhone 6S 系列；2019 年在印度制造 iPhone 7 和 iPhone XR 系列；2020 年在印度生产 iPhone 11 系列。

然而，中国的优势让苹果公司不可能与其做分割。中国的流动劳动力的数量超过越南的总人口，中国的交通基建水平是印度不可比的。更为重要的是中国供应链分工范围广泛，供应商对苹果公司生产力的影响权重在不断增大，而且中国市场是苹果产品销量增长最快的市场。

苹果公司这样的科技企业，为支付创新成本，需要把各项工作尽可能安排在能够产生足够利润的地方。因此，即使全球化的发展受到了贸易保护主义等力量的阻挠，只要有可能，没有哪家跨国公司愿意放弃“全球最优化模式”而转向“个别市场立足模式”[①]。

资料来源：美媒揭秘一部 iPhone 如何从工厂到中国顾客手中．(2017-01-01). http://www.cankaoxiaoxi.com/science/20170101/1569641.shtml；胡博峰．苹果准备在印度扩大产能．环球时报，2020-07-27（11）；苹果 2020 年供应商名单曝光，新增 36 家中中国厂商最多，8 家 A 股公司“进群”．https://xw.qq.com/amphtml/20210602A0813Q00?ivk_sa=1023197a.

问题：

1. 分析苹果公司的“全球最优化模式”是如何构成的。

2. 与高通、Skyworks 这类供应商相比，中国供应商在苹果公司全球供应链中的地位有何特点？

3. 你认为苹果公司会响应美国政府的制造业回归政策，将其主要生产基地转移回美国吗？依据相关理论并联系实际情况阐述你的看法。

## 基本概念

| | | | |
|---|---|---|---|
| 全球化 | 出口营销 | 跨国营销 | 全球营销 |
| 跨国公司 | 天生的全球性企业 | | |

## 思考题

1. 营销的基本目的是什么？这些目的在国际市场营销中是否也存在？

2. 企业的国际市场营销历程一定要依次经历出口营销、跨国营销和全球营销三个阶段吗？

3. 如何从国际市场营销的角度理解全球化不同层面的含义？

① “个别市场立足模式”指企业在一个国家或地区完成整个事业流程。参见：大前研一．低增长社会：保护主义与反全球化危机的应对之道．北京：北京时代华文书局．2019：177.

4. 全球化的新态势对企业国际市场营销实践有何重要影响?
5. 举例说明中国跨国公司成长的“三部曲”。

## 实训练习

美国《时代周刊》2011 年 3 月 28 日的文章中有如下一段话:“你可能发现，最大的消费群体在成都，而不是芝加哥;你的老板正在新德里而不是纽约;你领到的薪水是人民币或卢比，而不是欧元或美元。”你认为这描述了什么现象，这种现象在当今有何新特点?

第2篇

# 全球贸易环境

第1章阐明了在全球化背景下，国际市场营销势在必行。无论是全球化的演进还是国际市场营销的实施，都与国际贸易的发展密不可分。国际市场营销需要在国际贸易框架中进行，因此要想有效地进行国际市场营销，就必须了解企业在营销中面临的国际贸易环境及其变化趋势。

不同文化群体、不同国家之间的贸易已存在数千年，不过，国际贸易能为全球范围的企业打开机遇之门，为参与其中的消费者提供更多的商品和服务选择，与第二次世界大战后建立的由世界贸易组织（其前身为《关税及贸易总协定》）、国际货币基金组织和世界银行主导的全球贸易体系密切相关。时至今日，这三大国际机构依然在促进全球贸易自由化方面发挥着重要作用。

各国加入全球贸易体系的目的不仅是增加跨国贸易和投资，也为了提高各自的国民经济发展水平和国民生活质量。当现存的全球贸易体系由于自身的制度缺陷以及体量庞大、办事效率低下，不能满足上述目的时，与其他国家建立区域经济一体化组织就成了一种更实用的选择。区域性贸易组织的兴起冲击着现有的世界贸易体系，企业的国际营销活动也因其母国是否加入某一特定的一体化组织，而受到或正面或负面的影响。

# 第2章 国际贸易环境

贸易被认为是为大众谋取福利的手段，然而与人们的设想不同的是，贸易自由化并非参与国际贸易的各国政府的必然选择。

## | 学习目标 |

- 了解目前国际贸易的现状和发展趋势。
- 了解中国在国际贸易中的地位和作用。
- 理解国与国之间进行贸易的原因以及相关的贸易理论。
- 了解政府在国际贸易中所起的作用。
- 了解环境对国际市场营销的影响。
- 了解我国服务贸易的发展变化趋势。

全球视野

### 经贸摩擦

2018年3月起，美国特朗普政府开始对中国出口美国的产品加征关税。至2019年12月初双方达成第一阶段贸易协议之时，美国已对从中国进口的将近2/3的商品（每年约3 700亿美元产品）加征关税。作为回应，中国对美国1 100亿美元的产品加征了关税。时至今日，美国挑起的中美经贸摩擦结果如何?

根据彼得森国际经济研究所收集的相关数据，2021年初，美国对中国商品征收的贸易加权平均税率为19.3%，中国对美国商品征收的税率约为20.7%。而在2018年初美中爆发经贸摩擦之前，美国对中国商品征收的税率平均3.1%，中国对美国商品征收的税率约为8%。

加征关税打击的不止是美国进口商，美国出口商也承担了美国对中国加征关税造成的大部分成本。在中国受到关税打击影响最大的是电信设备和电脑配件，美国市场对这些商品的进口比2018年的峰值时各减少约150亿美元。

经贸摩擦使美国农民失去了240亿美元的中国市场的大部分，迫使特朗普政府花费280亿美元来补偿美国农民。美国公司不得不接受更低的利润，削减工资和工作岗位，推迟加薪，并提高美国消费品的价格。

穆迪公司2021年的一份报告显示，管控贸易已令美国失去了24.5万～30万个就业岗位，国内生产总值减少约3 200亿美元，而其制造业未因对华提高关税回流，美国家庭平均每年为消费品多支出1 277美元，总额达到5 350亿美元。而特朗普宣称要结束美国对华贸易逆差的目标并未达成，2019年美国的贸易逆差从2016年的4 810亿美元增加到5 770亿美元，部分原因是许多产品的来源从中国变为其他国家，而并非由美国国内的生产商制造。

从截至2021年6月的情况看，拜登政府保留了特朗普政府时期对中国的大部分关税，他的贸易代表戴琪说取消这些关税将是一个坏主意。她宣称将实施以工人为中心的贸易政策，重点是提高工资，而忽略扩大贸易和促进竞争等目标。她的立场符合盛行的“进步迷信”，即国际贸易会让美国人变得更穷。这种观点是错误的经济学和糟糕的历史，里德学院经济学家金伯莉·克劳辛指出，在美国制造业减少的岗位中有90%是技术进步引发的而不是国际竞争造成的。

资料来源：佐利克：特朗普正输掉对华“新冷战”. 环球时报，2020-10-09（6）；傅立民：华盛顿在打一场必输的对华游戏. 环球时报，2021-05-10（6）；穆迪公司报告：美对华加征关税损害美企. 参考消息，2021-05-19（16）；拜登必须抛弃贸易保护主义. 参考消息，2021-06-01（1）.

---

在过去的几个世纪，国际贸易从未像现在这样广泛和迅速地影响着国家、企业和个人。第二次世界大战后，西方国家就自由贸易达成共识。20世纪80年代，发展中国家开始积极地加入世界贸易体系。到2010年，世界贸易以世界经济2～3倍的速度增长，加上技术创新的推动，经济全球化席卷世界，越来越多的企业加入或卷入全球市场和全球竞争中。2011—2016年，世界贸易经历了长达5年的低速增长甚至停滞。2017年世界贸易止跌回升，增速首次超过3%，为2013年以来世界贸易增速首次超过国内生产总值（GDP）增速，人们期待着世界贸易的增长带动全球经济发展。然而，如“全球视野”所示，美国挑起的经贸摩擦和奉行的贸易保护主义破坏了多边贸易体制，增加了国际化企业的生产经营成本，国际商务环境的不确定性和不可预测性加剧，严重扰乱了牵涉其中的各国跨国企业的长期规划。

不过，跨境商品和服务的交流能够并确实使每个国家的人民都生活得更好的理念并没有被抛弃，跨国经营依然是当今全球化时代企业成长和成功的一个重要途径，当然，企业的国际化进程难以避免地受到世界贸易兴衰起伏的影响。

本章主要探讨近年来国际贸易的发展情况、国际贸易的主要理论、政府在国际贸易中的作用，初步勾画出当前国际市场营销面临的贸易环境。

# 第 1 节 国际贸易概述

跨越国界的商品、服务和生产要素的购买、出售或交换称为国际贸易（international trade）或世界贸易（全球贸易）。这是相对于发生在同一个国家不同地区的国内贸易而言的。从国家角度称为对外贸易，从国际角度称为国际贸易。

近 10 多年来，世界上大多数经济体都已经意识到国际贸易对本国经济发展的促进作用，并采取措施促进本国贸易的发展。不过，在某些情况下，贸易也可能被当作政治冲突中的一枚棋子而受到干扰和阻挠。本章的"全球视野"向我们清楚地展示了这种现象及其后果。

## 一、国际贸易利益

国际贸易的初始利益是国家间互通有无。以美国和芬兰的一项贸易为例，芬兰气候寒冷，不适宜种植棉花，但它拥有非常丰裕的森林资源，可以向美国出售纸张和其他以木材为原料的商品，然后用出售这些商品的收益从美国购进棉花。通过贸易，芬兰人得到了他们无法生产的棉花，而美国人可以用从芬兰进口的木材制品填补其市场缺口。

国际贸易最大的利益之一是为不同国家的消费者提供更多廉价的商品和服务，为民众创造就业岗位。截至 2020 年 7 月中国有超过 30 万家外贸主体，直接或间接带动就业人口超过 1.8 亿。2020 年 8 月美中贸易全国委员会的调查数据显示，美中贸易和投资支撑着大约 260 万个美国就业岗位。国际贸易改善了普通民众的生活，促进了国家经济发展，更值得我们关注的是国际贸易为全球范围的企业打开了机遇大门。国际贸易受阻，会在不同程度上影响上述益处的获得。营销视角 2 − 1 表明，一旦全球市场的机遇大门被破坏，企业将遭受巨大的打击和损失。

**营销视角 2 − 1 中美经贸摩擦对企业的重击**

## 二、国际贸易现状

受 2008 年金融危机的影响，2009 年全球贸易额大幅回落，2010 年恢复了增长态势，但 2011 年以来，世界贸易增速放缓，与全球经济增速持平，个别年份甚至更低。2016 年世界贸易增速为 1.9%～2.5%，为 2008 年金融危机以来的最低值。2017 年世界贸易止跌回升，回暖力度超出了各大国际组织的预期。

然而，从 2018 年初，美国政府推行的贸易保护主义政策，特别是针对中国的关税政策，极大地影响了中美贸易的发展。迄今，美国政府在很大程度上仍在延续这一做法。美欧贸易关系也不平稳。2020 年初，美欧关税争端开始升级，特朗普政府以国家安全为由对欧盟征收钢铁和铝关税，而欧盟则以40亿美元的报复性关税作为回应。① 据世界贸易组织的数据，从2018年10月到2019年10月的一年里，该组织成员对7 470亿美元的商品采取了保护措施，同比增长27%，是2012年以来的最大增幅。全球主要经济体之间的经贸摩擦阻碍了世界贸易的发展，从2018年开始，全球贸易增速持续低位运行，2020年受新冠肺炎疫情影响世界贸易陷入萎缩。

撇开世界贸易量和增长速度，目前世界贸易的发展出现相互影响的两大变化趋势。其一是服务贸易的增长速度超越货物贸易的增长速度，重要性日益提升。据《2019年世界贸易报告》的数据，2005—2019年，全球货物贸易平均增长4.6%，而服务贸易12年来的平均增速为5.4%，而且由于数字技术的普及、服务贸易政策壁垒的降低以及基础设施投资的增加，服务贸易成本高于货物贸易成本（几乎是货物贸易成本的两倍）的情况也在改善，降幅达9%。

其二是世界贸易和世界经济正在向数字化和信息化转变。随着数字经济的不断发展，企业更加依赖无形资产（这也是服务贸易增长的一个重要原因），与传统企业相比（主要提供实物产品），数字企业（主要提供技术转让、专利售卖等无形产品）能够更快地进入全球市场。服务贸易（根据世界贸易组织的界定，国际贸易包括实物贸易和服务贸易，服务贸易包括商业、通信、建筑工程、金融、旅游、运输、健康等12大领域）如今已成为国际贸易领域中最活跃的“新引擎”，在数字贸易的加持下，服务业的全球化正在兴起。2021年9月在北京举办的中国国际服务贸易交易会的主题——“数字开启未来，服务促进发展”——正是对上述国际贸易发展趋势的真实写照。我国的对外开放也由以货物贸易为重点，向以货物贸易+服务贸易并重的“二次开放”进行调整。国家主席习近平在2021年中国国际服务贸易交易会全球服务贸易峰会上的致辞中，宣布了多项扩大服务贸易领域开放的重大措施，包括在全国推进实施跨境服务贸易负面清单，支持北京等地打造数字贸易示范区等。习近平主席在致辞中说：“服务贸易是国际贸易的重要组成部分和国际经贸合作的重要领域，在构建新发展格局中具有重要作用。中方愿同各方一道，坚持开放合作、互利共赢，共享服务贸易发展机遇，共促世界经济复苏和增长。”② 中国在服务贸易领域已经和即将推进的重大改革开放措施，不仅确认了中国进一步高水平开放的重点，还将为全球经济复苏注入中国力量。

各经济体在应对贸易保护主义和上述两大变化中的表现不尽相同，参见表2－1和表2－2。

**表2－1　2019年世界货物贸易进出口额排行榜**

| 位次 | 国家 | 出口额（10亿美元） | 占世界的份额（%） | 比上年增长（%） | 位次 | 国家 | 进口额（10亿美元） | 占世界的份额（%） | 比上年增长（%） |
|---|---|---|---|---|---|---|---|---|---|
| 1 | 中国 | 2 499.457 | 13.21 | 1 | 1 | 美国 | 2 567.445 | 13.34 | －2 |

① 2021年5月，欧盟宣布延缓升级报复措施，不过就目前而言，美国对欧盟钢铝产品加征的关税仍然有效，欧盟三年前宣布的第一轮报复性关税也未取消。

② 习近平在2021年中国国际服务贸易交易会全球服务贸易峰会上发表视频致辞.（2021-09-02）.http://www.gov.cn/xinwen/2021-09/02/content_5635039.htm.

续表

| 位次 | 国家 | 出口额（10亿美元） | 占世界的份额（%） | 比上年增长（%） | 位次 | 国家 | 进口额（10亿美元） | 占世界的份额（%） | 比上年增长（%） |
|---|---|---|---|---|---|---|---|---|---|
| 2 | 美国 | 1 643.161 | 8.69 | −1 | 2 | 中国 | 2 078.386 | 10.93 | −3 |
| 3 | 德国 | 1 489.412 | 7.83 | −0.9 | 3 | 德国 | 1 233.977 | 6.49 | 1.9 |
| 4 | 荷兰 | 708.595 | 3.73 | −0.9 | 4 | 日本 | 720.957 | 3.75 | −4 |
| 5 | 日本 | 705.564 | 3.71 | −4 | 5 | 英国 | 691.895 | 3.64 | 3 |
| 6 | 法国 | 570.951 | 3.00 | −0.02 | 6 | 法国 | 654.658 | 3.44 | −0.03 |
| 7 | 韩国 | 542.233 | 2.87 | −10 | 7 | 荷兰 | 635.678 | 3.34 | −0.02 |
| 8 | 意大利 | 537.718 | 2.83 | −0.02 | 8 | 韩国 | 503.343 | 2.62 | −6 |
| 9 | 英国 | 468.831 | 2.48 | −4 | 9 | 印度 | 486.058 | 2.56 | −0.45 |
| 10 | 加拿大 | 446.585 | 2.35 | −0.007 | 10 | 意大利 | 475.006 | 2.50 | −0.05 |

资料来源：世界贸易组织．2019 年世界贸易报告．

**表 2－2　2019 年世界服务贸易进出口额排行榜**

| 位次 | 国家 | 出口额（10亿美元） | 占世界的份额（%） | 比上年增长（%） | 位次 | 国家 | 进口额（10亿美元） | 占世界的份额（%） | 比上年增长（%） |
|---|---|---|---|---|---|---|---|---|---|
| 1 | 美国 | 853.270 | 14.07 | 2 | 1 | 美国 | 564.276 | 9.18 | 5 |
| 2 | 英国 | 399.589 | 6.79 | 2 | 2 | 中国 | 497.712 | 8.1 | −5 |
| 3 | 德国 | 346.735 | 5.64 | −0.78 | 3 | 德国 | 373.681 | 6.08 | −0.71 |
| 4 | 法国 | 293.490 | 4.78 | −0.5 | 4 | 法国 | 269.898 | 4.39 | −0.59 |
| 5 | 中国 | 282.071 | 4.64 | 4 | 5 | 英国 | 279.184 | 4.87 | 8 |
| 6 | 荷兰 | 273.688 | 4.45 | −0.8 | 6 | 荷兰 | 265.107 | 4.54 | −0.59 |
| 7 | 新加坡 | 216.873 | 3.53 | −0.47 | 7 | 新加坡 | 207.969 | 3.38 | −1 |
| 8 | 印度 | 214.128 | 3.49 | 5 | 8 | 日本 | 204.314 | 3.33 | 1 |
| 9 | 日本 | 202.793 | 3.30 | 6 | 9 | 印度 | 178.177 | 2.90 | 2 |
| 10 | 西班牙 | 156.513 | 2.55 | −0.55 | 10 | 韩国 | 128.912 | 2.10 | −0.76 |

资料来源：世界贸易组织．2019 年世界贸易报告．

### 三、国际贸易的影响

可以看出，在全球化背景下，无论是从全球还是从特定国家的角度看，贸易增加和经济发展均相辅相成，贸易的扩张对国民经济和社会发展有很大的贡献。

具体而言，出口在对外贸易中更具特殊性，它会影响币值及政府的财政政策和货币政策，决定进口水平，保障国内市场需求。出口还可以增加就业机会。以美国为例，2011年，平均1亿美元的出口额可以创造5 000个工作岗位；2014年，每10亿美元的出口支撑了近5 800个岗位。同样重要的是，出口可以为企业提供新的市场，实现规模经济。通过出口，企业可以受益于市场多样性，避免过分依赖单一市场而产生的风险。正是因为出口具有这些特征，各国政府的贸易政策都倾向于促进出口。

世界贸易的产生最初就是为了互通有无，进口贸易可以保障和丰富一国的市场需求，提升消费水平，进口所带来的竞争压力会迫使本国企业提升产品质量、提高生产效率以降低价格。但是进口不直接贡献就业，还可能冲击本国的相关产业，因此各国政府的态度差别很大。如果出现贸易逆差，就预示着一个国家在国际经济活动中的消费大于生产，因此很多国家对进口持相对消极的态度，甚至抡起贸易保护主义的大棒。美国就是这方面的典型代表。

## 第2节　国际贸易理论

国际贸易是世界经济活动的重要组成部分，虽然国际贸易的发展是最近40多年才开始加速的，但是其历史可以追溯到实物交易时代。18—19世纪是贸易增长的黄金时期，许多在今天举足轻重的贸易关系都是在当时形成并得以发展的。不同国家、群体间的贸易活动已存在数千年了，但是直到15世纪，才有人开始尝试解释贸易产生的原因以及贸易是如何给交易双方带来好处的。这些尝试的持续发展促成了不同国际贸易理论的形成。15世纪至今，先后产生了重商主义、绝对优势理论、比较优势理论、要素禀赋学说、国际产品生命周期理论、新贸易理论和国家竞争优势理论等。从国际市场营销需要的角度，这里主要介绍绝对优势理论、比较优势理论、国际产品生命周期理论和国家竞争优势理论。

### 一、绝对优势理论和比较优势理论

#### （一）绝对优势理论

1776年英国经济学家亚当·斯密（Adam Smith）在生产分工理论的基础上率先提出了绝对优势理论（theory of absolute advantage）。一国所具有的比任何其他国家更有效率地生产某种商品的能力称为绝对优势。换句话说，具有绝对优势的国家可以用相同的或更少的资源生产出比其他国家更多的商品或服务。

亚当·斯密在其《国富论》中指出，国际贸易的基础在于各国商品之间存在劳动生产率和生产成本的绝对差异，而这种差异来源于自然禀赋和后天的生产条件。他认为，为了更多地增加国民财富，一国应该专业化生产和出口那些本国具有绝对优势的商品，进口那些本国具有绝对劣势而外国具有绝对优势的商品。一国的自然优势和后天获得的优势又总是体现为生产某些产品的成本优势，即该国生产特定商品的实际成本绝对低于其他国家所花费的成本，因此这一理论又称为“绝对成本说”（absolute cost）。

绝对优势理论首次论证了国际贸易是一种“双赢博弈”，参与贸易的两国都能获益，也使人们对政府通过制定限制性的贸易政策获得财富的做法提出了质疑。

尽管绝对优势理论在说明贸易所得方面起到了很大作用，但是它存在一个潜在的问题：如果一个国家不具备生产任何产品的绝对优势时情况会怎样？贸易还会进行吗？进行贸易还会获利吗？大卫·李嘉图（David Ricardo）提出的比较优势理论回答了上述问题。

### （二）比较优势理论

大卫·李嘉图在其1817年出版的《政治经济学及赋税原理》中继承和发展了亚当·斯密的理论，提出了比较优势理论（theory of comparative advantage），即一个国家在任何产品的生产上都不比另一个国家更有效率，但是当该国生产某种产品比生产其他任何产品都更有效率时，该国就具有了一种比较优势。

他认为国际贸易分工的基础不限于绝对成本差异，即使一国在所有产品的生产中其劳动生产率都处于全面优势或全面劣势的地位，只要有利或不利的程度有所不同，该国就可以通过生产劳动生产率具有比较优势的产品参加国际贸易，从而获得比较利益。换句话说，如果一个国家生产两种产品的效率都比另一个国家低，只要它选择生产其中生产效率较高的产品，并与另一个国家交换，同样可以从贸易中获利。

比较优势理论遵循“两利取其重，两害取其轻”的原则，认为国家间技术水平的相对差异产生了比较成本的差异，构成了国际贸易的原因，并决定着国际贸易的模式。

比较优势理论建立在诸多假设上：国际贸易中只有两个国家参与两种产品的生产与消费；国家之间存在某种特征差异；各国的比较利益是静态不变的，不存在规模经济；自由贸易是在完全竞争的市场结构下进行的，以物物交换为形式；生产要素在一国内可以自由流动，在两国间则不能流动；不存在技术进步、资本积累和经济发展；等等。这些假设条件使得该理论在运用于实际时受到一定的限制，尽管如此，大量的现实证据都支持该理论的观点。

整体来看，比较优势理论在加速社会经济发展方面所起的作用不容置疑，它对国际贸易理论的最大贡献是首次为自由贸易提供了有力证据，并从劳动生产率（或效率）差异的角度成功解释了国际贸易发生的一个重要起因。直到今天，这一理论仍然是许多国家，尤其是发展中国家制定对外经济贸易战略的理论依据。

## 二、国际产品生命周期理论

20世纪60年代中期，哈佛大学教授雷蒙德·弗农（Raymond Vernon）针对工业制成品提出了国际产品生命周期理论（international product life cycle theory）。该理论分析了产品技术的变化及其对国际贸易的影响，是解释工业制成品贸易流向最有说服力的理论之一。弗农认为，产品的生命是指产品在市场上的营销生命，和人的生命一样，要经历形成、成长、成熟、衰退这样的周期，而这个周期在不同技术水平的国家，发生的时间和过程不一样，其间存在较大的差距和时差。这一时差表现为不同国家在技术上的差距，反映了同一产品在不同国家市场上的竞争地位差异，决定了国际贸易和国际投资的变化。

虽然弗农是以美国为对象建立模型的，但是可以把该模型一般化应用于世界上的任何一个发达的创新市场。弗农把产品生命周期分为三个阶段，即新产品阶段、成熟产品阶段和标准化生产阶段。国际产品生命周期理论通过追踪一种产品的生命周期轨迹（从新产品阶段到成熟产品阶段再到标准化生产阶段），来决定该产品在哪些国家生产。为了便于区分，弗农把这些国家依次分为创新国家（主要指美国等发达国家）、一般发达国家和发展中国家三类。

### （一）新产品阶段

在这一阶段，创新国家的高购买力和购买者的需求促使该国的某企业设计并推出一种新产品。由于此时国内市场的需求还不确定，因此该企业只会在本国进行少量生产，与此同时，通过与顾客的不断交流，企业可以掌握购买者的偏好并对产品进行必要的调整。虽然最初几乎没有出口，但是在新产品阶段的后期，企业会将国内剩余的部分产品出口到一般发达国家。

### （二）成熟产品阶段

在这一阶段，创新国家和一般发达国家的市场对该产品的优点已经有了充分了解，需求开始持续增加，随着出口量在总销量中所占的比重不断增大，创新国家的企业就会向需求量最大的国家输出其生产设备，产品开始在一般发达国家生产。在成熟产品阶段的末期，该产品开始出口到发展中国家，并可能在那里进行部分生产。

### （三）标准化生产阶段

在第三阶段，产品的生产技术完全成熟，原来拥有新产品的企业的垄断技术优势消失，成本、价格因素成为决定性因素，这时发展中国家具备明显的成本优势，创新国家和一般发达国家的企业为进一步降低生产成本，开始大量在发展中国家投资建厂，以供应不断增长的全球市场。由于在这一阶段大部分该类产品都在创新国家以外的其他国家生产，创新国家对该产品的需求就要通过从发展中国家和一般发达国家进口来满足。在这一阶段的后期，该产品已不在创新国家生产了（见图 2－1）。

产品生命周期理论对跨国经营演变的解释颇有见地，但是也存在诸多局限。弗农提出该理论之时正值全世界大多数新产品首创并首销于美国之际，且世界贸易主要由美国支配，因此这一理论可以很好地解释世界贸易的模式。然而，时至今日，美国不再是全球新产品的唯一开发者。随着企业研发活动的全球化，新产品不断在世界各地涌现，该理论在描述国与国之间贸易流向方面的作用开始减弱。另外，该理论在解释天生的全球性企业的国际经营历程时也遇到了挑战。

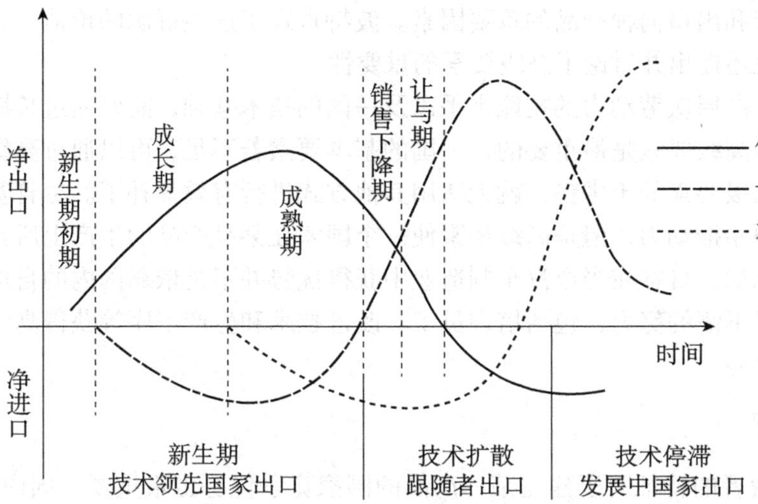


**图 2－1　国际产品生命周期**

## 三、国家竞争优势理论

1990 年，哈佛大学教授迈克尔·波特提出了国家竞争优势理论（theory of national competitive advantage），该理论的重点不是解释国家的进出口模式，而是解释为什么某些国家在某些产品的生产上处于领先地位，具有更强的竞争力，并指出具有比较优势的国家未必具有竞争优势。

他认为一国在某个产业中的竞争优势取决于该产业的创新能力和提升能力，换言之，一国在某一领域的竞争优势来源于产业与企业的竞争优势。他还提出了决定一国基本竞争力的四种要素：（1）生产要素；（2）需求状况；（3）相关产业与辅助产业；（4）企业战略、结构与竞争。波特根据以上各要素建立了“钻石模型”（见图 2－2），说明各个要素间如何相互促进或阻碍一个国家竞争优势的形成。

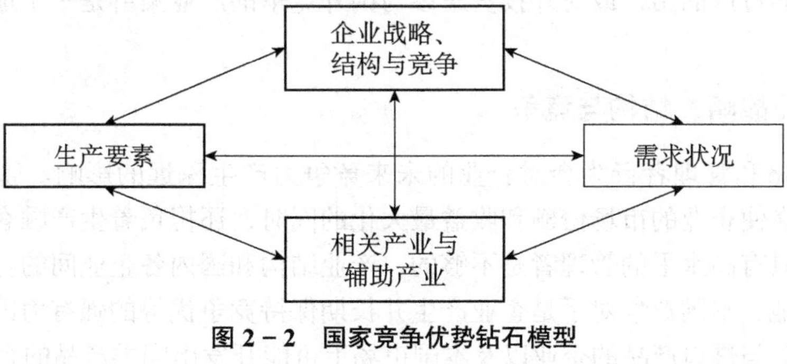


**图 2－2　国家竞争优势钻石模型**

资料来源：约翰·J. 怀尔德，肯尼思·L. 怀尔德，J.C.Y. 韩季赢．国际商务：第 4 版．北京：北京大学出版社，2009：171.

### （一）生产要素

要素禀赋学说认为，一国的资源，如大量的劳动力、自然资源、气候或地形特征，都是决定一个国家生产和出口何种产品的重要因素。波特肯定了这些资源的价值，并称之为基本要素，另外，他还提出并讨论了高级要素的重要性。

高级要素包括不同层次劳动力的技能水平以及一国的技术基础，需要通过长期投资或培育才能创造出来。高级要素是最重要的，一国的基本要素若不足，可以通过高级要素获得补偿，但是如果高级要素处于劣势，就无法用其他方式进行有效弥补了。尽管基本要素是生产某种产品的原始推动力，但是高级要素使一个国家在某种产品的生产上所具有的竞争优势得以维持。比如，日本在当今汽车制造业中获得优势并不是依靠国内的自然资源等基本要素，而是通过不懈的努力，包括培训员工、改进技术和生产工序等获得高级要素来维持其行业生产力优势。

### （二）需求状况

本国市场和消费者的特征对于建立某一产品的国家竞争优势也很重要。国内需求大，有利于促进竞争，形成规模经济；成熟的国内市场（消费者理性、要求高）会促使企业提高产品质量和服务水平，还会促使企业不断改进现有的产品，使其具备新的设计特色，并开发出新的技术和产品。处于这种市场中的企业，其整体竞争力不断提高。例如，成熟的美国电脑软件市场可以帮助那些总部设在美国的企业在开发新软件上取得优势地位。

### （三）相关产业与辅助产业

一个国家的国际竞争产业中的企业并不是孤立的，相反，相关产业与辅助产业会不断涌现并为该竞争产业提供所需的投入品——原材料、中间产品等。那些可以从国际竞争产业的生产链或产品和生产技术中获利的企业集聚在同一地区形成产业集群。产业集群中的每个行业都为提高生产力服务，从而提高了该群体内所有行业的竞争力。例如，意大利是制鞋产业集群的成功例子，它从国内与本行业紧密相连的皮革业和设计业中获益良多。

少数几个相关产业集群往往会支配一个地区的大部分经济活动，并在对外出口或对外投资中占据相当大的份额，形成出口型产业集群。例如，中国浙江的义乌就是小商品出口加工集散地。通过产品出口或对外投资来参与国外竞争的产业集群是一个地区长期繁荣的主要动力。

### （四）企业战略、结构与竞争

企业的战略和管理者行为会对企业的未来竞争力产生深远的影响。管理者的角色非常关键，他们在使企业的市场份额和收益最大化的同时，还担负着生产顾客满意的高品质产品的责任。只有高水平的管理者是不够的，产业结构和国内各企业间的竞争状况同样重要。强大的本地、本国竞争对手是企业产生并长期保持竞争优势的强有力因素。竞争力的提升有助于企业与进口产品的企业以及本国市场上可能开发出同类产品的企业展开竞争。

### （五）政府与机遇

除了钻石模型中的四个要素，波特还提出了两个辅助要素——政府与机遇，它们在提升国内产业的竞争力方面也非常重要。

首先，政府的某些行为（资助、补贴或政策扶植）往往可以提高企业甚至整个产业的竞争力。如中国政府对高铁行业的扶植在加快高铁行业在国内发展的同时，也帮助其获得了国际领先的竞争力。

其次，机遇的出现也有助于提高企业或产业的竞争力。比如，2008 年中国乳品市场的三聚氰胺事件就给国外的乳品企业创造了非常有利的竞争机会。当然，市场蕴含的风险也会威胁到企业的竞争优势。

### （六）国家竞争优势的发展阶段

一个国家的优势产业的发展可分为四个不同阶段，即生产要素推动阶段、投资推动阶段、创新推动阶段、财富推动阶段。

#### 1. 生产要素推动阶段

该阶段的竞争优势主要取决于一国的要素禀赋优势，即拥有廉价的劳动力和丰富的资源。

#### 2. 投资推动阶段

该阶段的竞争优势主要取决于资本优势，大量的投资可用来更新设备、扩大规模、增强产品的竞争力。

#### 3. 创新推动阶段

该阶段的竞争优势主要来源于研究与开发。

#### 4. 财富推动阶段

在此阶段，优势产业的创新与竞争意识明显下降，经济发展缺乏强有力的推动力。

波特的国家竞争优势理论从多角度、多层次阐明了国家竞争优势的内涵，指出国家竞争优势形成的根本点在于竞争和确定优势产业。这一理论对于解释战后，特别是 20 世纪 80 年代以后的国际贸易新格局、新现象很有说服力。

随着全球化的日益深入，国际竞争越发激烈，任何一个国家都不可能再基于要素禀赋的比较优势来进行分工与贸易。只有通过创造竞争优势，才能提高自己的竞争力，因此，一国必须创造公平竞争的环境，重视国内市场的需求，重视企业的创新机制和创新能力，这些观点对于所有国家特别是发展中国家具有重要的启发意义。

波特的理论也存在一些局限，它过于强调企业和市场的作用，而低估了政府的作用。在波特看来，一个国家要具备竞争优势，主要依靠企业的创新，政府的作用只是创造公平的竞争环境，是辅助性的。

## 四、国际贸易理论与国际营销实践

不同的国际贸易理论对商品和服务的生产地区性转移的好处的解释是一致的，即贸易自由化能为一国及其国民带来经济上的益处，能激发企业和企业家的竞争意识。随着贸易额及贸易量在世界范围不断增长，新的贸易理论还会不断出现以尝试对国家间进行贸易以及某些国家在生产某些特定产品方面具有优势的原因做出解释。

旧有的理论并不会过时，就目前的情况看，比较优势理论可以很好地解释今天的国际贸易模式。以芭比娃娃的制造和销售为例，芭比娃娃由美泰公司在美国设计，其营销战略也是在美国制定的，但芭比娃娃的身体、服饰、头发的制作涉及多个国家和地区。比如，在中国将来自沙特阿拉伯的乙烯加工成聚氯乙烯颗粒，用来自美国的注塑机将聚氯乙烯颗粒注塑成芭比娃娃的身体，再为它戴上产自日本的尼龙头发，穿戴上中国制造的衣饰，然后将其运往包括美国在内的全球100多个国家或地区……这种模式非常符合比较优势理论，参与其中的国家或地区专门从事其最具比较优势的工作（或生产实物，或提供服务），并都从这个全球制造链和贸易中获得了好处。芭比娃娃的生产和贸易模式在目前来看依然具有普遍性。在这样的贸易中发展中国家获得的利益远远小于发达国家，在一款在美国售价为9.9美元的芭比娃娃的价值构成中，作为制造者的中国企业只能拿到大约35美分，用来支付制造产品的工人的工资，由此中国企业的利润可见一斑。随着中国劳动力成本的不断提高，通过这种贸易模式从事国际经营的企业的日子越来越不好过。尽管从宏观的角度看，比较优势理论能完美地解释国际贸易的发生，但对从事国际经营的企业而言，不去发展自己的核心竞争优势，而仅仅依靠劳动力方面的比较优势参与全球竞争是不可能发展壮大的。

目前，中国已扭转了这种以低工资、低技术为基础的出口带动型经济模式，一大批锐意进取的企业开始积极创造和开发在全球市场中具有竞争力的高附加值产品。2020年，中国出口商品结构持续优化，技术含量和附加值高的机电产品出口占比增至59.39%，集成电路、计算机、医疗器械等高技术、高附加值产品出口强劲，增速分别达14.8%、10.7%和44.5%。

就中国的情况看，国家竞争优势理论能更有效地指导中国重新确定自己在世界贸易体系中的角色，中国的优势产业在经历了生产要素推动阶段、投资推动阶段后，应坚决、积极、持续地向创新推动阶段迈进；国家竞争优势理论可以帮助企业厘清如何提升自己在全球市场中的竞争力的思路，实现产品升级，实现从大众消费品领域向高端工业品领域的转移，并将市场重心从发展中国家向发达国家转移。如果缺乏必要的国际营销思想和理念的指导、国际营销战略的支持，仅凭一些国际贸易经验是不可能实现上述转变的。这再一次说明了国际市场营销的重要性和必要性。

## 第3节　政府在国际贸易中的作用

从上一节对国际贸易理论的介绍和分析中可以看出，自由贸易至少在理论上能给参与其中的国家带来利益，然而现实是，加入世界贸易体系的各个国家并非简单地敞开国门，接受贸易自由化。全球化和自由贸易可以使企业将产品的生产和服务的提供转移到效益最大化的地区，但这个过程并不总是使涉及的国家受益。比如，发达国家的企业为了获取劳动力方面的比较优势，会将其建于母国的制造厂以投资方式逐渐转移到劳动力成本相对低廉的发展中国家，这显然会使该企业减少在母国的工作岗位，对母国并非好事。对发展中国家而言，如果任由发达国家的强势企业进入其市场，无论是以出口还是以投资的方式进入，都有可能威胁其弱小的民族工业的生存与发展（至少在短期内）。因此，出于政治、经济和文化的综合考虑，各国政府往往会对国际贸易进行干预。政府参与商品和服务贸易的行为对企业的经营效率甚至企业战略都会产生重大影响，企业或者受惠于本国政府或东道国政府特定时期的贸易政策，或者受其制约。

## 一、政府干预贸易的原因

在没有贸易壁垒的情况下进行进口和出口的模式称为自由贸易（free trade）。虽然各国都有充分的理由展开相互贸易，但是各国政府普遍倾向于限制进口、鼓励出口，常常会通过支持国内公司的出口来对贸易进行干预，特别是当一国经济处于低迷期时，这种干预的力度往往会加大。在2008年金融危机后的十多年，由于世界经济增速下滑，许多国家设置的贸易壁垒的数量和种类都比以前增多了，实际效果是推迟了全球经济走向复苏的时间。下面分别从政府干预贸易的政治目的、经济目的和文化目的三个方面来了解国家在贸易活动中扮演的角色。

### （一）政治目的

通常一国政府所制定的与贸易相关的政策、法规往往是出于对政治因素的考虑，最主要的政治动机包括保护就业、维护国家安全、对其他国家的不公平贸易行为做出反应以及获得对其他国家的影响力。

保障充分就业是绝大多数国家的政府获得存在合法性的基础，因此当国际贸易威胁到国内就业时，几乎所有的政府都会对国际贸易进行干预。例如，美国前总统奥巴马为遏制受2008年金融危机的影响而逐渐扩大的失业潮，于2009年9月决定，对从中国进口的所有小轿车和轻型卡车轮胎实施为期3年的惩罚性关税，税率第一年为35%，第二年为30%，第三年为25%。

一国政府会以维护国家安全为由，对进口贸易和出口贸易进行管制。政府往往会以保护国家安全的名义，对某些产品和项目（武器、燃料、信息产品等）的进出口进行限制。

有些国家会对农业实行坚决的保护，法国就因其农业补贴政策而广受其他国家的批评，因为这会降低其他农产品出口国的产品竞争优势。虽然各国政府普遍支持出口，但如果出口产品具有双重用途——既能用于军事工业又能用于民用工业，政府就会对企业的出口活动进行严格审查，产品在出口之前必须获得政府批准，甚至政府禁止将某些特定产品出口到特定国家。受冷战思维的影响，美国对出口到中国的这类产品长期以来实施严格的审查和禁运政策。

出于贸易互惠的诉求，一国政府也可能以对“不公平”贸易的反应方式干预国际贸易。换言之，如果一国政府认为另一个国家没有进行公平贸易，它就会威胁要进行贸易报复，除非双方能达成某些共识。

有时，世界上的一些大国会为了获得对其他小国的控制而干预贸易。比如，美国为了保持其对中美洲、北美洲、南美洲和加勒比海地区的控制力，一方面强烈支持美洲自由贸易，另一方面坚持对古巴的贸易禁运和贸易制裁。

### （二）经济目的

各国试图影响国际贸易最常见的经济原因有两个：在国际竞争中保护幼稚产业（新生工业）和促进具有战略意义的贸易政策实施。

#### 1. 保护幼稚产业

根据幼稚产业保护论，一国的新兴产业在发展阶段需要得到保护以免受到国际竞争的影响，直到该产业有足够的国际竞争力。虽然该理论从理念上看很吸引人，但也存在几个问题。

首先，政府需要在众多产业中区分哪些产业值得保护，哪些产业没有必要去保护，这样做不是不可能的，但会很困难。

其次，对国际竞争加以限制会导致国内企业在创新方面少有作为，从而影响企业提高自身竞争力的主动性。

再次，国内保护对整体经济的影响弊大于利。由于缺乏竞争意识，企业在降低生产成本和提高产品质量方面的动力很小，最终消费者往往要支付更多的钱来购买商品，与此同时，国内企业会对保护产生更强的依赖性。

最后，幼稚产业保护论还提出，对于有发展前景的小型企业而言，在资本市场获得资金是很困难的，因此它们需要政府的财政支持。不过，如今的国际资本市场比过去要开放得多，而且有前途的企业还可以获得私募资金的支持。

#### 2. 制定战略性贸易政策

政府可通过相关政策，扶植某些行业（常选择对经济发展起关键作用的行业），使其获得规模经济优势，成为全球范围的行业领先者。例如，2012 年，我国政府决定优先支持制造业向高端产业转型，计划在设备制造、造船和汽车等行业投入大量资金，用于改进技术和提升产品质量，并鼓励国内外的并购活动。

### （三）文化目的

国家还会通过对某些商品和服务贸易的限制来达到一些文化目的，最为常见的是保护民族文化。

文化与贸易紧密相连，一方面有些文化制品，比如电影、电视节目以及图书，本身就是国际贸易的对象；另一方面贸易会通过对一国经济的改变影响其文化中的某些构成要素。鉴于不良文化可能会给一国带来很多负面影响，政府会限制甚至禁止不良文化的贸易。电影、电视以及广播业是文化产业中最为敏感的行业，大多数国家都会对这些行业的商务活动加以干预。比如，为了阻止英语的侵入和保护法语的纯洁性，法国的法律对产品包装和店铺招牌上英语的使用量做了限制；在收听广播的高峰时段，规定至少要有 40% 的电台节目是法国艺术家的作品。同样，中国也有类似的限制，比如，对每年引进的国外电影数量设置了最高定额；另外，对院线放映的进口影片与国产影片的比例以及放映时间也有严格规定。

美国的文化产业在其国民经济中的地位仅次于军事工业，在很大程度上影响着全球的文化产业。世界上很多国家为减少美国文化对本国文化和经济的不利影响，试图对美国文化产品的进口加以限制（参见营销视角 2－2）。

**营销视角 2－2 加拿大为保护本土文化与美国较劲**

## 二、政府促进贸易的方法

在讨论了政府干预贸易的原因后，再来看看其干预贸易的具体方法。表 2－3 中列出了政府在促进和限制贸易时最常用的方法。

**表 2－3 政府促进和限制贸易的方法**

| 贸易促进 | 贸易限制 |
|---|---|
| 补贴 | 关税 |
| 出口融资 | 配额 |
| 对外贸易区 | 禁运 |
| 政府的专门机构 | 当地成分要求 |
| | 行政性拖延 |
| | 外汇管制 |

### （一）补贴

以支付现金、低息贷款、免税、产品价格支持或其他形式给予国内生产者的财政资助称为补贴（subsidy）。无论具体采取何种方式，补贴都试图帮助本国企业与国际竞争对手相抗衡。补贴会使其他国家的企业在市场竞争中处于不利的位置。由于很难在补贴与一国的产业政策之间划出一条明确的界限，有关补贴的争议大多由世界贸易组织来仲裁。

补贴可以在短期内帮助本国企业在国际竞争中处于相对有利的地位，但是也存在很多负面的影响。补贴所提供的保护会使企业缺乏提高生产效率和资源利用率的积极性。另外，政府用于补贴的资金来自增值税、所得税等税收，因此会损害消费者的利益。总之，虽然补贴为企业和产业提供了短期救济，但认为政府补贴能够在长期内提高国民生活水平的观点还是遭到了质疑。从目前国际贸易的状态看，补贴是诱发贸易争端的一个重要原因，参见营销视角 2－3。

**营销视角 2－3 空客波音补贴争议：美欧打了 16 年的官司**

### （二）出口融资

政府经常通过给予企业出口融资来鼓励出口。常见的一种做法是为所资助的企业提供比市场利率低得多的贷款。另一种方法是，如果企业拖欠贷款，政府承诺替其偿还所欠贷款，这就是所谓的贷款担保。

许多国家都有专门的机构来帮助企业获得出口融资。比如，中国进出口银行的主要职责是扩大我国机电产品、成套设备和高新技术产品的进出口，推动有比较优势的企业开展对外承包工程和境外投资，促进对外关系发展和国际经贸合作，提供金融服务。近几年该银行逐步加大了对战略性新兴产业、中小科技企业的贷款力度。

### （三）对外贸易区

大部分国家都通过设立对外贸易区（foreign trade zone，FTZ）来促进与其他国家之间的贸易往来。对外贸易区又称出口自由区、自由关税区、免税贸易区、免税区、自由贸易港、自由工业区、投资促进区等，是指在主权国家或地区划出特定的区域，将其置于关境以外，准许外国商品豁免关税，自由进出，实质上是采取自由港政策的关税隔离区。狭义的对外贸易区仅指提供区内加工出口所需原料等货物的进口豁免关税的地区，类似于出口加工区。广义的对外贸易区还包括自由港和转口贸易区。建立对外贸易区的目的是促进本国贸易增长，同时促进就业。

海关关税增加了产品的总成本，而且延长了产品进入市场所需的时间。许多企业通过在对外贸易区建立机构来降低产品的成本并缩短产品进入市场的时间。大多数企业在对外贸易区办厂的目的主要是完成最终产品的组装。例如，日本在美国印第安纳州、肯塔基州、俄亥俄州和田纳西州的汽车制造厂就建在对外贸易区，并由美国商务部管辖，这些汽车制造厂被允许以正常关税的 50% 的税率从世界各地的生产商那里进口汽车零部件，经过组装后，汽车可以在美国市场销售而无须缴纳关税，以作为对汽车制造厂在美国提供就业机会的回报。

自 2013 年 8 月建立上海自贸试验区以来，我国已在上海、广东、天津、福建等地建立了 21 个自贸试验区，经过几轮扩容后，自贸试验区基本遍布全国，在东、中、西部大体上实现了全覆盖，形成了多元化、阶梯化的格局。据商务部统计，2020 年我国自贸试验区实际利用外资达 1 790 亿元，新设外资企业 6 472 家，占全国比重分别上升至 16.8% 和 17.9%。

### （四）政府的专门机构

大部分国家都设有促进出口的专门机构，这些机构对于拥有有限资金的小型企业来说尤其重要。政府的贸易机构经常组织相关工作人员和商界人士前往其他国家考察交流，一方面可以会晤潜在的生意伙伴，另一方面可以促成新交易。此外，这些机构还在其他国家设立贸易办事处，开发东道国潜在的贸易客户资源，并进行大量的营销沟通以促进本国产品的出口。不仅如此，鼓励进口本国不生产或无法生产的产品也是这些机构的一个重要职能。例如，日本贸易振兴机构就是日本政府的一个贸易促进机构，该机构协助国外的中小型企业与日本企业达成交易，安排它们与合适的日本经销商及合作伙伴会面，甚至还帮助初访的外国商人寻找临时的办事处。

此外，这些政府机构还通过其网站为从事进出口业务的企业提供信息查询服务。我国商务部的网站就有这些功能。

## 三、政府限制贸易的方法

全球很多国家的政府都会以关税壁垒和非关税壁垒来限制自认为对本国不利的贸易。关税（tariff）是对进出境产品征收的一种政府税收，包括出口关税、过境关税和进口关税。

关税壁垒主要是以高关税来阻止国外产品进入本国市场。关税会使进口产品的成本增加，从而提高价格，降低产品的销售量。非关税壁垒主要是用关税以外的措施来限制进口产品的数量。

### （一）关税壁垒

关税壁垒（tariff barry）是指用征收高额进口税和各种进口附加税的办法，限制和阻止进口外国商品的一种手段。

世界贸易组织鼓励贸易自由，同时也给予各成员一定的自由度，让它们可以按照自己的实际情况制定开放市场的政策，以约束性税率（世界贸易组织成员可以对进口产品征收的最高税率）和实际关税税率（实际征收的税率）之间的差额给予政府调控的空间。

世界贸易组织也允许其成员使用其他一些临时性的贸易限制手段。成员可以把关税抬高到超出约束性税率的水平，也可以出台进口配额，甚至完全停止进口。世界贸易组织的《保障措施协定》允许成员对可能严重危害本方工业的大规模进口施以关税或配额限制，而当其他方的商品正在以“低于正常价值”的售价在国际市场上大量出售时，一方可以根据《反倾销协议》的有关规定，对这种商品施以关税或配额限制。针对他方对某些行业的补贴导致的不公平竞争，也有《补贴与反补贴协议》作为参考。

世界贸易组织的章程规定，有时考虑到公共健康和国家安全，可以对某些进口商品进行限制，如有许多国家基于这个章程禁止进口转基因食品。

**营销视角 2－4 关税壁垒的主要形式**

常见的关税壁垒有以下几种形式：关税高峰、关税升级、惩罚性关税、从量关税、从价关税等（参见营销视角 2－4）。

### （二）非关税壁垒

关税不是实施保护以避免外国竞争的唯一手段。在国际贸易中存在各种各样的非关税措施，自由贸易论者称之为非关税壁垒（non-tariff barry），它泛指一国政府为了调节、管理和控制本国的对外贸易活动，从而影响贸易格局和利益分配而采取的除关税以外的各种行政性、法规性措施和手段的总和。第二次世界大战后，在《关税及贸易总协定》的努力下，关税大幅减让，各国不得不转向用非关税措施来限制进口，保护国内生产和国内市场。

**营销视角 2－5 非关税壁垒的主要形式**

常见的非关税壁垒有配额、禁运、当地成分要求、行政性拖延以及外汇管制（参见营销视角 2－5）。

经过多年的演化发展，20 世纪 90 年代以来，非关税壁垒呈现出形式更加隐蔽、技巧更高的特点，以致很难区分其保护是否合理。具体来看，大致有以下几方面的变化：第一，传统制度化的非关税壁垒不断升级。如反倾销的国际公共规则建立后，在制度上削弱了贸易壁垒的作用，但频繁使用反倾销手段又使其演化为新的贸易壁垒。第二，技术标准上升为主要的贸易壁垒。由于各国的技术标准难以统一，因此技术标准成为最复杂的贸易壁垒，常常令人难以区分其合理性。第三，绿色壁垒成为新的行之有效的贸易壁垒。一些国家特别是发达国家往往借环境保护之名，行贸易保护之实。第四，政治色彩越来越浓。发达国家甚至利用人权、劳工标准等形成带有政治色彩的贸易壁垒，干涉别国内政。据不完全统计，非关税壁垒从 20 世纪 60 年代末的 800 多项已上升至 21 世纪初的 2 000 多项。

尽管自由贸易能给参与其中的国家带来利益，但是出于对政治、经济和文化这三者的考虑，各国政府往往会对国际贸易进行干预，包括以补贴、出口融资以及设立对外贸易区和促进贸易的专门机构等措施促进对外贸易，也包括以设立关税壁垒和非关税壁垒的方式限制贸易。这些举措会从不同层面、以不同的程度影响企业国际营销战略的制定和实施。因此，了解国际贸易的现状和变化趋势是企业从事国际市场营销活动的基本要求。

## 第 4 节　世界贸易组织和区域贸易一体化协定

上一节的内容告诉我们各国（地区）会出于对自身利益的考虑干预对外贸易，不同国家的贸易政策、期望的贸易方式往往存在差异和冲突，这意味着世界贸易的有序进行和持续发展需要有专门的机构来管理和推动。世界贸易组织（WTO）自 1995 年以来扮演了这个角色，努力维护全球多边贸易秩序，通过吸纳更多的成员，不断扩大世界贸易的范围和参与主体，期待将全球贸易的进行和贸易争端的解决置于世界贸易组织的框架下。

近年来世界贸易组织面临严峻挑战，其贸易自由化、最惠国待遇、独立的争端解决机制、发展中国家的特殊和差别待遇等基本原则和精神都受到严重侵蚀。再加上办事效率低下、多边谈判停滞不前等缺陷，对世界贸易组织的许多成员而言，与其他国家（地区）建立区域经济一体化组织是一种更实用的选择。数量日渐增多的各类区域经济一体化组织和双边协定正在影响着世界贸易组织对全球贸易的主导权。

### 一、世界贸易组织

第二次世界大战后，国际经济严重萧条，国际贸易秩序混乱，全世界对自由贸易的态度发生了明显的变化，人们反思战争爆发的缘由和有史以来最严重的经济萧条出现的根源，认为在此之前的几十年里，国与国之间激烈的经济竞争和各国竞相争夺生产资源的行为导致了上述后果。为了防范类似的灾难再次降临，经济学家和政策制定者提出应该建立一个全球贸易体系，于是一个多边协议体系，即《关税及贸易总协定》（General Agreement on Tariffs and Trade，GATT）应运而生。《关税及贸易总协定》（简称《关贸总协定》）是一个旨在通过降低国际贸易的关税和关税壁垒来促进自由贸易的协定，是关于关税和贸易准则的多边国际协定，其通过在成员之间定期举行“回合性”谈判来制定基本的条款。

1986 年《关贸总协定》乌拉圭回合谈判启动后，欧共体和加拿大于 1990 年分别正式提出成立世界贸易组织的议案，1994 年 4 月在摩洛哥马拉喀什举行的《关贸总协定》部长级会议正式决定成立世界贸易组织——一个协调成员之间贸易活动的国际性组织，总部设在瑞士日内瓦。世界贸易组织 1995 年 1 月 1 日开始正式运作，1996 年 1 月 1 日正式取代《关贸总协定》，负责管理世界经济和贸易秩序。与《关贸总协定》相比，世界贸易组织的管理协调活动完整地涵盖了货物贸易、服务贸易以及知识产权贸易，而且在调解成员争端方面具有更高的权威性。

### （一）世界贸易组织的价值观和原则

世界贸易组织的基本价值观是贸易开放、公平、透明，目标是鼓励可持续发展，提高人民的福利，减少贫困，促进和平与稳定，使所有的世界贸易组织成员，无论其大小、发展水平如何，都能从多边贸易体系中受益。这些共同的信念和承诺将世界贸易组织 164 个成员（数据截至 2020 年，还包括 24 个观察员）团结在一起。

世界贸易组织的基本原则主要有最惠国待遇原则、国民待遇原则、互惠互利原则（也称权利与义务的平衡原则）、扩大市场准入原则、促进公平竞争与贸易原则、鼓励发展和经济改革原则、贸易政策法规透明度原则。

### （二）世界贸易组织的组织机构、决策和争端解决机制

世界贸易组织由部长级会议、总理事会和总干事负责管理。部长级会议是最高权力机关，总理事会执行部长级会议的政策决议，下设争端解决机构、贸易政策机制评审机构和理事会等附属机构。秘书处为世界贸易组织的日常办事机构，最高行政长官是总干事，任期一般为 4 年。

大多数国际组织依照一个成员一票或加权投票的方法来做出决定，但世界贸易组织的很多决定是通过达成共识的方法做出的，即如果任何一个与会成员对拟通过的决议不正式提出反对，就算达成共识；若未达成共识，则以投票决定，投票只在不得已或某些特殊情况下使用。在部长级会议和总理事会上，成员均有一票投票权，除非另有规定，通常以多数票为准。共识机制的优势在于贸易法律很快能够获得执行，采用其他任何机制都需要更长的时间来做出某项决定，同时那些在讨论中拥有更多筹码的成员会占据优势，而且决定一旦做出便很难更改。

值得一提的是世界贸易组织的争端解决机制，该机制的核心是争端调解小组（Dispute Settlement Body，DSB），争端调解小组对成员之间有关不公平贸易壁垒和其他问题的诉讼进行仲裁。在为期 60 天的磋商期内，诉讼双方应当诚心诚意地谈判，以达成和解。如不能达成和解，投诉方可以请求争端调解小组指定一个 3 人贸易专家小组，举行有关案件的闭门听证。听证之后，该小组要在 9 个月内公布他们的裁定。争端调解小组被授权根据专家小组的建议采取行动。败诉一方可以选择向受理上诉的 7 人小组上诉。经过规定的程序，如果发现一方的贸易政策侵犯了世界贸易组织的原则，该方应当改变其贸易政策；如果当事方不做改变，世界贸易组织可以对败诉方采取贸易制裁。参见营销视角 2－3。

世界贸易组织前总干事鲁杰罗说过："如果不提及争端解决机制，任何对世界贸易组织成就的评价都是不完整的。从许多方面讲，争端解决机制是多边贸易体制的主要支柱，是世界贸易组织对全球经济稳定做出的最独特的贡献。"这一评价是非常中肯和符合实际的。

## 二、区域经济一体化和区域性经济组织

区域经济一体化（regional economic integration）是指位于某一地理区域内的各个国家和地区通过相互合作，削减或消除相互之间的商品、劳务和资本的流动壁垒的过程。在该地理区域内实行经济一体化的所有国家和地区称为区域贸易集团或区域经济一体化组织（regional economic organization）。各国实行经济一体化不仅是为了增加跨国贸易和投资，也是为了提高各国和地区的生活水平。

### （一）区域经济一体化组织的兴起和发展历程

尽管区域经济一体化的雏形可以追溯到1921年成立的比利时和卢森堡经济同盟，但区域经济一体化真正形成并迅速发展却是在第二次世界大战后。

第二次世界大战后，在《关贸总协定》的保护下，多边贸易获得了长期稳定的发展。与此同时，全球经济领域也在发生重大变化，世界政治经济发展不平衡，大批发展中国家发展起来，这些因素使得发展区域贸易具有紧迫性和现实性。早期（20世纪五六十年代），区域经济一体化组织因其成员地理位置相邻、生产力发展水平相近、有类似的文化历史背景，较多边贸易具有更多经济合作优势，出现了区域经济一体化发展的第一次高潮。

20世纪70年代，西方国家的经济处于“滞胀”状态，区域经济一体化也一度停滞不前。20世纪80年代中期以来，世界政治经济形势发生了深刻变化，特别是进入90年代后，全球化扑面而来，没有哪个国家和地区能孤立地存在于世界经济体系之外。世界贸易组织的产生进一步推动了全球贸易自由化和经济全球化。然而，世界贸易组织自身庞大、运作程序复杂（根据世界贸易组织“一揽子接受”方式，其成员对各项议题的谈判只有在一致同意的基础上才能进行）以及多边贸易谈判所遭遇的挫折和困难（如多哈回合谈判），刺激了区域经济一体化的发展。发展高潮是1994年欧共体升级为欧洲联盟，这一突破性进展产生了强大的示范效应，极大地推动了其他区域经济一体化的建设。

区域经济一体化的根本特征是“对内自由贸易，对外保护贸易”，因此，它对多边贸易体制和全球经济的影响必然是双重的。积极的方面是区域经济一体化组织降低了贸易壁垒，为商品和服务打开了新的市场，为消费者和行业采购商在更低的价格水平上提供了更多的选择，且有助于提高企业的生产力，促进国家间的竞争，为国际商务提供重大机遇。

消极的一面是区域经济一体化组织都具有不同程度的贸易转移效应，即贸易从一个贸易集团的非成员国向成员国转移，导致买主不再从较便宜的货源国进口商品，而是从较昂贵的协定签约国采购产品。还有一点就是区域经济一体化组织较世界贸易组织有更多的政治目的，这无疑会增加自由贸易和经济发展的复杂性。

### （二）区域经济一体化组织的形式

区域经济一体化组织有多种形式，这些形式因合作程度、合作基础以及成员内部关系的不同而呈现明显的差异性。一般可分为五种基本形式，从一体化程度最低的自由贸易区到高度一体化的政治联盟，每一种形式都包含比它更低层次的一体化形式的所有特点。欧盟就是从自由贸易区一步步地发展为经济同盟，并朝政治同盟的方向努力的典型例子。

1. 自由贸易区

自由贸易区（free-trade area）是指两个或两个以上的国家（或地区）就降低或取消彼此之间的关税及非关税壁垒达成协议，同时各成员对区域外国家仍然实施各自的关税税则。从本质上讲，自由贸易区为其成员提供了一个不存在阻碍货物和服务在区域内自由流动的壁垒的大市场。

2. 关税同盟

关税同盟（customs union）是指成员之间完全取消关税壁垒和非关税壁垒，并对非成员采取统一的贸易政策的区域经济一体化形式。关税同盟与自由贸易区最大的区别在于关税同盟以统一的贸易政策来对待非成员。

3. 共同市场

共同市场（common market）是指取消成员之间的所有商品、劳动力和资本流通的壁垒，并制定统一的贸易政策来对待非成员的区域经济一体化形式。共同市场在综合了自由贸易区和关税同盟的特点的基础上增加了劳动力和跨境投资这两种重要生产要素的自由流动，因此共同市场不仅是货物贸易的自由市场，也是服务贸易（包括劳务）与资本的自由市场，同时它要求成员至少在经济和劳动力政策方面进行合作。

4. 经济同盟

经济同盟（economic union）是指取消成员之间的商品贸易和劳务资本流通的壁垒，对非成员采取统一的贸易政策，同时协调各成员之间的经济政策的区域经济一体化形式。经济同盟已经超出了共同市场的要求，各成员不仅要在税收、货币和财政政策上实现统一，而且要采用统一的货币。此外，成员作为经济同盟的一部分，必须将一定的国家自治权（或主权）让渡给该超国家联盟。

5. 政治同盟

政治同盟（political union）是指成员之间在经济和政治制度上高度协调一致的区域经济和政治一体化形式，是一体化程度最高的区域性合作形式。政治同盟要求成员以相同的经济和政治立场来对待非成员，当然，成员在本国领土上拥有一定程度的制定某些政治和经济政策的权力。现实生活中尚未出现完全符合政治同盟要求的组织，目前正在朝这个方向迈进的就是欧盟。

### （三）全球重要的区域经济一体化组织

世界贸易组织2016年的统计数据显示，截至2015年5月，全球共签署449个区域贸易协定，其中262个已经生效并正在实施，90%的是自由贸易协定。其中最大的区域贸易协定为欧盟、《美墨加协定》（2018年前的北美自由贸易区）和东盟。2015年，这三大区域贸易协定的出口额为8.8万亿美元，进口额为9.6万亿美元，分别占世界出口额和进口额的55%和58%。

我国也在积极推进区域贸易组织的建设，据商务部统计，截至2020年12月，我国已与26个国家和地区签订了19个自由贸易协定，主要包括格鲁吉亚、韩国、冰岛、秘鲁、新西兰、巴基斯坦、澳大利亚、瑞士、哥斯达黎加、新加坡、智利、东盟和马尔代夫等，其中涉及 11 个“一带一路”沿线国家，涵盖了我国近 30% 的进出口贸易额。

1. 欧盟

欧盟的前身是 1952 年成立的欧洲煤钢共同体。1957 年，欧洲煤钢共同体签署了《罗马条约》，并建立了欧洲经济共同体。1993 年 11 月，《马斯特里赫特条约》正式生效，欧洲共同体更名为欧盟。经过 20 多年的不断扩张，欧盟共有 27 个成员国、约 4.48 亿人口和 15.6 万亿美元生产总值。①

欧盟的主要机构包括欧洲议会、欧盟理事会、欧盟委员会、欧洲法院和欧洲审计院。

2016 年 6 月，欧盟的发展遭遇重大挫折，英国通过全民公投决定退出欧盟，给欧盟的自信心和国际地位造成严重打击，使欧盟失去了第二大经济体和两大军事力量之一。2020 年 1 月 31 日，英国结束了与欧盟长达 47 年的“牵手”，成为第一个脱离欧盟的国家。

近年来中国和欧盟的经贸关系发展很快，2020 年中国占欧盟货物贸易总额的 16.1%，在欧盟全部 5 600 类商品中，对中国存在“战略依赖”的商品有 659 类。中欧贸易额达到 5 860 亿欧元，中国首次成为欧盟的最大贸易伙伴。②

2.《美墨加协定》

《美国－墨西哥－加拿大协定》（USMCA，简称《美墨加协定》）的前身是于 1994 年 1 月生效的《北美自由贸易协定》。美国前总统特朗普多次批评《北美自由贸易协定》造成美国制造业岗位流失，要求重新谈判。2018 年 9 月，三国就更新《北美自由贸易协定》达成一致，新协定更名为《美墨加协定》。2020 年 1 月，美国国会最终批准修订后的《美墨加协定》，2020 年 7 月 1 日正式生效。

简单来说，《美墨加协定》是“北美自由贸易协定 2.0”，保留了原协定中的大部分内容，但在几个方面有所变化。③

其一，协定将原先的原产地规则进一步提升。比如，规定汽车零部件的 75% 必须在三国生产，才能享受零关税，高于此前 62.5% 的标准。

其二，对非市场经济国家具有排他性。协定第 32 章第 10 条规定，若三方中任何一方与非市场经济国家达成自贸协定，另外两方可将其踢出协定。

其三，争端解决机制。该机制允许第三方投资者直接对东道国提起仲裁，这将使投资者与东道国处于平等地位，以保护投资者利益。

其四，此前三国市场的开放程度不一致，加拿大、墨西哥在贸易自由化程度上有所保留，现在这两国需要承担与美国相同的开放义务。此外，加拿大、墨西哥对美国长期存在贸易顺差，新协定有助于“修正”这一问题，因此对美国利益有较大倾斜，加拿大相对中立，但对发展中国家墨西哥来说，会增加其在贸易上对美国的依赖，签订协议也是受美国加征关税威胁的影响而不得已为之。

---

① 为 2019 年英国脱欧后的数据。

② 中国超美成欧盟最大贸易伙伴. 参考消息，2021-02-17（1）.

③ 美墨加协定今日正式生效，将带来哪些改变和影响？.（2020-07-01）. http://www.xhby.net/index/202007/t20200701_6708317.shtml.

《美墨加协定》被认为是目前涵盖面最广的贸易协定。除了 20 世纪 90 年代就存在的劳工、环境、竞争政策等议题，该协议还包括了 21 世纪开始进入讨论范围的数字贸易、国有企业、中小企业等议题。

《美墨加协定》对中国的对外贸易可能带来负面影响：首先，协议生效后，加拿大与墨西哥将在中美经贸摩擦中被迫选边站。受限于条款的相关规定，在没有美国的许可下，中国与加拿大、墨西哥两国分别签署自贸协定的可能性将被削弱。另外，此前中国产品可以经加拿大、墨西哥进入美国（以规避美国加征的关税），但在新协定生效后，原产地规则将使这条贸易途径受阻。

3. 东盟

东南亚国家联盟（Association of Southeast Asian Nations，ASEAN）于 1967 年由印度尼西亚、马来西亚、菲律宾、新加坡和泰国五国签署成立，之后文莱、越南、老挝、缅甸和柬埔寨先后加入。东盟十国构成了一个拥有约 6.55 亿消费者、生产总值突破 3.14 万亿美元的市场（2019 年的数据），是世界第五大经济体和第四大进出口贸易区。该联盟的主要目标是促进区域内经济、文化和社会的发展，维护地区经济和政治稳定，提供一个公正、和平解决各方争端的平台。

由于出口的产品、自然资源以及其他资产具有相似性，早期在东盟内部进行自由贸易的尝试并没有取得成功。1994 年，各成员国的经济部长同意在 2003 年实施自由贸易区协议，该协议将使关税从 20% 或更高降至 0～5%，这些措施促进了区域经济的快速增长和成员国间贸易的扩大。目前东盟各国政府致力于减少国家对经济的干预，实行经济自由化和私有化，这导致在从以农产品为基础的经济向以制造业为基础的经济转变以及专业化生产具有比较优势的某些制造业产品方面取得了重大进展，东盟各国逐渐从廉价劳动力的乐土转变成工业国。

2015 年底东盟宣布正式建成，但要真正达到区域一体化的发展目标，实现区域内政治安全同盟的构建、生产要素的自由流动和社会文化资源的整合，仍要付出相当大的努力。东盟成员国政治制度多样、发展阶段不同、意识形态各异，加上内部合作和协调机制不完善，会制约这一区域性制度安排的实际效应。未来东盟的发展仍任重道远。

中国与东盟的对话始于 1991 年，经历了消除疑虑、对话伙伴、睦邻互信和战略伙伴等发展阶段，经过 19 年的共同努力，2010 年 1 月，中国－东盟自由贸易区正式全面启动。该自贸区涵盖 20 亿人口，生产总值接近 15.089 万亿美元，贸易额达 4 522 亿美元（2016 年的数据），是世界上由发展中国家组成的最大的自由贸易区 。

自中国－东盟自由贸易区启动以来，中国与东盟的双边贸易连年高速增长，在过去 20 年中保持平均 20% 以上的增长率。在自贸区框架内，中国和东盟 90% 以上的商品实现了零关税，由此带来了双方贸易的快速发展。自 2018 年以来中国就是东盟的第一大贸易伙伴，2020 年东盟开始成为中国的第一大贸易伙伴。

除上述几个主要的区域经济一体化组织和协定外，《全面与进步跨太平洋伙伴关系协定》（CPTPP）这个涵盖 11 个亚太国家、约 5 亿人口、经济规模占全球 13.1% 的自贸区的影响力正在不断提升。另外，中国主导并推动的《区域全面经济伙伴关系协定》（RCEP）于 2020 年 11 月正式签署，于 2022 年 1 月 1 日正式生效。RCEP 包含了 15 个亚太地区重要经济体，涵盖的人口总量、GDP 总量和贸易总额各占世界总量（额）的 1/3，成为世界最大的贸易网络。

这些大型和超大型的区域贸易安排，会进一步强化北美洲、欧洲、亚洲三大板块的区域化属性，挑战多边贸易体制，全球产业链、供应链很可能会进一步区域化。

## 三、区域经济一体化对国际市场营销的影响

随着区域经济一体化的不断深入发展，未来全球市场极有可能会围绕这些区域经济一体化组织来发展，这对企业的国际营销活动会产生多方面的影响，机遇和挑战并存。

### （一）机遇

#### 1. 区域经济一体化带来了贸易

区域经济一体化提高了各成员之间的贸易水平，使得不同国家和地区的消费者和企业在采购商品和服务方面拥有比以往更多的选择，而且由于成员间关税壁垒降低，消费者和企业可以用更低的价格来购买商品和服务，有助于提高企业的生产力和消费者的相对购买力。

#### 2. 区域经济一体化为营销者创造了大市场

原来许多国家和地区的市场太小而不值得单独开发，但当与其他国家或地区合作形成新的市场后，这些市场就有了进入的价值。对那些习惯于大批量生产、大规模分销的企业来说，大型市场显得尤为重要，因为这样就能实现规模经济和营销效益，企业可以将原来彼此独立的、以国家和地区为界限的细分市场组合为一个规模更大的市场，从而制定统一的营销组合策略，降低营销成本。如欧洲共同市场诞生后，雀巢公司将其所拥有的多个乳酪品牌减至一个品牌，高露洁公司对高露洁牙膏采用统一销售模式，并在欧洲全境按统一价格销售，这无疑会降低企业的营销和管理成本。

#### 3. 区域经济一体化组织中的合作项目促进了经济增长

绝大多数区域经济一体化组织利用合作项目促进了经济发展，提高了购买力，改善了区域基础设施，从整体上改善了营销环境，这对营销者是非常有利的。

### （二）挑战

#### 1. 区域贸易协定对许多企业来说是把双刃剑

区域贸易协定使国内公司能够到国外寻找新的市场，同时也使他国的竞争对手得以进入国内市场，影响本国市场的竞争环境和产业结构升级。如墨西哥的批评家就抱怨，加入《美墨加协定》（北美自由贸易区）后，美国企业将高收入和高技能的工作机会都留在了本国，而将墨西哥当成了一个低成本的加工厂。

另外，区域分工将会加速替代全球分工，区域产业链、供应链之间的竞争会加剧，将会干扰跨国公司特别是全球性公司的国际营销战略布局。

#### 2. 区域经济一体化会带来贸易转移

贸易转移是指贸易机会由集团成员外转向集团成员内，这导致一国在为同一市场集团

内的他国公司提供交易便利的同时，对集团外的企业树起了贸易壁垒。例如，20世纪90年代，我国对美国的出口就受到了《北美自由贸易协定》的冲击，我国的纺织品在美国市场上的份额长期居于首位，但北美自由贸易区运行后，由于墨西哥纺织品进入美国市场时获得了关税优惠，因此对美国的出口激增，墨西哥于1998年取代了我国的地位。另外，贸易转移也可能使集团内的购买者支付更多，因为该区域内的生产者可能是低效的，其产品价格要高于集团外的竞争对手。

3. 区域经济一体化组织的规章和条例复杂

与单个的国家相比，区域经济一体化组织的规章和条例更复杂，而且在一个跨国集团市场保持竞争力比在一个国家内做同样的事情可能困难得多。欧盟成立后，许多欧盟之外的出口商都面临这种境况，它们可能需要通过在欧洲投资来保护它们在欧盟的出口市场。此外，欧盟这样的跨国集团市场往往会致力于颁布统一的标准，这意味着原来向一两个欧盟成员国出口并能达到其标准的企业，可能会发现自己现在处于这样的境地：如果不调整标准，就会被拒于欧盟市场之外。

尽管不同的企业面临的机遇和挑战不尽相同，区域经济一体化还是给那些富有创新精神又想扩大市场的营销者提供了巨大的机会。在可以预见的未来，全球市场的格局将会毫无疑问地围绕区域经济一体化组织展开，因此，营销者必须关注自己在这些贸易集团中的地位，以便更好地把握机会。

**案例分析2-1**

中国工程机械制造业的崛起

2021年4月，全球工程机械50强峰会组委会和《中国工程机械》发布"2021全球工程机械制造商50强榜单"，上榜企业分别来自中国、美国、日本、德国、法国、意大利、英国、瑞典和韩国等13个国家。中、美、日三国上榜企业总数居前三，其中中国11家，美国7家，日本13家。

中国11家上榜的工程机械制造商的销售额为507.33亿美元，比上年增长40.03%；销售额行业占比升至26.48%。中国企业取代美国企业（销售额为420.21亿美元，销售额行业占比为21.93%）由全球第三位升至全球首位，日本企业（销售额为398.98亿美元，销售额行业占比为20.83%）排名第三。不过，从单个企业来看，美国的卡特彼勒、日本的小松制作所实力雄厚，其全球销售额力压中国企业居前两位，徐工集团、三一重工、中联重科依次跟随其后。

近年来，中国工程机械制造业的产品在国内市场全面替代进口，同时也在加速走出国门，在"一带一路"沿线相关国家和地区得到了广泛应用和认可，并正在被欧美高端市场接受。中国工程机械制造业快速崛起的秘诀何在？可从三一重工在挖掘机领域的表现一窥究竟。

全球权威调研机构Off-High-way Research发布的数据显示，2020年三一重工共销售98 705台挖掘机，占全球挖掘机市场15%的份额，首次夺得全球销量冠军，这也是挖掘机产业历史上第一次由中国品牌居全球首位。如此骄人的业绩是三一重工几十年坚持进取的结果。

20世纪60年代，中国开始自主研发挖掘机，与日本几乎同时起步，但由于工业基础薄弱，产业发展始终屈居人后。与外资品牌相比，当时的国产挖掘机在技术、工艺、性能、质量诸方面全面落后。直到2011年，在国内挖掘机市场上日本的小松制作所、美国的卡特彼勒等国外品牌仍占据90%的份额。而今在国内市场，中国品牌已占约75%的份额。工程机械大部分产品如挖掘机、高空作业平台等，都已全面替代进口，且占比逐年提高。

中国的工程机械制造业能发展起来原因有三：第一，国内配套能力已在整体上形成了体系；第二，国内工程量大，给国产工程机械很多施展能力的机会；第三，与国外品牌相比，中国机械的性价比较高。

目前，国内工程机械的供应链已经可以满足主机厂的需求，一定程度上解决了此前一直存在的核心零部件被“卡脖子”的问题。以前，油缸、液压机、发动机等硬件一直都是工程机械业被卡脖子的核心零部件，其中被卡得最厉害的零部件是液压机，美国液压机厂商以各种方式对国内厂商的供货进行限制。2011年前，中国市场上生产出多少台挖掘机取决于当时国际两大油缸厂在中国市场投入多少产品。三一重工用了5年左右的时间进行自主研发，终于把液压机搞成了，全种类油缸也可以自己设计、制造。现在，在大、中、小挖掘机产品上，中国品牌与世界领先品牌在技术和质量上没有什么差别。

在突破“卡脖子”问题的同时，中国工程机械行业也在寻求数字化转型。三一重工的数字化转型始于2007年。当时，公司挖掘机的生产开始使用焊接机器人，之后挖掘机售后问题减少了3/4，使用寿命翻了两番。三一集团董事长梁稳根曾表示，面对工程机械和制造业数字化，三一集团要么“翻船”，要么“翻身”。他认为，工程机械行业正面临两大机遇：一是中华民族迎来伟大复兴的历史机遇，二是工业4.0时代到来的产业机遇。这两者的交汇点决定了工程机械行业肯定会发生一次剧变，而这个剧变的支撑点就是数字化转型。

三一重工的管理层认为目前自己只是个本土企业，还没有成为世界级企业，国际市场销售额仅占20%。整体来看中国工程机械企业的国际化障碍主要在于品牌认知度低，人们期待着市场经验和生产技术经过多年的积累，中国品牌在国际市场上的认可度能迎来孕育期之后的爆发期。中国企业在“2021全球工程机械制造商50强榜单”中的亮眼表现，就是初露的曙光。

资料来源：亢舒．2021全球工程机械制造商50强榜单发布，11家中国工程机械制造商入榜．环球网，2021-04-30.htpp://baijiahao.baidu.com/s?id=1698430359346550121&wfr=spider&for=pc；张妮．在一线工厂探秘中国机械“翻身路”．环球时报，2021-06-05（4）.

问题：

1. 从三一重工的挖掘机的发展经历，分析全球化时代企业在国内市场和国际市场发展的关系。

2. 如何理解梁稳根的观点：面对工程机械和制造业数字化，三一集团要么“翻船”，要么“翻身”。

3. 以三一重工为例分析中国工程机械企业要成为世界级企业需要从哪些方面突破。

## 基本概念

比较优势理论　　国际产品生命周期理论　　国家竞争优势理论　　世界贸易组织
区域经济一体化组织

## 思考题

1. 国际贸易会给参与其中的国家带来哪些利益？

2. 可以用哪些贸易理论来解释中国外贸企业的出口贸易？

3. 政府干预贸易的目的有哪些？这种干预会从哪些方面影响企业的国际市场营销活动？举例说明。

4. 什么是区域经济一体化组织？查阅资料分析中国为何要推动 RCEP 的设立和运行？

## 实训练习

用迈克尔·波特的国家竞争优势理论解释中国工程机械制造业在全球市场的崛起。

03

第3篇

# 国际市场营销环境

环境中存在的某些力量在很大程度上影响着企业的市场营销。

国际市场营销活动是在一个非常复杂、瞬息万变的营销环境中进行的，变化着的营销环境蕴藏着大量机会，也包含着很多风险。企业要想在不断变化的环境中生存和发展，不仅要了解现在正在发生的情况，还要能预测环境的变化，并做出正确有效的反应。为了成功地做到这一点，企业必须进行环境细察，即广泛收集、仔细评估可能影响其营销活动的营销环境信息。观察外部环境的方法（在第6章详述）可以是有组织的、正式的，也可以是随意的、非正式的，关键在于企业要了解什么样的环境变化对本企业是重要的，应当采取什么行动，能期待什么。这是一项重要又艰难的任务，目的在于通过监测和分析营销环境，辨识有意义的环境变化，追踪变化趋势，发掘机会，规避风险，并将外部的机会与内部的能力、资源进行权衡、匹配，培育自身适应环境变化的能力。

外部环境包括很多因素，以对企业营销能力和经营绩效的影响为依据可归纳为：经济和技术、政治和法律以及文化因素。本篇分3章依次分析上述每类因素，讨论它们所涵盖的各种问题及其对国际市场营销战略的影响。人口环境和自然环境对企业的国际市场营销活动也有着广泛的影响，限于篇幅不再单独分析，而是将其融入相关章节和案例的分析中。

## 第3章 国际经济、技术环境

每个国家和社会都有各自的经济环境和经济问题，它们对国际市场营销有着重要的影响。技术是一股具有两面性的庞大力量，它不断推动着经济的发展。

**| 学习目标 |**

- 了解目前世界经济发展格局和发展模式的变化。
- 了解当前世界经济发展的几个主要特征。
- 掌握衡量一国经济环境的主要指标。
- 理解技术发展是一股“创造性破坏”力量的内涵。
- 了解目前技术变化的主要发生领域和趋势，以及可能给企业国际市场营销活动带来的影响。

**全球视野**

### 数字经济推动全球经济数字化转型

世界经济的高质量发展离不开数字经济的推动，目前世界正在进入数字经济的新阶段，主要特点是包括区块链、5G、大数据、互联网、人工智能等在内的新技术、新应用，正推动着全球经济的数字化转型并带来巨大的经济价值。预计到2035年仅5G技术一项就将创造13万亿美元的全球经济价值；到2030年，人工智能将为全球经济带来超过15万亿美元的贡献。下面主要看看5G技术和人工智能对世界经济增长的贡献。

世界主要经济体在5G技术的持续推广上将促进沟通互联，提高经济的灵活性和韧性。据分析机构埃信华迈2020年底发布的5G经济报告：5G研发和资本投入将继续推动全球产业变革。从中长期预测看，到2035年，全球5G产业链的规模将达3.8亿美元，产业链上的工作岗位数量将达到 2 280 万个。中国将在全球 5G 产业链中占据重要地位，产业链规模到 2035 年将达 1.5 万亿美元。

对于制造业而言，5G 的问世不仅将提高机器的联通程度，还将大幅提高数据传输及收集能力。据预计，5G 技术将通过不断提升工厂设备的效率和自动化程度、对库存动态以及生产线和资产动向实施跟踪等形式发挥重大影响。

数字经济的另一个主要特色是通过人工智能实现自动化和进行决策。随着数字革命以前所未有的速度推进，人工智能已成为经济领域的强有力的工具。凭借其预测分析功能，人工智能成为提高生产力和效率的重要动力来源，因而成为企业和各经济体获得竞争优势和实现增长的引擎。据麦肯锡全球研究院的预计，到 2035 年，以人工智能为主的自动化可以为世界上最大的那些经济体带来相当于 11 亿～23 亿全职工人带来的生产力增长。

与数字革命必然引发经济权力分散的普遍观点相反，由于数字经济带来的网络效应和其他基本优势，经济领域中权力集中的进程将进一步加速。美国、中国和欧盟等经济体正在数字领域展开激烈竞争，一个负面结果是技术的交流、发展和交易与国家主权被日益密切地联系在一起。

数字时代的另一个巨大经济弊端是企业间的不平等发展。经合组织的专家们说，现在有两种企业，一种有能力创新，并将先进技术运用到自己的生产过程中，剩下的是另一类企业。生产能力更高的全球化企业正变得越来越强大，其他企业在技术上受到排挤，加上很多市场的竞争激烈程度出现下降，数字时代的社会的整体生产率可能会下降。

数字经济推动全球经济数字化转型将影响商业模式、全球价值链（供应链）和世界秩序，如何平衡经济数字化转型过程中的利与弊，不仅考验着各经济体的经济发展方针，也影响着企业的战略经营决策。

资料来源：数字时代遭遇生产力障碍 . 参考消息，2020-03-03（12）；人工智能重绘世界经济版图 . 参考消息，2020-12-14（4）；5G 工业互联与数据处理在加速 . 环球时报，2020-12-30（11）；数字竞争成超级大国新战场 . 环球时报，2021-01-07（13）；技术挑战地缘政治的七个观点 . 参考消息，2021-04-12（12）.

---

经济环境包括若干宏观因素和微观因素，这些因素影响着全球市场的发展态势、一国市场的竞争结构、企业的投资意愿以及消费者的购买倾向和购买能力等诸多方面，是企业不能忽视的。另外，如“全球视野”所示，数字经济对推动全球和各经济体发展的作用力越来越强，同时也为企业的发展提供了机遇和挑战。2017 年全球经济告别危机，驶入复苏轨道，技术进步做出了巨大贡献。技术的发展需要一定的经济基础，同时技术又是经济发展的重要推动力。不过这股力量是把双刃剑，蕴含着创造性毁灭的能量，企业应时刻关注它的变化和走势，在利用其创新开拓市场的同时也要避免伤及自身。

技术环境和经济环境相互作用，改变着社会的发展方向和发展速度，改变着消费者的消费偏好和消费行为，这一切汇聚起来会极大地改变企业和跨国公司在全球市场的竞争环境，而企业对此做出的反应又会作用于国际营销环境。变化着的环境使一些机会不复存在，同时又给企业带来了新的机遇，关键在于企业如何抓住机遇以寻求更好的发展。

本章将阐述经济、技术两类外部环境的现状和主要的构成因素，并进一步分析它们是如何影响企业国际市场营销活动的。

# 第1节　世界经济环境概述

第二次世界大战以来，世界经济发生了深刻的变化，最根本的变化就是经济的全球化，同时，区域经济一体化程度也在显著提高。20世纪初，区域经济一体化的程度为10%，如今已接近50%。这两方面的情况在第1章和第2章中已经做了详细阐述，这里主要考察世界经济与企业国际营销活动紧密相关的几个特征：世界经济发展动荡起伏；推动全球经济增长的力量消长变化；产业供应链的全球化面临新挑战；经济形态加速向数字化转型。这些方面的变化已经或将会从商业模式、经营战略等诸多领域影响企业的国际营销活动。

## 一、世界经济发展动荡起伏[①]

按照经济学的相关理论，经济发展本身具有周期性，即总体经济活动呈现扩张与紧缩的周期性波动变化。现实生活中，经济发展常遭受一些外部因素和突发事件的干扰与破坏，其周期性变化并非总是具有可以观察到的规律性。纵观21世纪20多年的世界经济发展历程，2008年的金融危机、2018年爆发的由美国挑起的主要经济体之间的经贸摩擦以及2020年以来的新冠肺炎疫情，作为主要外因导致世界经济动荡起伏，加大了企业外部经济环境的不确定性。一定时期内，企业是采取增长战略还是选择稳定或更新战略，直接依赖于高层管理者对经济发展状态的了解与把握。从这个角度看，不确定性造成的负面影响有时可能比经济衰落带来的影响更大。2021年新年伊始，全球汽车制造业就遭遇到因汽车芯片短缺而严重影响产能的危机。这是汽车企业未能有效把握世界经济发展趋势，制订了错误的芯片采购计划，无法有效应对市场需求猛增，而导致战略失误的一个典型事件。对从事跨国经营的企业而言，了解、把握世界经济的发展态势至关重要。

2008年的金融危机对世界经济发展带来的影响是长期的，2010—2016年世界经济持续处于低速增长阶段（以低于3%的速度增长）；2017年世界经济的增速超过3%，表现出明显的回升态势，是2008年金融危机后，全球主要经济体10年来的首次齐增长。然而，受美国与中国、欧盟等主要经济体的经贸摩擦的影响，2019年全球经济增速从2018年的3.1%降至2.3%，为10年来的最低水平。经济学家们感慨过去的高速增长已经一去不复回了。按OECD的观点，2017年全球经济增长率达到3.5%，但比2007年的5.5%还差了两个百分点，5%意味着全球生产力每14年翻一番，而3%则意味着每23年翻一番，长期看这个距差还是很大的。世界银行认为，全球经济增速似乎已达到顶峰，人口因素、投资不足、生产率提高速度放缓以及货币政策收紧对经济增长构成了限制。

---

① 本小节内容主要参考了以下资料：世界银行报告警告：全球经济将进入“失去的十年”. 参考消息，2021-01-07（6）；联合国报告预测：全球经济2021年增幅将达4.7%. 参考消息，2021-01-27（6）；OECD预测全球经济今年增长5.8%. 参考消息，2021-06-02（4）.

受2020年初爆发的新冠肺炎疫情的冲击，2020年全球经济下滑3.5%（OECD的数据），是自1929年开始的大萧条以来的最大降幅，远远大于2009年大衰退期间1.7%的降幅。除中国（增长2.3%）以外，全球主要经济体均出现负增长，美国经济下降3.5%，遭遇1946年以来最严重的萎缩；欧盟下滑6.4%；日本萎缩5.4%；发展中国家降幅较小，为2.5%。

相比于2008年的金融危机，新冠肺炎疫情对世界经济的影响主要源于大量和大范围经济活动的受限以及暂停，并未伤害智能制造、数字经济等促进经济发展的主要力量和因素，因此从2021年上半年，鉴于疫苗接种行动使企业得以恢复运转以及一些国家经济快速复苏等因素的推动，世界经济前景开始改善，OECD预测2021年世界经济将增长5.8%。

然而，世界银行的报告警告人们，由于老龄化和生产率增长放缓，2020—2029年全球潜在产出（潜在产出假设世界经济保持充分就业并达到全部产能）的增长率将从上个十年的年均2.5%回落至1.9%。

世界经济发展的动荡起伏，加大了跨国企业商务环境的不确定性，考验着其高层管理者的战略管理水平，也影响着企业从国际市场进入模式到产品营销组合模式等领域的国际营销战略的制定。

## 二、推动全球经济增长的力量消长变化

世界经济的发展离不开国家、经济体的推动。战后至1990年经济全球化开始前，西方发达国家[①]是促进世界经济发展的主要力量。成立于1976年的西方七国集团一度是世界经济发展的核心动力，七国集团总产值一度约占世界总产值的80%，现在这一比例降至约40%。

全球经济一体化为以中国为代表的新兴工业化国家提供了发展经济的重要机遇，过去30多年来，新兴工业化国家在全球经济总量的占比日益上升，1980年，新兴市场和发展中国家GDP只占全球的25%，2019年这一占比上升到56.9%。

单就中国而言，其庞大的经济规模意味着中国经济增速每改变一个百分点，世界需求就减少或增加900亿美元——相当于日本对世界经济贡献的1.8倍（2014年初的数据）。2000年中国GDP占世界GDP的比重略高于5%，2021年中国GDP占世界GDP的比重已升至18%，中国的GDP总量越来越接近世界第一的美国。2010—2019年，中国对世界经济的贡献率接近30%，超过了美国、欧元区和日本的贡献率的总和。同时，中国对亚洲经济增长的贡献率已经超过60%，对非洲经济增长的贡献率超过30%，2019年中国对世界经济的贡献率更是高达39%。按西方经济学家的看法，中国现在对世界经济的意义与1995年的美国和欧洲差不多。

不仅如此，新兴市场和发展中经济体作为消费品和服务最终目的国的重要性也日益增加，2016年二者已占全球消费增长的近85%，这一份额是其在20世纪90年代所占份额的两倍多。根据麦肯锡全球研究院的一份报告，2010—2017年，中国带来了全球消费增量的1/3。未来10年，中国消费的增长有望与美国和西欧的总和相当。目前，中国在诸如

---

① 有关国家的分类请参考第7章第1节相关内容。

个人电脑、汽车、日用消费品诸多领域都已是世界最大的单体市场，而且拥有4亿多中等收入群体，中国市场的庞大需求和消费升级为中国企业跨国经营并进入世界市场提供了练兵机会，同时中国成为对其他跨国公司最具吸引力的市场。

企业是推动一国经济发展的主要力量。新兴工业化国家的企业在过去几年中的进展令人鼓舞，出现了一批可以和西方跨国公司一较高低的新型跨国公司。这些新崛起的跨国公司大部分都经历了国内市场的残酷竞争，最后才占了上风。这些新型的跨国公司有望成为或正在成为这个后工业化时代行业竞争规则的改变者。

不可否认，新兴工业化国家的经济、社会发展依然存在很多问题，最突出的是它们经济增长的数量型和粗放型特征比较明显。与发达国家相比，总体上，它们的经济增长有量的规模却缺乏质的优势，除了劳动生产率较低，要素生产率、技术效率和能源使用效率都不高，同时，经济和社会结构还存在某些矛盾和问题。因此，尽管新兴工业化国家引领世界经济增长的最新迹象在一定程度上反映了世界经济格局的变化趋势，但是它们要真正追上和超越发达国家还要走很长的路。

## 三、产业供应链的全球化面临新挑战[①]

全球化在过去30年里使货币、商品、信息和人员的流通大幅增加，在全球供应链网络和准时交货的物流体系的加持下，制造业从主要在国内完成转变为在各国之间完成。在很多大型企业的首席执行官的眼里世界正在逐渐变成这个样子：他们的产品和服务可以通过全球供应链[②]在任何地方构思、设计、制造和营销，此乃供应链全球化的典型表现。以美国为代表的西方国家的大型企业在本土的投资减少，而在亚洲、拉丁美洲等世界其他地区的投资增加。

1990年至2008年金融危机期间，世界经济对全球供应链的依赖迅速增加，此后这一进程就出现了某种程度的停滞，企业对其供应链的安排正在从全球化转向更加本土化，这是因为一系列因素对企业的供应网络构成威胁，包括贸易争端、对国家安全的担忧、气候变化和自动化的兴起。另外，近几年越来越明显的贸易区域化趋势，也使全球产业链、供应链进一步区域化。

更大的变化来自新冠肺炎疫情使得各国更加重视经济安全，由此推动了产业供应链的重构。由于中国在全球供应链中的主导地位，所谓重构，就是一些西方国家主导本国供应链与中国供应链脱钩。美国政府穷尽各种手段，加快供应链回迁，实现包括供应链独立、制造业独立在内的“全方位独立”，这正成为美国重振其制造业的重要战略选项。

欧盟作为全球制造业规模最大的经济体之一，开始强调“战略自主权”，包括维护战

① 本小节内容主要参考了以下资料：疫情后企业将更注重供应链“复原力”. 参考消息，2020-06-29（6）；三星关闭苏州电脑厂引围观. 环球时报，2020-08-03（11）；美国银行报告称：外企将生产迁出中国需耗巨资. 参考消息，2020-08-22（4）.

② 供应链是指围绕核心企业，将供应商、制造商、分销商直到最终用户连成的一个整体性的功能网链结构。产业链是指以分工协作为基础，以产业联系为纽带，以企业为主体的链网状产业组织系统。二者最大的区别在于主体不同——产业链的主体是行业或行业协会；供应链的主体是企业及与企业相关的供应商、销售商及用户。产业供应链简单来讲是指企业如何从产业链角度构建自己的供应链。

略供应链安全和加强外资审查。

在日本政府的提议下，印度、日本和澳大利亚商讨启动三方“供应链弹性倡议”，试图在现有双边供应链网络的基础上建立替代方案，以减少对中国供应链的依赖。

美国与日本均公开提出政策，支持本国在华企业将生产线撤回本国，并为其提供资金支持。不过从目前的情况看，超过七成的在华美企并不考虑改变在华投资，而根据日本贸易振兴机构的调查，打算将工厂搬离中国的日企不超过一成。据美国银行的估计，美欧公司要将所有针对非中国消费市场的、与出口相关的制造业迁出中国，需在未来 5 年内承担 1 万亿美元的成本。

当今世界的供应链和产业链是在全球价值链分工的主导下形成的，现代运输技术使运输成本大幅降低，信息技术的发展极大降低了知识传播和交流的成本，使得企业可以把自己的每个具体价值创造活动通过全球资源配置来实现。这意味着产业供应链的建立应基于经济规律，而非政治目的。

与一些国家的政府推动的供应链脱钩相比，企业更注重增强供应链的“复原力”，即在遇到全球经济前景不确定的情况下建立新的后备支持和库存缓冲机制，多样化外包和高库存是企业在供应链管理上的两个可能的发展趋势。

**营销视角 3－1 “不可替代”，源于沉淀与积累**

中国是世界上唯一拥有联合国产业分类中全部工业门类的国家。据世界银行的数据，2010 年中国制造业的增加值超过美国，成为第一制造业大国。2018 年中国制造业的增加值占全世界的份额超过 28%。西方国家欲排除中国各类企业，重构以自己为主导的全球供应链并非易事。在营销视角 3－1 里，我们会更清楚地看到这点。

经济形态加速向数字化转型是当前世界经济发展的第四个重要特征，从本章“全球视野”中我们已初步领略了这个转型的一些特点及其对经济发展和企业经营活动的影响。鉴于该特征涉及的内容广泛、重要性突出，下面单列第 2 节来阐述、分析。

## 第 2 节 数字经济

数字经济是人类社会发展的一个新的历史阶段。当前，数字经济已经成为引领科技革命和产业变革的核心力量，人类社会正在进入以数字化生产力为主要标志的新阶段。数字经济不仅在生产力层面推动了劳动工具数字化、劳动对象服务化、劳动机会大众化，而且在生产关系层面促进了资源共享化、组织平台化等。数字经济将成为继农业经济、工业经济之后人类历史发展过程中的一个新的历史阶段，将带动人类社会发展方式的变革、生产关系的再造、经济结构的重组和生活方式的巨变。目前，全球 38% 的 GDP 与涵盖技能和资本的数字经济紧密相关，发展数字经济已经成为世界主要大国和地区提升经济竞争力的共同选择。

## 一、数字经济的含义、发展阶段和特征

### （一）含义

数字经济是基于数字技术的经济，它的发展与互联网技术的发展紧密相连，所以一般把互联网经济或网络经济等同于数字经济。数字经济的概念最初于1995年由经济学家唐·泰普斯科特（Don Tapscott）在其文章《数字经济：网络智能时代的前景与风险》中正式提出。1997年日本通产省开始使用“数字经济”一词，认为以电子商务为基础的数字经济将高速发展。可见数字经济是随着信息技术革命的发展而产生的一种新的经济形态。

目前，对什么是数字经济的解释很多，比较权威的是二十国集团领导人杭州峰会发布的《二十国集团数字经济发展与合作倡议》所做的解释：数字经济是以使用数字化的知识和信息作为关键生产要素、以现代信息网络作为重要载体、以信息通信技术的有效使用作为效率提升和经济结构优化的重要推动力的一系列经济活动。这个解释表明数字经济具有三个基本构成要素，即数据资源、现代信息网络和信息通信技术。

数字经济从何而来，经历了怎样的发展阶段，有哪些不同于工业经济的特征，将面临怎样的挑战，这些都是充分理解数字经济需要搞清楚的问题。

### （二）发展阶段

数字经济当然不可能横空出世。20世纪60年代，半导体产业逐渐兴起，为数字经济的产生提供了新的物理载体；20世纪七八十年代，以半导体微电子产业和计算机产业为基础的现代信息技术逐渐发展起来，一方面带来了大规模的数字化浪潮，另一方面也使得信息成为一种重要的生产要素，从而明确了数字经济特有的要素构成。

按照上述数字经济的含义，可以将数字经济的发展划分为数字经济1.0和数字经济2.0两个阶段。

#### 1. 数字经济1.0阶段

这一阶段覆盖了从数字经济概念的诞生至21世纪初的时间跨度。数字经济1.0阶段的核心是IT化，互联网开始发育，信息技术在传统的行业和领域得到推广与应用。推广与应用IT大大提升了原有经济系统的运行效率，降低了运行成本。同时，以IT设备制造和相应软件业为主体的信息产业成长起来，互联网开始兴起并得到初步应用。尽管全社会还尚未形成成熟的互联网商业模式，但全球已掀起数字经济浪潮，基础互联网建设成为各国提振经济的法宝。加拿大在1995—2005年耗资7.5亿加拿大元建立加拿大信息高速公路，宣称要“连接每一个加拿大人”；英国政府于2000年出台了多项旨在促进电子商务发展的有关议案，并通过设立数字经济特使来统筹数字经济战略的整体实施；同期，德国政府出台“联邦在线2005”计划，以期在2005年实现所有政务的网上办公。

我国在这一时期也进行了大量的数字经济建设，在1997年出台了《国家信息化“九五”规划和2010年远景目标》，并培育了一批以百度、阿里巴巴、腾讯、网易、新浪等为代表的平台型企业，壮大了互联网相关领域的新兴产业集群。即时通信、电子商务、社交网络、在线游戏、网络视频、网络支付等服务型数字经济迎来了第一波发展浪潮。

这一时期各国政府对数字经济的理解仍然局限在电子商务领域，其核心是“消费互联网”。但是，一些学者已经敏锐地发现，数字经济并不仅仅局限于此，它的内涵更丰富。1999年尼尔莱恩就指出，数字经济并不仅仅是电子商务等信息技术产业，应当将因为数字化技术融合而引起的传统产业经济变革囊括在内。2001年保罗·米勒等指出，数字经济的内涵应当进一步扩大，数字经济代表了一场技术革命，是和前三次工业革命一样深刻改变我们工作生活的互联网革命。

2. 数字经济2.0阶段

2008年至今，数字经济成为竞争高地，其内涵不断丰富，主体从消费互联网延伸到产业互联网。随着产业的跨界融合，数字经济迎来了裂变式的发展阶段，进入2.0阶段。

2008年以来，数字经济在各国政府的政策驱动和互联网应用的推广普及下加速发展。截至2015年，经济合作与发展组织绝大部分成员国均出台了数字经济国家发展战略，比如意大利2014年提出《意大利数字战略日程表2014—2020》、法国2014年颁布《数字法国计划》、英国2015年出台《英国2015—2018年数字经济战略》等。这一时期相继涌现的物联网、云计算、大数据、人工智能、虚拟现实等新兴领域不断为其他产业和整个社会经济的发展注入新的活力。

数字经济是促进经济发展、增强国家竞争力和提高社会福利的重要手段，这已成为世界各国的共识。各主要经济体的数字经济规模和其占GDP的比重日益提升，《全球数字经济新图景（2020年）——大变局下的可持续发展新动能》①显示，2019年美国数字经济的规模达13.1万亿美元，中国为5.2万亿美元，分列全球数字经济规模的前两位。德国、英国、美国的数字经济占GDP的比重居世界前三位，分别为63.4%、62.3%、61%。中国的数字经济占GDP的比重为36.2%，次于上述国家，但增长速度较快，2019年同比增长15.6%。从数字经济对其他产业的影响来看，在全球服务业、工业、农业中，数字经济的渗透率分别为39.4%、23.5%、7.5%。

## （三）数字经济发展新趋势

随着数字经济对传统行业的渗透并以此为契机不断扩展自身的发展范围，数字经济的发展已呈现出明显的“数字产业化”和“产业数字化”趋势。

数字产业化就是通过现代信息技术的市场化应用，推动数字化产业的形成与发展。数字经济核心产业是指为产业数字化发展提供数字技术、产品、服务、基础设施和解决方案，以及完全依赖于数字技术、数据要素的各类经济活动，主要包括计算机通信和其他电子设备制造业、电信广播电视和卫星传输服务、互联网和相关服务、软件和信息技术服务业等，它们是数字经济发展的基础。

产业数字化是指应用数字技术和数据资源为传统产业带来产出增加和效率提升，是数字技术与实体经济的融合，其本质是百行千业的数字化运营。据相关报道，制造业企业每在数字化工厂的改造上投入1美元，就会增加10美元产出；在辅助自动驾驶硬件上每投入1美元，则会增加5美元产出。

---

① 《全球数字经济新图景（2020年）——大变局下的可持续发展新动能》由中国信息通信研究院发布。

数字经济的这一发展趋势除了需要政府用专门的政策来引导和推动外，数字核心产业中的头部企业起着重要的引领作用，美国之所以拥有全球最强的数字竞争力，与苹果、谷歌、亚马逊和脸书等企业合力打造的超强数字创新力密切相关。在中国扮演类似角色的主要是腾讯、阿里巴巴和华为等。此外，传统行业能否主动向数字经济靠拢，也至关重要。案例分析 3 - 1 向我们展示了传统制造企业是如何进行数字化转型的。

**案例分析3–1**

美的智能工厂：200多台机器人共舞

工业互联网是生产力变革的关键基础已成为业界共识。2018 年底，美的集团发布了全新的美的工业互联网平台 M · IoT，以加快向科技集团转型的步伐。美的深入推进智能制造，通过设备自动化、生产透明化、物流智能化、管理移动化、决策数据化，推动全产业链智能化。2015 年以来美的的制造效率提升了 44%，自动化率提升了 49%。

在美的建于佛山的一家现代工厂，橙色的机器臂正极精确地焊机、组装，配备了最新计算机视觉技术的数字摄像头正监控装配线上移动的零部件，自主机器人无声地运进原材料并把成品运出去，人类已被移出这条生产线，取而代之的是机器人和精通数字技术的远端操作员与工程师。生产一台空调所需要的工人人数已经从 75 人减少到了 19 人，由 22 台机器人代替员工操作。全厂目前有 2 条这样的全自动化生产线，主要生产高端产品。

对于取得的这些成果，先进的智能机器人功不可没。目前美的南沙工厂里有 200 多台库卡机器人，基本涵盖了机器人的各种门类。自 2015 年以来，美的为实现数字化转型已投入 40 亿元，效率提升了 62%，并减少了 5 万名员工。在美的南沙工厂，外销订单最快可实现 24 天交付，内销最快可实现 3 天交付。一台空调的劳动力成本只有 10 元，这在以前是难以想象的。

在中国快速数字化之际，美的的佛山工厂和南沙工厂的景象具有代表性，全国各地成千上万的加工厂如今都在努力用自动化、机器人化和数字化取代人工劳动，整个数字化过程会从根本上改变一个国家的核心竞争力。

资料来源：探访美的智能工厂：200 多台机器人共舞，自动化程度让央媒记者直呼震撼 . 佛山新闻网，2019-07-13；工厂加速自动化，空调劳动力成本仅 10 元 . 环球时报，2021-05-25（6）.

过去20年，移动互联网、云计算、物联网等数字技术已取得长足进步；而未来10年，数字技术则向零售、制造、教育、医疗、文化等行业深入渗透。与此同时，各种新技术层出不穷。

## 二、数字经济面临的挑战

数字经济是世界各主要经济体未来经济发展的战略重点，但在发展过程中仍面临一些有待克服的障碍。

### （一）数字鸿沟仍然存在

“数字鸿沟”用来比喻信息富有者和信息贫困者之间的深度隔阂，该现象在国家之间和一国内部都存在。据联合国国际电信联盟（ITU）2021 年统计数据，全球有近 30 亿人口（约占全球总人口的 37%）从未使用过互联网。[①] 在 46 个欠发达国家中，约有 3/4 的人口从未使用过互联网。经济贫困、文化水平低下、电力不足以及不会使用电子产品是这些人被排除在数字经济时代以外的主要原因。

即使是在处于数字经济第一梯队的美国，截止到 2021 年初至少有 2 000 万人（约占其总人口的 6%）没有接入宽带互联网。[②] 这些地区缺乏宽带服务，生活在这些社区的美国人在各个方面都落后于人。在我国，"数字鸿沟"具有城乡差别和年龄差别的显著特征，截至 2021 年 12 月，我国非网民规模为 3.82 亿人，其中农村地区非网民占比为 54.9%，高于全国农村人口比例 19.9 个百分点。另外，60 岁及以上非网民群体占非网民总体的比例为 39.4%，高出全国 60 岁及以上人口比例 20 个百分点。[③] 使用技能缺乏、文化程度限制和设备不足是我国非网民不（能）上网的主要原因。

### （二）数据保护引发"双刃剑"效应

数据是数字经济的核心生产要素，近年来，数据安全问题日益凸显，典型表现是企业过渡收集和滥用数据，这不仅增加了侵害用户隐私的可能，而且由于难以有效控制数据存储、流动中的风险，也可能危害国家安全。因此，很多国家通过立法等措施强化数据安全保障体系。

这些措施在完善个人信息保护、提高数据安全跨境流动的同时，也容易强化对数据流动的保守和谨慎的态度，即各国不希望本国的数据被其他国家存储和使用，最终造成数据割裂，给数据加工企业的经营运作带来障碍。数字在全球流动是促进数字经济顺利发展的重要条件之一，因此各国对数据的保护，某种程度上具有不利于数字经济全球化发展的效应。

### （三）平台企业市场垄断地位不断提升 [④]

在数字经济时代，平台成为一种基础设施，大量经济活动发生在平台之上，平台的快速发展，极大地便利了人们的生活。但随着市场集中度的提升，平台的垄断地位逐渐形成且日益稳固，滥用市场支配地位的行为时有发生，如掠夺性定价、不兼容捆绑销售、签署排他性很强的垄断协议等，这些行为损害了市场竞争和消费者权益。此外，大型平台企业经常通过跨界竞争传导垄断优势，抑制了中小型企业的创新活力，常见手段包括直接复制其他领域中中小企业的产品和经营模式、大量收购中小企业等。

---

① 联合国：全球仍然有30亿人口从未上过网 . https://baijiahao.baidu.com/s?id=1717932008278735726&wfr=spider&for=pc.

② 美媒：美国农村地区需要互联网接入 . http://www.cankaoxiaoxi.com/digital/2021/0322/2436713.shtml.

③ 2021 年中国网民规模、非网民规模及网民结构分析 . https://zhuanlan.zhihu.com/p/497808515.

④ 中国信息通信研究院 . 数字经济概论——理论、实践与战略 . 北京：中国邮电出版社，2022：21，45，280.

### （四）对就业产生结构性冲击[①]

数字经济在创造出灵活多样的就业模式和精准就业新渠道的同时，可能从两方面引发结构性失业风险：一是基于网络信息技术的新模式、新业态的快速发展，对传统企业的挤出效应不断显现，引发这类企业员工失业潮；二是生产工具智能化水平的提升，提高了传统产业的劳动生产效率，导致企业减少了对低技能劳动者的需求，增加了这类劳动者的失业风险和再就业障碍。

## 三、数字经济与企业营销

从营销的角度考察数字经济的发展和特点，可以为新时代企业的经营与运作提供更具体的帮助和指导。

### （一）数字经济的核心内容是如何服务客户

数字化目前的趋势是朝着更加透明的方向发展，这意味着供应链数据更多，消费者可掌握的数据也更多，从而更容易比较同类产品的性能，也就是说权力在向消费者转移。例如，比价网站就为消费者比较产品的价格、服务质量和性能提供了便利。对于现在的消费者来说，他们只要点击鼠标或滑动手指，就可以转向其他品牌、服务和网络零售商，企业无法再为劣质的产品性能推卸责任。企业建立品牌资产困难重重，但失去却易如反掌，在一个更加透明的时代，这一点将表现得淋漓尽致。由此可见，数字经济的核心内容就是如何为客户提供更好的服务，而且客户正在期望被重新定义为体验而非只是购买产品。

另外，数据和度量方法可以提供实时的关键信息，帮助企业理解客户的需求和行为，企业可以基于客户共享数据、数字技术更加准确地发现潜在客户。通过多个渠道挖掘数据（包括个人、行业、生活方式和行为方面的数据），企业可以从细节上理解客户的购买过程，这在以前是无法想象的。当然，前提条件是合法并能主动保护客户的隐私。

### （二）催生数据改善型产品

数字技术被用于完善产品和服务，提高产品和服务的价值，比如，特斯拉通过软件的无线升级和连通性，可以提升已经销售出去的产品（比如汽车）的价值，而不是任其贬值。

新技术改变着各类组织对资产的理解和管理方式。数据以及数据分析技术改变了资产的保养方式。资产自带的感应器具备分析功能，可以让资产始终处于被监控状态，便于主动式保养。保养方法也不再是查找具体的故障，而是利用性能指标（基于传感器提供的数据，该数据通过算法监测）检查设备的运行是否在正常指标范围内，一旦设备异常，就会发出警报。以飞机为例，如果某架飞机的引擎出现了故障，航空公司的控制中心就可以先于飞行员知晓这个情况，向飞行员发出指令，在目的地提前安排好维修保养人员。

---

① 中国信息通信研究院．数字经济概论——理论、实践与战略．北京：中国邮电出版社，2022：288.

### （三）协作式创新

利用数据分析改善客户体验、提供基于数据的服务以及提高资产绩效，这些工作的进行都需要以新的形式开展合作，这个道理不仅适用于成熟企业，也适用于那些充满活力的新生企业。成熟企业常常缺乏相应的技能，对不断变化的客户需求也缺乏敏感度，而新生企业则缺乏资金以及成熟企业拥有的大量数据。合作可以使它们优势互补。

例如，西门子是一家工业巨头，每年的研发支出高达40亿美元，而Ayasdi则是一家于2008年在斯坦福大学成立的专业从事机器学习的创新企业，这两家企业在2016年前后建立了合作关系。通过合作，西门子可以利用Ayasdi的力量解决从大量数据中提炼信息的难题，而Ayasdi则可以利用现实中的数据验证其拓扑数据分析方法，同时扩大市场份额。

### （四）新型运营模式

所有这些影响都需要企业重新思考其运营模式，并相应调整其战略规划。比如数字化的网络效应催生了一个重要的运营模式——平台经济。越来越多的消费者不再购买或拥有实物，而是选择通过一个数字平台获取产品和服务。比如，你可以通过亚马逊的Kindle商店阅读几十亿本电子书，也可以加入一家拼车企业，在对车辆没有所有权的情况下依然可以获得车辆的使用权。

面对数字经济浪潮，企业管理者的当务之急便是审视自身和自己的组织：是否有迹象表明组织和管理层具有学习和变革的能力？企业开发与创新产品、做出投资决策的速度是否一直够快？企业文化是否包容创新和失败？

# 第3节　衡量一国的经济环境

前两节对全球经济的现状和其变化趋势中与企业发展密切相关的四个方面做了整体性的描述和分析，对这些方面的情况的了解和把握有助于企业确定基本的国际营销战略导向，比如是扩大还是缩减投资；发展的重点是在发达国家市场还是转移到新兴工业化国家市场；如何在数字经济大潮中迎难而上，利用其带来的市场和贸易机会，对全球市场的发展潜力做出初步的估计。不过，要想准确把握变动的经济环境中蕴藏的机会，还需要对具有市场潜力的国家的具体经济环境进行分析、检测。

欲了解一国市场的经济环境应首先评估与市场规模和性质有关的经济变量。营销人员往往使用那些与企业销售的产品及提供的服务直接相关的经济变量，如市场规模、购买力等来制定营销策略。一般而言，一国市场的经济环境可以用人口及其相关特征、经济发展水平和经济增长速度、人均收入、消费方式、基础设施等变量来衡量。

## 一、人口及其相关特征

人口环境主要从生产和消费两个方面影响企业的营销活动，与之相关，这里重点关注人口增长率、生育率、老龄化状态、家庭规模、城市化率等指标。下面主要从全球范围来描述人口环境，对具体国家的人口环境的分析所用的指标和方法与之相同。

### （一）世界人口总量和构成

#### 1. 世界人口总量

地球人口在过去两个世纪增长迅猛，主要是因为各国人民的生活质量与医疗保健水平不断提高。世界人口在1800年突破10亿之后，人口增长率迅速提高，每增加10亿所用的时间分别为：1927年（20亿），用时127年；1959年（30亿），用时32年；1975年（40亿），用时16年；1987年（50亿），用时12年；1999年（60亿），用时12年；2011年（70亿），用时12年。根据相关研究报告，自20世纪70年代达到顶峰后，全球人口增长率一直在放缓。根据联合国预测数据，预计世界人口突破80亿升至人口总量的顶点110亿每增加10亿的年份和所用时间分别为：2023年（80亿），用时12年；2037年（90亿），用时14年；2057年（100亿），用时20年；2100年（110亿），用时43年。尽管这种对未来的长期预测可能会发生变化，但人口增长率快速下降的趋势非常明确。到2100年的时候，全球人口增长率将降至0.1%以下。

人口增长率下降的主要原因是妇女获得现代避孕手段和教育状况改善，这将使全球妇女的平均生育率从目前的每名妇女生育2.37个孩子降低到2100年的每名妇女生育1.66个孩子，远低于2.1个的世代正常更替比例。

不同国家和地区的人口变动趋势不同，据有关研究[①]：亚洲和欧洲会出现人口骤减，其中23个国家／地区的人口至少会减半，包括日本、韩国、中国、泰国、西班牙、意大利等，只有法国等一些国家的人口会增多。相比之下，撒哈拉以南的非洲的人口将在未来80年内增加两倍——从10亿到30亿。人口下降对环境是个好消息，但是倒金字塔型的人口结构（意味着劳动年龄人口在人口总量中的占比下降），将对经济、家庭和社会产生深远的负面影响。

#### 2. 世界人口的构成

在世界人口出生率下降的同时，由于生活水平提高，人口预期寿命在不断提高。世界卫生组织的数据显示：1950—1955年，全球平均预期寿命为46.5岁，到1995—2000年，这一数字已提高到65岁。截至2019年，联合国估计全球平均预期寿命为72.6岁。对于平均预期寿命，各个地区之间的差别显著，最低的是非洲，只有61.2岁；最高的是欧洲，为77.5岁。

出生率在降低，预期寿命在提高，带来的必然是人口老龄化。至20世纪中叶以来，世界人口的平均年龄中位数已从25岁增至33岁。各国的平均年龄也就是人口年龄中位数[②]各不相同：最大的是日本48岁；德国紧随其后，也超过45岁；西方发达国家的平均年龄普遍偏高，法国为42.3岁，英国为40.5岁；印度的平均年龄只有28.4岁；一些非洲国家的平均年龄则不到20岁；中国依然年富力强，平均年龄为38.8岁；美国由于有移民

① 华盛顿大学的健康指标与评估研究所于2020年7月发表在《柳叶刀》杂志的研究预测。

② 有三个主要因素影响一个国家和地区的人口中位数年龄：生育率、死亡率和人口迁移。

迁入的影响，平均年龄较其他发达国家低，为 38 岁。人口年龄中位数的高低与该国的发展程度和老龄化程度是一致的，它本身也是一个衡量老龄化的指标。

2019 年，据世界银行统计，65 岁以上群体占世界人口的比例已超过 9%，1961 年的这一比例才是 5%。老龄化虽然普遍，但全球各地的分布并不均匀。2019 年，日本和德国 65 岁以上人口的占比分别为 28% 和 22%，法国为 20%，美国为 16%，但肯尼亚和马里只有 2%。一般来说，经济发展水平越高，人口年龄中位数也越高，人口的老龄化程度会更高，日本和德、法、英、荷等欧洲国家目前都是老龄化程度很高的国家。据我国 2021 年公布的人口普查数据，我国 65 岁及以上人口在 2020 年的占比为 13.5%，高于世界 9% 的平均水平。

就目前的情况来看，人口老龄化的趋势还在加剧，短短 15 年间，日本的人口年龄中位数就从 22 岁上升到 48 岁。自 20 世纪中叶以来，欧洲的人口年龄中位数增加了 14 岁，而非洲的这一数据仅增加了 1 岁。美国的老龄化速度相对慢一些，其他美洲国家的人口年龄中位数正在接近美国，有些甚至超过了美国。在亚洲，日本已是世界上比其他地方都“老”的国家，但现在，中国、韩国、新加坡和泰国等国家和地区正在“追赶”日本。

人口年龄中位数较高的地区面临着劳动力减少、税负较高和医疗成本上升等挑战。而在人口更年轻的地区则面临着对教育服务的更大需求和就业机会的缺乏。人口变化带来的挑战是普遍的。

世界经济还面临着城市化发展带来的问题所引发的挑战。国家的发展通常与工业化过程相关，工业化过程会导致从农村到城市的大量人口迁移（国内移民）。1950 年，世界上只有 29.4% 的人居住在城市地区。如今，这一比例已上升到 56%，到 21 世纪末将达到 67%。日益推进的城市化也带来了问题：城市贫困问题和超大城市增多。城市贫困问题在贫民窟中表现得最为突出，住在这些地方的人生活环境恶劣、工作机会缺乏。在全球约 30 个国家中，超过 55% 的城市人口居住在贫民窟。还有一个大问题是超大城市增多。在 1980 年，全球只有 5 个城市的人口超过 1 000 万；到 2021 年，已经有 16 个这样的城市。这些超大城市带来了交通拥堵和人口饱和的问题，降低了其居民的生活质量，并带来了巨大的环境压力。

不过如果一个国家的治理能力强，经济发展方式恰当，人口向城市聚集有很多益处。城市（特别是大中城市）可以将重要的工业集团、基础设施和大量具备专业技术的工人集结在一起，推动创新，助推国际贸易并实现经济增长。与此同时，也使得消费者在地理区域上更集中，这有助于企业在构建销售渠道网络和营销沟通方面节约成本，并对企业的投资选择产生影响。参见营销视角 3－2。

**营销视角 3－2　中国计划到 2035 年建成五大城市群**

## （二）用营销观点分析人口数据

为了便于营销者使用，有必要对人口数据进行解读。预测感兴趣的市场区域的人口发展趋势及其背后的营销含义对市场进入决策很有价值。一个国家的人口数量是市场规模最基本的指标之一，而且表明了与大多数人相关的某些日常消费品的潜在需求。中国被很多跨国公司视为重要市场，其中人口数量庞大是至关重要的一个因素。

此外，市场的发展水平与人口的年龄分布、人均寿命等因素密切相关。国际市场营销者可以根据自己的需要对特定国家或经济集团的人口数据进行分析，以显示某一特定市场的具体特征。自中国出台全面三孩政策后，全球企业紧盯中国三孩新商机，戴姆勒就迅速针对中国市场的新需求做出调整，扩大后排座椅，中国版的 V 级车甚至可以提供 7 个人的空间。而像日本这样的人口老龄化严重且人口总量已出现下降的市场，婴幼儿用品市场会逐渐萎缩，“银发市场”则蕴含商机。

对国际市场营销者来说，家庭规模也是一个衡量市场需求的重要变量。许多产品的消费是以家庭为基本单位的，家庭数量和规模的变化会影响产品需求的规模与数量。自 20 世纪 80 年代以来，全世界的家庭数目在日益增多，而家庭规模却逐渐趋向小型化。欧盟居民家庭户的规模平均每户为 2.7 人，而且有继续下降的趋势。此外，世界不少国家还出现独居户家庭不断增多的情况，我国也是如此。据相关研究：我国独居户 30 年后将增至 1.33 亿户，相当于每 4 户中就有 1 个一人户，占比最大的独居人群是未婚城市青年，老年人则是数量增长最快的独居群体。[①] 在人口的这一变化趋势下，人们的消费方式肯定会变。

家庭总数的增加和规模缩小的主要原因是离异和单身家庭的增多以及出生率的降低。随着经济的发展，小规模家庭将逐渐增加，食品和家庭日用品的国际市场营销者必须针对这类市场需求调整自己的产品。例如，可以推出单人食用的冷冻食品和小型化的家庭用品。

最后，城市化的进程也在显著地改变着消费方式。一个国家的城市化程度往往决定了进入该市场的企业所面临的销售任务的性质，这不仅与市场分布有关，还同市场潜力及消费习惯有关。城市地区的消费群体由于相互之间接触的机会多，示范效应大，加上媒体的作用，比较容易受到企业营销努力的影响。而在那些经济刚刚起步并且正在迈向城市化的国家，由于消费者分布分散，交通和通信等基础设施不完善，营销者还要额外负担因借助其他机构推广产品（服务）而产生的费用。充分了解一国的人口环境，对跨国公司制定有效的生产经营和市场营销战略都很必要，参见营销视角 3－3。

**营销视角 3－3　中国的人口普查数据对外国投资者的五点启示**

## 二、经济发展水平和经济增长速度

### （一）经济发展水平

市场不仅需要人口，而且需要购买力。一国居民购买力的大小首先受该国经济发展水平的影响，对经济发展状况的全面理解可以帮助营销者制订合理、有效的营销计划。最常用的衡量经济发展水平的指标是国民生产总值和国内生产总值。

① 张梦真. 学者：中国独居户 30 年后将增至 1.33 亿. 环球时报，2020-10-27（6）.

1. 国民生产总值和国内生产总值

国民生产总值（GNP）是一个国家在一年内所生产的所有商品和服务的价值的总和。GNP 是按国民原则核算的，只要是本国（或地区）居民，无论是否在本国境内（或地区内）居住，其生产和经营活动新创造的增加值都应该计算在内。比如，中国的居民通过劳务输出在境外获得的收入就应该计算在中国的 GNP 中。

国内生产总值（GDP）是一年内一个国家所生产的所有商品和服务的价值的总和。GDP 是按国土原则核算的。比如，外资企业在中国境内创造的增加值就应该计算在中国的 GDP 中。

营销人员经常用 GDP 或 GNP 来判断一个国家的消费潜力，因为不同国家的货币单位是不一样的，要进行比较，就必须将每一种货币按照官方汇率兑换成另一种特定的货币（通常为美元），但是官方汇率只能告诉我们购买一单位其他货币需要花费多少单位本国货币，而不能告诉我们这么多本国货币可以在本国市场上买到什么东西。因此，为了理解一种货币在本国的真正价值，需要引入购买力平价这一概念。

2. 购买力平价

购买力（purchasing power）是指一单位本国货币所能买到的商品和服务的价值。购买力平价（purchasing power parity，PPP）则是指两种货币在两个不同国家购买同样“一篮子”商品的相对购买力。这“一篮子”商品通常由普通日常用品，如苹果、大米、肥皂、牙膏等组成。按购买力平价来估计人均 GDP 可以使我们了解一种货币实际上能够买到多少商品。例如，购买相同数量和质量的“一篮子”商品，在中国用了 80 元，在美国用了 20 美元，对于这篮子商品来说，人民币对美元的购买力平价是 4 ∶ 1。我们可以通过表 3－1，来感受购买力平价对了解一国居民的实际购买力的作用。表中数据显示的是 2019 年按国际汇率计算的 GDP 世界排名前十位的国家和按 PPP 估计的 GDP 世界排名的变化情况。

**表 3－1　2019 年按国际汇率计算的 GDP 排名和按 PPP 估计的 GDP 排名**

| 国家 / 地区 | 按国际汇率计算的 GDP 排名 | | 国家 / 地区 | 按 PPP 估计的 GDP 排名 | |
|---|---|---|---|---|---|
| | 按国际汇率计算的 GDP（百万美元） | 占世界的比重（%） | | 按 PPP 估计的 GDP（百万美元） | 占世界的比重（%） |
| 全球 | 87 734 574 | | 全球 | 135 313 235 | |
| 美国 | 21 433 226 | 24.43 | 中国 | 23 487 798 | 17.36 |
| 中国 | 14 279 937 | 16.28 | 美国 | 21 433 226 | 15.84 |
| 日本 | 5 081 769 | 5.79 | 印度 | 9 560 220 | 7.07 |
| 德国 | 3 861 123 | 4.40 | 日本 | 5 345 808 | 3.95 |
| 印度 | 2 868 929 | 3.27 | 德国 | 4 644 166 | 3.43 |
| 英国 | 2 829 108 | 3.22 | 俄罗斯 | 4 315 442 | 3.19 |

续表

| 国家 / 地区 | 按国际汇率计算的 GDP 排名 | | 国家 / 地区 | 按 PPP 估计的 GDP 排名 | |
|---|---|---|---|---|---|
| | 按国际汇率计算的 GDP（百万美元） | 占世界的比重（%） | | 按 PPP 估计的 GDP（百万美元） | 占世界的比重（%） |
| 法国 | 2 715 518 | 3.10 | 印度尼西亚 | 3 338 148 | 2.47 |
| 意大利 | 2 003 576 | 2.28 | 法国 | 3 320 559 | 2.45 |
| 巴西 | 1 839 758 | 2.10 | 英国 | 3 240 511 | 2.40 |
| 加拿大 | 1 736 425 | 1.98 | 巴西 | 3 229 055 | 2.39 |

资料来源：根据世界银行 2020 年发布的世界各国（地区）的 GDP 数据整理得出。

用购买力平价比较国家之间的财富会得出一些有趣的结论。从表 3－1 中的数据可以看出，除了美国（因为两种计算方法都是以美元作为计量单位的），其余国家的两个数值都有或高或低的增减变化。比如中国，按 PPP 估计的 GDP 远远高于按国际汇率计算的 GDP，这说明中国的消费水平比美国低，1 美元在中国买到的商品要比在美国多。2019 年中国按购买力平价计算的 GDP 已经达到美国的 109.6%，而按国际汇率计算的 GDP 只相当于美国的 66.6%。不过，一些学者，如哈佛大学的约瑟夫·奈就认为以购买力平价判断一国的经济实力是不可靠的，人均收入更准确。

两种不同方式计算下的 GDP 之间存在差距这一事实告诉营销者，在估算一国消费者的实际购买力时要参考它的购买力平价，那些 GDP 偏低的国家依然会有市场机会存在。正如管理学者、密歇根商学院企业管理学教授普哈拉所言："如果你把全世界的 40 亿穷人看成一个市场而不是负担的话，他们就将是世界上剩下的最大的增长来源。"

GDP 只能大概地反映特定时期给定对象的经济总量，而无法说明国家的经济是在增长还是在衰退。对于国际市场营销者而言，了解市场发展趋势是很重要的事，因此有必要掌握世界和特定国家的经济增长状况。在了解、预测一个国家的未来产出时，还需要考察其现有和预期的经济增长率。一个国家即使 GNP 和 GDP 都处于中等水平，只要该国的经济增长率高，它仍将极大地鼓舞投资者的信心并促使其进行更多的投资。

## （二）经济增长率

经济增长率是指一个国家当年的 GDP 对比往年的增长率。一般以本年度的 GDP 对比往年的 GDP 来得出经济增长的百分比，也就是末期 GDP 与基期 GDP 的比较。以末期现行价格计算末期 GDP，得出的增长率是名义经济增长率；以不变价格（即基期价格）计算末期 GDP，得出的增长率是实际经济增长率。在度量经济增长时，一般都采用实际经济增长率，它是反映一定时期经济发展水平的变化程度的动态指标，也是反映一个国家的经济是否具有活力的基本指标。经济正增长一般被认为是整体经济景气的表现。如果一个国家的 GDP 增长为负数，即当年的 GDP 比往年减少，就叫作经济衰退。通常情况下，只有当 GDP 连续两个季度持续减少时，才称为经济衰退。

人们通常用经济增长率的高低来衡量经济增长的快慢，了解居民生活水平提高的程度。经济增长率高的地方蕴藏着更多的市场机会，会给营销者提供更多的商机。不同年度经济增长率的变化情况常被作为一国经济增长变化的风向标。以我国为例，仅从过去5年的经济发展水平来看，GDP的年均增长率约为5.9%，远超2.3%的世界平均增速，表明我国经济发展良好，市场的重要性和吸引力稳定向好。

## 三、人均收入

除了基本日常用品的需求可由人口数直接做出估计，对提供其他产品和服务的企业而言，收入是最能表现市场潜力的因素。若想有效利用各国的GDP数据，营销者还需要进一步了解收入的分配情况。

一国的人均收入通常用人均GDP来衡量（就是将GDP除以该国的人口数），但是由于依据国际汇率和购买力平价计算出的GDP差别很大，人均GDP也需从两种角度解读。根据世界银行公布的数据，中国1978年的人均GDP与英国1600年的人均GDP大致在同一水平上，中国2016年的人均GDP与英国1978年的水平相当，即中国用38年走完了英国378年走完的路。2020年中国的人均GDP首次突破1万美元，按世界银行的标准，高于中等偏上收入国家9 074美元的平均水平。按照现价美元估算，中国人均GDP大致相当于世界水平的90%。1978年美国人均GDP突破1万美元，而当时中国的这一数值只有156美元。40多年的时间，中国经济取得了巨大成就，世界有目共睹。不过用人均GDP来衡量一国民众的富裕程度，并不总是可靠。

相比人均GDP，用人均收入来衡量一国消费者的购买力状况可能会更好地反映现实情况。从2019年世界各国人均收入排行榜来看，最高者是卢森堡，达11.97万美元，几乎是美国（6.49万美元）的两倍；挪威、瑞士分别以8.64万美元和8.38万美元的人均收入进入前三。中国的人均收入为8 280美元，排名第73名。2011年我国的人均收入只有5 000美元，8年时间人均收入增长了3 280美元，增长速度接近80%，说明在国家强大的同时，百姓也日益富裕起来。2019年，全国居民人均可支配收入为30 733元，比上年名义增长8.9%，扣除价格因素实际增长5.8%，稍逊于当年6.1%的GDP增速。

需要特别注意的是，一国的购买力还会受到分配不均、灰色收入以及通货膨胀率的影响。自20世纪90年代以来，尤其是2008年金融危机后，全球普遍存在财富以更高的比例向富人集中的现象。2019年，1%的世界富有人口占有了44%的世界财富①，世界71%的人口是穷人或低收入者，分配不均现象大范围存在，非但没有消减，还在加剧。这也是反全球化势力增强的一个重要因素。

总体而言，过去30多年来，受益于全球经济发展的主要是金融、技术以及其他领域的精英，很多发达国家以及新兴市场国家普遍存在大小不等的高低两级市场，这意味着企业在理解特定市场消费者的购买力时不能只看人均收入，还要考虑财富的分配情况等因素。

如果只从人均收入上判断一国消费者的消费能力，就很难想象一个人均收入世界排名居中的国家怎么会是全球第一大奢侈品市场。同样也很难想象在较为富裕的美国，怎么会

① 数据源于瑞信发布的《2019年全球财富报告》。

存在一个花钱谨慎、在打折店购物且主要选择便宜品牌的消费者市场。撇开上述现象的社会影响，从营销角度看这意味着企业可以通过调整产品特征以适应不同的群体，从而扩大其目标顾客的范围。

营销者可以利用收入数据对市场进行初步筛选，但是在考虑某种具体产品时，收入可能不是唯一的决定因素，还有其他一些因素影响人们的购买。比如在一些崇尚西方品牌和原装进口货的国家，如印度，尽管人均收入很低，但人们对这些产品的需求依然强劲。奔驰汽车在印度的目标客户是那些月收入约 30 000 美元的家庭，而在美国或欧洲，奔驰汽车的目标客户的家庭收入要 3 倍于这个水平。因此，营销者要从购买力、收入、收入分配的公平程度、商品价格、储蓄率和信贷便利程度等因素的综合效应以及彼此间相互影响的关系的角度来衡量市场机会。

## 四、消费方式

这里所讲的消费方式，主要是指消费者支配其收入、购买和使用商品（服务）的基本模式。通俗来讲就是钱花到哪里去了，我们可以通过图 3－1 来了解中国消费者 2020 年的人均消费及构成情况。

总收入中用于日常必需品的比例可以作为市场发展水平的标志，同时也大致表明消费者手中还有多少余款可用于购买其他商品。一般来说，非主要消费项目（非生活必需品）的购买数量是一个衡量对一国市场信心强弱的指标。国家统计局的数据显示，2019 年全国居民人均家政服务支出增长 24.7%，旅馆住宿支出增长 11.7%，美容美发洗浴支出增长 12.20%。与之形成对比的是，居民在食品烟酒、衣着等基本需求方面的消费支出增长较慢，增速分别为 5.1% 和 7.5%。其中，食品烟酒的消费比重比上年下降 0.24 个百分点，表明居民的生活品质在不断改善。

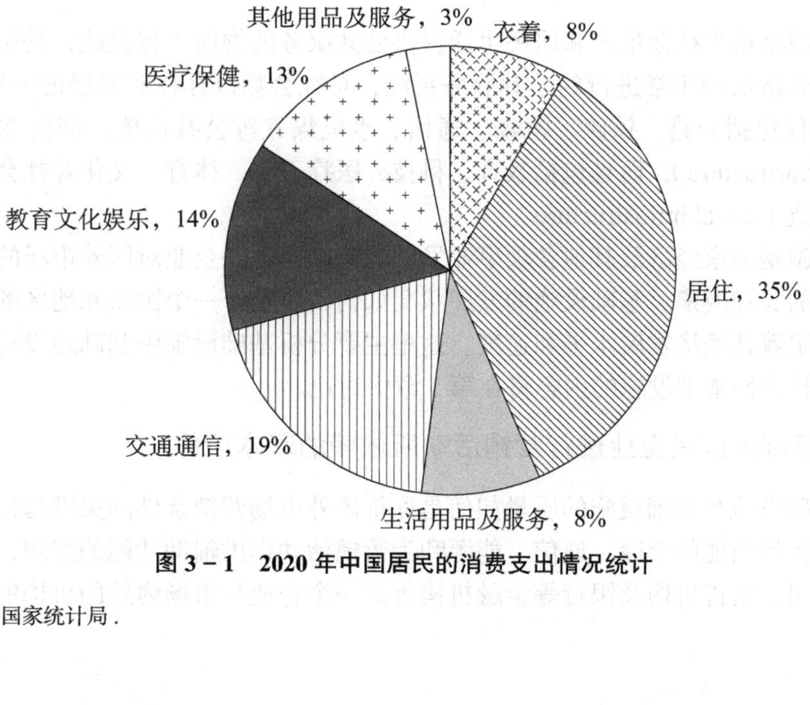


**图 3－1　2020 年中国居民的消费支出情况统计**

资料来源：国家统计局．

国际营销者如果不能敏锐地发现目标市场在消费方式上的变化，贻误商机不说，还可能遭受错误的营销战略带来的损失。宝洁公司就因此在中国纸尿裤市场遭遇“滑铁卢”。21 世纪前 10 年，宝洁公司在中国推广“帮宝适”尿不湿，依靠宝洁的品牌声誉和低至每片 0.1 美元的定价战术，“帮宝适”迅速成为中国最畅销的尿不湿品牌，这个局面一直持续到 2010 年初。之后“帮宝适”的销量急剧下降，截至 2016 年仍未恢复。宝洁公司首席执行官泰勒解释了公司的失误，他说：“我们过多地把中国看作一个发展中市场，而不是世界上最挑剔的市场。”也难怪宝洁的判断出现了失误，中国消费市场的快速变化确实出乎意料。

当一国市场有关消费支出的确切数据难以查到时，也可用恩格尔法则来估计消费者的开支类型。恩格尔系数（用在食物上的支出占总收入的百分比）往往是衡量一个国家或一个家庭富裕程度的主要指标。按照联合国确定的生活水平标准，平均恩格尔系数达 60% 的国家属于贫困国家，50%～60% 属于温饱，40%～50% 属于小康，30%～40% 属于相对富裕，20%～30% 属于富裕，低于 20% 则属于极其富裕。2012—2020 年，中国的恩格尔系数从 33% 降至 30.2%，而俄罗斯的恩格尔系数则从原来的 28.1% 增至 2018 年的 35.49%，俄罗斯媒体因此感叹中国比俄罗斯富裕。

一国的零售额可以反映该国的消费支出水平。据商务部的数据，2020 年我国社会消费品零售总额为 5.98 万亿美元，美国为 4.89 万亿美元，中国首次超越美国成为世界上最大的消费市场，而 12 年前中国的零售额只有美国的 1/4。中国人现在买的东西和美国人一样多，这是中国崛起为经济超级大国的另一个明确标志。中国国内零售市场的增长正在吸引从汽车制造商到化妆品公司的众多企业，它们能不能从中国不断增长的消费能力中大捞一笔，取决于它们对中国人新的消费方式的理解和把握。

## 五、基础设施

基础设施是指为社会生产和居民生活提供公共服务的物质工程设施，是用于保证国家或地区社会经济活动正常进行的公共服务系统，是社会赖以存在和发展的一般物质条件。基础设施不仅包括公路、铁路、机场、通信、水电煤气等公共设施，即俗称的基础建设（physical infrastructure），而且包括教育、科技、医疗卫生、体育、文化等社会事业，即社会性基础设施（social infrastructure）。

基础设施是国家经济及其他各项事业发展的基础，也是企业对国外市场的营销运作条件进行评价的关键因素。基础设施的发展状况如何，决定着一个国家和地区的经济结构的优劣，也决定着其经济发展水平和速度。这里主要分析基础设施中基础建设对企业营销的影响，有关社会性基础设施的内容将在第 5 章中讨论。

### （一）基础设施是企业进行营销活动所依赖的基本条件

有无基础设施和基础设施的质量如何是评价国外市场营销条件的关键指标。国际市场营销者非常依赖当地的交通、通信、能源和为营销活动提供辅助功能的组织，如通信运营商、广告公司、销售机构及银行等金融机构等。一个企业与市场内外的机构的联系能力可用以下基础设施指标来衡量：电话、电脑和电视机等的普及程度以及主要大众媒体的覆盖范围；公路、铁路、水路及航空运输组成的交通网络的便捷性。

此外，企业也可以通过一国的钢铁消费、水泥生产和年发电量之类与基础设施有关的指标来了解该国市场的工业化程度以及经济发展前景，还可以通过了解互联网技术融入当地商业和消费者生活的程度以及当地市场的信息化状况来寻找商机，并借此改进营销技术和管理方式。

### （二）基础设施的建设为企业提供商机

目前，世界经济正在经历着深刻的发展变化，全球化、区域化、集团化、信息化特征日益明显，在此背景下，全球范围内的人流、物流、资金流和信息流的规模和流通速度都在不断提升，对基础设施的承载力提出了更高的要求。新兴市场国家为了推进经济发展和提升城市化进程，发达国家为了产业调整和改造升级老化、陈旧的基础设施，都对基础设施建设有着强大的需求。各种形式的基础设施投资仍将不断扩大，大规模的基础设施建设能够直接带动能源、原材料、金融保险、公共服务等众多行业的生产和消费，创造更多的就业机会，增加财政和居民收入，并且改善投资和消费环境，吸引更多的资本投入，促进当地产业结构优化升级，实现经济可持续发展。

与此同时，基础设施建设本身也会给相关企业带来大量的商机。有关数据显示，2016—2040 年，全球基础设施投资需求将增至 94 万亿美元，年均约增长 3.7 万亿美元，亚洲将主导全球基础设施市场，到 2040 年，亚洲的基础设施投资约占全球的 54%，美国的这一比例为 22%。如此庞大的需求为基础设施出口创造了良好的条件。英国商业信息咨询机构泰姆特瑞克（Timetric）的研究显示，2017 年在全球基础建设投资中，中国的占比为 31%，中国承包企业参与的基础建设项目占世界基础建设项目总数的 16%，“一带一路”倡议框架下的在建项目共 111 个，总额达 6 880 亿美元。目前，我国在全球承包工程市场的占有率达到 17.2%，居全球之首。在全球基础设施行业中每五个企业中就有一个是中国企业。

巨大的基础设施出口市场也吸引着其他国家的企业。十多年前，日本凭借自己在高速铁路上的技术优势，一度是全球基础设施出口领域很重要的国家。不过由于缺乏成本优势，进入 21 世纪的前几年，日本的铁路和城市开发基础设施的出口与中国和韩国相比已经显得相当疲软。为此，日本政府 2012 年起把增加基础设施出口作为国家的重要政策推行，但日本企业在基础设施出口方面依然处于明显劣势。例如，日本企业在印度尼西亚的高铁项目中输给了中国企业，在土耳其的吊桥建设项目中输给了韩国企业。在“一带一路”倡议下，各国正加紧通过亚洲基础设施投资银行的融资获得基础设施需求，国际上的订单竞争变得愈发激烈。一言以蔽之，全球基础设施出口市场机会颇多，竞争激烈。

以上的五个方面可以帮助企业或跨国公司更好地理解一国的经济特征。此外，还需要认识到经济与社会之间有着密切的联系，一国经济的发展和变化势必会对社会的发展产生或好或坏的影响，对负面影响要尤为关注。

取得经济上的成功总是要付出代价的，曾经被认为只有西方国家存在的各种社会弊端，现在也出现在世界其他地方。许多新兴市场国家目前都面临贫富差距加大、资源短缺、环境恶化、城市拥堵，以及无法为进入城市的新增人口提供必要的基础设施等诸多问题。其中有些问题可能是跨国公司造成的，因此，东道国政府会对跨国公司的行为有更多的限制，大众会要求它们承担更多的社会责任，这些方面的问题都需要企业和跨国公司予以关注。

## 第4节 技术环境

改变人类命运最戏剧化的因素之一是技术，每种技术都会产生长期的重大影响，而且可能超出人们原先的估计。有些新技术还可能是一种“创造性破坏”因素。晶体管破坏了真空管行业，复印机破坏了复写纸行业，移动设备和平板电脑使得个人电脑开始衰落。如果老行业不采用新技术，而是压制它、轻视它，必定会衰退。企业和营销人员应该了解技术的变化趋势，把握技术变革的步伐，从变化的环境中寻找技术革新机会。参见案例分析3－2“富士胶片的转型之路”。

### 一、技术发展现状

技术的进步与更新在人类社会发展进程中一直扮演着重要的角色。工业革命后技术发展进入快速提升阶段，20世纪二三十年代到第二次世界大战之后的一二十年，技术的进步更是日新月异，人们见证了飞机、摩天大楼、吊桥、无线电和电视机、抗生素、原子弹和核能的诞生，也看到登月成为现实。这之后，20世纪70年代出生的人看到的是个人电脑、生物技术、手机、网络浏览器、搜索引擎和纳米技术的诞生。这些技术发展确实在改变我们的社会和生活，并振奋着下一代。创新和技术发展会带来更多进步，基因工程和纳米技术将帮助人们消除疾病和实现长寿；“以煤炭一半的成本且不排放二氧化碳生产能源”的新技术会给人类创造“能源奇迹”。

工业革命还在继续，现已进入4.0时代，技术进步在加速，时代在以更快的速度变迁，这一切会给企业的生产经营活动带来革命性的影响。下面主要按世界经济论坛创始人克劳斯·施瓦布（Klaus Schwab）的观点从物理类、数字类和生物类三个领域，重点介绍第四次工业革命背后的技术驱动力，以及这股强大力量对全球经济和企业竞争能力的影响。

#### （一）物理类

1. 无人驾驶交通工具

无人驾驶汽车一直是媒体报道的热点话题，现在人们还开发出了很多其他类型的无人驾驶交通工具，包括卡车、无人机、飞行器和船只。随着传感器和人工智能等技术的进步，所有这些无人驾驶设备的性能都在迅速提高。自动化交通运输将对世界经济产生巨大影响，因为各种形式的驾驶是地球上最大的就业岗位源头之一。自动化的兴起将迫使各国政府确定“通用基本收入”，因为大量工作被机器取代将导致失业率达到前所未有的水平。

### 2. 3D打印

3D 打印又名增材制造，即根据数字 3D 图像或模型，一层一层地打印出实物。古往今来，人们采用的一直是减材制造的办法，即逐层从一件材料上移除内容，直至得到想要的形状。3D 打印则是反其道而行之，从散碎的物料入手，然后利用数字模板，打造出 3D 形状的物体。

这一技术已广泛应用于生产各类产品，大到风电机，小到医学植入材料，普遍应用于汽车、航空航天和医疗等行业。与规模化生产的商品不同，3D 打印产品可以很容易地进行量身定制。世界 3D 打印行业权威研究机构 Wohlers Associates 发布的年报显示：2020 年，全球 3D 打印行业的市场规模达到 127.58 亿美元，比上年增长 7.5%。

当前 3D 技术还存在体积、成本和生产速度方面的限制，随着这些问题被逐步攻克，未来 3D 打印的应用范围将变得更加广阔，比如用于制作电路板等集成电子元件，甚至是人体细胞和器官（骨盆、肾脏、耳朵等器官已经可以打印出来）。事实上，研究人员已开始研究 4D（四维）打印，这一工艺将创造出可自我调整的新一代产品，能够适应温度和湿度等环境因素的改变。这一技术可用于生产服装、鞋以及医疗卫生相关产品，比如可适应人体个体差异的植入材料。

### 3. 新材料

不少新材料很快将被投放到市场上，这些新材料具有几年前人们无法想象的属性。总的来说，新材料质量更轻，硬度更大，可回收性以及适应性也更强。例如，现已投入使用的一些智能材料可以自我修复、自我清洁；一些金属具备记忆，可以恢复到原来的形状；有些陶瓷和水晶可以将压力转化为能源。与第四次工业革命的很多创新一样，我们很难预知新材料的发展会对我们产生什么影响。以石墨烯为例，这种先进的纳米材料的硬度大约是钢的 200 倍，厚度却仅为人类头发丝的百万分之一，还是热量和电能的优良导体。石墨烯一旦能在价格上表现出竞争力（以克来计量的石墨烯是地球上最昂贵的材料之一），便能对制造业和基础设施行业形成巨大的冲击。

## （二）数字类

### 1. 物联网

物联网也称万物联网，是第四次工业革命中联结物理应用与数字应用的重要桥梁和纽带。简而言之，物联网是借助互联技术和各类平台，在物（包括产品、服务与地点等）与人之间建立起来的一种关系。

传感器以及其他可将物理世界中的物品与虚拟网络接连起来的各种方式，正在以惊人的速度传播开来。我们的住房、服饰、城市、交通、能源网络以及生产制造过程都可以安装上体积更小、成本更低、更为智能的传感器。如今，全球接入互联网的设备数量多达数十亿，如智能手机、平板电脑和传统电脑等。这一过程会给各行各业带来革命性的影响，不管是制造业、基础设施行业还是医疗卫生行业……几乎所有行业都概莫能外。

以在物联网中广泛应用的远程监控为例，如今所有包裹、货盘、集装箱都可以安装传感器——信号发射器或射频识别标签，有了它们，企业便可以对物品在供应链中的移动情况进行追踪，包括追踪其实际性能和使用情况等信息。同理，顾客也可以对待收包裹和文件进行持续（几乎是实时的）追踪。对于经营复杂长线供应链的企业而言，这无疑具有变革性的意义。

在物联网情境下的任何商业活动中，客户自始至终都将获得产品提供者的陪同，因为产品将成为互联产品。换句话说，供应商和消费者之间的关系并不会随着交易的完成而结束。此外，在5G技术的加持下，物联网的传感化将彻底改变智慧家庭：冰箱告知手机，它的一个零件可能会在一个月后出现故障，人们也可以通过手机查看冰箱中是否还有牛奶。物联网生态系统将为人们的生活提供便捷，但作为补偿或交换，人们可能不得不让渡自己的隐私权。

2. 区块链

区块链是一种十分安全的交易协议。在区块链中，任何交易在获得记录与批准之前，都必须先由一组电脑进行集体核查。区块链技术的出现使人们在互不信任的情况下不借助中介即可实现匿名转账。区块链是一种分布式账本（所有市场参与者同时更新的交易清单），很难在事后对其做出修改或伪造。也就是说，保障交易可靠安全的第三方不再是刚需。

区块链技术现在可记录比特币等数字货币的财务交易，未来将能为各类事物提供登记服务，包括出生证明、死亡证明、所有权证明、结婚证、学历证明、保险权益证明、医疗程序和投票等。从本质上说，只要是可以用代码表达的交易都可以用区块链技术进行登记。区块链技术可为银行系统创造经济效益，因其可用最小的成本实现即时交易，且交易清单不可伪造。这一技术不仅适用于银行系统，很快还会应用于其他经济部门，一些国家和机构已经在调研区块链的应用潜力。比如，洪都拉斯政府正在利用这项技术对土地使用权进行管理，马恩岛（英格兰与爱尔兰间的海上岛屿）正在测试该技术在公司登记注册方面的运用。

3. 共享经济

凭借技术，各类平台使得如今所说的共享经济成为可能，这就给我们提出了一个根本性问题：究竟什么是值得拥有的，是平台还是平台背后的资产？2015年3月，传媒战略家汤姆·古德温（Tom Goodwin）在TechCrunch网站上发表的一篇文章中写道："全球最大的出租车公司优步没有一辆车，最受欢迎的社交媒体公司脸书不制作任何内容，最有价值的零售商阿里巴巴没有任何存货，最大的住宿提供商爱彼迎名下没有任何房产。"

中国的共享经济领先于世界。国家信息中心统计，2020年我国共享经济的市场交易额约3.377万亿元，参与共享经济活动的人数超过8.3亿人，服务提供者的人数约为8 400万人，共享经济平台的就业人数约为631万人。

4. 电子商务和移动支付

在"数字经济"一节我们已阐述过电子商务和移动支付两方面的技术发展，就电子商务的服务、经验和技术而言，中国领先于西方和其他市场两三年。中国在移动支付的便捷性、普及度等方面也强于西方，2020年，中国的电子商务已经占据全球市场份额的42%。数字支付已成为中国消费者离不开的重要工具，中国的电子支付规模是美国的11倍。数字化为中国的经济注入了一剂兴奋剂，在无现金支付和电子商务方面，中国已经领先于欧洲、北美和日本。

### 5. 人工智能

一项由牛津大学和耶鲁大学进行的、针对352位曾在2015年神经信息处理系统大会或国际机器学习大会上发表文章的人工智能研究人员的调查显示，45年内人工智能在完成所有人类任务方面都比人类更出色的概率达50%，所有人类工作都将在未来120年内实现自动化。最具变革意义的人工智能发展动向是自动驾驶汽车的大规模涌现。优步的特拉维斯·卡拉尼克和特斯拉的埃隆·马斯克等交通运输业的创新者预言，自动化车辆将在未来20年内洗牌这一行业。

调查的受访者预言，人工智能到2024年将能够比人类更出色地翻译语言，2026年能够撰写中高水平的文章，2027年能够驾驶卡车，2031年能够就职于零售业，2049年能够著书，2053年能够实施外科手术。

人工智能将对人们生活的方方面面产生巨大影响，而且它的发展会比我们大多数人认识到的更快。

## （三）生物类

数字时代促进了计算机、手机和无线技术的创新。这些领域的进步所带来的更有效的沟通和更高的生产力通过数字世界将其影响从信息系统延伸到了生物领域。生物技术整合了科学和技术，它通过在工业上使用和操控生物组织给农业、医学等领域带来了极大的创新促进作用。

### 1. 干细胞研究

干细胞研究在医药、医学领域运用普遍，借助干细胞研究的细胞再生可以帮助预防或者治疗艾滋病或癌症。这种治疗方法可以减轻脊髓损伤、脑性麻痹、多发性硬化和其他病痛，因此吸引了世界范围的患者。

### 2. 基因工程

基因工程目前在农业领域已取得很多成果，比如开发转基因种子，如抗旱谷物和耐除草剂大豆。这些成果有助于减轻全球饥饿的高营养农作物的生长和增产，但也引发了人们对转基因食品安全的担忧。

除了农作物，肉类工业也可以从中获益。美国和日本的研究人员已经发明了消除可导致动物患疯牛病的基因的方法。

另外，动物克隆技术通过复制基因可以生产更多的肉类，从而增加食物产量。2013年世界上出现了第一个人工牛肉汉堡包。

上面从三个方面分述了现代科技的巨大进展，这三个门类其实相辅相成，各项技术均可从彼此的发明和进步中受益，而且有些技术本身就融合了这三个领域的优势，比如高级机器人。长期以来，机器人的应用仅限于汽车等特定行业，从事的也是一些控制十分严格的工作任务。在人工智能的助力下，从精准农业到护理工作，机器人如今在各行各业的用途不断增多，承担的工作种类也日益多样，形成了工业机器人、服务型机器人两大重要细分市场。工业机器人市场的主导者主要是来自日本的法努克公司、安川电机公司和欧洲的一些企业；在服务型机器人这个新领域，深圳旗瀚科技有限公司、杭州艾米机器人有限公司和苏州穿山甲机器人股份有限公司等中国企业正在加快攻占世界市场的脚步。

另外，这些先进的技术也在改造传统行业，促使其提高生产率。在农业领域，用户通过使用无人机，再结合数据分析，能更加精准、高效地进行施肥和灌溉。例如黑龙江省利用物联网技术开展水稻智能生产线改造试点，在水稻浸种催芽过程中对水温进行实时监测和精准调控，使出芽率提高 10% 以上，亩产量增加 5%～10%。

面对技术的快速发展所引发的冲击，企业领袖的当务之急是审视自身和自己的组织：是否有迹象表明组织和领导层具有学习和变革的能力？企业开发原创型产品、做投资决策的速度是否够快？企业文化是否包容创新和失败？从目前的情况看，变革速度只会更快，程度只会更深。能否迎接技术变革带来的挑战，抑或像亚马逊、脸书和中国的 BAT 一样挺立在第四次工业革命的潮头，关乎企业的生存和发展（参见营销视角 3－4）。

**营销视角 3－4　工业革命 4.0：创新与破坏**

## 二、推动技术发展的力量

### （一）政府的力量

技术的进步与发展需要推动力，除了技术本身所具有的自我更新和发展的力量，最关键的还在于政府和企业。技术发展对一国经济的贡献不言而喻，很多国家会拿出足够的经费资助科学研究，有远见的企业出于竞争的考虑也会在技术创新上投入一定的资金。政府和企业在研究和创新方面的投资会为今后的发展奠定牢固的基础。

从全球情况来看，美国依然是科技研发最大的投入国，中国为培育科学专业技能投入了大量资源，目前是世界第二大研发开支国。

数十年来中国一直在努力缩小与美、欧、日等发达国家和地区在科技支出方面的差距，自 2000 年以来，中国的研发投入大幅提升，当时的研发支出仅占 GDP 的 0.9%，同期美国的研发支出约占 GDP 的 2.6%。2000—2015 年，中国的研发开支以年均 18% 的速度增长，是美国 4% 增速的 4 倍以上。2017 年中国研发支出占 GDP 的比重已增至 2.15%；2019 年中国研发经费支出达 2.2 万亿元，占 GDP 的比重达 2.23%；2020 年中国研发经费支出继续增加，达 2.444 亿元，占 GDP 的比重升至 2.4%，为历史最高。"十四五"规划提出，我国全社会研发经费投入年均增长要大于 7%，而且基础研究经费占比到 2025 年要达到 8%。

科研经费的不断增加，推动着中国技术实力的快速提升，在主导今后 10 年世界科技关键领域的 10 个大类（人工智能、量子计算、再生医学、自动驾驶、区块链、网络安全、虚拟现实、无人机、锂电池和导电聚合物）中，就提交的专利数量看，中国在 9 个大类中领先[①]，美国只在量子计算方面的专利申请数量超过了中国。

① 日媒：科技专利，中国 9：1 领先美国．环球时报，2020-02-13（6）.

在衡量一国科技实力的另一个指标——自然科学领域的研究论文数量方面，中国也超越美国，跃居世界第一。[①]

毋庸置疑，中国在快速向世界科技强国挺进，这也引起了以美国为首的西方国家对中国科技发展以及中国科技领先企业的阻挠与围堵。科技强国是中国发展的必由之路，也是艰辛之路。参见营销视角 3－5。

**营销视角 3－5　美欧围堵中企只会适得其反**

### （二）企业和其他社会机构的力量

在消费者的需求不断变化、技术日新月异、产品生命周期日益缩短，以及本国和外国公司的竞争日益激烈的情况下，大多数企业都很注重创新。创新对企业的作用越来越重要，如果创新成功，企业就可凭借它领导市场潮流，在市场上获得股东、潜在投资者、消费者，甚至潜在雇员的尊敬和赞誉。

市场表现突出的企业往往舍得在研发上投入，据彭博新闻社收集的数据显示，2021 年全球有 6 家跨国公司的研发投入超过 200 亿美元，分别是：亚马逊（560 亿美元）、Alphabet（316 亿美元）、脸书（245 亿美元）、苹果（230 亿美元）、华为（220 亿美元）、微软（220 亿美元）。[②]

从中国市场来看，华为是通过加大研发投入，推动科技创新，以谋求全球市场竞争力的中国跨国公司的典型代表。自 2016 年以来华为一直是全球研发投入排名前十的企业，过去几年，为应对美国对其严厉的贸易、技术投资制裁，华为几乎将研发投入增加了一倍，2021 年的研发投入占其当年收入的 22.4%，是亚马逊和 Alphabet 的约两倍、苹果的三倍以上，只有脸书（20.9%）的研发投入占比与华为接近。截止 2021 年底，华为从事研发工作的人员有 10.7 万名，约占公司总人数的 55%（相比之下，微软约有 6 万名研发人员，占公司总人数的 1/3）。华为能处于全球电信运营设备领头羊的位置，与它对创新的追求和在研发方面的大力投入密不可分。

专利拥有量也被看作衡量企业生产能力和创新能力的一个重要指标。2011 年中国专利申请数量跃居全球第一，超过了美国和日本；2020 年中国国际专利申请数量连续两年位居第一（世界知识产权组织 2021 年发布的报告）。一国拥有的国际专利数量是衡量其企业和大学的技术实力与国际化程度的重要指标。中国在 2020 年共提交了 68 720 件国际专利申请，同比增长逾 16%，增速有所加快。位居第二的美国（59 230 件，同比增长 3%）和第三的日本（50 520 件，同比下降约 4%）虽然仍维持在较高水平，但不可否认其未来增长略显乏力。中国国际专利申请数量的快速增加，主要贡献者是华为这样的创新企业。

华为是中国最大的专利持有方，其电信设备专利占比很高，尤其是在其目前主导全球标准的 5G 技术领域。截至 2020 年底，华为拥有 10 万多件有效授权专利，比 2019 年底的数量大幅增加。华为是联合国下属的世界知识产权组织的主要专利申请方，2020 年，

① 日媒：中国自然科学论文全球第一，数量超美国．参考消息，2020-08-09（7）.

② 美媒：华为加强研发应对美国打压．参考消息，2022-04-27（15）.

华为通过世界知识产权组织《专利合作条约》[1]提交了5 464件国际专利申请，作为第二大申请方的韩国三星则提交了3 093件申请。此外，日本的三菱电机、韩国的LG以及美国的高通的专利申请也位于前列。

在华为的后面还有一支让中国骄傲的庞大队伍：手机制造商OPPO、批发平台和金融巨头阿里巴巴、电信企业中兴、手机厂商小米、搜索引擎百度、汽车生产商比亚迪和吉利……

技术创新带来的好处已实实在在地体现在企业竞争实力的转变上，中国企业已开始以技术密集型产品而不是劳动密集型产品在国际市场上与发达国家的企业一较高低，在人工智能、物联网等高科技领域，中国企业已占据领先位置。

### （三）国际合作

由于最尖端的研究离不开优秀的人才和大型设备，仅靠一个国家已经难以承担，研究的国际化已被各国列为重要的发展战略，研究正在从国家和企业两个层面向国际合作转变。

从中国的情况看，有外资参与的中国企业可以参加包括生物工程、航天技术、信息技术、激光技术、电子、新能源等一系列国家长期科技项目，这些项目是为了提升中国在21世纪具有重要战略意义的方向上的竞争力。同时，政府首先希望本国企业与外国伙伴在科研领域开设联合企业。

中国企业在海外积极寻求研发合作伙伴，一个代表性的案例是，海尔与新西兰著名的日用电器品牌斐雪派克公司在奥克兰合作设立了一家研发中心，该中心成功研发的先进家电不仅面向中国、新西兰，也面向其他国家的市场。

一国科研的国际合作程度通常以国际论文的数量为参照指标来衡量。2019年，在中国发表的国际论文中，国际合作产生的论文为13.01万篇，比2018年增长了17.4%，国际合作论文占全国发表论文总数的26.2%。合作伙伴排前6位的分别是美国、英国、澳大利亚、加拿大、德国和日本，其中与美国合作产生的论文占全部合作论文的30%。涉及学科有高能物理、天文与天体物理、仪器仪表、气象和大气科学、生物学和医药卫生等。

中国国际论文数量的增加源于政府在科技领域的积极投入产生了效果，以及中国和其他国家间的联合研究与合作，这些变化无疑会给中国企业的全球化发展提供良好的科技环境。

## 三、技术变化带来的影响

技术的变化与进步从正反两方面影响着社会、企业和个人。

### （一）对社会的影响

对整个社会来说，技术进步（特别是生物技术）使得人类对粮食的需求可以依靠一小

① 根据世界知识产权组织《专利合作条约》的相关规定，专利申请人向任一成员提交申请，都被视为向多个成员同时提交申请。中国于1980年6月3日加入了该组织，截至2020年2月，世界知识产权组织已有192个成员。

部分人的劳动来满足，这解放了大量劳动力，使其进入第二产业，促进了制造业的发展，这一点在中国二三十年的经济增长过程中表现得尤为突出。此外，技术实现了用低成本机器来替代高价劳动力，使得全球范围内的生产、运营成本下降，生产率上升，产品的价格降低，从而提高了人们的消费水平。近几年数字技术快速发展的影响力几乎渗透到农业、制造业、服务业各大产业，在促进、改造这些产业的过程中，通过提高效率和生产、生活的便捷性、连通性推动了社会进步。

技术的发展也给社会带来了消极影响，表现之一是它似乎有能力大规模地替代所有行业的员工，从低端技术工作到需要思考的高端工作。许多员工发现由于机器的替代，他们的工作消失了，20 世纪机器已经替代了数百万的体力劳动者，特别是过去 20 年，钢铁、汽车等蓝领行业由于技术的原因就业人数已大为减少。20 世纪 90 年代，同样的情况发生在白领服务业。例如，税务会计师会因客户被报税软件 TurboTax 抢走而丧失工作机会，许多平面设计师已被 Photoshop 软件取代。科技革命颠覆就业的趋势令人惊慌，牛津大学的专家指出，面对科技发展的挑战，如今我们所熟知的职业中有 47% 都将面临消失的风险。毕马威的一些专家预测在第四次工业革命的进程中中国要丢掉 2.5 亿个就业岗位，美国要丢掉 8 000 万个就业岗位，英国则要丢掉 1 500 万个就业岗位。据世界银行的相关人士估计，现在属于机械性、重复性和手工作业的工作实际上已经岌岌可危，例如农场工人、厨师、职员、司机和店员等。

科技发展还使许多劳动者所具备的技能不再有需求从而导致工资下降。在美国等发达国家，技术的进步导致劳动力需求从低技能劳动力朝着高技能劳动力的方向倾斜，新增的社会财富主要集中在硅谷的技术精英和华尔街的金融家们等掌握先进技术的人的手里。从目前的情况来看，技术变革所产生的利益将集中在一个相当小的精英圈子里，因此会加剧财富分配不平等的趋势。

最后，技术发展在提高生产效率的同时，也会给生态环境带来很多负面的影响和压力，这在工农业生产和服务业的发展中随处可见。有研究认为，人类社会目前面临的很多生态危机，如大气污染和水污染、土壤板结、资源枯竭和极端天气频繁出现等，可能与直接受技术推动的工业革命有关，甚至连一些用来缓解上述危机的新技术也会再次影响环境。

### （二）对企业的影响

互联网、移动技术、工作流程软件等技术将整个世界联系起来，使跨国公司可以利用先进的技术进行全球沟通、生产以及在全球范围内销售产品和服务。便捷、全面的信息网络提高了信息收集和研发工作的效率，促进了产品质量的提高，加快了新产品的上市速度。

然而，技术进步是把双刃剑，使企业随时面临被新技术打败甚至淘汰的风险。企业只有敏锐地把握技术环境的变化趋势，并在关键时刻进行快速有效的技术转型，才能避免被市场淘汰，重获发展生机。案例分析 3－2 中富士胶片与柯达、奥林巴斯截然不同的命运，深刻地证实了这个道理。

### （三）对个人的影响

技术对社会和企业的很大一部分影响是通过人来体现的，这已经从一个侧面反映了技术对人们生活的影响。接下来简要谈谈技术对人的思维、情感和行为的影响。前面提到过信息使思想式微，人们借助互联网满足“贪得无厌”的信息欲望，而不再去深思，这无疑会改变人们的思维习惯，而且会进一步改变大脑的结构，使人不再擅长做深度的思考。

传媒大师马歇尔·麦克卢汉（Marshall Mcluhan）在《理解媒介》里的观点阐明了技术对人的情感和行为的影响。“如果要使用技术，就必须为它服务”，人因此成了所使用技术的“伺服系统”，“人在正常使用技术的情况下，总是不断受到技术的修改，反过来，人又不断寻找新的方式去修改自己的技术，由于不断接受技术，因此必须为它服务”。

在数字技术时代，技术对人们的影响在进一步增加，依靠互联网、共享平台、移动支付，人们的生活越来越便捷，但社交媒体也在削弱人们的人际交往能力，智能手机使人们对其产生依赖症状，基因、克隆技术也许会在不久的将来考验人们对人之所以为人的认识，人工智能的巨大学习能力引发了人们对谁将主宰地球的极大焦虑。对那些处于新旧技术转化行业的人来说，更大的焦虑来自对失去工作岗位的担忧（参见营销视角 3－6）。

**营销视角 3－6　全球车企转向电动车领域引发裁员潮**

技术也在改变人们的消费行为。据埃森哲公司的调查，在休息时间观看电视的消费者从 2009 年的 71% 下降到了 2011 年的 48%。在争夺消费者眼球的竞争中，电视机输给了手机、笔记本电脑和平板电脑。调查并未显示人们不看电视而开始看书或听广播了，只是消费者选择在其他地方或其他设备上观看电视节目。

随着技术的进一步发展以及由此引发的社会文化的变迁，消费者的思想、情感乃至行为的变化将是持续进行的。了解和满足消费者的需求不是件容易的事，更具挑战性的是，企业要走在消费者的前面，在消费者知道自己想要什么之前，创造出新的需求。

准确预测技术的迅猛发展对社会、企业和个人的具体影响是很困难的，但可以确信的是，技术前进的脚步不会停歇。拥抱还是拒绝技术革命带来的影响，与社会、企业和个人都紧密相关。

## 案例分析3-2

### 富士胶片的转型之路

技术是一股兼具毁灭性的创造力量，这句话用在柯达和奥林巴斯的经历上很贴切。数码相机的兴起，迫使柯达这个具有百年发展史、曾经世界上最大的影像产品及相关服务的生产商和供应商，于 2012 年 1 月申请破产保护。而随着智能手机行业的崛起，曾经的“革命者”到了被革命的时期。同样具有百年历史的相机巨头奥林巴斯也支撑不住了，于 2020 年 6 月将相机业务拆分并出售给日本产业合作伙伴股份公司，告别了其始于 1936 年的消费品相机业务。

击垮这两个百年巨头的两波技术变迁潮流富士胶片都经历了，但它站稳了脚跟，把握住了技术变革和市场变幻的节奏，目前在印刷、数码影像、医药品、化妆品和高性能材料等多个领域表现出色。

富士胶片成立于1934年，胶卷、胶片是公司的初始和核心事业。直到2001年，富士胶片的一半业务还是影像事业。但是，彩色胶卷的全球需求在2000年达到峰值，其后每年以20%～30%的速度下滑，若以2000年为基准计算，2010年该市场已萎缩至不到一成。

其实，早在20世纪80年代，随着信息技术和数码化浪潮的出现，富士胶片明确意识到新时代即将来临。公司因此转向自主开发数码化技术的战略，寄希望于数码相机业务。可是当它从技术的角度对数码相机进行反思和预判之后，很快就放弃了这个想法。数码相机业的技术不具有核心竞争力，一家公司从外部购买零部件就能组装数码相机。

2003年富士胶片开始谋求彻底转型，经过全面和深入的调查之后，富士胶片认为走出危机的关键是要确认公司所拥有的技术，以及在什么领域能够进一步应用这些技术。富士胶片的核心技术实际上就是胶片，富士胶片将胶片生产技术整合优化到新的成长领域，包括医药品（化妆品）、医疗设备系统、光电、数码影像、印刷以及高性能材料等六大成长潜力巨大的领域。同时，这些新的重点事业领域能很好地融合现有技术和新技术，满足现有的市场和新兴市场。

除了围绕核心技术开发新的技术领域，富士胶片还积极捕捉市场需求信号。富士胶片很早就开始了全球化战略，20世纪80年代就进入中国，早期是把日本的产品直接拿到中国来销售。当发现中国市场有很多全新的甚至是引领全球市场的需求时，富士胶片收集了中国市场的需求信息，来开发满足中国需求的产品。比如近年来中国的智慧城市、智能电动汽车等产业发展的速度不输欧美，富士胶片利用其技术生产可用于这两个领域的产品。如何捕捉、记录、控制、分析光线，这是富士胶片所擅长的，而这正好是自动驾驶领域所需要的。自动驾驶汽车用摄像头、激光雷达、毫米波雷达等传感器来探知车身周围的环境，但探知过程中捕捉到的所有光线并非都是有价值的，这就需要采用能控制不同波长的光线的高性能材料。富士胶片利用在影像领域积累的核心技术，制造出了符合需求的材料。

在从传统产品到新产品的市场开拓过程中，富士胶片主动寻求客户的建议和帮助。富士胶片为笔记本电脑厂商生产它们以前从没接触过的触摸屏导电膜，最初的产品雏形不能完全满足客户的需求，富士胶片的研发人员就与客户共同开发制作，并获得对方的信任，最后成功进入导电膜市场。

目前，富士胶片正在中国推进富士胶片透明投影膜，就是在一张透明的膜上投放视频内容。中国市场现有的透明投影膜主要是背投型，而富士的产品是正投型，这类产品在中国还没有形成市场。富士胶片要想把透明投影膜带到中国市场，就要开创一个新市场。光靠销售是无法构建新市场的，富士胶片要为它找到使用场景，这就需要搭配投影机、投影画面内容，以及来自希望使用新技术的客户的协助。首先要让大众知晓这款产品，因此富士胶片最先在上海环球金融中心的观光厅，用透明投影膜实现了投影和夜景虚实交融的光影展，反响热烈。另外它还先于日本在中国做尝试，把透明投影膜贴在便利店的饮料冷藏柜玻璃门上，投影广告画面。目前，该产品已经在上海开始了应用。不论是观光厅的玻璃，还是便利店的饮料冷藏柜，都是只能使用正投型透明投影膜的场景。富士胶片通过和客户的沟通，找到了这些场景，逐渐开拓了市场。

富士胶片的名称未变，但它不再是过去那个单纯的胶片制造商，而是一个拥有很多技术、能为客户提供所需产品，并主动开发市场需求的创新型企业。

资料来源：李剑.富士胶片的转型神话：核心业务消失，核心技术永存.（2016-03-21）. https://www.hbrchina.org/2016-03-21/3936.html；富士胶片：与其说是转型，不如说是进化.（2020-12-23）.https://www.sohu.com/na/439939169_114986.

问题：

1. 富士胶片经历了几次技术变革带来的危机？它具体采用了何种战略来应对危机？

2. 富士胶片在2003年开始谋求彻底转型时的核心战略导向是什么？该导向是如何形成的？

3. 富士胶片在中国开发正投型透明投影膜产品的过程中，具体涉及了哪些营销领域的实践活动？

## 基本概念

经济增长速度　　国民生产总值　　购买力平价　　数字经济

人工智能　　物联网

## 思考题

1. 中国在经济、科技方面的快速发展和巨大进步对跨国公司和中国本土企业的国际营销活动有何影响？

2. 中国市场对跨国公司的吸引力主要有哪些？有何变化？

3. 在数字经济时代，企业如何构建自己的核心竞争力？

4. 数字技术如何影响我们的生活？

5. 企业在技术变迁和创新导致的工作岗位流失中应承担何种责任？

## 实训练习

查阅柯达和奥林巴斯的相关资料，对比富士胶片的转型战略执行情况，分析为何它们的转型失败了。

第4章

# 国际政治、法律环境

一个国家的政治制度源于其历史和文化，反映了个体和国家之间的关系，包括建立社会秩序和保护生命、财产所必需的政治和法律安排。法律体系通常是政治决策的产物，反映出一个国家的政治架构和经济体制的特征。

## | 学习目标 |

- 了解政治环境和法律环境的构成要素。
- 了解国际政治制度和法律体系对企业国际市场营销的影响。
- 掌握本国以及东道国的政治、法律环境对企业国际市场营销活动的影响。

全球视野

### 多国加大力度监管科技巨头

近年来，借助科技在经济发展中的推动作用不断提升的东风，全球科技企业的经济实力和财富拥有量在持续、快速地提升，特别是苹果、谷歌、亚马逊、脸书等美国科技巨头更可谓富可敌国。位居全球市值百强榜之首的苹果，2020 年的市值同比增长超 82%，突破 2 万亿美元，与 2019 年的全球 GDP 十强国家相比，可以排第 9 位（按其 2019 年的估算市值计算），约占世界 GDP 总量的 2.1%。

2020 年，美国政府开始与早在数年前就努力限制这些科技巨头的权力的欧盟并肩作战，在部分企业的协助下，对大型科技企业展开反击。经过长达 16 个月的调查，美国国会众议院司法委员会于 2020 年 10 月发布了一份针对谷歌、脸书、亚马逊及苹果四大科技巨头的反垄断调查报告，称上述企业在关键业务领域拥有“垄断权”，滥用市场主导地位。剑指科技巨头的商业模式削弱了竞争，扼杀了创新。特别突出的行为包括：亚马逊在其线上购物平台与第三方卖家竞争，收集竞争数据以使自己的产品具有竞争力；苹果对自家手机应用商店中的第三方开发软件抽取30%的收入抽成；脸书则利用从其海量社交媒体用户中收集的数据，预测哪些应用程序正在流行。

2020年6月，欧盟委员会宣布对苹果展开两项反垄断调查，全面调查该公司是否通过其Apple Store应用商店和Apple Pay支付服务违反了欧洲竞争规则。同期，欧洲法院裁定，欧盟任何成员国的国家数据保护机构都可以在特殊情况下对脸书等美国科技巨头的违规行为采取行动，即便其总部不在本国。欧盟成员国就此被赋予了监管这些全球公司的更大权力。除此之外，包括英、法、澳、日、印在内的不少国家针对这些硅谷企业也展开了反垄断和侵犯用户隐私方面的调查，并执行了相关处罚。

中国在反垄断和保护用户隐私两个关键领域也加强了监管力度，2021年4月阿里巴巴就因在其电商平台实施"二选一"政策被认定为垄断，被处以182.28亿元罚款。

资料来源：李司坤.美反垄断报告震动四大科技巨头遭到"集体抵制".环球时报，2020-10-09（11）；倪洁，等.多国对科技巨头加强反垄断监管.环球时报，2020-12-25（11）；欧美对大型企业展开反击战.参考消息，2021-05-29（6）；胡博峰，等.多国反垄断监管瞄准美科技巨头.环球时报，2021-06-17（11）.

政治和法律因素常常在国际市场营销中起着举足轻重的作用，跨国公司在其他国家从事商业活动时免不了会涉及一些复杂的政治、法律问题。不同国家的政治、法律制度与其历史、文化有着不可割断的渊源，而且不是静止不变的。在全球化背景下，一国的政治体制和法律、法规的变动，还可能带来世界范围的影响，正如"全球视野"所示，目前各主要经济体出于反垄断、保护市场竞争和消费者利益的目的，加强了对大型企业的监管力展。这也是在告诫跨国公司，无论一国政府如何期望通过企业竞争力的提升推动本国经济发展，企业的经营行为都必须在国家政治、法律允许的框架下进行。了解并能动地适应其他国家和地区的政治和法律环境可以大大降低跨国公司从事国际市场营销活动的风险，而政治和法律环境的差异和变动也会为国际市场营销者提供新的机会。

国际市场营销者必须了解不同国家的政治体制以及运作方式，因为无论是在发展中国家还是在发达国家，政府的力量始终都是左右和影响国内和国际经济的重要力量。法律在国内和国际两个层面都影响着企业的商业活动，一个国家的法律体系反映了这个国家的政治架构、经济体制的特征。

将法律与政治因素分割开来讨论，并不利于企业了解实际的环境状况。不过，由于构成国际政治和法律环境的因素的复杂性，将二者分割开来会使分析更仔细和更有针对性，可以帮助企业从多方面了解政治、法律环境，因此，本章的两节分别介绍政治环境和法律环境的主要构成因素和基本框架，并分析全球不同国家在政治和法律体系上的主要差异。

## 第1节　政治环境

影响企业国际市场营销的政治环境由政治制度、政党、政府和其他组织以及它们的运作方式构成。一个国家的政治体制及运作方式直接影响国际市场营销者在这个国家的营销活动和经济利益，同时一个国家的政治体制和政治稳定性也直接影响国际市场营销者对这个国家的投资意愿，因此，了解相关国家的政治环境对国际市场营销者是必需的。如果能够有效地预测对其经营活动有潜在威胁的政治变革和政治风险，并采取适当的对策，将有助于企业国际市场营销活动的顺利进行。

## 一、政治环境的主要构成要素

在构成政治环境的诸因素中，对企业国际营销活动影响最直接、最基础的是政治体制。此外，一国政府可以允许或禁止企业在其境内从事商业活动，因此，国家主权也是分析国际营销政治环境时必须考虑的一个要素。

### （一）政治体制的基本含义

政治体制（political system）一般指一国在对本国进行管理时采取的结构、程序和活动，或者指一个国家政府的组织结构、管理体制以及相关的法律和制度。一般来说，与政治体制近义的称谓还包括政权形式、国家形式、政府形式、政权组织形式等，主要用来强调一国政府的运作方式。

任何国家对政治体制的设计，都是为了将社会各种利益集团和阶层整合到可以使国家和政府有效运作的管理系统之中。一个国家的政治体制根源于其历史和文化，同时受人口情况、种族构成、经济状况、自然资源和地理位置等因素的影响，因此不同国家的政治体制的表现形式不尽相同。

### （二）政治体制的主要表现形式

维护国家秩序和稳定的政治体制有多种形式，按照西方学者的观点，可以把全世界的各种政治体制假设为一个连续统一体。连续统一体的一端是自治政权，即无政府主义；另一端则由来自最顶端的某个人或统治机构来领导，即极权主义。

现实社会并不存在纯粹的无政府主义和极权主义，一个国家的政治体制处于这两者之间的某一点，即介于无政府主义和极权主义之间。这种观念认为私人团体和公共团体在国家政治活动中都担负着重要角色，每个团体都由来自不同的阶层、生活方式及背景的人组成，以平衡每个群体所获得的权力。

我国是工人阶级领导的、以工农联盟为基础的人民民主专政的社会主义国家。社会主义制度是我国的根本制度，我国的根本政治制度是人民代表大会制度，基本政治制度包括中国共产党领导的多党合作和政治协商制度、民族区域自治制度、基层群众自治制度。

### （三）主权

在评估国际市场营销的政治环境时，国家主权是一个关键因素，因为一国政府会以保护本国经济为由行使主权，对国际贸易进行管制，禁止或限制在本国境内进行某些国际商务活动。

主权（sovereignty）是国家固有的属性，是最高和独立的政治权威，具有不可转让、不可分割和不可侵犯的神圣地位，并具有排他性。主权的内容包括领土完整、政治独立、经济自主和与别国的主权平等。主权涉及两个层面：一个是指在对外关系中行使的权力；

另一个是指对其国民所行使的至高无上的权力。在国际法中，主权国家是独立的，不受任何外来力量的控制。主权国家规定公民的权利与义务，确定其地理疆界，控制贸易以及人员与货物的跨境流动，即便在境外，公民也应遵守本国的法律，这一特点意味着国家会利用主权将国内法律沿用至国外，这会给国际经营带来许多冲突。

从国际市场营销的范围看，外国投资常被看作对国家主权的一种威胁，特别是当投资国和被投资国在政治体制、价值观念上存在差异时。一些企业在国外的并购以失败告终，多是由于对象国的一些政治团体认为这些公司是由母国政府控制的，经济合作会对其国家主权和国家安全构成威胁。

具有排他性的各国政府都在强调其主权的重要性，而全球化对传统意义的国家主权产生了极大的影响和冲击。资本跨越边界流动；互联网使国家控制信息传播的难度加大。由于各国互相依赖的关系不断加强，控制环境污染、疾病传播、恐怖活动等都需要相关国家共同处理。

这些现象表明，在我们生活的这个时代，资本、劳动力和信息的流动或传输增强，外来的伤害和破坏更难有效抵御。与此同时，国际组织、跨国公司等非国家行为主体大量出现并日益发挥着越来越重要的作用。为了促进本国发展或者交换有价值的东西，各国政府不仅能够而且确实会在某些具体方面做出让步。例如，加入世界贸易组织的国家或地区需要声明遵守国际公约和仲裁程序，而这可能意味着国家政策或相关规定要做出一定程度的调整。当然，加入的成员也可享有贸易便利带来的好处。加入区域经济一体化组织，同样存在这种交换。例如，欧盟成员国放弃单个国家拥有本国货币、制定本国产品标准的权力，并做出其他牺牲，以换取更多的市场准入机会。显然，把握好交换的平衡点具有十分重要的意义。

## 二、政治风险及管理

一国政府不可避免地会介入本国的商业活动，再加上可能存在的政权更迭和政策不稳定性等因素，企业在国际市场营销活动中面临着或高或低的政治风险。

政治风险（political risk）是指一国政局或社会发生政治变革或动荡从而对当地商务活动造成负面影响的可能性。政治风险会以不同形式影响不同类型的企业，它可能会威胁到出口商的市场、制造商的生产设备或者企业将在东道国的利润转移到他国的能力。

所有的跨国经营都会面临不同形式的政治风险，在增加全球经营风险的诸多政府行为中，主权、政治观点差异等问题最为显著。对一个国家中存在的影响经营活动的政治风险的程度的判断有助于企业确定这个国家政治格局的变化是否将影响其长期盈利性。因此，评估并能动地管理政治风险是企业在国际市场营销中必不可少的工作。

### （一）政治风险的类型

政治风险的评估主要包括对各种风险的识别和分析。可以按对企业影响的普遍程度将风险分为宏观风险和微观风险两大类。

宏观风险会对在一个国家和地区进行经营活动的不同行业的所有企业产生影响，威胁在该国家和地区经营的每一家企业，无论是本国的还是国外的。

微观风险则只对某些特殊行业或者行业内的某些企业构成威胁。

除了以上两种分类，还可以依据引起政治风险的不同原因对其进行具体划分。

1. 冲突和暴乱

冲突会极大地阻碍跨国公司在当地的投资活动，暴乱更是会对企业制造和分销产品、获取原料和设备、招募人才等方面造成不利影响。公开的冲突事件会对物质资产（包括办公楼、工厂和生产设备），甚至员工的人身安全构成威胁。

无论发生冲突和暴乱的原因何在，都会给在当地经营的企业带来财产甚至人身损失。

2. 绑架和其他恐怖主义活动

绑架和其他恐怖主义活动也会引起政治风险。相比冲突和暴乱，绑架和其他恐怖主义活动造成的影响面要小一些，但是若企业被卷入其中，损失程度往往更大。

3. 没收资产

东道国政府有时会没收在本国境内经营的跨国公司的资产。没收资产主要有三种形式：充公、征用和国有化。

充公（confiscation）也称为没收，是指政府强制性无偿没收公司资产的行为。通常被没收资产的所有者无法通过法律途径要求赔偿或归还原资产。

征用（expropriation）是指政府强制性有偿没收公司资产的行为。政府在征用资产时通常会给予公司一定的补偿，但是同样没有上诉的法律依据，补偿的金额也远远低于市场价值。现在很少有政府采取充公或征用的行为，因为这样做不仅会危害到本国的未来投资，而且会使已经在本国从事商业活动的外国企业因害怕遭遇资产风险而撤资。

国有化（nationalization）比充公或征用的形式更普遍。征用只涉及某个行业中的一家或一小部分公司，而国有化则意味着政府将接管整个行业，可能被选中国有化的行业包括关系到国家安全和利润巨大的行业。20 世纪 70 年代，智利政府曾经将其庞大的铜工业国有化，并向跨国公司支付了远远低于实际市场价值的补偿价格。最近 10 年，拉丁美洲国家通过国有化、企业和公共服务行业的再国有化、废除特许合同和提高企业国有控股比例等方法掌控国家经济。

4. 政策变更

东道国政策的变更会给外国投资企业造成不利影响。政策变更是多种因素共同作用的结果，包括政党之间的斗争、特殊利益集团向政府施加政治压力以及其他社会不安定因素，结果可能导致东道国政权更迭、社会经济形势出现新情况，从而打破政策的连续性。

政策变更一般并不有意针对外国投资企业，但如果东道国认为外国投资企业存在明显或潜在的不利于本国的动态，会在政策上有意做出调整。一种常见的政策措施是让国内企业拥有所有权，或者限制外国企业，使之只能拥有小部分所有权。跨国投资也常遭遇这类政治风险。

## （二）评估政治风险

政治风险会对企业的营销活动和有效经营带来负面影响，并可能阻碍企业的海外投资，因此，企业管理人员应该在制订国际营销战略规划时，对政治风险进行评估。

政治风险评估旨在预测政治的不稳定性，以帮助管理层确定与评价政治事件对当前及将来国际经营决策的影响。对国际市场营销者而言，最大的风险来自政权更迭所引起的社会混乱。例如，2012 年利比亚的卡扎菲政府倒台后，许多在利比亚投资的外国企业遭受了巨大损失。

有效的风险评估可以用来决定企业进行投资时所承受的风险级别以及准备承担的风险大小。不过这种评估工作往往比较复杂，需要足够的专业知识。如果管理人员无法胜任这一工作，可以借助专业调研公司进行评估。

一些机构专门提供以国家市场为单位的政治风险报告，如经济学人智库（Economist Intelligence Unit，EIU，www.eiu.com）、总部位于日内瓦的商业环境风险评估公司（Business Environment Risk Intelligence，BERI，www.beri.com）以及美国国际报告集团（PRS Group，www.prsgroup.com）。

需要注意的是，这些机构对政治风险的构成标准的理解不完全相同。例如，BERI 关注的是社会和制度的属性，PRS 集团更多地直接聚焦于政府的行动和经济职能，EIU 则致力于按照政治稳定性和政治效果来分析政治风险，由此形成的对某个特定国家的风险评价并不完全一致（见表 5－1）。因此，同一个国家的政治风险水平在不同机构的评估结果中可能有很大差异。

**表 4－1　政治风险评估标准**

| 经济学人智库 | 商业环境风险评估公司 | 美国国际报告集团 |
|---|---|---|
| 战争 | 政治派别分化 | 政治动乱的可能性 |
| 社会动乱 | 由语言、伦理 / 宗教团体形成的分化 | 股权限制 |
| 有序的政治体制转换 | 维持政权所需的限制性 / 胁迫性措施 | 对在当地经营机构 / 生产基地的设置限制 |
| 怀有政治动机的暴力 | 心态（仇外、民族主义）、腐败、裙带关系 | 歧视性税收 |
| 国际纷争 | 社会条件（包括人口密度和财富分布状况） | 对资金汇回（国）的限制 |
| 政府变更 / 亲商导向 | 激进型政府势力的组织和实力 | 交换控制 |
| 制度效力 | 与主要敌对权势的关系和对此权势的重要性 | 关税壁垒 |
| 官僚作风 | 对地区政治势力的负面影响 | 其他壁垒 |
| 透明 / 公平程度 | 涉及示威、罢工和街巷暴力社会冲突 | 支付延误 |
| 贪腐 | 由暗杀和游击战反映的不稳定 | 财政 / 货币扩张 |
| 犯罪 | | 劳动力成本 |
| | | 外债 |

资料来源：沃伦 · J. 基根，马克 · C. 格林 . 全球营销：第 6 版 . 北京：中国人民大学出版社，2015：136.

一国政府的腐败程度是决定政治风险高低的一个关键因素。许多人认为，新兴市场和发展中国家的腐败现象比较普遍和严重。然而，欧盟在 2014 年初公布的首例反腐报告显示，欧洲（之前被认为是世界上“最廉洁”的地方之一）的腐败程度令人触目惊心，成员国无一不存在腐败现象，每年造成的经济损失高达 1 662 亿美元，阻碍了在欧盟开展业务的近一半企业的发展，2/5 的欧洲企业认为腐败是其业务发展的障碍。可见腐败不只是欠发达国家的顽疾，还是世界性的难题。从事国际商务的企业应视其为主要的政治风险因素之一，认真谨慎地对待。

除了上面提到的这三大国际机构，中国社会科学院世界经济与政治研究所（以下简称“社科院世经政所”）从 2014 年开始连续发布年度中国海外投资国家风险评级。中国已经是全球第二大对外直接投资国，在对外直接投资迅速增长的同时，中国企业海外投资面临的外部风险也在显著提升。因此社科院世经政所的海外投资国家风险评级体系从中国企业和主权财富的海外投资视角出发，根据自己开发的评级系统对 57 个国家进行了评估，这些国家以中国对外投资的非避税目的地为主。该系统构建了经济基础、偿债能力、社会弹性、政治风险和对华关系五大指标、41 个子指标，全面量化评估了中国企业海外投资所面临的战争风险、国有化风险、政党更迭风险、缺乏政府间协议保障风险、金融风险以及东道国安全审查等主要风险。风险级别分为低风险级别（AAA～AA）、中等风险级别（A～BBB）和高风险级别（BB～B）三大等级，评估结果为中国投资者进军海外提供了一张风险地图。

如果跨国公司的管理人员能够利用这些评估数据有效预测并妥善管理对公司经营活动有潜在威胁的政治风险，跨国公司依然可以从动荡的市场中获利。

### （三）管理政治风险

对政治风险的评估有助于管理者有效预测对企业经营活动有潜在威胁的政治因素及其变化趋势，不过评估本身主要是对企业在某些国家和地区的跨国经营活动提出预警。要想降低风险，增大获利机会，还必须对政治风险进行有效管理。另外，随着国际市场营销活动越来越需要在一些政治风险高的地区（这些地方机会多）展开，放弃投资已不再是明智之举，因此企业采取相应的战略措施来控制政治风险就十分必要。管理政治风险的战略主要有回避战略、适应战略、防御战略和改变战略等。

#### 1. 回避战略

回避战略就是在评估为高风险的国家或领域尽量不投资，但是在国际经营活动中，任何一家跨国经营企业都面临风险，仅仅采取回避战略是消极和被动的，并不足取。

#### 2. 适应战略

适应战略是一种主动型战略，要求跨国经营企业必须对可能面临的不同水平的风险进行分析与评估，并在承担一定程度风险的基础上，制定相应的风险管理方法。可以采取以下五种方法。

（1）发行当地股票和增加在当地的债权股本。发行当地股票和债券涉及跨国经营企业在当地企业、贸易联盟、金融机构和政府的帮助下为自己在当地的经营活动融资。如果使上述这些机构拥有跨国经营企业在当地经营的股份，它们就可以分享利润，这些机构就有意愿帮助企业的经营活动免受或少受政治力量的干扰，从而降低政治风险。比如联合利华就通过在印度、印度尼西亚、马来西亚、巴西等新兴市场国家发行在当地上市的股票，提高了与当地社会在经济上的融合度。

（2）追求本地化目标。本地化要求跨国经营企业对其经营方式、产品组合或者其他经营要素，甚至公司的名称做出调整，以适应当地的偏好和文化。跨国经营企业实现本地化的常见方式是将部分原料采购和加工过程移往产品需求地，由当地产业工人完成。比如惠普为扩大在中国的市场份额，多年前便开始在中国采购零部件以供应它在世界各地的工厂，每年的采购额都超过1亿美元。此外，惠普还着手与中国的合作伙伴进行深层次的合作：与国家科学技术委员会成立了一个研究中心；与上海一家厂商合资研究、开发、生产分析仪器产品；在青岛合作开发了新一代医疗器械。这些做法均属于跨国公司本地化的高级形式，帮助惠普融入中国社会，与本土企业一起促进中国社会的进步和发展。

（3）帮助东道国发展。跨国经营企业可以通过诸如增加出口或进口替代来减少进口以改善东道国的国际收支状况，向东道国转让资本、技术或技能，创造就业机会，向东道国积极纳税等方法对东道国做出经济贡献来与东道国政府以及民众建立有益的关系。例如，微软公司为推动墨西哥政府开展上网服务，在技术和培训方面为该国提供了1亿美元的资助。此外，许多跨国公司还设法通过赞助、慈善等社会项目来为东道国提供利益，这有助于提升公司在东道国的形象。比如宝洁公司进入中国市场后，长期捐助希望工程，得到了中国公众的赞许，促进了旗下产品在中国市场的推广。

（4）合作经营。合作经营的方式可以是非正式的安排，不过一般是指合资、战略联盟和交叉持股这样的方式（具体内容在第8章详述）。通过与当地公司或其他跨国企业合作，企业可以分散所面临的风险。

（5）为风险投保。当企业进入有潜在风险的国家从事商务活动时，往往会以购买保险的方式应对潜在的政治风险的影响。例如，海外私人投资公司专门为美国的跨国公司提供保险，并提供项目融资。

“9·11”事件以后，“为政治风险投保”作为一种管理政治风险的战略遇到了严峻的挑战。许多保险公司大幅提高了政治风险的保费，一些保险公司甚至取消了这一险种。

3. 防御战略

这种战略的核心思想是跨国经营企业通过努力收集有助于预测和管理政治风险的信息，建立市场营销、业务操作和财务方面的风险控制体系。跨国经营企业可以从以下两个来源获取信息。

首要的来源是了解东道国情况的企业员工和其他国际商务活动人士。在东道国任职的本企业员工对当地的文化和政治有直接的认识和了解，可以为企业建立政治风险预警提供有效、及时的信息；其他有国际商务活动经历和经验的人士可能在工作中接触过当地的政府官员或亲身经历过一些事件，也可以作为很好的信息来源。

其次是专门研究政治风险的服务机构。这类机构除了专门的国际商务风险评估机构，还包括银行、政策咨询部门和新闻出版机构等，它们采用不同的标准和方法来评估风险，其中有些机构还会提供政治风险报告，详细地分析各国的政治风险程度和现状等各方面信息。不过此类信息需要付费获取，对中小型企业而言成本太高，相比之下，来自政府（本国或东道国）有关部门的免费或价格低廉的信息更有价值。

4. 改变战略

改变战略的指导思想是指通过积极影响当地的政治活动，跨国经营企业可以主动应对预期的变化。企业可以通过与当地的政治家和立法者打交道的方式来影响当地的政治活动。由于直接的方式不合法或难度较高，企业更经常以游说等间接的方式来达到规避政治风险的目的。

游说（lobbying）是指跨国公司专门雇人（或机构）来表达本公司对相关事件的观点的策略。游说者的最终目标是使对本公司有利的法案获得通过而不利的法案被驳回。需要注意的是，由于游说会影响一国政府立法的公正性，许多国家通过立法限制游说活动。

在某些国家，政治贿赂也是影响政治活动的一种方法。政治贿赂是通过收买掌权者，让其代表跨国公司出面干预商务活动，从而减少公司的政治风险。这种方法一方面能够用来减少各种问题所造成的不良影响；另一方面也可能会使跨国公司获得重要的合同或获得某种产品或服务的经销权和零售权。

在一些腐败状况严重的国家，贿赂是跨国经营企业得以正常进行国际商务活动的必要手段，但其本身的风险也很大，通常会引起道德问题和法律问题。在某些国家，比如美国通过立法（《反海外腐败法》），禁止美国公司在其他国家向政府官员和政治候选人行贿。即使没有法律的约束，在全球化背景下，企业在某些国家和地区的行贿丑闻也会严重损害其国际声誉。如 2007 年德国西门子公司因其内部人员以签署咨询合同的方式，通过第三者支付咨询费进行间接国外行贿，遭到德国、美国、意大利、希腊、瑞士、奥地利等数个国家立案调查，查出非法贿赂资金高达 10 亿欧元，是当时世界上最为惊人的一起公司贿赂案，公司的首席执行官、财务总监和监事会主席因此相继离职，这家“德国最受尊敬的企业”一度陷入 100 多年发展史上前所未有的动荡之中，公众形象遭到严重破坏。

2013 年 7 月，英国最大的制药公司葛兰素史克的在华分公司葛兰素史克（中国）投资有限公司的一些熟悉公司运作体系的高管通过逃避公司流程和监管进行了不当操作，卷入贿赂案件，触犯了中国法律。因涉嫌严重商业贿赂等经济犯罪，部分高管被中国公安部门依法立案侦查。调查获知包括行贿费用在内的各种运营成本，占到药价成本的 20%～30%，助推了药价虚高，严重损害了中国消费者的利益。事件曝光后葛兰素史克（中国）的业绩和声誉都受到极大影响，4 个月后公司主营的处方药和疫苗两部分核心业务在中国的销售暴跌 61%。虽然葛兰素史克是一家英国公司，但其股票在美国的交易所挂牌上市，因此美国执法机构对该公司具有司法权，美国司法部对葛兰素史克的调查也扩大至包括中国在内的其他国家。可见，用行贿的手法化解政治风险、获取市场机会可能会遭遇到更大的风险。

值得一提的是，在过去数年时间里，美国一直刻意夸大国家安全概念，滥用国家力量，无端打压特定的尤其是高科技领域的中国企业，中国跨国经营企业在美国等发达国家市场的政治风险陡增。如何管理这些市场的政治风险是我国企业、特别是高科技企业面临的重大考验。小米诉美国政府无端制裁胜诉一案，对我国企业运用改变战略，减轻、化解政治风险极具借鉴意义。参见案例分析 4－1。

**案例分析4–1**

小米胜诉，被移出美国制裁清单

美国是当今以“国家安全”为由，对其他国家的企业实施制裁最多的国家。美国对他国技术公司的制裁很有“创意”，它有两份制裁清单：一份来自国防部，一份来自商务部。国防部清单上的公司大多属于造船、航空、航天、化工、电信、建筑等行业；商务部列出的清单是美国公司不得向其出口任何技术的外国公司，比如世界著名无人机制造商大疆公司。

2021 年 1 月 14 日，美国国防部将小米在内的 9 家中国企业列入“军工企业清单”（自美国国防部 2020 年 6 月公布首批军事企业清单以来，已有 44 家中国公司被纳入其中），这相当于禁止美国投资者投资小米的股票，消息发布后小米股价持续下跌，截至当年 5 月底已跌去逾 20%。

2021 年 2 月小米起诉了美国国防部，否认了所有指控，并指出：在将其列入“中国军方公司”的决定中，存在程序不公与事实认定错误，要求法院宣告该决定违法并撤销该决定。

美国时间 2021 年 5 月 11 日，小米和美国国防部就军事清单诉讼发布了联合状态报告，双方已经同意和平解决诉讼案，简单来说就是小米胜诉了。美国政府承认了“军工企业清单”上的程序正义问题，愿意和小米进行和解，并将小米移出清单。这意味着美国投资者可以不受限制地交易和持有小米的股票。截至 5 月 26 日收盘，小米股价上涨 1.44%，

小米能够胜诉在于抓住了美国法律的几个关键抗辩意见。第一，美国联邦行政程序法的关键性程序要求，美国政府签署的此类禁令不能是武断和任性的。第二，该禁令没有履行正当程序所要求的通知听证。同时，这一操作违反了美国宪法保护框架下的“正当程序原则”，给小米带来了实质性的经济损失。

小米被移出制裁清单让其他被制裁的中国企业看到了更多可能，利用美国法律捍卫程序正义的权利也是保护自己权益的路径之一，后续或许会有更多受制裁的企业发起诉讼，争取自己的权益。

资料来源：小米被移出美国制裁清单，是否掀起中企诉讼潮？. 新浪财经.（2021-05-27）. https://baijiahao.baidu.com/s ?id=1700869257504032304&wfr=spider&for=pc；安东 · 恰布林 . 美制裁没有击垮中国科企 . 参考消息，2021-05-31（6）.

## 第 2 节　法律环境

一国的法律在国内和国际两个层面上影响着企业的国际营销活动。一国政府以本国法律为基础，通过双边或多边的国际公约和条约来管理本国企业和外国企业的经营活动。跨国经营企业不仅要熟悉本国和东道国的法律要求，还应了解与国际营销活动相关的一些国

际条约及规定。

不同国家的法律制度存在巨大差异，而法律制度的基本特征对一国法律的制定、法律条文的解释及案件的裁定都有着深刻的影响，因此对法律环境的管理，首先要从对不同法律制度的了解入手，在此基础上进一步讨论跨国经营企业如何在全球市场中学会适应不同的法律制度，以规避可能的法律问题或获取市场机会。如 2002 年，海尔 6 款冰箱产品率先达到欧洲 A+ 能耗标准，在德、荷、比、卢四国，消费者每购买一台达到 A+ 能耗标准的海尔冰箱，政府就奖励 100 欧元，海尔品牌的竞争力得到大幅提升，销售额 3 年内增长 15 倍。

## 一、法律制度的基础

一国的法律制度（legal system）是指一国的一系列法律法规，包括法律制定和执行的过程以及法院对各方行为做出判决的方式。一个国家的法律系统反映了这个国家的政治架构、经济体制。政治制度和法律制度是紧密相连的，一国的政治制度会促进法律制度的发展和完善，而法律制度也有助于稳定该国的政治制度。一个国家的法律制度也会受到这个国家的宗教信仰与社会习俗等文化因素的影响。因此，不同国家的法律制度之间存在差异。

按照法律的历史传统和外部特征，世界上现行的法律制度主要有三种形式：普通法系、大陆法系和伊斯兰法系。除了这三种法系，一些学者认为还存在社会主义法系。尽管各种法律制度都具有维护社会秩序、提供社会管理的基本模式、确立财产和其他权利的性质、制定强制性的规则这些普遍特征，但不同的法律制度产生的根源和具体的法律条文以及运用方式有很大的不同。

### （一）普通法系

普通法系也称判例法系、英美法系，最早源于 11 世纪的英国，美国、加拿大、英国及英联邦国家如澳大利亚、新西兰、印度、肯尼亚、南非等 20 多个国家都属于这一法系。在普通法下，审判体系主要根据传统、先例和惯例来进行判决，每一条法律在具体适用时都会有不同的解释，而每一种新的法律解释都能成为将来案件参考的先例。

### （二）大陆法系

大陆法系也称成文法系、罗马法系，源于公元前 5 世纪的古罗马，是世界上最早也是运用最广泛的法律制度之一。目前世界上有 70 多个国家使用这种法律制度，包括法国、西班牙、意大利、德国、日本和绝大多数拉丁美洲国家。该法律制度的特点是，法院依据各种时期编纂在一起的非常详尽的法律典籍与条文，对案件进行审理、判决。

### （三）伊斯兰法系

伊斯兰法系也称“阿位伯法系”，是中世纪信奉伊斯兰教的阿拉伯各国和其他穆斯林国家法律的总称。20 世纪以来特别是第二次世界大战后，伊斯兰法系适用范围缩小，但仍是一个影响相当大的法系。

### （四）社会主义法系

社会主义法系是指以马克思主义法学为理论基础的社会主义国家的法律体系的统称。由于它最早是从苏联法律发展起来的，故又称苏维埃法系。社会主义法系的特点主要表现在三个方面：（1）它是社会主义国家的法系，在意识形态上具有鲜明的阶级性，以马克思主义为理论指导，崇尚集体主义，因而它不同于以个人主义为理论基础的资本主义国家的各个法系，包括大陆法系和英美法系。（2）它是在批判和继承大陆法系和英美法系的传统的基础上发展起来的一个新兴的法系。（3）它在法典结构和司法组织等方面同大陆法系的传统有某些相似之处，而同英美法系的差别比较显著。

从意识形态的角度看，我国的法律制度属社会主义法系，同时兼具中国特色。总的来说，我国的法律制度主要参照的是大陆法系，但也兼有一些英美法系的特点。实际上，当今一些大陆法系的国家也在法院的裁判中采用判例，而一些英美法系的国家也通过制定统一的法律来调整某些不断变化的领域。两大法系之间相互渗透、相互影响，出现了交叉、互补之势，这种趋势也在影响着中国对自己的法律制度的进一步完善。

## 二、国际市场营销中的法律问题

法律是维护合法企业正常经营活动的法理依据。在一个国家中，与经济活动相关的法律体系基本上包括公司法、合同法、外国投资法、证券交易法、银行借贷法、税法、知识产权保护法、环境保护法、专利法、广告法、商标法、劳动法等。跨国经营企业进行的是国际商务活动，因此这些方面的法律问题都可能遇到，而且由于不同国家在政治理念、司法体制、社会习俗及文化特征方面具有明显的差异，跨国经营企业同样的经营活动会面临不同的法律体系与实践。比如美国和欧盟国家在产品质量、产品责任、环境污染和员工待遇方面的法律相对更加严格，非洲、亚洲和拉丁美洲的一些国家在这些领域的法律相对不够完善，这无疑加大了跨国经营企业所处法律环境的复杂性。因此，跨国经营企业必须学会如何在全球市场中适应不同的法律制度。下面首先重点考察跨国经营企业在产品安全和责任、知识产权、反垄断法以及其他一些和营销直接相关的方面面临的法律问题，之后分析如何解决这些方面的问题。

### （一）产品安全和责任

大多数国家都制定了产品安全法，并且规定了产品必须符合的标准。设立产品安全法的目的是保护消费者的健康与安全，提高消费者的信心。不同国家的产品安全法涉及的产品范围并不相同，一般而言对饮食、儿童用品等事关公众健康的产品，很多国家都有立法保护。这些领域出现产品安全问题，往往会给提供产品的企业甚至母国政府带来极大的负面影响。除了各国政府，一些国际机构也会制定相关政策或呼吁关注产品安全问题，它们的影响力往往更大。2014 年初，世界卫生组织发布的一份报告强调，为了实现 2015 年全球超重人口不超过 15 亿的目标，建议各国政府采取措施，向快餐宣战，这显然是值得麦当劳、肯德基这些快餐业巨头关注的。

产品责任是指制造商、销售商以及其他相关人员（包括企业员工）对产品缺陷导致的损失、受伤或死亡所需承担的责任。受损害方可以通过民事诉讼索取金钱赔偿，也可以通过刑事控告使责任方缴纳罚金或受到监禁。

美国产品责任法的规定较为严格，欧洲紧随其后，发展中国家和新兴市场国家在这方面的法律也在不断完善。例如，欧盟要求从 2019 年 7 月开始，新推出的混合动力汽车和电动汽车都需要安装车辆声音警报系统，而所有现有车型则要在 2021 年 7 月前安装。汽车制造商将自行决定警报系统发出的声音，但按欧盟立法的规定，新能源汽车的警示声音应该与传统的内燃机汽车类似（而且不能更响），这种声音还应该让行人能了解车辆正在进行什么活动。捷豹公司当时就快速做出响应，公布了它的 I-Pace 系列车型发出的警示声音。

不同国家对于产品责任法的执行也有差异。以美国和加拿大为例，烟草公司就常常因为不能及时警告消费者烟草中的尼古丁对身体的危害以及它们的营销策略而遭到攻击，而在其他一些国家，烟草公司受到的监督和限制就小得多。

### （二）知识产权

知识产权（intellectual property）是人们就其利用知识、智力和能力所创造的智力劳动成果所依法享有的专有权利，包括图形设计、文学作品、计算机软件、机器工具的设计和秘密配方（例如可口可乐的配方）等。产权拥有者（符合条件的著作者以及发明者或成果拥有者）依照各国法律被赋予在一定期限内享有对其成果的独占权利。

知识产权从本质上说是一种无形财产权。与其他类型的产权一样，知识产权也可以交易、售卖和许可并收取费用。进入 21 世纪后，随着科技的发展，知识产权与人类生活和企业经营活动之间的关系越来越密切，侵犯知识产权的行为也越来越多。许多国家都通过设立知识产权法对知识产权加以保护。

知识产权法主要涉及知识产权所有人的权益被侵犯后如何做出赔偿的规定。不过，不同国家在知识产权法方面的差异很大。总体上，知识产权法在加拿大、日本、美国和西欧的一些国家执行力度大，而在其他一些国家则较薄弱。

#### 1. 知识产权的类型

知识产权包括两类：一类是工业产权（也称产业产权），主要有专利权与商标；另一类是著作权（也称版权、文学产权）。

（1）专利权（patent）。专利权是指授予一种产品或生产过程的发明人在特定期限（一般为 20 年）内不被他人仿造、使用或买卖该项发明的专有权利。大多数国家针对专利权的保护条款与世界贸易组织《与贸易有关的知识产权协议》中的规定基本一致。

（2）商标（trademark）。商标指制造商贴附于特定产品或包装上的特别标识，由文字、图形、字母、数字、三维标志、颜色或上述要素的组合构成，以区别于其他制造商制造的产品或服务。

商标可以使消费者了解产品的属性，从而更倾向于购买某一特定商标的产品。商标和品牌往往是一个企业最有价值的知识产权（相关内容在第 9 章详细介绍）。许多国家都有专门的《商标法》以保护这一知识产权，不过与专利权保护不同的是，商标保护通常是没有时限的，只要商标上面的文字或标识仍然有特色、符合法律要求。

（3）版权（copyright）。版权是指授予原创作品的著作者按照个人意愿发表或弃置其作品的自由。一项版权通常会以符号、日期和版权所有者的名字来标注。版权所有者包括文学作品的原著者和出版者、音乐曲谱的作曲家、电脑软件程序的开发者、艺术家、摄影家和画家等。版权受《保护文学和艺术作品伯尔尼公约》（这是一个保护版权的国际公约）的保护，按其规定于1978年1月1日后创作的所有作品，其版权保护期限都自动界定为创作者有生之年再加上死后50年。出版社拥有版权的时限为自出版日起75年内、创作后100年内这两个时间里先到期的时间。

## 2. 知识产权的侵犯与保护

无论是商标、品牌的创立还是专利、生产工艺的研发，往往都需要企业耗费大量的资金和心血，因而保护这样的知识产权是必要的。在本国，这些资产的知识产权通常可由法律保护从而免受其他公司的侵犯，然而在一国受到保护的专利和商标未必在另一国也受到保护，结果就造成这些知识产权在可能有利的市场上遭受非法或合法的损害。

现实生活中侵犯知识产权的方式主要有：假冒，即未经允许对产品进行复制和生产；模仿，即使用与某著名品牌仅有细微差异、非常近似的品牌名称，以至于消费者会联想到那个真正的品牌产品；盗版，即未经允许复制有版权的出版物的行为。

知识产权遭到侵犯的原因之一是保护不足，知识产权拥有者没有对自己的贵重资产采取充分的保护措施。最常犯的一个错误就是以为企业已在母国确立知识产权，那么这些知识产权将在全世界得到保护，或者以为有必要时再确立其合法所有权。殊不知由于不同国家的法律制度不同，对知识产权的保护存在“注册在先”或“使用在先”的原则性区别。在许多大陆法系国家，知识产权的所有权按“注册在先”的原则来确立，即谁先注册商标或其他知识产权，谁就被认为是合法的所有者。在英美法系国家，知识产权的所有权按“使用在先”的原则来确立，即谁能证明自己最先使用，谁通常被认为是合法的所有者。企业如果对这些法系上的差别没有清醒的认识，很容易在其他国家市场遭遇知识产权被侵害的事件。麦当劳在日本的情形就是如此。一家日本公司将麦当劳的“金色拱门”作为自己的商标进行注册，经过漫长且代价高昂的法律行为后（两国的法系不同），麦当劳才重新得到了该商标在日本的独家使用权。这样的案例并不少见。中国智能手机OPPO的做法就很可取，从开始创业时公司就计划在全球范围展开业务，尽管目前开展业务的国家和地区只有30个，但已先后在140个国家和地区注册了商标。

知识产权遭到侵犯的第二个原因是一些企业或个人利用知识产权立法上的一些漏洞或为追逐利润干脆铤而走险，生产假冒产品。假冒产品是未经知识产权所有者授权而在某国使用他人的受当地法律保护的商标、发明专利或版权等的产品。受假冒产品危害最深的除计算机软件业、制药业和娱乐业这些最具创新性、发展很快的行业，也包括很多价值较高的日用消费品和奢侈品等时尚产业。

侵犯知识产权在给企业和政府造成巨大的经济损失的同时，也会危害消费者安全，并影响企业的商誉与品牌形象，因此，采取措施来保护知识产权十分必要。近年来，一些高科技企业正在积极开发、利用人工智能来识别假冒伪劣产品，为制造商和消费者保护自己的利益提供了有力武器。参见营销视角 4－1。

**营销视角 4－1 人工智能：打击假冒伪劣产品的新武器**

保护知识产权的首要任务是进行专利申请、商标注册和防伪处理。由于在专利、商标和版权保护上没有国际通用法，目前还没有世界范围的高效的保护机制，不过现有的一些国际性的保护条约或协议，可以为保护知识产权提供有力的帮助。许多国家加入了旨在相互承认和保护知识产权的国际公约，这些国际公约主要有以下几个：《保护工业产权巴黎公约》《专利合作条约》《保护文学和艺术作品伯尔尼公约》《世界版权公约》。此外，联合国的世界知识产权组织负责促进知识产权的保护并通过成员之间的合作来执行各种多边协定。世界贸易组织的一项重要协议——《与贸易有关的知识产权协议》是迄今为止最为全面的关于知识产权的多边协议。还有一些区域性专利和商标机构，如欧洲专利办公室也需要企业给予关注。

在怎样看待知识产权的问题上各国存在显著的文化差异。比如在美国，保护知识产权的目的是鼓励发明，保护创新企业的利益；在韩国，人们认为一个人的思想应让所有的人受益；在日本，人们认为应以一种促进竞争对手之间合作的方式来迅速传播技术，从而使发明为更大的、国家层面的目标服务，它更强调技术的共享而非保护。因此，不同国家对知识产权保护的态度是不同的。就目前情况看，美国是知识产权保护的坚决提倡者，我国近几年在知识产权保护上也取得了很大进展。习近平主席将这个变化概括为："创新是引领发展的第一动力，保护知识产权就是保护创新……总的看，我国知识产权事业不断发展，走出了一条中国特色知识产权发展之路，知识产权保护工作取得了历史性成就，知识产权法规制度体系和保护体系不断健全、保护力度不断加强，全社会尊重和保护知识产权意识明显提升，对激励创新、打造品牌、规范市场秩序、扩大对外开放发挥了重要作用。"[①] 参见营销视角 4－2。

**营销视角 4－2 知识产权已融入中国社会的基因**

当然，知识产权的保护离不开企业的主动参与，每个国家都希望企业积极地保护它们的知识产权，打击侵犯知识产权者。一些企业除了通常采取注册商标和版权的措施，还在产品研发方面采取反假冒措施。

### （三）反垄断法

用以防止企业固定价格、瓜分市场、获得不公正垄断优势的法律称为反垄断（反托拉斯）法。这类法律主要致力于以公平价格为消费者提供种类尽可能多的产品。一些法律专家认为，尽管在世界贸易组织的推动下，关税和其他贸易壁垒妨碍全球贸易发展的情况正在减少，但是迫于全球竞争压力而出现的价格联盟和企业勾结事件越来越多，企业的反竞争行为成为很多国家不得不面对的一个法律问题。

美国的反垄断法是 19 世纪"打碎托拉斯"时代的产物，其目的是通过限制经济大户的集中来维护自由竞争。1890 年通过的《谢尔曼法》（这是世界上第一部现代意义的反垄

---

① 习近平：全面加强知识产权保护工作 激发创新活力推动构建新发展格局 .（2021-01-31）.http://www.gov.cn/xinwen/2021-01/31/content_5583920.htm.

断法，为各国的反垄断立法树立了典范）禁止限定价格、限定生产、分配市场或其他任何旨在限制和回避竞争的计谋，该法也适用于在美国的外国公司，并延伸至美国境外的美国公司的活动。如雀巢公司曾计划以 28 亿美元收购 Dreyer's Grand Ice Cream 公司，结果遭到美国反托拉斯部门即美国联邦贸易委员会的反对，其理由是该收购会导致冰激凌市场竞争的减少和价格的上升。

欧盟也有非常严格的反垄断法。在过去的 40 年里，欧盟委员会对总部设在欧洲的公司，以及像微软这样的在欧洲创造了可观收入的非欧洲公司都行使司法管辖权。例如，1998 年，太阳微系统公司（Sun Microsystems）指控微软限制太阳微系统公司等生产的服务器与运行 Windows 的个人电脑相连接的能力。欧盟委员会在调查了微软是否通过捆绑 Windows 与它的媒体播放程序、在某些新的细分市场中形成垄断后，于 2004 年做出裁决，认定微软违反了反托拉斯法并宣布了三项惩罚措施：第一，微软必须允许电脑制造商销售装有 Windows 和其他品牌媒体软件的个人电脑，这些媒体软件用于播放音乐和图像；第二，微软必须为竞争对手提供关于 Windows 代码和源代码的更多信息，这一做法旨在激励新软件产品的开发；第三，微软被要求支付 6.02 亿美元罚金，罚金之高创历史纪录。

在日本，公平贸易委员会负责执行反垄断法，但是因为在该国需要有绝对证据才能进行反垄断上诉，因此该法在执行上往往没有太大的效力。

在新兴市场国家，反垄断也受到越来越多的重视。例如，1995 年，高露洁公司以 10 亿美元收购巴西科力诺斯口腔护理公司，在竞争对手宝洁公司的敦促下，巴西经济防卫管理委员会对该收购案进行审查，并做出以下判决：鉴于上述收购案可能将为高露洁贡献 79% 的市场份额，高露洁必须把商标许可给另一家公司 20 年，或在巴西停止销售科力诺斯牌牙膏 4 年。最终高露洁接受了后一种判决。

我国自 2008 年 8 月 1 日起施行《中华人民共和国反垄断法》，可口可乐收购汇源案是该法实施以来首个未获通过的案例。2008 年 9 月，可口可乐公司向外界宣布计划以 24 亿美元收购在香港上市的中国汇源果汁集团有限公司。我国商务部经审查后认定，这项收购案将对竞争产生不利影响。收购完成后，可口可乐公司可能利用其在碳酸软饮料市场的支配地位，搭售、捆绑销售果汁饮料，或者通过设定其他排他性的交易条件，限制果汁饮料市场竞争，导致消费者被迫接受更高价格、更少种类的产品，因此于 2009 年 3 月 18 日正式宣布，根据《中华人民共和国反垄断法》，禁止可口可乐收购汇源，否决了美国可口可乐公司对汇源的并购案。

在全球性反垄断执法机构尚未成立前，积极参与世界贸易的国家为了反击限制性商务行为、鼓励竞争、维护本国经济的健康发展和消费者的利益，致力于设定和施行反垄断法。跨国公司必须特别关注其业务量大的那些国家的反垄断法的具体内容和实施程序。

### （四）营销法律

营销法律并非专业术语，而是对用来规范产品开发、商标使用、促销、定价及分销渠道等营销活动的法律的统称。在一些国家，营销法律为数不多而且执法不严，在另外一些国家营销法律完备、复杂且执法严厉。

关于产品开发的法律规定一般是以某国政府颁发的产品标准体现的。近年来随着社会各界对保护生态环境和绿色营销的关注，一些国家和地区的法律开始强调产品对环境的友好性，并注重产品的包装及对固体废物的管理。例如，许多欧洲国家制定了新的产品标准，达到这些标准的产品比其他同类产品对环境的危害更小，达标的产品将被授予“生态标签”，制造商可将此标签贴在产品包装上以提醒顾客该产品对环境无害。

营销法律的另一个重点针对的是促销和广告宣传。许多国家对促销的方式和力度都有不同的法律规定。对于广告，更是设立了专门的广告法来加以约束。具体内容在第 12 章详细讨论。

## 三、解决国际商务争端

在国际商务活动中，特别是当不同文化背景的人来到全球市场购买、销售、建立合资企业、参与竞争与合作时，出现诸如购货者拒绝付款、产品质量低劣、装运货物延误这样的争端是不可避免的。处理争端的基本方法包括调解、仲裁和诉讼。大多数国际经营者都愿意通过仲裁来解决争端，而不是起诉外国公司。

### （一）调解

商业交易的大多数争端可通过非正式途径来解决。调解（conciliation）是争端双方请求第三方来调解分歧以达成一个不具约束力的协议的过程。不同于仲裁与诉讼，调解属于私人性质，调解双方与调解人之间的会议均保密，双方所做的声明可以不公开，也不用作随后可能产生的任何诉讼或仲裁的证据。

调解可以是正式的或非正式的。如果双方能请第三方来进行调解并达成一致意见，就可以采取非正式调解。正式调解可在特定机构的主持下进行，调解人由该机构指定。如果达成协议，就将基于双方所签协议的调解声明记录下来。调解是友好解决争端的途径，不具有法律约束力，因此有必要将调解条款写进调解协议，以便必要时能更容易地采用仲裁手段。

### （二）仲裁

如果不进行调解或者调解失败，就会采用仲裁方式。仲裁（arbitration）是按照当事双方事先约定和承诺采用的方式进行谈判的过程。通常程序是有关双方选择公正、知情的一方或几方作为仲裁人，由仲裁人来判定事情的是非曲直，并做出双方同意执行的裁决。虽然可采用非正式仲裁方式，但大多数仲裁是在那些为了给商业争端的调解提供方便而专门组建的仲裁机构的主持下进行的。正式的仲裁是一个庭外解决商务争端的手段。在大多数国家，经过正式仲裁达成的决定在法律上是有效的。

有关国际仲裁最重要的条约是 1958 年在联合国国际商业仲裁会议上签署的《承认及执行外国仲裁裁决公约》（也称为《纽约公约》），目前签约成员达 150 多个，包括中国。按照《纽约公约》，签约国法庭自动认可成员所发布的仲裁裁决。

由于仲裁形式广受欢迎，由国家及国际组织机构建立的仲裁中心的数量急剧增加。其中，总部设在巴黎的国际商会（ICC）在仲裁方面的效果非常卓著；美国仲裁协会也被公认为有效解决争端的机构；瑞典的斯德哥尔摩商会仲裁院因评判水平高而享有声望；联合

**营销视角 4－3 国际商会的仲裁**

国国际贸易法委员会也是仲裁领域的一支重要力量。各个仲裁机构常常采用联合国国际贸易法委员会的规则，只是略加修改，所有的仲裁中心均采用标准化规则和程序来处理案件，具体运作过程参见营销视角 4－3。

为了提高仲裁的成功率，当事者应在商务合同及其他法律文件中明确指定采用仲裁解决争端的条款。一般而言，合同最好就仲裁人数量、仲裁地点（城市或国家）以及仲裁所使用的语言做出明确的规定（如果仲裁条款中没有界定语言种类，仲裁人将会自行选择）。仲裁条款须在以下两个问题上达成一致意见：（1）发生争端时，争端双方同意根据某仲裁法庭的规则与程序进行仲裁；（2）双方同意服从仲裁结果。尽管有这些事先考虑，仲裁成功与否仍然主要取决于双方是否愿意接受仲裁人所做出的裁决。如果其他所有努力均告失败，解决争端的最后途径便是诉讼。

### （三）诉讼

出于种种原因，人们尽量避免法庭诉讼。几乎所有的胜诉都是有名无实的，因为诉讼的费用、令人沮丧的时间上的耽搁以及事态持续恶化带来的烦恼远远超过了任何类似的其他事件。人们不愿采用诉讼的其他原因有：（1）担心会给公众留下不良印象并损害公共关系；（2）担心在外国法庭上受到不公正对待；（3）难以收到所判给的罚金；（4）采取法律行动的费用相对较高，时间相对较长；（5）缺乏保密性。与仲裁和调解相反，诉讼采取公开的程序。

在以诉讼方式解决商务争端时，决定哪国的法律具有司法管辖权是个很关键的问题。由于处理不同国家的公民、组织之间的商业争端的国际司法机构并不存在（一些国际法庭，如海牙国际法庭及联合国的主要司法机构国际法院只处理有关主权国家之间的国际争端，而不处理私人之间或公司之间的争端），因此国际市场营销者通常要同时受到本国和东道国法律的限制。

如果两个不同国家的签约企业发生矛盾，就面临遵循哪国法律的问题，因此在签订合同时须包含一项管辖权条款，用来解决这个问题。如果没有这一条款，争端双方可以依据合同确定国的法律，也可以依据合同履行国的法律。不过，确定所遵循的法律和确定解决争端的地点不是一回事，结果可能是，一个美国出口商和一个法国进口商之间的争端要在遵从纽约州法律的基础上在巴黎解决。

解决争端的办法有好几种，权威人士这样建议，任何争端的解决均应采用以下步骤：首先安抚受损方；若安抚不起作用，就进行调解、仲裁，直至诉讼。只有当其他所有方法均告失败，才采取诉讼。参见案例分析 4－2。

**案例分析4-2**

**LG和SK的电池专利诉讼**

韩国动力电池制造商 LG 能源解决方案（简称 LG）和能源化工企业 SK 创新（简称

SK）是位列韩国电池制造业前三的企业，双方的母公司也都是《财富》500强榜单中的著名跨国集团公司。两家公司在包括韩国、中国和美国在内的不少国家和地区设有分支机构，主要为汽车制造商供应电池配件。

2019年4月，LG向美国国际贸易委员会（下称“ITC”）和美国法院提起诉讼，指控SK涉嫌有计划、有组织地通过雇用其前工程师窃取商业机密。双方的诉讼纠纷由此拉开序幕。

同年9月，LG和SK两家公司分别发布声明相互谴责，争论的焦点在于SK的“994专利”是否使用了LG的专利技术。此前，LG指控SK的“994专利”侵犯其专利，要求ITC对被告实施制裁。作为回应，SK在声明中指出，LG正在监控其竞争对手的专利开发，如果没有之前的技术，SK不可能在2015年注册994专利。

2020年2月14日，ITC做出了对SK的违约判决并做出最终裁定，禁止有关企业进口SK电池。2020年4月17日，ITC又宣布，接受SK对与LG的诉讼进行复审的请求并将在当年10月做出最终裁决。此后两家公司以美国为主战场，掀起漫长的电池纠纷诉讼。为了取得有利于自身的裁定，两家公司仅在2020年一年对美国参众两院、白宫和商务部等政府机构花费的游说资金就超过了13亿韩元。

2021年4月，在韩、美两国政府的积极斡旋下，双方最终达成了和解协议。4月11日，双方就SK向LG支付2万亿韩元赔偿金达成协议，并联合发表关于结束电池纠纷的协议文件。由此，两家公司长达两年的侵犯电池商业秘密纠纷画上了句号。

业界人士认为，真正使得两家公司平息纷争的是中国电池企业的迅猛发展势头。据能源调查机构SNE Research的数据，2020年全球动力电池在电动汽车上的装机量达137GWh，同比增长17%。宁德时代以24%的市场占有率连续4年排在第一名，LG以23.5%的市场占有率尾随其后，日本松下以18.5%的市场占有率夺得第三名，比亚迪以6.7%的市场占有率排名第四，三星SDI和SK分别以5.8%和5.4%的市场占有率排在第五位和第六位。

值得注意的是，2021年1—2月，宁德时代的全球市场占有率增至31.7%，但LG的市场占有率下降至19.2%。

宁德时代还在与LG争夺全球市场份额，而现在两者的差距已达10%以上。另外，比亚迪等其他电池企业2021年的市场占有率也大幅跃进。因为LG和SK陷入纷争，耽误了韩国电池产业的发展。韩国电池业界认为，在与中、日企业激烈竞争的背景下，LG和SK达成戏剧性协议是值得庆幸的事。

资料来源：韩媒：LG和SK就电池诉讼案展开激烈“交锋”.（2020-09-08）. https://www.sohu.com/a/424592830_166680; LG和SK握手言和 止电池纷争：国内二线动力电池厂商笑了.（2021-04-14）.https://baijiahao.baidu.com/s?id=1697011632850588999&wfr=spider&for=pc；张静.LG和SK电池纷争结束中企已赶超.环球时报，2021-04-13（11）.

问题：

1. LG和SK是韩国企业，为何却在美国打官司？在LG和SK电池专利诉讼案中谁是赢家？

2. 根据本案例的内容，阐释为何在面对商业纠纷时企业应尽量避免诉讼。

3. 如何理解“真正使得两家公司平息纷争的是中国电池企业的迅猛发展势头”这句话

的含义？

## 基本概念

政治体制　　法律制度　　专利权　　知识产权

仲裁

## 思考题

1. 什么是政治体制？目前全球政治体制的表现形式主要有哪几类？

2. 在国际市场营销活动中，企业通常会面临哪些政治风险？

3. 我国企业在西亚、非洲等地区从事国际经营活动时应如何防范和管理风险？

4. 全球有哪几种法系？举例说明不同法系国家的法律差异对企业国际市场营销活动的影响。

5. 国际市场营销中常见的法律问题有哪些？挑选一个案例做具体分析。

## 实训练习

有媒体这样评述：三年来（自2018年始）的重重障碍和美国一手操纵的前所未有的攻势并没有压垮中国科技巨头华为，反而促使其进一步采取旨在重塑自我的战略，使华为像凤凰涅槃一般浴火重生。查阅相关资料，运用具体事例阐述你对这段话的理解。

# 第5章 文化环境

文化是影响消费者欲望和需求的最根本因素，也是营销者观察文化相似性和保留文化差异性的一项重要的营销技巧。

**| 学习目标 |**

- 了解文化的基本含义和构成要素。
- 掌握跨文化分析的两种模型。
- 了解文化对消费心理和消费行为的影响。
- 掌握文化环境对企业国际营销战略的制定和实施的影响。

全球视野

**中国新文化产品在海外频出"爆款"**

多年来，各国都通过特定产品与符号来维持、推广自己的文化形象。在外界眼中，中国文化往往同功夫、熊猫、中餐等紧密相连，与欧美国家和日、韩相比，我们的文化影响力有所欠缺。这种状况正在逐步改善，近年来中国短视频平台、网络游戏等新型文化产品在世界范围内越来越受欢迎。

说到中国新型文化产品，短视频应用 TikTok（抖音短视频国际版）在全球人气旺盛。数据显示，TikTok 在美国的活跃用户已经超过 1 亿，《华盛顿邮报》等美国主流媒体也在 TikTok 上开通账号。在德国，大部分中学生和大学生下载了 TikTok，有学生表示，从 TikTok 上看到的中国与德国媒体报道的很不一样。

中国手游产品在海外市场也风头正健。在美国的 Google Play 应用商店，《王者荣耀》《原神》都有上千万的下载量。科技网站 Techcrunch 发布的报告显示，在 2020 年第四季度，有 21 款中国手游产品进入美国畅销榜 Top 100，收入达到 7.8 亿美元，是两年前的 3 倍多，中国手游产品在美国手游市场的收入中占比达20%。东南亚地区也有大量中国手游产品的拥趸，近年来，一款名为《无尽对决》的游戏在菲律宾、印度尼西亚、马来西亚等拥有大批玩家。菲律宾的月活跃用户超1 400万，几乎每10个菲律宾人中就有1个玩这款游戏；在印度尼西亚，《无尽对决》的下载次数超1亿，月活跃用户超过8 000万，可谓“国民游戏”。

受其他国家欢迎的中国文化还有很多。法国近年来出现越来越多的中国漫画，《包拯传奇》被《巴黎人报》评为“最受读者喜欢的作品”，在欧洲销售数万本。在东南亚，网络文学成为中国文化“出海”的主要形式。起点国际（以中国网络文学的英文翻译作品为主要内容的网站）目前的上线作品已超过1 700部。菲律宾用户平均每天在起点国际浏览的时间超过1小时。

资料来源：中国新文化产品在海外频出“爆款”．环球时报，2021-03-03（7）．

严格来讲，文化是在与社会因素的交互作用下影响消费和购买行为的。就构成要素来看，文化主要是习得的信仰、价值观和风俗习惯等的总和；社会因素则包括参照群体、家庭、角色和地位等因素。这样的划分虽然可以有效地将二者区别开来，但二者在诸多方面彼此作用。文化会因社会结构的不同而对消费行为产生不同的影响，比如在一个轻视女性的社会中，强调女性独立性的产品定位可能不会得到普遍认可。社会因素又是文化习得的载体，例如，家庭、社会群体就是传递文化的重要媒介。文化的不同会导致各文化背景下家庭生活方式大相径庭，从而影响产品的市场定位和消费者对产品的期望值。

因此，明确区分二者未免不切实际。若想真正了解特定市场中的消费者，就应该将社会因素和文化影响作为一个整体考虑。正因为如此，本章不再严格区分文化和社会因素，统称为文化环境。

全球化背景下确实会出现全球顾客的消费习惯趋于一致的倾向，但是如果营销计划都以全球文化趋同为前提，则会犯下关键且致命的错误。国际市场营销者的成功很大程度上取决于其对他国文化的适应，包括耐心、灵活性和宽容。

对消费者而言，文化是影响其消费行为的最根本因素；对营销者而言，观察文化相似性和保留文化差异性是一项重要的营销技巧，具备了这种能力，才能更好地了解不同文化背景下消费者的行为偏好。

本章第1节主要介绍文化的含义、构成要素和层次；第2节介绍跨文化分析的基本模式；第3节介绍跨文化营销战略的制定，旨在强调文化因素及其差异性对营销者的重要性，并指出对文化环境的认识是决定企业全球营销战略的根本因素。正是文化环境决定了全球消费者的相似性和差异性，进而影响着跨国公司全球运营的发展潜力。

## 第1节　文化环境概述

国际市场营销和国内市场营销的最大区别在于跨国经营企业是在文化多样性环境中从事营销活动的，对文化环境的认识与理解应是企业从事国际市场营销的立足点。

## 一、文化的含义、特性及构成要素

文化是什么？人类学和社会学等领域的学者对文化有多种不同的定义。国际市场营销学中对文化的研究不是要对文化概念进行探讨和归纳，也不是要确定一个使人们都能接受的关于文化的共识性概念，而是试图通过对文化的分析，为国际市场营销者提供一种在跨文化环境中有效观察文化多样性以及解释不同文化背景下消费者的价值观、态度和行为差异性的概念架构与指南。

### （一）文化的含义

文化是指给定社会中由人们可以识别的行为方式特征整合而成的体系。它包括给定社会中群体想、说、做的方式，即这个社会群体的语言、习惯、共同的态度和感情体系以及物质成就等。

这个定义强调了文化包括从物质方面到精神方面的诸要素，也表明在一个给定的社会中个体通过社会化和文化调适方式来学习自己的社会文化，通过模仿他人的行为或以他人的行为为榜样来形成文化认同。

### （二）文化的特性

为了更好地理解文化对消费行为的影响机理，有必要研究一下文化的特性。关于文化特性的解释有很多种，得到广泛认可的是文化具有以下六个特性。

1. 习得性

文化不是与生俱来或以生物学为基础的，它是一种习得的行为模式，即人们通过后天的学习及经验获得。个体在一种文化中诞生，他们必须学习如何在这种文化中生活与行为。文化习得可通过三种机制进行：第一是正式渠道，即社会成员通过所属的家庭和社会机构学习文化；第二是技术层面，即个体通过教育包括学校和宗教机构获得相关文化知识和行为模式；第三是非正式渠道，即个体通过与同龄人群体、媒体等的交流和传播互动获得文化。这些习得性的行为模式的共享系统将影响营销者和消费者的感知。

2. 共享性

文化并不属于某个特殊的个体，一种社会文化是由全体社会成员共享的。作为群体、组织和社会的一员，可以分享文化。尽管在一个社会中还存在不同的亚文化群体（后面详述），但特定社会的基本价值观与信念是由社会绝大多数成员共享的。因此，人们才可以用不同国家文化的差异解释消费者行为的不同。

3. 承继性

文化具有承继性，可以由一代人传给下一代人。一种文化是世世代代不断积淀累积形成的。正是因为文化具有非生物属性的“遗传性”——延续不断地由一代人传递给另一代人，才保证了文化的相对稳定性。尽管文化在延续的过程中常常由于外来文化的影响或外在环境的变化被迫产生某种“变异”，但文化的任何变异最终又会成为社会文化中新的因子，传递给下一代人。

4. 象征性

文化的象征性是指文化所具有的基于人的能力，用来象征某种东西或者用一种东西来代表另一东西的特性。比如人类使用特定的符号和语言来象征具体的事物或代表自己的情感和态度。不同的文化各有其独特的语言表达方式，而且语言的差异性还会导致思维方式的差异性，这是人类文化多样性最明显的体现。此外，特定社会的文化也会以对某种事物或颜色的共同认同而形成能对外彰显其特征的一些文化符号，比如武术、中国红、祥云图案等就被认为是体现中国文化的典型元素。再如桑巴舞彰显了巴西的热情奔放，美式橄榄球体现了美国式的个人主义和竞争、对抗、取胜的理念……理解不同文化的隐喻性象征，是理解特定文化的制胜法宝。

5. 结构性

文化是由一些特定因素构成的，不同因素的相互整合形成了独特的文化结构或模式。由于文化的承继性，一般而言，文化都具有自身特有的相对稳定的结构。不过，任何结构因素的改变都可能引起另一种结构因素的变化，从而导致文化整体结构的变革。比如，一个经常用英语交流的中国人在说英语时也会习惯性地做出耸肩、扬眉等动作，原因就在于使用其他语言时，其肢体语言也发生了一些变化。

6. 适应性

尽管文化是相对稳定的，但当外在威胁出现时，文化也具有应对外在威胁、改变自身的适应能力，否则就会被淘汰。文化之所以能延续不断，正是其自身的这种适应性使然。当两种不同的文化发生碰撞时，彼此的相互适应是保持不同文化和谐相处的关键。尽管如此，当今世界依然存在强势文化对弱势文化的侵蚀，这也是政府出于保护自己文化的目的而实行贸易干预的主要原因。

从对文化的定义及其结构特性的分析中可以看出，文化是由不同要素构成的，各个要素的具体特征以及不同要素的相互作用和不同的组合方式决定了不同社会文化的特性以及差异性。

### （三）文化的构成要素

文化的构成要素中最核心的是信念、态度、价值观、宗教信仰、礼仪和风俗习惯。此外，还包括语言、审美观和物质文化等。

1. 信念、态度和价值观

产生文化差异的根本原因在于价值观不同，价值观与信念和态度一起构成了文化的最深层次。

信念是一种可描述的思想，是人们对事物的一种判断。与价值观相比，信念对人们行为的影响更直接，而且具有可塑性和易变性等特征。

态度是一种后天习得的、对给定事物始终如一的反应，描述个体对事物相对不变的看法、感情和行为倾向。态度使人喜欢或不喜欢一种事物，从而接近或避开它，态度不易改变。

态度和信念与价值观紧密相连，并受价值观影响。价值观是对“好”与“坏”、“对”

与“错”、“重要”与“不重要”的一般性看法，是一种与个人的情感相联系的持久的思想、信念和态度，也是一种个人和社会偏爱的具体行为模式。社会价值观是特定文化的核心和历史积淀物，个体价值观则是长期社会化的结果。无论是社会价值观还是个体价值观，一旦形成就会处于相对稳定的状态，并直接或间接地影响社会与个人的行为选择。

2. 宗教信仰

宗教信仰是构成文化的一个主要因素。目前世界上存在多个宗教体系，如佛教、基督教、伊斯兰教等。

在信仰不同宗教的社会中，人们的商业、消费等行为具有显著差异，而且宗教教义等直接影响其教徒对全球营销活动做出反应的方式。如果企业能够充分深入地了解一国的宗教体系——教义、禁忌、仪式和节日等，就可以获得很多市场机会。

3. 礼仪和风俗习惯

人们在面对一种陌生文化时，首先注意到的并不是宗教、信念、态度和价值观这些隐性的文化因素，而是言谈举止、习俗礼仪等显性的因素。

在另一种文化背景下进行商务活动时，了解当地的礼仪和风俗非常重要，这可以帮助营销者避免尴尬或者冒犯当地民众。更深层地了解另一种文化的礼仪和风俗，还可以提高企业的相关人员在跨文化谈判、营销沟通和跨国经营管理方面的能力。

礼仪是指在某种文化背景下恰当的举止、交谈和穿着方式。在国际商务活动中礼仪起着很重要的作用。阿里巴巴在经营过程中意识到，仅为中国的企业和国外客户提供采购和交易平台是不够的，中国客户需要在商业礼仪方面进行培训，以便跨越文化障碍与西方商人进行交易，为此举办了阿里巴巴公司商务礼仪研讨会。培训内容包括在 E-mail 中使用“你最近好吗”“很高兴收到你的来信”“我们能合作吗”等礼节性语句及诸如此类的建议。

在美国，人们经常一边用餐一边谈生意，然而在墨西哥，除非主人先提到生意，否则在饭桌上谈生意是很不礼貌的做法。从中东到西北非的阿拉伯文化中，除非长者先表示问候，否则晚辈是不能主动伸出手表示问候的。

风俗和礼仪有所不同，它主要是指人们在特殊场合普遍遵守的行为模式或规范和习惯，一般是经历数代人而流传至今的，主要通过民族风俗或民间习俗、节日习俗和传统礼仪具体地体现出来。

国际市场营销的以下几个方面深受礼仪和风俗习惯的影响。参见营销视角 5-1。

（1）首当其冲的是饮食偏好。当涉及食品、饮料和药品时，跨国营销者必须有文化敏感性。因为食物不光是餐盘里或者餐馆菜单上的东西，也是人们思想的重要组成部分。因此，深刻理解与食物相关的文化偏好，对从事食品或饮料国际市场营销的任何公司来说至关重要。

**营销视角 5-1 西方品牌争抢春节商机**

（2）在进行商务谈判时，要取得好的谈判效果就得熟悉对方国家的风俗习惯，包括礼仪、仪式和人们的交流习惯等。美国人常常把沉默和不活跃当作否定的表示，日本人就利用了这点，在谈判中故意很少说话，以使美国人降价或达成有利于自己的交易。

（3）在国际市场营销活动中，企业常常会为了答谢顾客或协调与利益相关者的关系赠送礼物，即商务馈赠。在商务馈赠中除了要选择合适的礼物，还应特别注意礼物的包装，以及送礼物的方式。在俄罗斯、法国或德国送刀具很不妥，这代表着与对方断绝关系；在日本，礼物一定要有精致的包装。

4. 语言

语言被认为是文化的镜子，是不同文化的人彼此沟通与交流的工具。语言从本质上讲是多层面的，包括有声语言和无声语言。前者是带有某种意义的声音模式，后者是通过肢体语言、表情、眼神和社交时彼此之间的距离传达的具有一定意义的交流信息。人们同时使用这两个体系来与他人沟通。

据联合国教科文组织的报告，全球目前存世的语言共有7 000种，其中2 500种面临消亡危机，占支配地位、具有世界影响力的语言只有有限的几种，除了英语，还有法语、西班牙语、德语、汉语、俄语和印地语等。汉语是全球使用人数最多的语言（全球有16亿人使用汉语），使用范围最广的是英语，将英语作为外语使用的人远多于母语是英语的人。英语作为一种混合语（指能被来自不同语言群体的双方理解的第三方或“媒介”语言）是全球使用最普遍的商务语言，全球企业间的生意往来主要用英语进行，英语因此成为最受企业界青睐的语言。很多国家的跨国公司，比如日本的索尼、松下，芬兰的诺基亚为了强调其全球化，要求员工不要把英语当作外语。随着中国在世界经济体系中地位的增强，汉语在国际经贸、文化交流中的文化价值和实用价值凸显。一个国家缺少精通汉语和了解中国文化的人可能会对其经济发展带来负面影响（参见营销视角5－2）。

**营销视角5－2　德国对华交流缺乏“中国通”**

语言的相似性常常会导致文化的相似性。如在美国、加拿大、澳大利亚、新西兰和英国，其文化的相似性首先是基于共同的语言。拉丁美洲西班牙语区的文化与欧洲拉丁国家的文化在某些方面也较为相似。语言的差异性则会形成文化上的明显区别。例如，欧盟国家在文化上始终不能达成“统一”，原因之一就是在欧盟成员国之间存在巨大的语言差异性。正如学者指出的那样，“如果欧洲文明的传播至今都不能消除语言的差异性，那么它怎么能够消除文化的差异性？”

在某些地方，语言常常具有重要的政治意义。法国人竭尽全力、不计代价地维护法语的纯正，政府致力于禁止使用任何外来词或表达方式，无论在什么情况下都对法语的同等存在权给予官方支持，网页也要遵守这种规定，它们得用法语来设计。加拿大魁北克省的官方语言是法语，消费者有权以法语形式被告知信息和享受服务，这就意味着企业要在包装、产品使用说明等方面花高昂的翻译费。

相同的语言有助于沟通。成功的营销者必须善于交流，懂得东道国的语言极为重要，不仅要会说这种语言，而且要能够透彻地理解它。概括地讲，营销者若拥有以东道国的语言进行沟通的能力对国际市场营销至少有以下好处：可以扩大信息收集的范围并增强时效性；可以更直接和便捷地了解当地的社会情况；学习东道国的语言的过程也是了解其文化的过程。

此外，语言对品牌的翻译和广告宣传都大有影响，在翻译时必须非常谨慎，以便准确地传达信息。可口可乐公司最初进入中国市场时，将其品牌 Coca-Cola 译为“蝌蚪啃蜡”，发音虽很近似，但意思（味同嚼蜡）实在不佳，后来更改为“可口可乐”，不仅读起来上口，寓意（美味和快乐）也很好，与其品牌属性很贴合。显然可口可乐公司在理解中国文化上下了一番功夫。不是所有的跨国公司都像可口可乐公司一样愿意在将品牌翻译成他国的文字时多做功课。美国通用汽车公司的雪佛兰就曾犯下一个有名的语言错误。当时通用汽车公司在西班牙语市场上首次推出雪佛兰 Nova 车型。公司事先没有注意到 Nova 在西班牙语中的意思是“不动”。谁会愿意买一辆不动的车呢？销售效果可想而知。直到后来公司将其更名为 Caribe（水虎鱼，一种生活在南美的凶猛的肉食性淡水鱼，它善于攻击其他生物）才获得了巨大的成功。在瑞典，美国家乐氏公司不得不更改其 Bran Buds 谷类食品的名称，因为在瑞典语中它的意思是“被烧伤的农民”。百事曾被迫改变其在德国开展的“Come Alive With Pepsi”推广活动，因为从德文的字面来理解，这句话的意思就是“活着从坟墓里出来”。

由非口头（无声）语言带来的挑战可能更为严峻。同样的一些手势或肢体语言在不同文化中的含义大相径庭。例如，一位美国经理在成功地完成一项谈判之后会下意识地用手指做出象征“OK”的动作。在法国南部，这个动作表示这笔买卖没什么价值；在日本，这个动作表示要一点贿赂；对巴西人来说，这个动作是粗鲁的。比较不同国家的人的举止谈吐之间的差别是有趣的事情。北欧人很少用手势，他们喜欢保留较多的个人空间，而南欧人却把身体语言应用到很高的程度。

大多数肢体语言（也称身体语言）都很微妙，需要花很多时间才能理解。例如，在国际商务活动中握手很需要技巧，美国人握手比较有力，手臂还会上下晃动，但是在中东和拉丁美洲国家，人们只是轻轻地握手，几乎不晃动双手。在日本，人们用鞠躬来代替握手，鞠躬所蕴含的意义不同，接受者不同，姿势也不同，平辈之间鞠躬的角度为 15 度，对长辈鞠躬为 30 度，而道歉则要 45 度。

语言对国际市场营销的影响不局限于以上几个方面，更深层次的关系将在 5.2 节继续探讨。

### 5. 审美观

审美观简单来说是特定文化关于艺术（包括音乐、美术、舞蹈、戏剧和建筑等）表现、语言所示的形象、颜色象征的意义以及自然景观的美或丑的观点、态度以及评判方法。审美观的不同往往也是不同文化间的差异的具体表现。即使在其他方面都很相似的国家，在审美方面也可能有相当大的差异。

对于在不同文化背景下开展业务的企业来说，了解所进入国家和地区的审美观是很重要的。无论是对于产品还是对于标签或包装，特定文化中的消费者都有其独特的关于色彩和形状的审美要求，在一国被认为有魅力、吸引人和有品位的审美元素在另一国人的眼中可能并非如此。在颜色的联想和感知上审美差异尤为突出。在有些情况下，一种标准的颜色可用在所有国家。比如，卡特彼勒公司的掘土设备和它许可使用的户外传动装置的外表都是亮黄色的；万宝路香烟盒上的图案都是红色的。然而，大多数情况下，不同文化对颜色的认知是不同的，对颜色在不同文化中的含义以及在营销中的意义可以有以下概括性的了解。

红色在世界上大部分地区都很受欢迎，红色与“积极”“热烈”“活跃”相连，还传递出诸如“富有感情”“强烈”“喜庆”的含义。然而，红色在非洲国家负面含义较多。蓝色由于与天空和水的颜色相联系，所以暗含着“可靠”“永恒”“不朽”的含义。白色在西方意味着“纯洁”“清洁”，但是在亚洲一些国家白色让人联想到“死亡”。在中东，让人联想到“死亡”的是紫色。在欧美，黑色是象征死亡和悲伤的颜色。灰色在日本有“廉价”的含义，在美国却意味着“高质量”“昂贵”。

不同文化由于其历史和传统方面的原因会对某些颜色产生偏爱。比如中国人对红色有着美好的感情，以至于在红色的分类中有了“中国红”这种颜色；绿色深受伊斯兰国家人民的喜爱；日本人对紫色情有独钟；泰国人则把对自己国王的热爱和敬仰投射到对黄色的喜爱中。

此外，特定的颜色还会和特定的产品建立起对应关系。研究人员发现韩国和日本的消费者把黄色和软饮料、高品位相联系，在美国这些含义由红色来代表。关注这些对颜色的不同感知有助于企业在产品以及包装的设计中避免冒犯一国消费者的审美观。

在世界上所有的文化中，音乐都是审美需求的一部分，被认为是一种艺术表达的方式和娱乐的源泉，企业在从事营销活动时应该对此慎重考虑。音乐在某种意义上具有无国界性或跨文化性，比如节奏体现的动感、音符的高低变化所蕴含的情绪的起伏。音乐也因地域或国家的具体特征而风格各异。比如欧洲的交响乐，美国的布鲁斯歌曲、摇滚乐、嘻哈乐以及中国的民乐各具特色。由于音乐在广告中起着重要作用，营销经理必须了解什么音乐风格适合特定国家的市场。如果使用得当，音乐可以锦上添花；反之，则会冒犯当地的民众。

总之，对某种文化的审美观缺乏了解，就有可能因为漠视或忽视其中的一些象征含义而陷入营销困境。无论身处何地，消费者都会对比喻、神话及暗喻做出反应，因为正是这些比喻、神话及暗喻帮助他们明确了在文化和产品利益之间的个人及民族的特征和关联。因此，理解不同文化的审美观的隐喻象征也是企业了解消费者的心理和行为的关键因素。

6. 物质文化

从广义的角度来理解文化，物质文化也是其重要的构成要素。物质文化来源于技术，既包括商品和服务，也包括用于生产商品和提供服务的所有技术。物质文化与一个社会组织及其经济活动的方式直接相关，它能够显示经济、社会、金融和市场等方面基础设施的可获得性和充足性。经济层面的基础设施包括交通运输、能源供应和通信系统；社会层面的基础设施是指住房、保健、教育体系；金融和市场层面的基础设施是指一国为跨国公司的运营提供便利服务的机构，例如银行、调研公司等。在一些国家，跨国公司在开始营业前不得不参与该国的基础设施建设；在另一些国家，跨国公司则可以从该国先进的基础设施上获得许多便利。

物质文化通常用来衡量一国市场或产业的技术进步程度。企业在进入一国市场时不但要考虑该国市场对其产品或服务有无需求，还得考虑该市场能否为其生产经营活动提供物质上的支持。一些欠发达国家或地区虽然存在大量的市场机会，但物质文化水平低下会给企业的国际市场营销活动带来很多困难，甚至无法为企业提供所需的产品和服务。比如互联网企业是无法在一个没有基本的宽带服务和计算机保有量很低的国家从事市场营销活动的。从这个角度看，发达国家的市场会给企业提供更便利的营销和经营条件。

不过在关注物质文化现状的同时，营销者还应清楚技术是个动态的因素。技术进步会缩小物质文化差异，还可能导致物质文化变化，并进一步改变一个国家原有的生活方式，为企业提供丰富的市场机会。

此外，还需要特别关注物质文化的失衡现象，即物质文化通常在一国的不同地区、市场以及行业中呈现不均衡发展的状况，这种情况在中国表现得很突出。中国一线城市与其他城市之间、沿海与内地之间在需求层次和生活方式上都存在很大差异，这往往是对一国市场再细分的基本原因之一。

文化的内涵很丰富，上述六个方面的阐述并没有涵盖文化构成的全部，比如一国文化的产生和发展还与其历史传统和地理及自然环境密切相关。尽管如此，出于营销实践的需要和篇幅的限制，本书对文化构成的分析主要侧重前述的几个方面，下面对亚文化的分析可以在一定程度上弥补这一不足。

## 二、文化的层次——亚文化

人们往往把文化和国家联系在一起，比如在谈到文化时，我们经常会说中国文化、美国文化等，这似乎是在讲一个国家内所有的人在文化方面都是相同的，但事实并非如此。心理学家吉尔特·霍夫斯泰德（Geert Hofstede）对文化的解释清楚地表明了这一点。他说文化是“使一类人不同于另一类人的集体的头脑编程”。一类人可以是一国民众、一个民族、一个族群、一个组织、一个家庭或其他单位。这个定义清楚地表明了文化的层次性，即每个国家的文化中都还存在次一级的文化——亚文化。

### （一）亚文化的含义和类型

亚文化（subculture）是指在更大的主流文化中拥有自身独特生活方式的群体，涉及民族、宗教、族裔、地理区域等。亚文化群体在语言、生活方式、价值观、态度或其他特征上都与国家层面的文化有所不同。这些群体的成员有共同的生活经历和状况，他们的价值观、生活方式等较其他群体更为相同。

虽然亚文化存在于每一个国家，但是它们通常会被人们对国家文化的印象掩盖，企业在制定营销战略时应该留意亚文化的影响。比如，美国存在族裔、宗教等多种亚文化。美国3亿多总人口中非洲裔、西班牙裔和亚裔有8 000万左右，这些亚文化群体在生活方式和消费行为诸多方面都存在很大的差异，不能因为他们都是美国人，就将他们当成一个统一的市场。识别国家文化中的亚文化可以帮助企业有效地划分重要的子市场，制定更有针对性的市场细分策略。

### （二）跨越国界的亚文化

亚文化有时会跨越国界而存在。不同国家的人如果共享同一种亚文化，那么与本国的其他同胞相比，他们之间反而拥有更多的共同点。例如，不同国家的阿拉伯人可以构成一个统一的市场，可以为其制定统一的营销策略。

## 第2节 跨文化分析

从历史发展的角度看，经济和文化从来都不是彼此独立的，而是相互影响的。正因为如此，人们相信在经济全球化的时代会出现文化趋同，促使全世界的人的思想和行动越来越接近。早在20世纪60年代初，社会学家科尔·C. 邓洛普（Kerr G. Dunlop）等人就提出了文化趋同假说，认为随着技术与工业化的发展，不同社会在工业化和现代化进程中将出现共同的经济取向，导致不同社会的价值观与态度出现趋同趋势。不过，他们所说的趋同是指越来越多的国家在采用西方的意识形态、价值观，其核心其实是西化。实际情况是，正是这股“把世界结合在一起”的力量反而带来了一种反冲力，增强而不是减弱了人们坚持自己的价值观和传统的意愿。

目前，随着文化信息和文化形象通过卫星电视、互联网和其他传播渠道自由地跨国界传播，新的全球消费者文化正在形成的现象确实存在，但是相同的消费行为背后往往隐含着不同的价值认知和动机。学者们的研究也表明，即使在经济全球化的今天，不同文化与不同社会中的价值观（包括工作价值观）与态度的差异性也明显地存在。随着跨文化比较分析的深入，研究人员发现存在更多的是文化差异性，而不是文化趋同性。经济全球化尽管使不同国家之间的经济与贸易交往更为密切，但并未使不同国家之间的文化差异减少，而是更突出了文化差异性存在的现实及文化适应性对成功的跨国经营的重要性。

实际上，承认文化的差异性并在此基础上探讨适合不同文化的营销战略，是跨国公司在多元文化的国际环境中成功经营的不二法门。企业国际化的程度越高，就越需要考虑不同的文化因素对其国际市场营销战略及营销手段的影响。为了在世界市场多元文化的环境中获得成功，跨国公司必须具有对东道国文化的敏感性，并能够理解文化的差异性。

要了解不同国家文化的差异性，就需要进行跨文化分析。研究者提出了许多跨文化分析的模式，其中最著名且目前在国际市场营销学领域占支配地位的模式主要有霍夫斯泰德的文化维度构架和霍尔的高语境与低语境文化分析模式。

### 一、霍夫斯泰德的文化维度构架

霍夫斯泰德的文化维度构架源于对IBM全球子公司的员工和管理者的工作态度和行为的研究。1967—1973年，荷兰心理学家霍夫斯泰德和他的团队对IBM在50个国家和地区的子公司的近16万名员工和管理者先后进行了两轮问卷调查，花费近5年的时间分析了大量数据，总结出与工作相关的文化价值观的四个要素：权力距离、个人主义与集体主义、不确定性规避、男性化/女性化。后来他又不断扩展自己的研究范围（研究的国家和地区超过72个)，并与迈克尔·邦德（Michael Bond）合作，于20世纪80年代后期提出"儒家动力论"（Confucian dynamism）并将其作为第五个要素。以这些要素为基础，霍夫斯泰德创建了文化维度构架，也称文化维度理论。

霍夫斯泰德的文化维度理论（Hofstede's theory of cultural dimensions）把文化分解成易于辨识的要素特质，为人们提供了观察不同文化差异性的坐标系，使人们可以按照不同的文化维度来认识不同国家文化的差异，处理文化冲突，为从事跨文化商务、跨文化管理活动的人提供一种工具，帮助他们了解不同文化中人们的价值观和行为规范。

### （一）权力距离

权力距离（power distance）是指在社会或组织中缺乏权力的成员对不公平的权力分配的接受程度。权力距离是借助缺乏权力的成员的价值系统来描述的。这一维度表现了一种文化对社会不平等的接受程度。

在权力距离较大的文化中，上下级之间的不平等程度较大，组织结构更加等级化，权力来源于声望、个人努力和遗产。权力距离较小的文化则更为公平，声望和奖励由上下级共同分享，这种文化体系中的权力来源于努力工作和创业动力，因此通常被认为更加合理。

在权力距离大的国家和地区，比如菲律宾、墨西哥、委内瑞拉、印度、新加坡、巴西、法国、哥伦比亚，人们接受较强的等级制，安心于自己的位置。在权力距离小的社会，如澳大利亚、美国、以色列、丹麦、新西兰、爱尔兰、瑞典、挪威、芬兰、瑞士，人们接受较弱的等级制。

在总结权力距离大的文化与权力距离小的文化时，霍夫斯泰德发现在权力距离小的国家下属对上级的依赖有限，崇尚协商解决问题，下属与上级的关系是互依的，他们彼此间的私人关系较少，下属可以随便接近上级，并提出与上级不一样的看法。在权力距离大的国家，下属对上级有较大的依赖。下属通常有两种表现：一种为喜欢这种依赖；另一种为完全拒绝，也就是心理学上所说的反依赖。

### （二）个人主义与集体主义

个人主义（individualism）是这样一种社会价值取向，在这种社会中，个体之间的联系是不稳固的，人们只关心自己及家人；集体主义（collectivism）则是一种相反的社会价值取向，在集体主义社会中，人们从出生之日起就被整合到具有强烈凝聚力的小群体中，并通过对小群体的忠诚获得保护。这一维度表现了一种文化强调个人意识或者集体意识的程度。

个人主义文化提倡努力工作并且鼓励企业进行风险投资，从而鼓励创新和改革。相反，在集体主义文化中，人们与集体的联系紧密。人们会朝着集体目标努力，而不仅仅是实现个人目标，并且个人的行为要向集体负责。相应地，集体也要为成员的福祉负责，所有的社会、政治、经济以及法律机构都体现了集体的重要地位。

美国和欧洲文化的基本层面体现了强劲的个人主义，而日本和其他亚洲文化中个人主义相对较弱。个人主义和集体主义与权力距离之间存在有趣的关系，霍夫斯泰德的调查发现，几乎所有的发展中国家都表现出较强的集体主义（低个人主义）和较大的权力距离

（只有哥斯达黎加例外），而澳大利亚、北美国家和西欧国家的人具有高度的个人主义，权力距离也较小。

### （三）不确定性规避

不确定性规避（uncertainty avoidance）是指一种文化中的成员对不确定或不了解的情景感觉到威胁以及试图通过制订安全规则和其他手段来避免不确定性的程度。这一维度体现了一种文化对不确定性和模糊性的规避程度，通过不确定性规避指数来体现。

在不确定性规避指数较高的文化中，其成员在心理上难以忍受模糊的事，他们通过规章制度、安全措施等尽量回避各种不确定因素。这类文化特征在希腊、葡萄牙、比利时、日本、秘鲁、法国、智利、西班牙、阿根廷等国家较明显。这种文化中的社会成员往往较为焦虑、紧张，常为以后的安全和行为准则感到担心。因此，他们容易抱残守缺，在极端情况下，某些行为规范甚至变成了不容触犯的“天条”。在这些国家（或地区）员工的跳槽率较低，规范员工行为的规章制度较多，改革较难实施。

相反，在不确定性规避指数较低的文化中，其成员的焦虑紧张程度较低，对不同的思想观点比较容忍，并且乐于冒险。不同于不确定性规避指数较高的社会寻求“绝对真理”的思维习惯，不确定性规避指数较低的社会倾向于运用实证的方法去理解事物，获得知识。属于这类文化的国家和地区有新加坡、丹麦、瑞典、爱尔兰、英国、印度和菲律宾等。这种文化中的成员对改革和新思想更容易接受，因此也就不难发现这些国家或地区的人更有进取心，而且各种组织机构也更能接受其他国家的良好的商业规范，原因就是人们不害怕改变，但是这些国家的员工的跳槽率会比较高。

### （四）男性化/女性化

男性化/女性化（masculinity/femininity）维度表明性别对一个社会中男性和女性扮演什么角色的规定程度。霍夫斯泰德把以社会性别角色作为社会分工基础的社会称为男性化倾向的社会，具体指社会中两性的社会性别角色差别清楚，男人应表现得自信、坚强、注重物质成就，女人应表现得谦逊、温柔、关注生活质量。与此相对应的是女性化倾向的社会，指社会中两性的社会性别角色互相重叠，男人与女人都表现得谦逊、恭顺、关注生活质量。这一维度描述的是一种文化是强调个人成就和物质主义，还是强调人际关系和生活质量。

用男性度指数（masculinity dimension index，MDI）来衡量男性化社会/女性化社会的倾向，这一指数的数值越大，说明该社会的男性化倾向越明显，男性气质越突出；反之，数值越小，说明该社会的男性化倾向越不明显，男性气质弱化，而女性气质突出。在霍夫斯泰德的研究对象中，美国、日本和奥地利高居男性化社会榜的前三位，而西班牙、瑞典、挪威、荷兰等国家是最女性化的社会。

在男性气质突出的国家，社会竞争意识强烈，成功的标准就是功名财富，社会鼓励、赞赏工作狂，其文化强调公平、竞争，注重工作绩效。人们欣赏果断、自信、控制、竞争、赚钱，认可提升与挑战，崇尚用一决雌雄的方式来解决组织中的冲突问题。社会偏爱大型企业，男人在一切社会与组织的事务中具有绝对支配地位，女性通常在家中从事家务劳动。

在女性气质突出的国家，生活质量更为人们所看重，人们一般乐于采取和解的、谈判的方式去解决组织中的冲突问题，其文化强调平等、团结。人们重视合作、友谊、私人关系与雇佣安全，追求工作和生活质量，成功是由人际关系与生活环境决定的，工作场所具有较低的压力、较少的工作冲突，女性可以担任较高的管理职位。供应商和客户之间不会像在男性化文化中那样冷冰冰，而是亲密的伙伴关系，因此，在这样的社会里更强调人情味，在谈判过程中更是如此。

霍夫斯泰德的研究表明，文化的多样性并不是简单地用“西方”与“东方”这样的地理概念就可以解释清楚的，要对一个国家的文化做出整体轮廓性的描述，须将上述文化诸要素的内容进行组合。根据对这四个要素的分析，北美、欧洲和大洋洲的西方发达国家仍然存在明显的文化差异性。美国、加拿大、爱尔兰、英国、澳大利亚和新西兰作为典型的盎格鲁－撒克逊国家，在文化上具有明显的相似性；法国、西班牙、葡萄牙和意大利作为欧洲拉丁国家，在文化上具有相似性，不同的是意大利在个人主义指标方面要高于其他三个国家；希腊、土耳其、前南斯拉夫作为欧洲斯拉夫国家具有明显的文化相似性；欧洲的日耳曼国家如德国、奥地利和瑞士在文化上具有相似性；北欧的斯堪的纳维亚国家，如荷兰、挪威、瑞典、丹麦等国家具有相似的文化特征。

### （五）邦德与霍夫斯泰德的“儒家动力论”

霍夫斯泰德的文化维度研究最初是适用于西方情境的，反映的是欧洲人和美国人的价值观，并据此去观察其他文化体系中的文化现象。为弥补这种局限，霍夫斯泰德引入了“儒家动力论”，作为其文化价值观的第五个要素。

20 世纪 80 年代后期，由于以日本为代表的东亚地区的经济快速增长，许多跨文化比较研究者试图从文化角度探讨东亚地区经济成功背后的原因，而霍夫斯泰德发现自己提出的四个文化维度虽然都得到了有趣和有用的阐释，但它们不是使上述地区经济获得增长的文化基础。因此，霍夫斯泰德与邦德开始合作，以传统的儒家文化价值观为基础，开发出了“中国人的价值观测量表”（Chinese values survey），对包括新加坡、中国、日本、韩国在内的国家和地区进行了实证性研究。在总结研究成果的基础上，提出了“儒家动力论”。

儒家动力论也称长期取向（long-term orientation）的价值观。这种价值观追求的是未来的长期目标。儒家动力论指标高的国家其特征是坚韧、克己、执着、节俭、安全与和谐。在霍夫斯泰德与邦德看来，儒家动力论的核心是孔夫子主义（Confucianism），即我们所说的儒家思想。儒家动力论包括八种特殊价值观，其中四种是最重要的价值观，即持续性或坚韧、关系由身份和地位确定、节俭、羞耻感。另外四种相对不重要的价值观分别是个体稳定性、保护面子、尊重传统、回报支持和送礼。

霍夫斯泰德与邦德认为，东亚经济的成功某种程度上是以儒家动力论的价值观为基础的。例如，坚韧是企业家必须具有的一种精神。关系由身份决定的含义是对长辈的尊重与孝顺，使得以家族企业为特征的东亚地区的企业扩展了其正式和非正式的社会关系网络，有利于保证商业活动的成功。节俭更是任何一位成功的企业家必须具备的基本特征。羞耻感作为儒家文化价值观的重要内容无法用西方语言确切地表达出来，但对东亚人来说，羞耻感是一种可以增强群体凝聚力的行为动因。以儒家思想为基础的社会强调家庭、群体、组织与社会的和谐，而和谐的主要目的就是保护一个人的面子，即一个人的尊严与自尊。“待人如己”“己所不欲，勿施于人”被视为美德。尽管个体或许在内心深处与群体的想法有出入，但由于群体和谐至高无上，个体常常为了群体的和谐，不会将自己的想法暴露在群体中。他们还认为，儒家文化价值观也造成了东亚人特有的一些行为倾向，如缺乏风险意识、过分依赖等。总之，在霍夫斯泰德与邦德看来，东亚经济成功的背后是与西方传统价值观具有区别的儒家价值观。

霍夫斯泰德的文化维度理论被公认为迄今为止在国际市场营销学和国际管理学等跨文化研究中较为完整、系统的分析模式。尽管如此，霍夫斯泰德的理论仍然存在一些局限。比如，他对文化的研究是静态的，没有涉及对影响文化价值观变化因素的分析；他自己的文化观念导致自我限制，突出表现在他对维度的描述有时暗含一些文化比其他文化“好”的倾向。但毋庸置疑的是，霍夫斯泰德的研究以及由他的研究所得出的一些描述文化差异性的结论，在跨文化商务、跨文化管理实践中，已经成为一种国际公认的了解和管理文化多样性的有效工具，并得到了普遍运用。

## 二、霍尔的高语境与低语境文化分析模式

著名人类文化学家爱德华·T. 霍尔（Edward T. Hall）在 20 世纪 80 年代的研究成果表明，一种文化区别于其他文化的主要特征是其独特的交流和理解方式，因此他根据人们在沟通过程中信息传递与接收的准确性和清晰性，提出了高语境与低语境文化分析模式，并试图以此构架来说明不同文化和国家的人在商业活动中的特点。

### （一）霍尔的基本观点

霍尔认为每一种文化都是根据其内在动力、自身原则与规律运行的，但在不同的文化中也存在“共同的线索”，这就是沟通。

沟通是意义的理解和传递，可以使用书面、口头等许多方式。不同文化使用的沟通方式有很大差异，在对待沟通中的内容因素和语境因素（也译为情境）方面存在明显的区别。语境是围绕着一个事件的信息，而内容则是沟通所要表达的内容。因此，在沟通过程中，内容与语境是不可分离的，它们之间的组合方式反映出一种文化的特征。霍尔认为，根据语境与内容的不同组合，可以将文化分为两类：一类是高语境文化；另一类是低语境文化。

### （二）高语境文化和低语境文化的特征与区别

#### 1. 高语境文化

高语境文化（high-context culture）的特征是在沟通过程中只有很少的一些信息是经过编码后被清晰传递出来的，用言语表达的信息包含较少的实际信息，更多的信息存在于沟通情境中，包括背景、联想以及沟通各方的基本价值观。人们利用围绕着内容的各项语境因素来理解沟通。在高语境文化中，说话人的社会地位、沟通双方的熟悉程度以及社会

环境等都会给双方特别是处于相对被动的一方带来额外的信息。沟通常常是含蓄的，但人们对含蓄的信息非常敏感，也能体会其含义，个体在社会化以及文化的传承中会逐渐掌握准确解释这些含蓄信息的技巧和方法。

在高语境文化中信任是人们履行协议的基础，协议常常是以口头形式而不是书面形式确定。共同的责任感和信誉取代了非人格化的法律约束。在商务谈判的过程中，人们不太重视时间，却拘泥于形式。谈判的目的之一是熟识潜在的合作伙伴，而非单纯签订合同。

2. 低语境文化

低语境文化（low-context culture）的特征恰好相反。在沟通过程中大量的信息已经存在于清晰的编码中，信息是明确的，语言承载了沟通中的大量信息，并希望接收者能够准确地将语言解码，从而充分和正确地理解所传递的信息。低语境文化的社会重视人际交往和沟通过程中的内容，而不是语境。

低语境文化的社会不太重视个体之间的关系，深入了解对方似乎没有必要，人际关系持续的时间较短，沟通常常是直接的，人们从小就被教育要准确、清晰地表达自己的意思。法律是履行协议的基础，协议必须以具有法律效力的书面形式确定，而不是以口头形式确定。在谈判过程中，人们重视时间和效率，但不太重视形式。图 5－1 显示了一些国家和地区在语境影响强弱方面的差异。

从图 5－1 可以看出，瑞士是低语境文化的典型，瑞士人的交流内容十分明确。另一个极端是日本，代表着高语境文化。日本人会根据交谈双方的年龄、性别、相对和实际的社会地位的高低，采用一种微妙和复杂的方式进行交流。总体来看，西方文化受语境影响的程度普遍低于东方文化，从小在西方低语境文化中长大的人倾向于用语言表达自己，而生活在东方的人更多地侧重人际沟通的非语言方面，会较多地期待别人理解非语言的暗

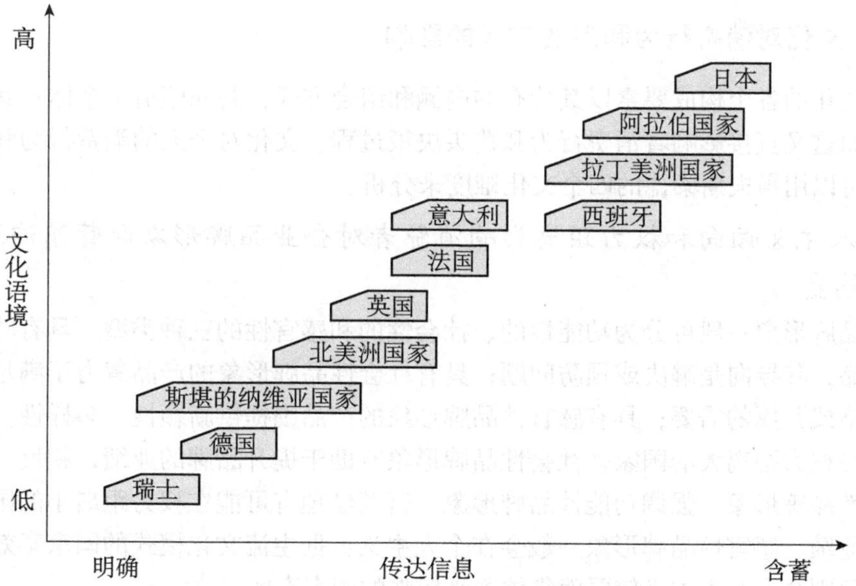


**图 5－1 不同文化的语境影响强弱排列**

资料来源：菲利普·R. 凯特奥拉，玛丽·C. 吉利，约翰·L. 格雷厄姆. 国际市场营销学：第 14 版. 北京：机械工业出版社，2010：95.

示，而不是明确告知对方自己的想法。因此，在高语境文化中从事国际商务活动的西方人士不仅要密切关注所闻，也要关注所见。在国际市场营销实践中，相较于低语境文化，在高语境文化中面临的沟通障碍总体来讲要更大些。

还有一点需要特别注意，尽管可以用语境影响的强弱对国家文化进行分类，但同一个国家的亚文化中存在高语境和低语境的差异，这种差异甚至会因个体的职业或所处的“圈子”或个性而产生。总之，尝试进行交流的双方在语境影响方面的差异越大，在达成准确交流时遇到的困难就越多。

上述两个模型的分析不但为国际市场营销者提供了理解不同国家文化的思维框架和切入视角，而且再一次强调了这样一个事实，即世界各国的文化是多样化的，企业要想在国际营销中获得成功，就必须承认文化的差异性，并努力了解不同国家的文化。

## 第3节　文化对消费者行为及营销战略制定的影响

人们基于对文化的了解，做出消费和生产决策。文化差异是无形的，因此不同文化中的消费行为的差异也并不总是很直观，需要营销者仔细去辨别。若是忽视这些差异，将不仅损及企业，而且损及营销者个人的事业。正如爱德华·T. 霍尔所言：“我们的客户一而再、再而三地撞到无形的墙上……我们心里明白他们撞上的是截然不同的生活和思维方式，以及对家庭、国家、经济制度甚至人本身的不同看法。”

### 一、文化对消费者行为的影响

#### （一）文化对消费行为和消费方式的影响

特定文化的各个构成要素以其特有的内涵和组合方式，共同塑造了个体对其文化身份的认同，而这又直接影响着消费行为和购买决策过程。文化对个人的消费行为和消费方式的影响，可以用霍夫斯泰德的四个文化维度来分析。

1. 个人主义倾向和权力距离影响消费者对企业品牌形象和营销沟通的理解和接受

企业品牌形象一般可分为功能性的、社会性的和感官性的三种类型。具有功能性品牌形象的产品，其导向是解决或预防问题；具有社会性品牌形象的产品着力于满足消费群体对成员资格或归属的需要；具有感官性品牌形象的产品则提供新颖性、多样性，以及感官的满足。在权力距离大的国家，社会性品牌形象有助于提升品牌的业绩，相反，通过限制使用社会性品牌形象，强调功能性品牌形象，营销经理有可能在权力距离小的国家或地区提升品牌业绩。感官性品牌形象一般会在个人主义占据主流文化模式的国家奏效，而社会性品牌形象则会在个人主义较弱而集体主义较强的国家奏效。

营销沟通活动同样受上述两个维度的影响。在个人主义为主的国家，广告应该突出个人；而在个人主义不被看重的国家，广告则应突出集体。例如，由于美国市场是高度个性化的，因此促销吸引力应当偏重于面向个人，而且由于美国文化的权力距离比较小，因此促销中传递的信息应当是非正式的和友好的。相反，在低度个性化的市场，促销的重点应放在新产品的社会可接受性上。

2. 不确定性规避影响消费者对待风险的态度

顾客在面临多大的风险时还能安然购物，这是营销经理必须关注的问题。在不确定性规避指数较低的社会里，人们乐于冒险，对风险的承受度较高，更愿意尝试新推出的产品和服务，因而对品牌的忠诚度也较低。比如，美国的不确定性容忍度高，不忠诚就是美国消费者的标准购买行为的特点。在日本等不确定性容忍度低的亚洲国家，企业就要通过营销沟通，强调产品有担保、退款保证以及其他降低风险的措施从而让顾客放心，在这些国家购买者往往有清醒的品牌名称意识，品牌忠诚度较高。

此外，个人主义倾向与接受和推广新产品的速度之间存在显著的正相关关系，而不确定性规避则与接受和推广新产品的速度之间存在负相关关系。

3. 男性度指数影响消费者对推销人员类型的偏好

男性化倾向高的社会推崇个人能力，崇尚取得成功和具有超凡能力的人，因此像奥地利这样一个高度男性化的社会很容易接受一位自负的推销员，而在瑞典等斯堪的纳维亚国家这些最富女性化气质的社会中，人们则会对这样的推销员不以为然。

此外，男性化倾向还能够在一定程度上影响企业和客户之间的认知。该指数低的国家重视人际关系，企业和客户之间的交往不会像在男性化文化中那样只是基于冷冰冰的商业关系，而是更容易建立富有人情味的伙伴关系。

## （二）分析国际市场中的消费者行为的步骤

前面的分析已经表明，文化的确从很多方面影响着消费者的消费行为和购买方式。为了更好地把握文化是如何作用于消费者的，企业的营销人员就要真正融入某种文化。以下几个步骤的分析，框架性地勾勒出特定文化中消费者的行为模式和特征。

1. 判断特定产品的购买动因

在某一文化中的成员的心中，企业提供的产品能够满足其哪些需要？现在如何满足这些需要？该文化中的成员是否乐意承认这些需要？

2. 判断特有的消费行为模式

哪些属于该文化特有的购买行为模式？购买某类产品的次数和使用方式是什么？所有这些特有的行为是否与企业的预期行为产生冲突？如有冲突，导致冲突的原因是根深蒂固的还是可以改变的？

3. 判断与特定产品（服务）相关的价值观

主要是判断诸如工作、道德、宗教、家庭关系等价值观是否与产品的购买和使用有关？产品的品质是否与这些价值观相冲突？是否可以通过改变产品来避免与价值观发生冲突？在该文化中是否有产品可利用的价值观？

4. 判断一国文化独有的决策形式

某一文化中的成员的决策方式是深思熟虑的还是一时冲动的？决策过程的类型是怎样的？该文化中的成员主要依赖哪种信息来源渠道？在接受新思想、新观点方面，该文化中的成员的态度是僵化的还是灵活的？他们在权衡、选择决策方案时采用什么标准？

5. 评估适合特定文化的促销手段

在该文化中不同的促销手段能起什么作用？哪种媒体的广告最易被接受？哪些主题、措辞或表现手法属于禁忌？目前市场中存在哪些无法准确翻译成该文化语言的问题？该文化中的成员能够接受哪些类型的销售人员？是否存在这类销售人员？

6. 判断消费者心中觉得合适的产品销售机构

目前该市场上有哪些类型的零售商和中间机构？消费者期望这些机构提供何种服务？如现有机构无法提供产品销售所需的服务，有无替代选择？消费者如何看待各类零售商？是否乐于接受销售渠道的改变？

对这些问题的思考和回答可以让国际市场营销者更具体地掌握特定文化中的消费行为和消费方式，并有针对性地去适应或改变这些特有的行为。

## 二、企业对文化多样性的适应

文化多样性既能为国际营销者带来问题，也能带来机会。如何将文化多样性带来的问题转换成经营机会，是跨国经营公司国际营销战略管理的重要内容。

### （一）学习他国的文化知识

文化具有习得性，一国的成员主要是通过融入文化（即社会成员学习自身文化）的过程而获得本国文化，跨国经营者要了解他国的文化也需要经历类似的过程。

一国的文化知识主要有两种：一是事实性知识；二是解释性知识。

1. 事实性知识

事实性知识（factual knowledge）是关于某一文化无可争议的事实，是事实性和概念性的，属于"是什么"的知识，比如语言、文字和物质环境等。它通常是显而易见的，可以通过学习和观察来获得。同样的事实性知识在一定文化环境中进行解释时往往会产生不同的含义，这表明了解释性知识的重要性。

2. 解释性知识

解释性知识（interpretive knowledge）是事实性知识在某一文化中所衍生的附加含义，是理解性、论证性的，属于"为什么"的知识，涉及文化构成的深层次内容，如价值观、礼仪、习俗等。不同文化对时间的意义，对社会角色为人处世的态度以及人生意义这样的事实的理解是不同，对这类知识的了解需要具备一种可以充分明白和欣赏不同文化特征及模式之间细微差异的能力。

要想彻底理解一国文化，仅有事实性知识是不够的，解释性知识必不可少。解释性知识往往要依赖在特定文化中的经历获得，因此需要具有一定的洞察力。比如，印度的家庭普遍喜欢生男孩，这种现象背后的价值观是印度人担忧将来要给女儿提供大量的嫁妆。显然，没有一定的文化洞察力，是不可能看到印度家庭喜欢生男孩这个事实背后所附着的解释性知识，这种洞察力也称为文化敏感性或文化移情。

### （二）培养文化敏感性

文化敏感性是指一种能客观地看待不同于自己母文化的其他文化，关注文化间的细微差别，评估、欣赏并接受这种文化的能力。

文化敏感性对国际市场营销者来说是绝对必要的。培养文化敏感性，具体需要做到以下几点。

（1）清楚文化是有差异性的，正是这种差异性构成了国际市场营销的复杂性和多样性。

（2）认识到自己的文化是有局限性的，发现自己文化的局限性是正确了解另一种文化的有效途径。

（3）懂得文化只有差异，而没有对错、好坏之分。国际市场营销者不是“文化的传教士”，而是“文化的学习者”。为了在世界市场的多元文化环境中获得成功，跨国公司必须具有对东道国文化的敏感性，并愿意理解文化的差异性。

然而，文化敏感性的获得并非易事。在审视其他文化时，人们会不自觉地用自己的文化价值观作为理解他人（他国）文化价值观的参照，即使用所谓的自我参照标准，这也会阻碍文化敏感性的培养。

### （三）消除或降低自我参照标准

人对世界的感知是由其文化经验构成的。1966 年，詹姆斯·李（James Lee）在《哈佛商业评论》上发表了他建立的有关系统性地降低感知障碍和扭曲的理论框架。李将无意识地参照本国文化价值观的行为称作自我参照标准。为解决这一问题，并消除或减少文化偏见，他提出了一个系统性的四步框架。

（1）以母国的文化特征、习惯和道德标准来界定问题或目标。

（2）以东道国的文化特征、习惯和道德标准来界定问题或目标，不做价值判断。

（3）剔除其他因素，仔细检验单纯自我参照标准是如何使问题复杂化的。

（4）消除自我参照标准的影响，重新界定并解决东道国市场情境中出现的问题。

自我参照标准在全球商务活动中可能会成为强大的负面作用力，如果忽视其存在，就有可能导致误解和失败。

除了从上述三个方面重点关注文化多样性对企业制定国际营销战略的影响外，文化多样性还是企业决定是选择全球化还是本地化的国际营销战略导向的主要影响因素。在国际市场营销领域一直存在全球市场中的消费者是否越来越相似的争论，对这个问题的不同回答直接影响着跨国公司的国际营销战略导向是偏向于全球化还是更倾向于本地化的战略选择。有关全球化和本地化战略的具体内容参见第 1 章的详细介绍。

总之，了解与确认文化多样性是跨国经营成功的前提，国际市场营销者必须对不同的文化环境做出及时与准确的反应，使企业营销战略与管理行为适应文化多样性的要求，并有效利用文化多样性的协同效应，使其成为跨国公司国际竞争优势的来源。否则，文化多样性就可能像被打开的潘多拉盒子，给跨国公司的经营活动带来灾难性后果。

### 案例分析5-1

**上海迪士尼乐园的“文化适应之路”还在继续**

上海迪士尼乐园于2011年开工建造，2016年6月16日正式开放，是中国第二个、亚洲第三个、世界第六个迪士尼主题公园，耗资近300亿元，总占地面积达390公顷，其规模是香港迪士尼乐园的3倍，也超过了加利福尼亚迪士尼乐园和东京迪士尼乐园，仅次于佛罗里达迪士尼乐园和巴黎迪士尼乐园。

迄今为止在美国以外经营的迪士尼乐园都面临一个相同的问题——由于文化因素，往往需要几年时间才能实现盈利。为避免这个问题再度发生，迪士尼公司采取了很多措施，力争使上海迪士尼乐园是真正的迪士尼乐园与中国特色的融合。

为吸引中国消费者，迪士尼公司想出了各种各样的办法。在园内，美国小镇大街被替换成以迪士尼版中国十二生肖为特色的巨大花园（在园区中央的一座庭院内，装饰有与十二生肖对应的迪士尼卡通人物的马赛克镶嵌画），以及一个帮助人们了解迪士尼经典形象的米奇大街，并在园内最高建筑——奇幻童话城堡内设置了巨大的宴会厅。

在发现中国人用餐时间更长之后，设计师增加了乐园餐厅的桌椅。此外，在意识到与惊险刺激的游乐项目相比许多中国人更喜欢现场表演之后，上海迪士尼乐园增加了现场表演。

对于上海迪士尼乐园在适应中国文化氛围方面所做的努力，国外游客可能更易感觉到。许多中国游客深有感触的是迪士尼乐园不允许外带食物，而园区内餐馆的食物、饮品的价格普遍比外面的要高许多。还有上海迪士尼乐园工作日370元、周末499元的票价也遭到一些人的抱怨。抱怨最多的是一些热门游乐设施需要排队两三个小时。上海迪士尼乐园听取了批评，在开业后的前三个月内，通过控制每日售票数量尽量化解游客的不满情绪。

但被诟病最多的还是入园不允许外带食物的规定，因此类事件上海迪士尼乐园遭遇过数次中国游客的诉讼，2019年华东政法大学学生因被禁带饮食起诉上海迪士尼乐园一案引发了广泛的社会关注。当年1月30日，小王同学前往上海迪士尼乐园游玩，并携带部分即食食品以备游玩时食用，在乐园安检时，小王被告知根据《上海迪士尼乐园游客须知》，游客不得携带食品进入乐园，经交涉未果，小王被迫丢弃食物（价值46.3元）后入园。3月15日，小王一纸诉状将上海迪士尼乐园诉至上海浦东法院。社会舆论普遍认为上海迪士尼乐园的入园规定属“霸王条款”，目的在于变相强迫游客在园内就餐，增加商家收入，侵害了消费者的选择权。上海浦东法院于2019年3月15日立案受理该案，于4月23日公开开庭审理，审理期间多次组织双方调解。上海迪士尼乐园对入园规则中相关条款的内容进行了修改：除少数特殊食品仍禁止携带外，游客可携带供本人食用的食品及饮料进入上海迪士尼乐园。

9月12日，经上海浦东法院主持调解，原、被告双方自愿达成调解协议：被告上海国际主题乐园有限公司（上海迪士尼乐园）补偿原告小王人民币50元（当庭给付）。该调解协议经双方当事人签收后生效。

虽有波折，但上海迪士尼乐园在中国的发展势头良好。2017年，上海迪士尼乐园开园一年就实现盈利，2019年全年营收达到70亿元，门票收入占到一半，餐饮、周边产品销售、酒店住宿、停车收费和其他服务贡献了另一半的营收。

5年来（截至2021年6月），以迪士尼乐园为核心的上海国际旅游度假区累计接待游客超过8 300万人次，实现旅游收入超400亿元。5年间，上海迪士尼乐园共计推出17 673种商品，其中有9 308种由中国本土独家开发设计，最受欢迎的商品是发箍，目前乐园共计推出了超过219种发箍款式。餐饮方面，米奇和米妮经典冰激凌是乐园里最受欢迎的食品之一，5年内共计售出约500万支。另外，还售出约200万份玉米热狗和440万份汉堡包，供应米饭总计超过1 000万份，儿童套餐超过250万份。

从目前的数据看，上海的迪士尼乐园是迪士尼集团全球最赚钱的主题乐园，同时也对上海的经济发展带来积极影响。2016年6月至2019年6月，上海迪士尼乐园固定资产投资对上海全市GDP的年均拉动达到0.13%，乐园消费对上海全市GDP的年均拉动达到0.21%。

资料来源：上海迪士尼开业将力避“文化误解”. 参考消息，2016-06-11（8）；华政大学生起诉上海迪士尼，美国迪士尼可携带食物，中国却不可以 . https//baijiahao.baidu.com/s？id=1641567196408288352&wfr=spider&for=pc；如何看待华东政法大学学生因禁带饮食起诉上海迪士尼，双方达成调解，迪士尼补偿50元这一结果？.https://www.zhihu.com/question/345662701/answer/821637646；上海迪士尼五周年：接待游客超8 300万人次卖出577万个毛绒玩具 . https://zjnews.zjol.com.cn/202106/t20210617_22684667_ext.shtml.

问题：

1. 上海迪士尼乐园在适应中国文化氛围方面所做的努力，是否表明迪士尼公司的高层决策者充分了解了中国文化以及中国消费者的消费行为？为什么？

2. 如何解读上海迪士尼乐园在2019年与游客因入园禁带食物引发的诉讼案？

3. 根据“上海迪士尼乐园共计推出17 673种商品，其中有9 308种由中国本土独家开发设计，最受欢迎的商品是发箍”这一现象，分析上海迪士尼乐园经营战略本土化的基本特征。

4. 依据案例中提供的上海迪士尼乐园在餐饮营收方面的数据，分析中国消费者游园消费的特点。这些特点对上海迪士尼乐园的文化适应战略有何启发？

## 基本概念

文化维度　　　　高（低）语境文化　　　　自我参照标准

## 思考题

1. 一国之内存在的亚文化对国际营销实践活动有何影响？

2. 如何用文化维度理论去衡量一国的文化？

3. 高语境文化和低语境文化中人们的沟通方式有何本质区别？对国际营销者有何启示？

4. 自我参照标准对国际市场营销有何负面影响？如何消除或减少这种影响？

5. 如何理解“全球思考，地区行动”战略导向的内涵。

## 实训练习

美国民宿短租平台 Airbnb 为争取中国市场取中文名为“爱彼迎”，意思是“让爱彼此相迎”。该公司称这个名字对中国旅行者来说应该比英文名称更容易发音。但持异议的网友吐槽说，这个名字“拗口”“信、达、雅一点都没靠上”。在没有推出“爱彼迎”这个官方中文名称之前，Airbnb 被中国媒体译作“空中食宿”。在一些人的理解中，“空中食宿”更符合当下由互联网带来的、超地域限制的共享概念。

就 Airbnb 改名一事访谈你的同学和朋友，验证“爱彼迎”和“空中食宿”哪个名称更受中国消费者欢迎，为什么？

第4篇

# 评估全球市场机会，制定市场进入战略

选择进入熟悉的、邻近的国家是企业在国际市场营销中的传统方式，与母国邻近的市场会让营销者感觉风险较小，因为很可能他们已经与这些文化中的人有过接触，并且对那里的人至少有一定程度的了解。然而如今，全球化趋势迫使企业不得不从全球视角出发来评估市场机会，并制定进入战略。任何一个企业都不可能置身于全球竞争之外，那些不想或没有能力进入全球市场的企业将会发现，自己是那些全球竞争者最容易攻击的对象，同时它们还会发现，自己在国内市场上也处于非常不利的竞争位置，因为它们在国内的竞争对手已经能够从扩展的全球业务中获得规模经济效益，并且由于参与全球竞争而提升了效率与效益水平。

许多企业的管理者，由于缺乏必要的知识准备，在制定关于进入与扩展外国市场及选择进入国外市场的模式的决策时，常常感到非常困难，因此国际营销调研至关重要。虽然营销调研无法帮助企业管理人员完全消除决策风险，但可以保证企业决策是源自对市场的认识，而非臆测。因此，企业必须投入充足的资源去获取与全球战略规划相关的信息与数据，并在此基础上寻找适合自己的市场机会，细分市场，选择目标市场，并针对特定的细分市场选择合适的进入战略。

# 第6章 国际营销调研和营销机会分析

良好的信息基础是市场营销成功的关键，这就需要创建营销信息系统，并通过营销调研积累资料和信息。

**|学习目标|**

- 了解营销信息系统的含义、作用及其构成。
- 掌握营销信息主要涉及的信息主题议程的内容。
- 了解国际营销调研的作用和主要步骤。
- 了解国际营销调研中面临的问题。
- 掌握分析营销机会的主要步骤。

**全球视野**

**中国年轻消费者的三大消费趋势**

市场调研公司欧睿国际于2020年10月发布的报告《中国城市千禧一代和Z世代如何生活与支出》显示：这一社会群体代表了塑造中国消费市场前景的一支重要的力量。2019年千禧一代和Z世代（1980—2009年出生）占中国城市人口的大约60%，预计到2025年，这一比例将上升到65%。这代年轻人具有如下三大消费趋势：

一是关键意见领袖和关键意见消费者一如既往地重要。欧睿国际高级分析师凯利·唐说："中国消费者在购买奢侈品时，非常依赖用户评价和推荐，微博、抖音等社交软件能够使有影响的人同消费者无缝对接，以促销产品。"

二是随着本土品牌越来越受欢迎，奢侈品将更深刻地理解中国文化。报告称，2019年有超过76%的中国消费者增加了对本土品牌产品的消费，而且其中90%的人对本土品牌给予积极正面的评价。这证明中国人的民族自豪感在不断增强，因此，奢侈品牌在产品设计中，只是简单地使用传统的中国元素已经不够了，它们需要更加聪明地将这些元素融入产品和品牌传播之中。

三是大城市和小城镇的消费支出都在增长。就购物增长而言，中国大城市的消费者愿意花更多的钱买更高级的产品。同时，“小镇青年”也在购买更多的高档商品。

资料来源：Yaling Jiang. 中国年轻消费者支出的三大趋势 . 环球时报，2020-10-23（6）.

---

信息是制定成功的营销策略及避免严重的营销决策错误的关键因素。营销信息涉及的范围广泛，从评估市场机会所需的一般资料到做出有关产品、促销、分销及定价决策所需的具体市场信息。企业需要建立一个完善的营销信息系统来满足对信息的需求，尽可能充分利用类似于“全球视野”所示的、由第三方机构提供的二手数据，并将其作为了解、预测相关国家的营销环境、消费者行为、消费模式等因素的现状和变动趋势的依据，必要时启动市场营销调研子系统，系统地收集、记录和分析资料，从而为营销决策提供有用的一手资料。

针对国内市场和国际市场进行的营销调研有着基本相同的过程和方法，但跨国市场调研需要提供与各国商务环境有关的信息，包括经济、政治、法律法规和文化习惯等宏观信息以及关于某个市场的规模、消费者行为、物流和分销系统等方面的微观信息。

相比一般的营销调研，国际营销调研有两大困难：第一，信息的传递和交流必须跨越文化边界，即母国的管理者必须能够将他们的研究问题转换成东道国消费者能够理解的表达方式，再将东道国消费者的回答转换成母国管理者能够理解的形式（即用母语撰写的报告和资料总结）。第二，在国外市场利用调研工具进行调研的环境与国内不同。在国外市场，大多数国际营销调研面临以下挑战：所需的重点信息类型常常不同；可以利用的合适的调研工具与技术的种类常常有限；在营销调研过程中会遇到许多不同于国内情况的困难。因此，需要调研者和管理者具有文化融入能力。

本章首先介绍国际营销信息系统的构成和作用，然后探讨企业进行国际营销调研的步骤和一些常用方法，接着分析企业在进行国际营销调研时面临的常见问题，最后探讨分析营销机会的主要步骤。

## 第1节 营销信息系统和信息主题议程

市场营销环境在加速变化，因此，对营销信息的实时需要比过去任何时候都更为重要。企业在从事国际市场营销时，经理们需要比从前更多的和更及时的信息。营销信息系统可以为决策者提供一个持续的信息流，以满足他们对信息的需要，为他们的营销决策提供依据。

## 一、营销信息系统

### （一）营销信息系统的含义

营销信息系统（marketing information system，MIS）由人、设备和程序组成，它为营销决策者收集、挑选、分析、评估和分配所需要的、及时的和准确的信息。该系统的作用是评估经理们的信息需要，开发这一需要的信息并及时地分配信息。我们通过案例分析6－1来看看MIS是怎样运作的。

**案例分析6–1**

贝纳通公司的营销信息系统

贝纳通公司创建了一个MIS，这个系统包括一个顾客关系数据库和一个电子数据交换网络。

贝纳通公司的经理们的工作在很大程度上依赖来自销售点的信息。每项交易的资料通过卫星从全世界7 000家商店的收银机即时传回公司总部。信息部门的分析师筛选这些信息以发现消费趋势，并传达给制造部门。

贝纳通公司的主要产品是各式毛衣。最初多为未经染色的“灰色商品”，在MIS识别的消费趋势得到确认后再进行成批染色，这样有助于降低库存成本并减少必须降价的滞销品数量。负责管理代理商的公司职员采用一套追踪系统来跟踪商品在市场上的流动。MIS能够显示某一特定产品是处于生产中、仓库里还是流通中。

MIS还可以帮助设计小组更有效地工作，所有的服装样式都被拍照，图像经数字化处理后存储在与个人电脑相连的一张光盘上，设计师坐在电脑前就可以查询到数年前的任何季节性服装款式的数据。

贝纳通公司的MIS已经使毛衣从设计到装运的时间由6个月缩短到几个星期。全球任何一个贝纳通商店的补货需求都可以在13～27天内完成。但是贝纳通公司的创始人卢西亚诺·贝纳通仍然不满足，他希望营销能做比数据处理更多的事，并且使信息技术能够成为激励员工的一个工具。

资料来源：沃伦·J. 基根，马克·C. 格林. 全球营销学：第4版. 北京：中国人民大学出版社，2009：205-206.

### （二）营销信息系统的构成

营销信息系统包括以下四个部分。

1. 内部报告系统

内部报告系统（internal reports system）是一个订单－收款循环和销售报告系统。销售经理依靠内部报告系统获取订单、销售额、价格、成本、存货水平、应收账款、应付账款等信息。通过分析这种信息，他们能够发现重要的机会和问题。

2. 营销情报系统

营销情报系统（marketing intelligence system）是公司经理获得日常的关于营销环境变

化的恰当信息的一整套程序和来源。内部报告系统为营销情报系统的管理人员提供结果数据，而营销情报系统则为管理人员提供正在发生的数据。

3. 营销调研系统

营销调研系统（marketing research system）是系统地设计、收集、分析和报告与企业所面临的特定的营销状况有关的数据及调查研究结果的一个系统，主要为企业获得有关营销环境和目标市场各方面情况的一手信息服务（详细内容见本章第2节）。

4. 营销决策支持系统

营销决策支持系统（marketing decision support system）是对内部报告系统、营销情报系统和营销调研系统所提供的大量数据和信息，通过计算机系统进行统计处理、分析，最终形成有意义的且能为决策者所接受和理解的结果的一种机制。该系统主要由统计工具和决策模型构成，采用先进的技术（比如各种分析软件）解释与企业内外部环境有关的信息，并把它们转化为营销活动的基础。

## 二、营销信息主题议程

全球营销信息系统运作的出发点是列出一系列要了解的问题的主题及所需信息，这样就形成了营销信息主题议程（marketing information subject agenda），它经过修改能符合企业的特定需要和目标。表6－1给出了一个包括六个广泛的营销领域的信息主题议程的基本框架。这个框架满足了两个最基本的标准：第一，它涵盖了与一个跨国经营企业有关的所有信息主题；第二，其中的各个类别相互排斥，即这个框架所包括的任何信息能且只能被正确地归入下列分类中的某一类。

**表6－1　全球营销信息系统的六类议题**

| 序号 | 类别 | 涉及范围 |
|---|---|---|
| 1 | 市场潜量 | 需求估计、消费者行为、产品审查、渠道、媒体沟通 |
| 2 | 竞争对手信息 | 公司总体战略、业务单元战略、职能部门战略 |
| 3 | 外汇 | 国际收支、利率、国家货币的吸引力、分析家的预期 |
| 4 | 规范性信息 | 法律，义务，母国和东道国关于税收、收益和红利的规定 |
| 5 | 资源信息 | 人力、金融、信息和物质资源的可获得性 |
| 6 | 总体情况 | 经济、技术、社会文化、政治、法律环境的总体概览 |

一旦确定了议题，下一步就是收集信息，可以通过监视和搜寻两种模式来实现。

### （一）监视

在监视（surveillance）模式下营销经理进行非正式的信息收集，主要是收集营销情报。全球导向的营销经理会不断地寻找有关世界各地潜在机会和威胁的信息，他们希望了解关于产业、企业、市场和消费者的一切情况，这意味着他们需要时刻注意各种信息的线索，并从他人的经验中获取先见之明。比如，张瑞敏在海尔准备进入美国市场之际，听到一位美国老人给宠物狗洗完澡后把它放到微波炉里烘干，之后和微波炉制造商打官司的故事。别人把它当成一则趣闻，张瑞敏却从中意识到法律在美国人生活中的地位，并认识到了解美国的法律环境对海尔拓展美国市场的重要性。之后海尔在美国进行投资等活动时，都会聘用美国律师来提供法律咨询服务。

当然，浏览报纸和杂志是保证营销经理定期获得信息的一种更常用和更普遍的途径（参见营销视角 6－1）。此外，全球营销经理还应养成收看全球新闻节目和经常浏览主要新闻网站的习惯。一些市场调研公司经常借助媒体发布针对某一市场、某一领域的调研报告，获取、收集这些营销情报有助于营销管理者及时有效地了解相关国家的营销环境和消费模式等方面的变动情况。

**营销视角 6－1 中国与香水的“新恋情”改变市场**

总之，营销经理要主动监视周围环境的变化，不能只是被动地等待相关部门（比如信息管理部门等）提供信息。

### （二）搜寻

搜寻（search）模式以正式的信息收集方式为特征，其特点是有意识地寻找一些专门信息。搜寻通常包括调查和调研两种方法。调查（investigation）是一种相对有限的正式的搜寻模式，往往是针对某个专题或问题从书籍和文章等专业出版物中寻找有用的信息，即主要收集二手资料。调研（research）是为了特定用途正式地、有组织地、专门地去获得特定信息的一种方法，它是企业为解决专门的营销问题而获取信息的主要方法，也是本章第 2 节将重点分析的市场营销调研。

管理者一般对议题之外的信息的接受能力有限，但是作为一个整体，企业应当充分接收信息，而非仅仅接收那些被认为是主要的信息，否则很可能会遗漏一些看似不重要其实很关键的信息。为了使企业更有效地接收信息，搜寻系统必须密切关注那些可能对公司有重大影响的领域的变化情况。另外，还要注意以下两个方面的变化对获取信息的影响。

首先，信息技术的创新加快了信息的传递速度，但同时也缩短了信息的使用寿命，因此要注意信息的时效性。

其次，技术进步也对全球公司缩短信息反应时间提出了新的要求。在某些情况下，企业可能需要建立一个责任明确的专职部门，比如信息管理部门，专门负责获取和传播战略信息。

## 第 2 节 国际营销调研

企业所需的理想信息与实际能够收集到或使用的信息之间是有差别的，若营销情报系统不能给企业提供关于特定市场的最新的有价值的信息，这时就要靠营销调研系统发挥作用了。随着国际市场营销活动的程度不断深入以及可能失败的代价的增加，企业对营销调研会更加重视，投入更多的财力和人力。自1995年以来，国际营销调研费用年均增长率达到32%。从全球来看，每年这方面的开支都超过10亿美元，其中美国占总数的39%，西欧为40%，日本为9%。

进行营销调研有两种方法：一是由公司内部人员设计并实施具体的调研；二是利用外部的专业营销调研公司。大多数大公司都有自己的营销调研部门，比如宝洁公司有两个独立的内部调研小组，一个负责整个公司的广告调研，另一个负责市场测试。在国际市场营销中，通常建议将内部和外部两种方法结合起来。许多外部公司有丰富的国际经验，有些在特定的产业部门尤为专业。VNU集团是全球最大的市场调研组织，其尼尔森媒介研究（Nielsen Media Research）是著名的尼尔森电视排行榜的制作者。有些调研公司的业务范围限于专门的产业部门，例如IDC就是全球著名的信息技术、电信行业和消费科技市场关于咨询、顾问和活动服务的专业提供商。

营销调研有助于制定决策，减少由环境不确定性与缺乏国际市场信息导致的决策风险，从而保证管理人员能够将决策建立在对市场的深刻认识之上。

## 一、国际营销调研的含义和作用

### （一）市场营销调研和国际营销调研

市场营销调研（marketing research）是指系统和客观地识别、收集、分析和传播信息，以便改进决策和更好地识别、解决营销问题及利用营销机会。它有以下特点：一是更加专业化，强调调研是系统的工作，是有计划、有组织的活动；二是客观性，减少偏见、感情和主观判断的影响；三是目的性，调研与特定问题的需要有关，要有商业目的，不是盲目进行。

这些特点也体现在国际营销调研（international marketing research）中，不同之处在于国际营销调研活动需要在全球范围展开，具有跨地域和跨文化的特点，也正是这些特点带来了挑战——不同国家在信息内容和信息获取方式上存在巨大的差异，调研人员对此应做出积极的回应。

### （二）国际营销调研的作用

对于进行国际市场营销的企业来说，首先要面对的风险是缺乏国外市场知识，即使是那些具有丰富经验的跨国公司，也只有在掌握了这些知识之后，才有可能将其经营活动成功地扩展到新市场中。因此，国际营销调研的作用从根本上讲就是为管理者的营销决策提供必要、准确和及时的信息，以降低决策风险。具体就是，市场调研人员通过国际营销调研去评估全球市场需求，评价潜在市场以及比较进入某一市场的风险与成本的高低，为决策者制定有效的市场营销战略提供所需的详细信息。要完成好这些工作，还需要以下几方面的支持：

（1）企业应创建营销信息系统，监控国际营销环境的发展趋势。

（2）纵览国际市场，发现和分析机会。

（3）进行初步营销调研，提出营销策略。

有关营销信息系统的内容在本章第1节已讨论过，纵览国际市场、发现和分析机会的相关内容将在第7章详细阐述，下面重点介绍如何进行营销调研。

## 二、国际营销调研的范围和步骤

### （一）国际营销调研的范围

相比国内营销调研，国际营销调研的范围更广。根据所需信息，国际营销调研的研究对象可分为三种类型：

（1）有关国家、地区或市场的一般信息。

（2）有关通过把握特定市场或国家的社会文化、经济、消费与技术发展趋势以及特定市场的竞争状况来预测未来营销要求所必需的信息。

（3）做出有关产品、促销、分销与定价决策及制订营销计划所需的信息。

以上三类信息的获取主要依靠营销调研系统。

### （二）国际营销调研的步骤

国际营销调研与国内营销调研的基本程序没有太大区别，主要由以下几个步骤组成。

#### 1. 确定问题和调研目标

研究人员常常是在对总的问题有一个模糊认识的情况下开始研究工作的，因为不熟悉国外市场环境，再加上自我参照标准可能带来的影响，如何定义问题就更困难了。比如，20世纪90年代，中国市场对轿车的需求初具规模，欧美汽车制造商都很看好这个新兴市场，但一开始它们都在抱怨搞不清中国消费者的心思，它们特别困惑的是为什么中国消费者对座椅是不是真皮的、有无实木茶杯架这些外观设计的关注度远超过对汽车技术性能的了解。显然它们没有搞清楚汽车对中国消费者来说不只是交通工具，也是身份和地位的象征，因而产品外显的特征很重要。营销调研人员要明白这样一个道理：把问题界定清楚了，就等于解决了问题的一半，因为定义清晰的问题可以帮助研究人员确立正确的研究目标。欧美汽车厂商要调查清楚的是：开什么样的车中国消费者会觉得有面子。

因此，不管是何种情形引起的营销调研，营销人员都应该首先回答两个问题：第一，我需要什么信息？第二，为什么我需要此信息？同时，还要注意克服自我参照标准对问题确定的影响。

#### 2. 选择分析单位

这一步需要识别出企业应当在世界哪个（些）国家或地区开展业务，并最大限度地了解其商务环境。分析单位可能是一个国家，也可能是像欧盟这样的经济一体化区域以及某个国家的州、省或城市。

#### 3. 评估调研价值

进行国际营销调研，企业需要花费时间和资金。为了给国际营销调研活动分配资源，管理部门必须知道调研的价值。如果利用调研所获信息进行决策产生的价值大于不经过调研就进行决策产生的价值，而且超出额大于调研的费用，调研就是有价值的，否则，调研会是一种浪费。

4. 制订调研计划

制订调研计划就是制订有效收集所需信息的计划，包括资料来源、调研类型、调研方法、调研工具、抽样计划和接触方法等，具体内容如表 6－2 所示。

表 6－2　营销调研计划的内容

| 序号 | 计划项目 | 计划内容 |
| --- | --- | --- |
| 1 | 资料来源 | 二手资料、一手资料 |
| 2 | 调研类型 | 探测型调研、描述型调研、因果关系调研 |
| 3 | 调研方法 | 观察法、访谈法、调查法、行为资料分析法、实验法 |
| 4 | 调研工具 | 调查问卷、定性测量、测量设备（仪器） |
| 5 | 抽样计划 | 抽样单位、抽样范围、抽样程序 |
| 6 | 接触方法 | 电话访问、邮寄调查、人员面谈、在线访问 |

资料来源：菲利普·科特勒，凯文·莱恩·凯勒．营销管理：第 14 版：全球版．北京：中国人民大学出版社，2012：114-119.

这几个方面的基本内容并无国际营销与国内营销之分，这里主要说说资料来源。

调研计划要求既收集二手资料，又收集一手资料。二手资料就是在某处已经存在并已经为某种目的而收集起来的信息，一手资料是为当前的某种特定目的而收集的原始资料。低成本的营销调研是从案头调研开始的，这意味着二手资料是解决调研问题的一个很好的出发点。二手资料的来源很丰富，比如，全球大部分国家都对 GNP、GDP、消费、投资、政府支出和价格以及人口规模、人口增长率等指标进行统计并编撰成册，对于企业了解一个国家的基本经济情况以及市场容量而言，这些都是很有用的资料；一国政府相关部门的网站（如我国的商务部）以及行业和贸易协会也是获得二手资料相对可靠的来源。对于消费者的需求偏好、价格预期以及竞争对手的战略谋划等无法通过二手资料获取的信息，则需要潜心去收集一手资料，调研计划中涉及的调研方法主要是用来指导收集一手资料的。

5. 收集信息

营销调研的数据收集阶段是花费最昂贵也是最容易出错的阶段。然而，在现代信息和电子技术的影响下，数据收集方法正在迅速变化。一些先进的技术近来已使营销人员测试广告与促销对销售的影响成为可能。

6. 分析信息

分析信息是指从数据中提炼出恰当的调查结果。研究人员把数据列成表格，并得出频率分布。对主要变量要计算其平均数和衡量离散趋势。在营销分析系统中，研究人员应努力采用一些先进的统计技术和决策模型，以期找到更多的调查结果。

7. 陈述研究发现

最后一步，研究人员要陈述研究发现。研究人员应该提出一些与管理层进行营销决策有关的主要调研结果。在市场调研基础上形成的报告必须有助于管理者进行决策，建议将主要的调研结果总结为一个备忘录，有步骤地呈现解决所提问题的一个或多个答案。调研结果需要陈述清楚并争取成为采取管理行动的基础，否则它们只能在书架上落满尘土。

## 三、国际营销调研所面临的问题

进行国际营销调研是件困难的事，主要面临三大问题：数据的可获得性、数据的可比性和文化差异。

### （一）数据的可获得性

现代营销应该是目标市场营销。在把某个特定的细分人群确定为目标时，营销经理需要十分详尽的信息。在美国、欧洲等发达国家和地区并非所有的信息都需要一手资料，比如人口统计数据、人均收入等有现成的二手资料可以利用，政府机构和私人调查公司都可以提供相关信息。例如，信息资源公司（Infores）、调查研究集团（Survey Research Group）以及AC尼尔森公司（AC Nielson）就是提供这类信息的典型的私人机构代表。

然而，在许多新兴市场国家和发展中国家，事先收集好的有效信息很难得到。即使可以获得市场数据，它们的可靠性也很值得怀疑。例如，分析师有时会指责一些新兴市场国家的政府试图通过高估总收入和消费水平来吸引投资者。除了故意误报，不准确的信息还可能源于当地不恰当的信息采集方式和分析技术。

不过，一些在新兴市场和发展中国家专门为工业化国家的客户收集数据的研究机构正在开发高质量的信息采集和分析技术。例如，为了满足西方国家的公司对更精确的营销调研的需要，信息提供商和民意调查机构盖洛普（Gallup）正雄心勃勃地将其业务扩展到整个东南亚。

在数字经济时代，数据就是资产，开放政府数据（open government data）已是潮流，是大数据时代公开政务信息的一种具体实践。一些观点认为，开放数据的定义是“公众可获取的、能够被用户完整观测和使用的数据”。2009年、2010年美英两国政府开放政府数据的平台data.gov与data.gov.uk先后上线。2011年，美国、英国、挪威、巴西、印度尼西亚、墨西哥、菲律宾、南非八国签署了《开放数据声明》，标志了“开放政府合作伙伴”正式成立，并承诺促使公共部门的数据免费开放，截至2017年11月该计划已有75个成员。

中国的政府数据开放首先是从地方政府层面展开的，2012年上海创建的上海市政府数据服务网试运营，之后北京、武汉、无锡、湛江等地开始跟进，2015年国务院总理李克强表示要最大可能地公开政府掌握的数据。

这种趋势对跨国公司获取一国经济发展和人口统计等方面的可靠数据提供了便利。利用这些开放的数据，企业可以对一国市场进行扫描、探测和显微。在数字经济发达或发展较快的国家，企业还可以充分利用不同渠道获得的大数据了解市场各方面的真实状况（参见营销视角6－2）。

**营销视角6－2　中国大数据证实官方统计可靠**

### （二）数据的可比性

对于从不同国家获得的数据必须十分谨慎地加以解读，因为像贫穷、消费量、文化程度这样的术语，在不同国家的含义是不同的，对于这些数据必须辅以准确的定义来说明。例如，在美国，一个四口之家如果家庭年收入少于 20 000 美元，就被称为处于贫困线下，但是一个同样收入的越南四口之家，可以称得上是高收入阶层了。

各个国家不同的数据测量方法也会影响国际数据的可比性。比如在《福布斯》2014 年 2 月公布的世界百强银行排行榜中，中国工商银行以 3.062 万亿美元的资产数额位列第一，紧随其后的是英国汇丰银行（资产数额为 2.723 万亿美元）和法国农业信贷银行（资产数额为 2.625 万亿美元），前 10 名多由中国和法国的银行占据，而规模较大美国的银行如摩根大通银行、美国银行等没有一家进入前 5 名。为什么呢？答案是记账方法不同。包括中国和欧盟在内的世界大部分国家和地区使用的是国际财务报告准则（IFRS，要求银行汇报的是资产负债表上的衍生资产总额），而美国采用的是一般公认会计原则（GAAP，要求银行必须汇报自己的衍生资产净额）。类似的例子还有很多。因此，营销人员在比较不同国家的数据时，不能只看数字，还要看数字是怎么来的。

### （三）文化差异

在不熟悉的市场上进行营销调研，必须注意文化差异。

1. 语言差异对调研的影响

无论采取何种调研手段，语言都是重要的沟通工具。如果研究人员不熟悉所调研国家市场上使用的语言，就不得不依赖翻译。若采用访谈法，口译人员可能会无意识地曲解某些提问，或无法准确传达说话者的情绪；若采用问卷调查法，研究人员就必须将用母语设计的问卷翻译成当地语言来调查潜在的购买者，之后还得将问卷的调查结果再翻译回研究人员所使用的语言，这就要求问卷的书面表达必须高度准确，才不至于在来回翻译的过程中出现歧义和误解。

问题不仅在于翻译，还可能在于问题本身使用的词语。《读者文摘》曾就西欧消费者的饮食习惯进行调查，得到了一个意想不到的调查结果——法国人和德国人比意大利人消费了更多的意大利面条，这有悖于常识。问题出在问卷的题目被设计成询问“印有商标的袋装意大利面条”的购买情况，意大利人主要买散装面条，法国人与德国人则买印有商标的袋装面条，因此问卷得出的数据与意大利人实际购买意大利面条的数量相去甚远。研究人员必须时刻保证他们所提问题的正确性和用词的明确性。

2. 文化差异对研究方案设计的影响

设计调研方案时，要考虑文化差异的影响。比如，当地人口的文盲率会影响问卷调查的质量，这种调查方式在文盲率较高的国家，如尼日尔、布基纳法索、塞拉利昂等国一般不可能进行，研究人员需要选择不同的信息采集方法，例如采用访谈法或行为资料分析法。另外，一些国家的消费者可能会排斥某种调查方法，如与美国人相比，日本人不愿回答通过邮件进行的调查。

### 3. 价值观、风俗习惯等对问题回答的影响

被调查者对问题的回答会受价值观、风俗习惯等因素的干扰。比如，在不少国家，与年龄、收入和家庭消费支出有关的问题会遇到被调查者不愿回答的情况。此外，由于不同文化中消费者做评判时的态度不同，因此会影响用类似等级、程度量表获得信息的可比性。比如，在日本这样的集体主义倾向强的国家中，消费者对等级划分的反应比在美国这样的个人主义倾向强的国家要保守，即从“极其满意”到“极不满意”的1～7个等级中，日本人的回答往往倾向于中间（即更多的人选3与5两个等级），而美国人的回答则倾向于走极端（更多的人选1或7）。了解到这种文化差异，就可以在资料收集后对这种反应偏差进行统计标准化处理，从而最大限度地提高数据的可比性。

跨国公司如果在一个不熟悉的外国市场上没有什么经验，无法胜任调研工作，可以委托当地机构完成一部分或全部市场调研活动。如果决定亲自进行市场调研，就应采用适合当地市场的调研方法，重新审视许多在母国市场看来理所当然的文化因素。

# 第3节　发现与分析营销机会

国际营销调研的重要目的是评估全球市场机会，评价潜在市场以及进入市场可能带来的风险与成本的高低，并提供制定营销战略所需的详细信息。为此，国际营销调研人员首先需要纵览国际市场，然后发现和分析市场机会之所在。

## 一、纵览国际市场

全球市场很大，营销调研人员首先需要对国际市场进行全盘评估，确定哪些国家具有增长潜力，发现值得分析和研究的国家，也就是要找到满足以下条件的国家：（1）市场准入；（2）盈利能力较强；（3）市场规模足够大。

符合上述条件的国家（地区）可初选为调研目标，接着要评估这些目标可能存在的市场机会。

## 二、评估和筛选市场

在对潜在市场筛选的过程中，管理者面临一个两难的处境：一方面想把研究费用控制在最低水平；另一方面又想对每一个潜在市场和每一个可能的地点进行评估。为了在两者之间取得平衡，管理者可以把对市场和地点的筛选过程拆分为以下四个步骤。

### （一）确定基本需求

确定潜在市场的第一步就是要搞清楚某一市场对企业的某项产品是否存在基本需求。同时，由于企业可能要在预评估的市场选择生产、研发或进行其他经营活动的地点，因此还需要考察所需资源的可获得性。

## （二）评估东道国的商务环境

一个国家的国内商务环境与其他国家有着很大的不同，营销管理者必须理解这些差异，并将这种理解运用到选择市场和地点的决策过程中，这就是我们从第 3 章到第 5 章探讨经济、技术、政治、法律和文化环境的目的之一。

## （三）衡量市场潜力

经过前两个步骤后，会筛选掉一些市场，接着营销管理者要对剩下的市场做进一步的筛选，衡量预选市场的潜力。由于工业化市场和新兴市场在消费者的收入、购买意愿等诸多方面存在不同，需要对二者采用不同的分析方法。

评估一种产品在工业化国家的市场潜力所需的信息要比在新兴市场上容易获得。事实上，如前所述，在美国、西欧这些最发达地区的市场上存在许多专门为公司提供市场数据的研究机构，这类机构提供的典型的行业分析包括以下一些信息：

（1）品名、产量和最大竞争对手所占的市场份额；

（2）该产品的进口量和出口量；

（3）批发和零售分销网络的结构；

（4）市场背景，包括人口特征、重要的社会发展趋势以及对所使用的营销方法的描述；

（5）该市场上用于这种产品（以及同类产品）的总支出；

（6）该产品的零售量和市场价格；

（7）对该市场及其潜在机会的未来展望。

如今，像中国和印度这样的大型新兴市场比以往任何时候都更重要，这些国家有着庞大的消费群体和高增长率，它们激发了全世界营销人员的兴趣，几乎每一家参与国际商务的大型公司都已进入或者正在考虑进入像中国和印度这样的大型新兴市场。参见案例分析 6－2。

### 案例分析6–2

**日本最大连锁书店押注中国市场**

创立于 1983 年的日本文化便利俱乐部集团（简称 CCC 集团）是日本最大的书店连锁品牌，茑屋书店是它旗下的子公司，在日本图书市场名声显赫。特别是位于东京代官山的茑屋书店，不仅被誉为全世界最美的 20 家书店之一，也是很多中国年轻人赴日旅游期间打卡的热门景点。

受亚马逊等电商平台的冲击，日本书店的数量持续下降。过去 20 年里，有超过一半的书店倒闭。日本出版贩卖株式会社的数据显示：1999 年日本有 2.2 万家书店，2020 年已减少到不足 1 万家。近年来，由于书店业务萎缩，CCC 集团在财务上陷入困境。在截至 2020 年 3 月的财政年度，公司销售额下降 2%，营业利润下降 38%。艰难之时，CCC 集团将目光投向了中国。

CCC 集团掌握的二手资料显示：中国目前正处于书店热潮中，全国各地都有新的书店开设；在中国人们的平均读书量还有很大提升空间，这意味着今后书店在中国可能会迎来更快速的增长，CCC 集团决定押注中国市场。

2020 年 10 月，CCC 集团的茑屋书店首次在中国杭州开店。在休息日平均有 1 万人到访该书店，高价值艺术品、建筑书籍等较为畅销，开业一个月后的销售额比预期高出四成。2020 年 12 月，茑屋书店在上海新开设的店铺正式营业。茑屋投资（上海）有限公司副董事长鬼井亮吾称："在中国的中长期目标是开设 100 家店铺。"

茑屋书店的雄心不光与中国市场的巨大机会有关，还在于它对自己经营哲学的信心。茑屋书店创始人增田宗昭说："我要卖的不是书，生活提案才是我认为非卖不可的东西。"杭州、上海的茑屋书店正在向中国消费者展示一种与众不同的经营模式，从一开始，茑屋书店就是为了打造一种"生活方式"——"书店的利润不从书里来，而是从咖啡里来"。

资料来源：茑屋书店，究竟做对了什么？ .https://www.zhihu.com/question/426848335；宋毅 . 日本最大连锁书店押注中国市场 . 环球时报，2020-12-23（11）.

考虑进入新兴市场的企业经常会遇到与信息缺失有关的特殊问题。例如，由于东道国收集数据的方法比较落后，企业可能无法获得与市场规模或市场潜力有关的数据。在这种情况下，企业需要用其他方法来评估新兴市场的潜力。一种方法是按照市场潜力指标来排列不同地方的发展水平，但是这种方法只对考虑出口的企业有用。如果跨国公司想在某个新兴市场进行投资，则必须考察用来分析市场潜力的以下一些主要变量。

（1）市场规模。市场规模通常是根据一国的总人口或生产和消费的总量来估计的，这个变量并不是估计某种产品的市场规模，而是整个经济的规模。比如，中国对跨国公司的吸引力首先在于它的市场规模庞大，这一指标能帮助企业快速了解某一市场规模的整体情况，告诉企业这一市场是否值得进入。

（2）市场成长率。这是个动态的指标，主要反映一个市场（经济）的增长率和它的总体发展状况。它可以帮助管理者避免进入那些尽管规模很大却在不断萎缩的市场，而将目标锁定在那些虽然规模较小却在迅速扩张的市场。市场成长率一般可以通过估计国内生产总值的增长率和能源消费量的增长率来获得。

（3）市场强度。这个变量是从个人和企业的支出方面来估计市场的财富和购买力的，它可以用人均消费量和（或）基于购买力平价的人均国内生产总值来估计（见第 3 章相关内容）。

（4）市场消费能力。这一变量是用来估计市场的支出能力的，它通常可以用中等收入群体占总人口的百分比来估计，因此它关注的是一国经济的核心购买力。

（5）商业基础设施。这个指标是用来评估分销和信息沟通渠道的。这类变量包括电话、电视机、传真机或个人电脑的人均拥有量，公路的密集度或汽车的人均拥有量，以及每个零售点覆盖的人口数量。对于依靠网络进行销售的公司来说，有一个变量越来越重要，那就是互联网服务器的人均拥有量，通俗地讲就是网民的数量。由于这些数据有很强的时效性，因此企业必须确保通过最新的渠道来获得及时和准确的信息。

（6）经济自由度。这个变量用于估计自由市场规则在一国市场中的主导程度，它一般是对政府贸易政策、政府对商务的参与程度、财产权保护的实施情况的概括。在经济自由度高的国家，企业的国际商务受到政治因素的影响相对较少。

（7）市场接受能力。这个变量用来估计市场的开放程度。常用的评估方法是确定一国的国际贸易总值占国内生产总值的比重。如果一家企业想了解一个市场对其母国产品的接受程度，它可以根据该市场从其母国市场获得的人均进口量以及进口量的增减变化速度来推定。

（8）国家风险。这个变量用来估计商务活动的总体风险，包括政治风险、经济风险和金融风险。这个指标通常可以从评定国家风险等级的服务机构获得。

需要注意的是新兴市场国家发展快速，因此需要动态地、不带成见地衡量它们的市场潜力。

逐一分析上述因素之后，可以按照每个因素对某特定市场的重要程度对其赋予不同的权重，然后将各个潜在市场按照各自的吸引力来排序，从而确定真正具有潜力的市场。

### （四）选择市场或地点

这是筛选过程的最后一个步骤。评估剩下的潜在市场需要花费最多的精力，通常剩下的潜在市场的数量并不多，有时只有一两个。在这一阶段，管理者一般希望到每一个剩下的地点去考察，以验证先前的预期并对竞争对手进行分析，而且管理者一般要对所提议的投资项目进行财务评估，以评价每个潜在地点对现金流的贡献。具体要做以下几方面的工作。

#### 1. 实地考察

高层管理人员亲自对每个剩下的潜在市场或地点进行考察的重要性毋庸置疑，这种实地考察通常包括参加一系列的会议和艰难的谈判活动。考察给管理者提供了直接接触市场的机会，在此之前一切都只是纸上谈兵，现在他们有机会去亲身体验当地的文化，在活动中观察他们可能即将雇用的劳动者，或者与潜在的新客户和经销商进行私人接触。此前剩下的所有问题都会在实地考察过程中进行彻底研究，以便在选定某个特定的市场和地点时能够准确理解协议中的每一项条款，从而最终以书面形式将协议条款确定下来。

#### 2. 竞争对手分析

高度竞争的市场通常会使企业在制定价格时面临很大的压力，而且竞争激烈的生产和研发活动地点一般还会增加商务活动的成本。低价格和高成本会降低市场能够带来的潜在利润，因此，需要慎重对待，至少应该讨论以下问题：

（1）每个市场（东道国国内市场和国际市场）的竞争对手的数量；

（2）竞争对手所占的市场份额；

（3）竞争对手的产品对某一小规模细分市场有吸引力还是普遍具有吸引力；

（4）竞争对手是注重产品的高质量还是追求产品的低价格；

（5）竞争对手是否牢牢地控制着分销渠道；

（6）竞争对手拥有的顾客的忠诚度；

（7）可能进入市场的新竞争对手及其数量；

（8）竞争对手对主要生产要素（如劳动力、资本和原材料等）的控制。

截至目前，我们考察了企业在选择新的市场和经营地点时所遵循的一般模式，了解了企业在筛选过程中所采取的各个步骤，但是它们将如何利用这些国际市场机会呢？全球市场细分会帮助企业将全球市场机会有效地转变为企业机会，这是下一章要完成的任务。

## 案例分析6-3

### 费列罗对消费者市场的深刻理解

费列罗是一家意大利糖果公司，这家非凡的公司的成功故事始于1946年成立的、位于意大利阿尔巴地区的一家小型法式蛋糕店。在那里皮埃特罗·费列罗发明了一种一半是榛果、一半是可可粉的糖果。由于恰到好处地满足了当时消费者对甜食的渴望，这种产品取得了巨大成功。

经过几十年的发展，费列罗已成长为全球领先的国际性巧克力糖果制造企业，旗下有50多个享誉世界的知名品牌与标志性产品，集团在全球55个国家和地区拥有分支机构，产品行销全球170多个国家和地区。2019年，费列罗以123.9亿美元的业绩，位居排名全球第一的玛氏（180.0亿美元）之后，超越亿滋成为全球第二大巧克力糖果企业。

费列罗的成功与其高度关注消费者密不可分。费列罗在创立之初，就以保障产品质量与新鲜度为立身之本，在此基础上始终紧贴终端消费者的诉求。费列罗在澳大利亚市场的做法贴切地印证了这一点。

20世纪70年代，费列罗澳大利亚公司在将产品推入市场之前要对其进行大量测试。首先，要进行内部口味测试，以检验消费者对产品的评价是否和公司的高度一致。然后，在全国范围内推广产品之前，费列罗要先在一个地区内进行市场测试。通过深刻理解市场洞察，自20世纪40年代以来，费列罗一直在持续增长。

20世纪80年代费列罗进入中国市场。公司决策者利用其在全球不同市场的丰富管理经验，敏锐地捕捉到中国市场的发展潜力。巧克力不属于中国人的传统饮食，中国市场与巧克力消费主流市场有较大差距。但中国中等收入群体扩张得非常快，在这一人群的消费习惯中，高端巧克力被列在日常消费清单中。经过大量的市场调研，费列罗推出了适应中国消费者口味和消费情境的产品。拿费列罗在中国市场的经典产品——费列罗Rocher榛果威化巧克力来说，在设计之初，费列罗就把它定位于高端礼赠品。这让费列罗拥有了更多的机会，不单单和巧克力产品来竞争，而是作为一种礼品，创造了更为多元的场景应用模式。

费列罗在中国市场发展新品类方面秉承自身一贯的原则，首先必须理解和学习中国市场，充分了解中国消费者的饮食和消费习惯，洞察机会，然后再去做一些特殊的产品设计，以适应中国消费者在巧克力甜食方面的消费习惯。

长期以来费列罗在中国主打三条产品线：最经典的费列罗Rocher榛果威化巧克力系列、专为孩子生产的健达（Kinder）系列巧克力以及Nutella能多益榛果可可巧克力酱。此外，费列罗也在开发消费情境方面大下功夫。为迎接春节设计了新产品组合和包装，显示了这个品牌在积极迎合中国市场方面所做出的努力。

费列罗在中国市场的良苦用心得到了回报。2019年，费列罗在中国取得了27%的市场份额。根据尼尔森发布的数据，截至2019年3月，费列罗巧克力业务的增长在过去12

个月中达到了4.3%，是市场平均增长率的两倍多。中国是费列罗在全球范围内最重要的增长支柱之一。费列罗在中国的战略目标之一是在未来3～5年实现销售额增长翻一番。

资料来源：菲利普·科特勒，凯文·莱恩·凯勒．营销管理：第14版：全球版．北京：中国人民大学出版社，2012：107-108；夏芳．费列罗集团：未来3到5年中国市场销售额增长翻一番．https://baijiahao.baidu.com/s？id=1636237663948748334&wfr=spider&for=pc.

问题：

1. 举例说明费列罗是如何做到紧贴终端消费者诉求的。
2. 费列罗为其巧克力产品在中国市场开发出了哪些消费情境？
3. 费列罗还可以在中国市场继续快速扩张吗？说明理由。

## 基本概念

国际市场营销研究　营销信息系统　营销情报系统　营销调研系统
市场调查　营销调研

## 思考题

1. 营销信息系统包含哪些子系统？
2. 国际营销调研的作用是什么？
3. 文化差异对国际营销调研有何影响？
4. 如何衡量新兴市场国家的市场潜力？

## 实训练习

美国麦肯锡咨询公司在2016年3月发布的一份关于中国消费者的报告中说：2/3的中国消费者表示，购物是与家人在一起消磨时光的最佳方式。持这种观点的人比3年前有所增加。麦肯锡认为这股风潮的最大受益者莫过于适合一家老小出行，集购物、餐饮、娱乐多种体验于一体的购物中心。相比之下，受损的则是百货商场和大型超市等大型零售卖场。

搜寻你所在城市在这方面的情况，分析麦肯锡咨询公司报告的真实性和代表性，并描述你所在城市的消费者在购物方式上的变化趋势。

# 第7章 国际市场细分

市场细分可以说是这样一门艺术：它辨别、定义不同消费群体的差别，以便为更集中的市场营销活动打下基础。

**|学习目标|**

- 了解国际市场细分的内涵。
- 掌握国际市场细分的主要标准。
- 了解传统和非传统两种细分方法下的主要市场。
- 掌握全球目标市场的选择战略。
- 掌握国际市场定位的主要方法。

全球视野

**德国隐形冠军企业的经营之道**

在德国370万家企业中，隐藏着一批极具核心竞争力的中小型企业。它们的产品质量精良，具有说一不二的定价权，在全球某一领域占有最高的市场占有率，是某个细分领域的王者。德国的很多核心技术、独特产品就掌握在它们手中。德国著名管理学家赫尔曼·西蒙（Hermann Simon）称它们为“隐形冠军”，其特征为：其在全球市场的占有率排名第一或第二；年产值在20亿欧元左右；鲜为大众所知。按此标准，德国共有1 400多家这样的企业，是世界隐形冠军企业数量最多的国家——接近全球的一半。

首先，隐形冠军企业的发展战略之一是为大型企业做配套——给大型企业提供其不愿意生产的零部件，大多不做终端产品。即便是生产整个产品，隐形冠军企业的客户依然是企业，而不是个人。这样的战略导致它们在业界大名鼎鼎，产品有口皆碑，而普通大众并不知晓。

其次，隐形冠军企业注重客户细分，尽量在高端目标客户中树立冠军形象。

再次，隐形冠军企业对高端客户的维护可谓不遗余力，它们能够保证平均25%～50%的员工和客户有定期的接触，而大型企业在这方面只能达到5%～10%。

最后，隐形冠军企业之所以能够成为特定市场领域里的佼佼者，高度专业性是战略核心。为了能向客户提供优质的产品，它们一般选择专业化路线，专注于较窄的市场领域，在其价值链上的各个环节深度发展。

可以说，有效、精确的市场细分和高度专业性以及高质量的产品和服务是隐形冠军企业共有的经营之道。

资料来源：杨佩昌. 德国"隐形冠军"为何全球最多？. 南方周末，2018-02-01（7）.

---

从"全球视野"可以看到，在有效、精确的市场细分战略的指引下，通过提供高度专业性以及高质量的产品和服务，可以使企业在一个特定市场领域在全球范围获得极大的成功。

本章重点考察企业如何进一步评估初步选定的市场，将各个市场分组，从而确定各个市场的优先次序和基本特征，并找出准备进入的市场。换言之就是要进行国际市场细分，即更仔细地关注市场，找到一个办法，把市场细分成若干便于管理的部分或有共性的消费群体，然后集中精力好好满足一两个群体的需要，而不是对所有人尽力做所有事。

依照上述思路进行的市场营销就是目标营销（target marketing）。菲利普·科特勒认为，目标营销需要经过三项系统化的市场细分工作：细分市场、选择目标市场、进行市场定位。就理论框架而言，国际市场细分与一般的市场细分并无太大区别，因此本章不再系统地介绍相关理论，而是将重点放在国际市场细分与一般市场细分的不同上。

本章依照市场细分的三个主要步骤展开，首先介绍国际市场细分的标准，并概要介绍如何以国家标准细分出几个重要的子市场，接着分析如何选择全球目标市场，最后介绍国际市场定位的主要方法。

## 第1节　国际市场细分概述

国际市场细分（international market segmentation）是识别可能对企业的营销决策做出相似反应的同质性潜在消费群体的过程。这个潜在群体可以由不同国家的消费者构成，也可以是跨越了国别界限的个体消费者。这就意味着国际市场细分不仅要以国家标准（或地理标准）作为细分变量，也应该考虑个体消费者标准，以寻找那些虽然处在不同的国家但拥有同质性潜在需求的消费群体。这对应着国际市场细分常用的两种方法——传统方法和非传统方法，实际运用中应将二者综合使用。

上面主要是从消费者市场的角度来说明国际市场细分。如果从与企业营销者进行交换或交易的购买者类别来考虑，会发现还有几个不同于消费者市场的购买者市场，分别是企业市场、机构市场和政府市场。在全球化迅猛发展和其他营销环境因素的影响下，企业市场和政府市场的规模在不断扩大，重要性在不断提升，能否有效识别这类市场并以恰当的营销策略服务于它们对企业国际营销活动的成功与否至关重要，因此国际市场细分还需考虑第三种方法——如同大多数的德国隐形冠军企业所做的那样——从购买者类别来细分市场。

## 一、国际市场细分之传统方法

传统方法是以国家分类系统为基础来划分全球市场。该方法的基本思想是将一国的消费者视为具有同质需求的整体，而其他国家的消费者构成另一些与之不同的市场。

### （一）具体观点

传统国际市场细分方法基于以下一些看法：不同国家因族群不同而异；任何国家内部均有同质性；注重宏观上的文化差异；严格依据国别市场的组合进行细分；将国家内部的微观细分置于次要地位。

### （二）主要分类方法

1. 按市场吸引力划分

该方法依据市场规模、市场增长速度、政府的政策导向和经济与政治环境的稳定性四个基本要素来评估不同国家市场的吸引力，并将全球市场分为以下三类：

（1）一级市场。该类市场一般具有长期发展的最佳机会，企业希望在这些市场永久性地开展业务，并会开展全面深入的营销计划。

（2）二级市场。该类市场存在机会，同时也存在较高的政治或经济风险，企业认为不宜进行长期不可撤回的投入。企业会通过建立全面的营销信息系统，监视环境的变化，谨慎地开发市场。

（3）三级市场。这类市场有极高的风险，因此企业在这些市场中的资源配置应保持在最低的水平。在这样的市场里，企业会持一种机会主义心态，设定短期目标，而不会进行真正的投入，也不会进行任何重要的市场研究。

需要注意的是，因为该方法要考虑市场机会，因此对于不同的产品，一国市场在该方法中的市场级别并不总是一样的。近些年，随着中国经济实力进一步提升、中等收入群体规模的持续扩大，以及中国营商环境的持续向好（按世界银行发布的《全球营商环境报告 2020》，中国从 2017 年的第 78 名跃升至 2019 年的第 31 位），中国市场在众多领域对全球跨国公司都极具吸引力。营商环境是企业生存发展的土壤，继续优化营商环境是我国持续推进对外开放基本国策的重要战略。习近平总书记指出："中国将不断完善市场化、法治化、国际化的营商环境，放宽外资市场准入，继续缩减负面清单，完善投资促进和保护、信息报告等制度。中国将营造尊重知识价值的环境，完善知识产权保护法律体系，大力强化相关执法，增强知识产权民事和刑事司法保护力度。"[①] 在这样的政策支持下，中国市场对众多海外跨国企业的吸引力会进一步增强。参见营销视角 7－1。

**营销视角 7－1　日企为何不肯离开中国**

① 习近平在第二届中国国际进口博览会开幕式上的主旨演讲.（2019-11-05）.https://baijiahao.baidu.com/s?id=1649338323409335778&wfr=spider&for=pc.

### 2. 按经济发展速度和工业化进程划分

该方法的核心理念是一国的经济发展水平和速度以及工业化的进程对该国消费者的消费需求和购买行为有直接且重要的影响，因此可将全球市场分为发达国家市场、新兴工业化国家市场和其他发展中国家市场三大类。

（1）发达国家市场。高度工业化、高效率并且人民生活质量高的国家称为发达国家（developed country），这类国家包括美国、加拿大、澳大利亚、新西兰、日本以及所有西欧国家和希腊。

发达国家市场是比较成熟的市场，基础设施完善，营销环境相对稳定，人均收入高，消费者购买力强，追求高品质的物质生活，企业使用的营销手段受外部环境限制少。

（2）新兴工业化国家市场。20 世纪 90 年代以来，国内产出不断增加和工业品出口比重不断提高的发展中国家或地区被称为新兴工业化国家（newly industrialized country，NIC）或地区，基本上分布在亚洲和拉丁美洲。大多数对新兴工业化国家和地区的统计列表都包括中国、巴西、印度、马来西亚、墨西哥、南非和泰国。根据赋予分类标准的权重的不同，阿根廷、文莱、智利、捷克、匈牙利、印度尼西亚、菲律宾、波兰、俄罗斯、斯洛伐克、土耳其和越南等也被归入这一类。

新兴工业化国家市场具有以下重要特征：地理范围广阔，拥有众多人口，为各类产品提供大规模市场；经济改革成长速度快或具有快速成长的潜力；为所在区域经济发展的推动者，在所在区域具有重要的影响，随着新兴市场的壮大，可带动邻近市场进一步发展。

（3）其他国家市场。其他国家是指除前两类之外的国家，主要是那些基础设施最为薄弱、人均收入水平最低的国家。这些国家通常严重依赖一个或少数几个部门的生产，例如农业、采矿业、原油开采业等。它们可能有成为新兴工业化国家的潜力，但是往往缺乏必要的技术和资源。多数情况下，这些国家包括非洲的大部分国家、中东、东欧和亚洲最不发达的国家或地区。

这些国家经济发展缓慢，工业化程度低，基础设施落后，消费能力不高，国内市场不统一，同时并存着三种完全不同的市场：传统的乡村市场、现代都市市场和以城市低收入者为代表的广大过渡市场。各子市场之间在需求类别和购买档次方面都存在巨大差异。这些国家的市场不成熟，机会虽多，但风险也很大。

### 3. 按经济一体化区域划分

自第二次世界大战结束以来，区域性经济合作协议不断涌现，跨国市场集团形成了更大的市场，并为国际商务提供了潜在的重大机遇。这一趋势要求企业应从区域经济的角度而不只是从个别国家的角度来评估市场潜力、细分市场。具体内容在第 2 章第 4 节已做了介绍，这里不再赘述。

**营销视角 7－2　在中国，七个消费者群体值得关注**

无论采用何种划分方法（有时是综合若干方法）对国家进行分类，企业都需要就所选定的国家进行微观细分，即采用地理、人口、心理和行为等变量在一国市场内部再次细分市场。参见营销视角 7－2。

## 二、国际市场细分之非传统方法

单纯根据地理因素进行国际市场细分已不合时宜，因为它忽略了一国之内消费者间的差异性，也忽略了各国消费者间的相似性。在全球化背景下，不同国家消费者的需求越来越多样化，同一类新的消费群体可能在许多国家的市场中出现，因此非传统细分方法试图在不同的国家和地区中找出具有相同需求和愿望的消费者。

比如奔驰公司的目标顾客是成功人士，无论他们属于哪个国家；同样，一个农业化学品制造商可能会瞄准发展中国家的一些小农场主，无论他们是在亚洲还是在非洲。类似这样的子市场中的群体，无论他们处于何种文化背景，都会表现出同样的需求和行为方式，构成一个跨越国家地理界限的同一市场。

### （一）具体观点

非传统市场细分方法基于以下一些看法：存在跨越国界的子市场；承认国家内部存在差异；强调微观的价值观、消费方式等方面的异同；依据国家内部或国家间的微观市场进行细分；将基于需求和消费行为的微观细分置于高度优先地位。

如今，跨国公司，特别是全球性公司（以及那些为它们服务的广告公司）在进行国际市场细分时，不再严格地以地域为基础来确认、界定、了解并回应消费者的需求，而是以消费者的特征作为市场细分的依据。以消费者的特征作为细分依据可以进行有效的国际市场细分，帮助企业准确界定子市场，并帮助企业明确究竟是标准化的还是适应性的营销方案才能够最好地服务于消费者。

### （二）分类方法

在以个体消费者标准来细分全球市场时，关键依据应包括人口、心理及行为等方面的变量。

#### 1. 人口细分

依据人口细分变量可以将全球市场按人口因素分为多个群体，这些因素通常包括性别、年龄、收入水平、社会地位和教育水平等。人口因素是最常见的细分消费群体的基础变量，在划定全球细分市场时，企业常会使用一组人口变量，比如婴幼儿市场、白领精英市场等。

#### 2. 心理细分

心理细分是指根据社会阶层、生活方式或个性特点来细分市场。由于人们对各种产品的兴趣受生活方式的影响，所购买的产品也体现着人们的生活方式，因此采用心理变量细分市场时，营销人员更多地依据生活方式。生活方式的主要内容包括活动、观念和兴趣等要素。

该细分变量也常和人口以及其他变量结合起来使用。比如，在对年轻人进行全球细分研究时，国际上通常会将其分为四大类别：在新兴市场国家，更多的是乐观向上和富有抱负的有志青年；在美国和澳大利亚两国更多的是“新现实主义者”，他们愿意在工作和闲暇之间寻求平衡，但对前途会带有一些悲观主义的看法；最后是“满足的唯物主义者”，他们大多抱着消极乐观的态度，主要以日本人居多。

3. 行为细分

行为细分是指根据人们的知识、态度以及对产品的反应和使用情况，将消费者分为不同群体。行为变量包含很多因素。消费者的购买时机、寻求的利益、使用情况以及对产品类别与品牌的忠实程度都可视为行为变量，许多营销人员认为行为变量是市场细分的起点，因此也可作为全球市场细分的基础。

## 三、国际市场细分之购买者类别细分

虽然消费者是市场营销活动的核心，但有些企业，如本章开篇“全球视野”里所讲的德国的隐形冠军企业，会选择企业用户而非最终消费者作为自己的服务对象，还有些企业会以不同的产品同时服务于不同类别的买主。通用汽车最初进入中国市场时，其目标顾客是能够使用大型轿车的政府和公司，如今它在中国市场的重要顾客还包括中等收入群体消费者。可见在国际市场实践中，按购买者类别来细分市场是很常用的方法。使用该方法可以划分出消费者市场、企业市场（工业用户市场）、机构市场和政府市场四个子市场。前面两种细分方法针对的是消费者市场，机构市场的特征与政府市场很接近，因此下面主要介绍企业市场和政府市场。

### （一）企业市场

企业市场（business marketing）包括所有购买商品和服务，并将它们用于生产其他商品或服务，以供销售、出租或供应给他人的组织。组成企业市场的购买者涉及三大产业里的很多行业，如农、林、渔业，矿业，制造业，运输业，通信业，银行、金融和保险业，分销业和其他服务业。

全球化的发展使得企业从全球最好的供应商获取所需的资源成为可能，采购经理们在全球市场搜寻公司所需的原材料、零部件、物资和服务，以满足商业需求，这为那些以企业买家为目标顾客的跨国公司带来了商机。企业买家在购买目的、购买方式等诸多方面不同于个人消费者，了解它们的特征和影响其购买行为的因素对把握这个市场很重要。

1. 企业买家的购买目的和特征

企业买家主要采购的是原材料、零部件和物资，用来生产产品或转售。其在很多方面都和个人消费者不同，具体表现在以下几个方面：

（1）购买者数量较少，购买量大。如固特异这类公司依靠少数几家大型汽车制造商就能获得大额合同。

（2）与供应商关系密切。供应商常被要求定制产品，以满足不同的企业买家的需求。

（3）专业采购。采购由专业的采购经理负责，采购产品时很看重性价比，常用的采购方式主要有竞价投标和谈判等。

（4）衍生性需求。企业买家的需求最终来源于对消费品的需求，因此工业用户市场上的营销者必须检测最终消费者的购买模式。

（5）缺乏弹性的需求。企业买家的需求源于生产之需，对原材料、零部件等的需求缺乏弹性，一定时期内的价格变化对采购量的影响不大。

2. 影响企业买家购买决策的因素

（1）文化因素。在企业与企业的交易中，谈判十分普遍，这样的沟通过程很容易受到文化因素的影响。比如，美国人的时间观念很强，在谈判过程中不愿有过多的寒暄和客套，常常直入主题，这在讲究礼仪和人际互动的中国人眼里有些不近人情。消费者很少和生产商直接接触，但企业买家却和它们的供应商联系密切。在日本和中国，双方通过互赠礼物来建立信任关系，但在欧美，送礼会被认为是贿赂。除了国家层面的文化因素，企业文化也有影响，大多数企业都有自己独有的规范、价值观和行为模式，因此企业市场营销者还需要了解自己目标客户的组织文化（参见营销视角 7-3）。

**营销视角 7-3　不同的文化，不同的商业习惯**

（2）经济和技术因素。对工业产品的需求数量和需求性质在很大程度上取决于一国的发展水平。现在，大多数国家的经济发展水平都已从传统的农业社会进入程度不同的工业化发展阶段，因此，工业商品的销售机会遍布全球。尽管如此，企业仍必须调查各个国家的特定经济环境以决定什么类型的产品和服务是该国最需要的。

不同国家的技术发展水平是不一样的，如果给定技术超过了企业买家的相关经验或知识水平，就会削弱其接受先进技术产品的积极性。

（3）汇率波动和通货膨胀。在企业市场上从事交易的双方的货币往往是不同的，因此，汇率稳定与否对企业市场营销者的利润有直接影响。对于工业买家而言，汇率的波动使商品变得相对昂贵或更加便宜，一定程度上会影响其采购意愿或采购量。另外，一国的通货膨胀情况也必须加以考虑，因为工业产品的销售往往都签订了长期合约，通货膨胀可能导致价格上升，影响销量。

从上面的分析可以看出，企业市场和消费者市场间存在很多差别，有些人因此认为传统的营销理念和原则并不适用于企业市场，另一些人则认为营销理论依然有效，只是需要对营销策略做出调整。实际情况是许多跨国公司同时服务于消费者市场和企业市场，如华为、通用电气、诺基亚等，但它们在两个市场上的表现很不同。华为在通信设备这个企业市场和智能手机的消费者市场上均表现抢眼。反观诺基亚，在智能手机市场遭遇“滑铁卢”后，果断剥离了消费者业务，专注于5G移动通信技术等企业业务。因此，从理论上区别企业市场和消费者市场哪一个对营销者更具挑战性并不现实，关键还得看企业自己的营销战略和战术是否得当并得到了不打折扣的执行。

### （二）政府市场

1. 政府买家的采购范围和方式

政府是很多商品和服务的重要购买者。政府的采购范围广泛，从飞机到图钉，从培训服务到项目工程，无所不包。美国、日本、中国、德国、法国、英国等国的政府是国际市场中最大的政府买家。

政府采购的开支很可观。发达国家政府的采购费用一般占本国 GDP 的 15%，发展中国家政府的采购花费占本国 GDP 的 20%，由此可见，采购的机会巨大。

大多数政府都拥有一套复杂性超过国际竞标定价的开放政府采购系统，政府买家通常要求供应商进行投标。通常情况下，它们会把合同授予价格最低的竞标者。有时为了能确保履行合同，它们也会考虑供应商的质量和声誉。竞标的目的是保证政府支付具有竞争力的价格，购买到高质量的产品，并避免在选择供应商的过程中出现腐败问题。企业如能通过案例分析（特别是与其他政府机构合作的案例）展示有用的经验和过去的成功事例，就会提高影响力，提高中标的概率。

正如企业会向政府机构提供有关如何更好地购买和使用其产品的准则一样，政府也会向潜在的供应商提供有关如何向政府销售的详细准则。遵守职责、正确地填写合同很关键。另外，由于政府采购受严格的预算约束，供应商应对成本核准给予足够的重视。

### 2. 政府采购的行为特征

各国政府采购的特征在世界范围内各不相同。与工业销售相比，向政府销售产品带有更多的官僚主义色彩。与外国政府谈判是十分费力的，需要足够的技巧和经验。在多数情况下，一国政府都会更倾向本国供应商。例如，在沙特阿拉伯，外国承包人必须将政府合同总价值的 30% 分包给沙特阿拉伯的公司；印度在一些采购项目上对外国公司实施封闭销售策略；在巴西，除非与本地公司合作，否则外国公司将会在公共采购交易中面临重重障碍。有些政府甚至明文规定，采购的对象仅限于国内生产商。

即使是加入世界贸易组织《政府采购协议》（该协议旨在促使向全球市场开放政府采购）的发达经济体，在政府采购时依然有偏袒本国供应商的倾向。比如美国政府通常会选择本国供应商来提供关乎国家安全的商品，但哪些产品属于这一范畴就很模糊了（参见营销视角 7－4）；欧盟国家主张公开竞标，但通常会否决不满足 50% 欧盟含量的投标。

**营销视角 7－4 美国政府对中国企业产品的禁购令**

可见向政府销售很具挑战性，为此企业应坚持营销导向，本着最大限度满足客户需求的理念，做好以下几个方面的工作：参与采购产品的规格制定、收集竞争情报、认真准备竞标、建立强大的通信系统来提高自身声誉。

## 第 2 节 目标市场的战略选择

按照一个或多个标准对国际市场进行细分后，下一步需要对已认定的子市场的吸引力进行评估，以选择全球目标市场。一般运用三项基本准则来评估各子市场存在的机会：子市场当前的规模和预期增长潜力，竞争态势和与企业总体目标的兼容性，以及成功接触子市场的可行性。

评估不同的子市场后，企业需要决定究竟为哪几个子市场服务，也就是说要选择目标市场。无论采用何种细分标准，目标市场（target market）都只能是一个消费群体，这个群体里的消费者有共同的需要或购买行为特征，企业正是为他们服务的。企业通过实施一定的目标市场覆盖战略来达到上述目的。

相比一般的国内营销，在国际营销中选择目标市场的不同主要在于目标营销战略的内容变化上。下面重点介绍国际营销中三种基本的目标市场营销战略。

## 一、标准化全球营销

标准化全球营销（standardized global marketing）又称非差异化子市场营销（undifferentiated target marketing），近似于在单个国家内进行的大宗营销。严格来讲，标准化全球营销就是针对一个最大规模的子市场，策划和实施相同的营销组合方案。这时企业的营销策略只考虑消费者共有的需求，而不是他们的需求差别。这种策略依靠广泛的分销渠道和大众化广告，力图在人们的头脑里建立一个稳固的产品和品牌形象。苹果公司的智能手机是标准化全球营销的典型代表。

标准化全球营销战略具有成本上的优势，单一的产品线保证了研发、设计、生产、储存和运输以及沟通的低成本。不过该战略的实施需要一个前提条件，即要有一个世界范围的大市场。另外，当几个企业同时采取这种战略时，由于竞争激烈，大的子市场反而会带来较少的利润。出于对这个问题的考虑，企业对规模小的子市场更感兴趣。

## 二、差异化全球营销

差异化全球营销（differentiated global marketing）是指企业决定同时瞄准几个全球子市场，并向每一个子市场提供不同的产品或服务。

差异化全球营销需要把两个或多个明显的子市场作为目标市场，并设置多重营销组合。这种战略可以使企业扩大市场的覆盖面。日化用品行业里的很多跨国公司，如联合利华、宝洁、欧莱雅等采用的都是该战略，以同时满足高端市场和低端市场的需求。

## 三、集中全球营销

集中全球营销（concentrated global marketing）要求企业关注全球市场上的一两个子市场，并设法制定最具针对性的营销组合策略。集中全球营销为小型企业提供了一个很好的进入全球市场，并与资源丰富的对手竞争的方法。这些企业把它们的市场界定得很狭小，它们更看重全球市场的深度，而不是广度。例如，德国的温特豪德就是以专注于为旅馆和餐馆而不是普通消费者家庭提供洗碗机和饮水机来获得全球市场机会的。

集中化战略又派生出了两种更细化的战略：利基市场营销和定制营销。

### （一）利基市场营销

利基市场（niche）是一个定义更狭窄的消费群体，营销者通常通过把细分市场划分为次级细分市场来确认利基市场。利基市场可以是国内市场，也可以是国际市场，这里主要说的是后者。

一个有吸引力的利基市场应具有以下特征：消费者有一些与众不同的需要，他们愿意支付额外费用给那些最能满足他们需要的企业；利基市场尽管小但要有一定的规模、利润和增长潜力，并且不太可能吸引很多竞争对手；利基市场营销者要通过高超的专业化能力获得竞争优势；随着营销效率的提高，看起来似乎很小的利基市场也可能变得更具盈利潜力。

利基市场营销（niche marketing）指企业选定一个利基市场，集中力量进入并成为领先者，然后从当地市场扩张到全国再到全球，同时建立各种壁垒，逐渐形成持久的竞争优势。利基市场营销战略的起点是选准一个市场比较小的产品（或服务），集中全部资源，在局部形成必胜的力量，这是利基战略的核心思想。以一个较小的利基产品占领宽广的地域市场（从国内扩张到国际），产品有了大的市场容量后才能实现规模经济。经济全球化的市场环境正好为利基战略的实施提供了良好条件。

国际利基市场营销者要想取得成功，产品或服务必须与众不同（具有极大的差异性），要有明确的定位。除了要很好地理解消费者的需要从而让消费者愿意付高价，还要能获得国际供应链上其他参与者的支持。比如，德国电锯领域的隐形冠军企业斯蒂尔专注于拥有带大型花园的别墅的高端人士，就是典型的利基市场营销。

### （二）定制营销

市场细分最极致的水平是个人细分市场、个人定制营销或者一对一营销。如今的消费者在决定购买什么产品和如何购买上有着更多的个人主动权。他们上网搜索，查找关于产品和服务的信息与评价；和供应商、使用者以及产品的评论人进行对话，并且在很多情况下自己设计想要的产品，这为定制营销创造了生存和发展的土壤。

定制营销（customized marketing）是更精确的目标营销，比通常意义上的目标营销更有针对性，从而也能更好地满足顾客的需求，更牢固地把握其目标群体。不过定制营销面临着一个很大的考验，即如何解决定制营销与规模化生产之间的矛盾。常用的解决矛盾的方法有两个：

第一，采用柔性生产技术。柔性生产通过数码控制技术可以在同一条流水线上生产出上百种不同规格和款式的产品，这样就能使定制营销成为可能。

第二，利用组合技术。许多产品和服务实际上是由各种部件或要素组成的，消费者的个性需要往往只表现为对其中少数部件和要素的不同需要，有的甚至只是组合方式上的差异，因此在部件的生产上仍然可以是批量化和规模化的，只需在最后的组装上按照顾客的特定需要来组合就能解决定制营销中的规模效应问题。

## 第3节 市场定位

一旦企业决定了进入全球市场的哪部分子市场，接下来就必须决定在这些子市场中的定位。

## 一、市场定位的含义和作用

市场定位（positioning）指消费者根据产品的重要属性定义产品的方法，或者说相对于竞争对手的产品而言，产品在消费者头脑和心目中所占据的位置。

市场定位可以帮助消费者简化购买过程，因此他们常常会主动对产品、服务甚至企业定位。企业不愿意被动地任由消费者定位其产品或其本身，因此营销管理者必须策划定位，并借助有效的沟通手段向市场传递所确立的定位。

## 二、国际市场定位策略

进行市场定位的目的就是要在目标顾客心目中为自己的产品“圈定地盘”或“填补空隙”。迄今为止，营销经理运用了多种市场定位方法，包括根据属性或益处、质量与价格、使用方法或使用者以及竞争者来定位，这些都可以在国际市场营销中运用。最近的研究还发现另外三种国际市场定位（international market positioning）方法在国际市场营销中特别有用：全球消费者文化定位、外国消费者文化定位和当地消费者文化定位。

### （一）全球消费者文化定位

随着文化信息和文化形象通过卫星电视、互联网和类似的传播渠道自由地跨国界传播，新的全球消费者文化正在出现。丰富的产品种类（消费类电子产品、汽车、时尚服饰、奢侈品）已经成为全球国际化和现代化的标志。跨国公司试图通过开发全球产品和在全球消费者文化中定位自己品牌的方式来利用全球消费文化。比如苹果公司就将自己的iPhone定位为酷炫、时尚和流行的智能手机，吸引了全世界认同这种品位的消费者。

并非所有的产品都适合该种定位方法，相比之下，高科技和高情感产品更适合全球消费者文化定位。

高科技产品技术复杂，消费者的购买动机相对理性，通常按照既定的客观标准对其性能进行评估，因此大多数购买和使用高科技产品的人“使用同一语言”并具有相同的思维方式，其消费行为是跨越国界的，因此从全球消费者的角度来定位很容易得到购买者的认同。

高情感产品的诉求点是感性，需要强调产品所反映的理想的自我形象以及社会地位和认可。对于试图建立高情感全球消费者文化定位的营销者来说，休闲、浪漫和物质享乐主义是三个可以跨越国界的主题。

### （二）外国消费者文化定位

外国消费者文化定位使人将某品牌的使用者、使用场合或原产地与某个国家或某种外国文化联系在一起。例如，英国的博柏利公司由于意识到绝不能只依靠传统概念来维持竞争力，因此不断开发出不同系列的新产品，但无论是其强调休闲元素的男女装，还是高端的定制产品线，如同公司对这些产品系列的命名（例如“博柏利英伦风格”“博柏利伦敦”）都凸显出“纯正的英国血统”。

## （三）当地消费者文化定位

企业还可以使用当地消费者文化定位。它将品牌与当地的文化含义相联系，反映当地的文化准则，使品牌具有当地人按本国文化消费的品牌形象，或表明该品牌是在当地为本土消费者生产的。海尔在进入美国市场后就一直强调这种定位理念，获得了美国消费者的认可。一般而言，在食品、个人非耐用消费品和家庭非耐用消费品中，当地消费者文化定位往往占主导地位。

企业在完成市场细分包含的这三项工作后，就要着手制定国际市场进入战略，即选择以什么样的方式进入所选择的目标市场。这是国际市场营销独有的内容，是下一章要完成的任务。

### 案例分析7-1

宝马公司的营销战略

宝马宣称自己是“终极驾驶机器”，代表着性能与奢华。

世纪之交，消费者对汽车的态度发生了改变。研究表明他们不那么关心品牌所带来的炫耀资本了，而是希望对设计、尺寸、价格和风格有不同的选择。为此，宝马采取了很多措施，通过为特定的细分市场打造不同的产品以扩大其产品线。宝马推出了独特的高价汽车（例如运动型多功能车(SUV)）、敞篷车、跑车和较便宜的1系小型汽车。此外，宝马还重新设计了它的3系、5系、7系汽车，使得它们在外观上更加独特的同时，仍然保持着性能上的卓越。

宝马不同系列的汽车对应着不同的消费群体。宝马重新设计最豪华的7系汽车旨在满足“上流保守人士”群体的需求。这些富裕、传统的消费者一般不喜欢运动型汽车，所以宝马引入了诸如多重选择这样的电子元件，以控制车窗、座椅、气流和光线，还设计了按钮点火器和夜视功能。这些设计提升了产品的舒适性和豪华性，将这类消费者从捷豹和奔驰这样的竞争对手那里吸引了过来。

宝马针对特定人群成功推出了X5，这些人在20世纪90年代取得成功，继而成家立业，养育后代。因为他们积极的生活方式和扩大的家庭规模，这些消费者往往需要空间更大的汽车，为此，宝马创造了一款高性能、豪华的SUV。为了吸引更多的积极消费者，宝马把其SUV定位为一种运动型汽车。

宝马针对“现代主流人群”推出了价格较低的1系和X3。这部分人群关注家庭，也很积极，但是以前因为较高的售价而不买宝马。1系利用它的低价、运动型设计和消费者对奢侈品牌的渴望来吸引这部分群体。而X3则利用它较小、较便宜的SUV设计走入了家庭。

宝马通过引入敞篷车和跑车来针对“后现代主义者”，他们是需要不断用更加艳丽耀眼的车来吸引其注意力的高收入群体。宝马的6系就是针对这个群体设计的。

尽管宝马使用宽泛的广告策略来接触它的每一个目标市场，但是数十年来它一直保持“终极驾驶机器”的标语。

宝马的车主对品牌非常忠诚，狂热者甚至每年举行一次年度宝马车友聚会来庆祝。宝马培育了这些忠诚的消费者，并年复一年地研究、创新、接触特定的细分群体。

资料来源：菲利普·科特勒，凯文·莱恩·凯勒.营销管理：第14版：全球版.北京：中国人民大学出版社，2012：260-261.

问题：

1. 案例中宝马依据哪种细分标准细分出了哪几个子市场？
2. 宝马采用的是何种目标市场覆盖战略？请选择其中一个子市场详细分析。
3. 宝马为何要在针对不同子市场的广告宣传中始终保持“终极驾驶机器”这个标语？

## 基本概念

| | | | |
|---|---|---|---|
| 国际市场细分 | 标准化全球营销 | 差异化全球营销 | 集中全球营销 |
| 利基市场营销 | 定制营销 | 国际市场定位 | |

## 思考题

1. 国际市场细分的传统方法和非传统方法有何本质区别？
2. 按照国际市场细分之传统方法可以划分出几类细分市场？
3. 在非传统国际市场细分方法中，最常用的细分变量有哪些？
4. 传统的营销理念和原则是否适用于企业市场？举例分析。
5. 国际目标市场营销战略有哪些？每种战略在制定营销组合策略时有何要点？
6. 国际市场营销特有的目标市场定位方法有哪些？各自强调的定位要点是什么？

第8章

# 国际市场进入模式

如何进入新的国外市场，是大多数企业在国际营销中面临的最重大决策，因为进入模式将在未来的很长时期内对企业营销组合的各个方面造成影响。

## 学习目标

- 了解四种国际市场进入模式的内涵与特征。
- 了解四种国际市场进入模式的优缺点。

全球视野

### 中国企业的海外并购之路

中国企业第一宗大型跨境收购案，可以追溯到2004年底联想宣布收购IBM的个人电脑业务。收购后，联想从国内PC业务领头羊一举晋身为全球最大的PC制造商。而2008年的金融危机，则是中国企业积极参与海外并购的起点，到2016年中国企业海外投资并购交易达到了高峰。当年，中国内地企业海外并购交易金额达到2 210亿美元（普华永道的统计数据），超过前四年中国企业海外并购交易金额的总和。其中非金融类直接投资达1 701.1亿美元（商务部数据）。欧洲和北美市场成为中国企业海外并购的首选地。中国企业选择跨境并购的主要目的为：获取技术研发能力（73%），提升品牌形象或获取有影响力的品牌（58%），与国内业务匹配或互补（42%），拓展零部件筹措渠道（27%）。

从盈利角度看，中国企业过去十年的跨境并购成绩并不如人意。麦肯锡的相关报告指出，约60%的交易（近300宗，约合3 000亿美元）并没有为中国买家创造实际价值。商务部相关报告显示，（实施并购的企业中）有56%的企业已实现盈利，盈利可观的企业占比为13%，18%的企业基本持平，暂时亏损的企业占比为26%。

2016年是中国企业海外并购的高光时刻，此后中国企业海外并购连续四年下降，原因有三：由于资本外流和企业债务问题，某些类型的交易被终止；企业自身更看重投资回报率，谨慎选择投资并购对象，主动放弃了许多交易；发达国家对中资企业收购本国资产进行了限制。其中第三个原因的影响更主要。

中国收购者如今在欧美受到更严格的审查。以欧洲为例，中国买家2020年仅宣布了价值35亿美元的并购，同比下降71%；2018年，德国政府通过了《对外贸易和支付法案》的修订案，增加了对外国企业并购德国企业的审查力度。2019年3月，欧盟通过了《欧盟外商直接投资审查条例》，条例确立了关于外商对欧盟直接投资的审查框架。2020年4月，法国政府宣布，非欧盟投资方收购法国大型企业10%及以上股份必须接受法国政府的审批。西班牙、英国等最近几年也纷纷收紧投资。美国对中国企业并购的审查规定更是有过之而无不及。

为防范并购中的经济和政治风险，中国企业将注意力转向被视为对华友好地区的资产。目前，拉美成为中国企业实现企业成功联姻的关键地区，2020年针对拉美的交易总额为77亿美元，超过欧洲与北美的总和。2020年11月，中国国家电网公司收购智利一家电网公司的控股权，是本年度规模最大的中国企业海外并购。

中国企业如今已非常精明，它们不再以疯狂的数倍高价购买没有战略意义的资产，而是专注于在包括拉美在内的特定市场以及能源和基础设施等关键行业，一点点打造自己的国际影响力。经过2017—2020年海外并购风云变幻的洗礼，中国跨国经营企业意识到并购不再是获取国外技术、进入海外市场的捷径。

资料来源：2016年中企海外并购额超万亿 银行贷款等成资金来源.（2017-07-24）.http://big5.xinhuanet.com/gate/big5/www.xinhuanet.com/2017-07/24/c_1121366463.htm；中企为欧洲并购做准备.环球时报，2020-04-09（6）；出海中企全力防范地缘经济风险 避免“高风险区”主张行业权益.环球时报，2020-08-08（4）；曼努埃尔·拜戈里：中企并购最成功地区：拉美.环球时报，2020-12-29（6）.

---

从“全球视野”可以看出，权衡机会与风险是企业选择进入模式和进入地点时的重要战略考量。进入一个有潜力的国外市场是大多数企业在国际市场营销中面临的最重大决策，制定的进入战略是否得当，直接关系着企业能否在东道国市场站稳脚跟以及后续的持续发展和盈利能力。因此，当企业决定在某个市场开展国际业务时，需要慎重地选择进入模式，谨慎地制定进入战略。

进入模式（entry mode）是企业为使其产品、技术、人力技能以及其他资源进入目标市场而采取的制度安排。企业努力进入新市场的目的是在新市场中生产或销售其产品。有很多种进入模式可供选择，包括以最少的投资从事偶尔、间接的出口，进行大量投资以获得和维护在全球市场中的一定份额，还可以介于两者之间。具体模式的选择要考虑许多要素，包括企业关于当地市场的经验、决策者希望获得的市场控制力和市场的潜在规模。

一般而言，跨国经营企业有四种进入外国市场的模式可供选择：出口进入、契约式进入、投资进入和战略联盟进入。由于企业目标和市场特点不同，进入市场的方法各有利弊。决策时，关键在于评估各种模式的成本和风险、东道国政府允许的参与程度以及企业对该市场的期望值，这些因素决定了企业可以在多大程度上控制自己的产品或服务的营销组合因素。并不存在进入市场的万全之策，不同的企业在进入同一个市场或者同一个企业在进入不同市场时，均可能采用不同的市场进入模式。

本章共分四节来分别介绍企业进入国际市场的四种主要模式，并探讨企业如何把自己的产品和服务更好地引入国际市场。

## 第1节　出口进入模式

有不少企业的国际市场营销是从出口开始的，早期开展的国际业务可能是回应国外某个客户的要求而偶然促成的，之后开始有计划地出口。随着销售额的增加和国外市场重要性的提升，有些企业的进入模式可能会阶梯性地向契约式进入、投资进入和战略联盟进入转移，不过这并不意味着出口一定是初始的进入模式。出口也是成熟的国际企业通常采取的一种做法，可能是由于国外市场缺乏直接投资的条件，也可能是由于顾客更在意原产国的形象。一些大型企业如美国的波音公司和法国的路易·威登公司以各自的理由，把出口作为其主要的市场进入方式。

### 一、企业为什么要出口

在经济全球化时代，企业开始越来越多地将产品和服务销售给国外的批发商、零售商、行业采购者和顾客。一般来说，企业从事出口业务主要有以下三个原因。

#### （一）扩大销售

当国内市场饱和时，多数大型企业会选择将出口作为扩大销售的一种途径。销售量的提高可以使企业将固定成本分摊到更多的产品上，因此降低了产品的单位成本，为企业提供了价格竞争优势。

#### （二）实现销售的多元化

出口可以使企业的销售变得多元化。换句话说，企业可以通过一国市场销售额的增长来抵消另一国市场销售额的下降，从而有助于提高企业应对本国市场销售波动的灵活性和反应能力。

#### （三）积累经验

企业刚刚进入国际市场时，通常会采用出口这种低成本、低风险的进入方式。企业的营销人员和管理者会把出口作为积累宝贵国际经验的途径。

### 二、制定出口战略——四步模型

企业通常是因为其他国家的顾客对自己的产品有需求才从事出口业务的，但是企业不应该对其产品的国际需求盲目地做出反应，更合理的对策应该是对国际市场的机会进行研究和分析，制定出一个有条理的出口战略，这样企业就可以积极地从事商品的出口，而无须坐等国外客户的订单。下面来看制定一个成功的出口战略的四个步骤。

### （一）确定潜在市场

为了确定某个特定的目标市场是否存在对本企业产品的需求，企业应该进行市场调研，并分析其结果。一般来讲，企业在邻国获得一定的商业经验之后，才可能进一步扩大市场，实现市场多元化。此外，缺乏出口经验的出口商还应该向专家征求意见，以获知目标市场的出口程序、法律制度等方面的信息，然后向选定的某个具体目标市场出口。

### （二）评估满足需求的能力

这一步是认真评估企业是否有能力满足市场的需求。如果发现了需求，但不能用现有的产品来满足该市场的需求，企业就可能无法进入这一市场或者只能开发一种新的产品去满足该市场的需求，这无疑会提高营销成本。

### （三）初步接触

尽早与当地的潜在经销商、购买者和其他相关人士会见是十分必要的。最初的接触应该重在建立双方之间的信任，并在各方之间培养一种良好的合作氛围。在此过程中，各方之间存在的文化差异也将显现出来。当然，除了建立信任，如果双方都有兴趣合作，接下来就可以进行一系列会谈以估计达成协议的可能性。到了最后阶段，双方开始谈判并讨论协议中的某些细节问题，并最终达成协议。

### （四）调配资源

在所有的会议、谈判和签约活动都完成之后，企业就应制定明确的出口方案，把人力、财力和物力投入到出口产品的生产中。对小型企业来说，由一个人来负责制订出口方案和评估企业资源可能就足够了，但是当业务活动扩大到更多的产品和更大的市场时，许多企业都感觉有必要在企业中专门设立一个出口部门，这个部门的管理者通常应该有责任和权力来制定、实施和评估企业的出口战略。

## 三、确定出口参与度

看起来都在从事出口活动的企业，参与出口的程度却不尽相同。有些企业（通常是中小型企业）很少或者几乎不从事使其产品进入国外市场的必要活动，而是通过中介机构来完成这些活动。这些中介机构专门负责将产品由一国市场运往另一国市场。其他企业（通常是大型企业）则独自完成其出口活动，它们通过设立专门的组织机构来处理两个市场之间的沟通。这反映了两种基本的出口方式：间接出口和直接出口。

### （一）间接出口

企业如果无意深度参与国际市场营销或自身资源较少，最简单经济的市场进入方式就是由其他企业或个人将其产品销往国外，这样，企业无须承担任何费用即可获利，或只将多余产品销往国外市场，而不会招致任何麻烦，这种方式就是间接出口。间接出口（indirect exporting）是指企业将其产品卖给本国的中间商，再由这些中间商将产品销往国外市场。间接出口主要有四种重要手段。

1. 国内采购

国内采购的一种情况是国外买主到工厂购买产品，然后将产品出口到国外市场，进行销售或者分销。在国外买主主动上门之前，一些企业或个人并未意识到自己的产品或服务有出口潜力。另一种情况是一些全球性的零售企业为满足自己的全球销售网络的需要会主动在低成本国家采购产品。比如我国有很多像浪莎袜业这样的生产日用品的企业，通过进入沃尔玛的供应商名单进行间接出口。

国内采购很难称得上是国际市场进入策略，只是为供货商提供了国际市场的入门机会或初步知识。不过，对于小型企业，这是获得国外销售收入最简便易行的方法。由于过分依赖采购商，这些小型企业对消费者行为和竞争对手的变化知之甚少，也无法预知采购商终止购买的意图。因此，任何企业要想发展长期出口业务，都必须采取更加积极主动的措施。

2. 搭售

搭售是指一家制造商利用其他制造商的国际分销网络销售自己的产品。出售自己产品的一方称为搭售者，另一方（拥有分销网络者）称为被搭售者。搭售者可以利用被搭售者现有的声誉、关系和管理，只需很少的直接投资，即可达到国外销售的目的。发展中国家的企业若要进入发达国家市场，这种方法尤其奏效。

搭售也称背驮式营销（piggyback marketing），是一种很流行的渠道创新模式。成功的背驮式营销要求双方的产品线彼此互补，能吸引同样的客户，并且不存在相互竞争。雅芳公司是一个很好的例子，它遍布 100 多个国家或地区的直销代表构成了强大的销售网络，许多企业利用雅芳开展背驮式营销。美泰公司的几条玩具产品线就是通过雅芳的 8.5 万名中国销售代表进入中国市场的。

3. 出口管理公司

代表间接出口企业出口产品的公司称为出口管理公司（export management companies，EMC）。EMC 采取合同制经营方式，以代理商（按销售额收取佣金）或者经销商（拥有商品的所有权并从销售中获取利润）的身份帮助出口企业销售产品。

EMC 除了从国外买主那里获取订单，还提供其他服务，一般包括收集国外市场信息、制定促销战略、履行特殊的促销义务（例如参加交易会）、调查顾客资信、安排运输以及协调出口单证等。

EMC 通常属于专业出口公司，一般会优先建立和发展与某个行业（例如农产品或消费品）或者地理区域（例如拉丁美洲和中东地区）的联系。实际上，EMC 最大的一个优点就是帮助出口商使其对目标市场所在国的文化、政治、法律和经济状况有全面的了解。一般情况下，EMC 主要通过建立广泛的商业和政治关系来代表其委托人提高商业活动的利益。

出口商与 EMC 之间的关系通常非常密切，以至于出口商会把 EMC 看成一个实质上的出口部门。也许雇用 EMC 的唯一弊端就是其提供服务的广度和深度可能会对出口商自身在该领域的国际化发展造成潜在的阻碍。

4. 出口贸易公司

除了提供与客户的出口活动直接相关的服务，还为间接出口商提供其他服务的公司称为出口贸易公司（export trading company，ETC）。EMC 的服务仅限于与出口有关的活动，而 ETC 则通过提供进口、出口和对等贸易服务，建立并拓展分销渠道，提供仓储设施，为贸易和投资项目提供融资，甚至制造商品来帮助其委托人。

几个世纪前，欧洲国家率先提出了 ETC 的概念。日本进一步对其加以改进，将其称作综合商社。日本 ETC 的规模不一，涵盖了小型企业、家族企业和包括三菱、三井、伊藤忠等在内的众多联合大型企业。韩国的 ETC 包括三星和现代这样的著名公司。

企业初涉国际市场时，通常会采用间接出口方式，其好处显而易见：操作简单、成本低廉，无需国际贸易各方面的专业知识就可将自己的产品推向国外市场。由于企业和国外市场之间没有直接的联系，企业对国际营销活动的控制较少，与实际的国际市场营销活动还存在差距，很难获得国际营销知识和专有技术，也无法制定重大的产品促销策略。因此，要想真正进入国际市场，企业应该采取更积极和主动的出口方式，加深在产品出口活动中的参与程度。

### （二）直接出口

直接出口（direct exporting）是指企业将其产品直接卖给国外目标市场的购买者。一般而言，采用直接出口方式的企业并不需要将其产品直接卖给最终用户，它们只需负责将自己的产品运至目标市场，然后卖给当地的代理商或经销商，再通过它们将产品卖给最终用户。

采用该进入模式的通常包括飞机制造（如波音）、工业设备（如三一重工）、服装（如 Lands' End 公司）和罐装饮料（如依云公司）等行业的企业。具体可使用以下几种机构或个人。

1. 销售代表

销售代表（可以是个人或组织）只代理本企业而非其他企业的产品。销售代表通过各种方式来促销，包括参加展销会和拜访当地零售商和批发商等。销售代表不享有商品的所有权，他们只是企业的雇员，报酬一般包括固定工资和提成，提成则取决于他们的销售量。

2. 经销商

除了销售代表，直接出口企业还可以通过经销商在目标市场进行销售。产品进入目标市场后，经销商便拥有了产品的所有权。作为产品的所有者，经销商要承担与当地销售有关的一切风险。经销商通过自己的分销渠道把产品卖给批发商、零售商或最终用户，然后从中赚取买卖差价。尽管使用经销商可以降低出口企业的风险，但这也削弱了企业在定价上的控制力，经销商不合理的定价会抑制企业市场份额的增长。因此，如果可能，企业应该选择那些愿意在产品促销方面投资并且不直接销售竞争对手产品的经销商。

3. 代理商

在目标市场上代表一个或一个以上的出口企业的个人或组织叫作代理商（agent）。代理商一般根据销售额收取佣金。由于与代理商建立合同关系相对来说更容易，成本也较低，因此这种方式对于直接出口来说相当普遍。不过，企业应该慎重选择代理商，因为一旦出现问题，解除代理关系非常困难而且代价高昂。此外，由于代理商可能同时代理几个企业的产品，代理商往往会把销售的重心放在佣金高的产品而不是质量好的产品上，因此仔细选择代理商很有必要。

除了上述三种选择，企业也可以自行在国外市场设立销售机构，即直接销售自己的产品。

相比间接出口，直接出口的好处在于采取了积极主动的手段，更易于对国际市场营销施加影响，从而为出口企业带来更多的好处。比如，在选择市场和营销组合要素方面，出口企业具有更大的控制权，拥有更多的产品市场反馈信息，更了解国外目标市场和竞争对手活动的变化，拥有更多了解国际市场营销专有技术的机会。

不过，直接出口的缺点也是显而易见的，企业要负责在目标市场寻找经销商和代理商，管理分销渠道，这是一笔数目不小的投资。因此，在做出直接出口的决策之前，企业必须确信从市场机会的角度来看，这些投入是极为必要的。

## 第2节　契约式进入模式

随着国际贸易的扩张，技术、管理技能、生产流程以及商标等知识产权也成为贸易对象，但这些产品是无形的，无法在普通市场上直接交易，因此，拥有这类产品的企业不能使用出口等方式来充分挖掘目标市场上的机会。幸运的是，它们还有其他选择，可以运用各种契约式的进入方式（许可经营、特许经营、管理合同和交钥匙工程）在国际市场上销售其高度专业化的资产和技术。

### 一、许可经营

#### （一）许可经营的含义和主要类型

许可经营（licensing）是一种合同安排，是不需要大量资金支出就可以在国外建立一个立足点的方法，也是一种通过许可协议，某企业（许可方）允许另一企业（受许方）使用其包括专利、商标、版权、专有技术、商业秘密以及特殊的营销技能等在内的知识产权，并以双方约定的使用费作为补偿的国际商务经营方式。如果受许方是其他外国公司，许可方就会以此方式进入该国市场，因此许可经营等于进出口无形资产。

不同类型的组织，如迪士尼、卡特彼勒、美国职业篮球联赛（NBA）和可口可乐都在广泛运用许可经营，这表明许可经营作为一种进入或拓展全球市场的策略有很大的吸引力。只要许可合同包含必要的履约条款，许可经营在协议有效期内就能提供诱人的投资回报，其成本仅仅是签署合同及保证合同得到履行。2009 年前后，受许生产的产品给迪士尼带来了近 300 亿美元的收入，其消费产品部总裁预言，公司与许可经营相关的收入最终将达到 750 亿美元。

### （二）许可经营的优缺点

许可经营作为市场进入的一种模式有两个优点：首先，受许方通常是当地企业，商品的生产和销售都在当地，因此许可经营可以使企业绕过关税、限额等出口壁垒；其次，由于在适当的情况下许可方授予受许方相当大的自主权，受许方可对受许的产品做出修改以适应当地的喜好，因而会提高产品的本土化程度，更好地适应当地市场。如迪士尼允许服装、玩具和手表生产商在使用迪士尼注册的卡通人物、商标名称和徽标时，可根据当地的喜好修改色彩、材料或其他设计元素。

许可经营也有若干不利之处。首先，许可经营协议的市场控制力有限。通常许可方不介入受许方的营销计划，因此潜在的营销利润可能丧失。其次，如果受许方开发出自己的专有知识并开始在受许的产品领域实现创新，那么许可经营协议则可能是短命的；对许可方来说，最坏的情况是受许方（特别是从事加工技术的）可能成为当地市场的强劲竞争对手，甚至最终成为行业领先者，这是因为许可经营的性质使一家企业能够从另一家企业“借”到资源。日本的冰激凌行业就有这样一个例证。明治乳业公司（Meiji）与博登公司（Borden）签有许可经营协议，生产名为“博登夫人”的优质冰激凌。但在这期间明治乳业公司从中学到了乳制品加工的重要技术。当许可协议即将到期时，明治乳业公司推出了自己品牌的优质冰激凌产品，博登公司试图在没有明治乳业公司的情况下自己在日本销售冰激凌，但在开发新销售渠道时遇到了问题。

## 二、特许经营

### （一）特许经营的含义

特许经营（franchising）是许可经营的一个变种，指某一企业（特许者）授予另一独立实体（被特许者）以某种规定的方式从事业务活动的权利的一种经营方式。授权范围包括允许销售特许者的产品，授权使用其名称、生产技术或者一般的业务经营模式等，通常是很多种这类元素的组合。特许者一般通过收取固定费用、特许使用费或者以二者兼而有之的方式获得报酬。

目前国际上流行的主要特许方式有生产商－零售商体系（比如汽车独家经销）、生产商－批发商体系（比如软饮料公司）和服务公司－零售商体系（比如住宿服务和连锁快餐店等）。无论哪种方式，特许经营主要关注的都是商业模式包含的经营之道以及品牌的知名度，而非单纯的产品生产和销售。对于那些拥有全球知名品牌和良好经营模式的企业而言，特许经营是扩大国际市场的很好方式。麦当劳就是一个很好的例证。这个快餐巨人具有知名的全球品牌和一个在各国家市场都能轻易复制的商业体系，使其能够通过特许经营方便地进入全球很多国家的市场。反之，那些品牌知名度较小的企业在寻找有兴趣的被特许者时会遇到很多困难。

特许经营的一个关键问题是标准化。这些标准应包括统一的公司名称和品牌、相似的店内布局和产品及服务流程。这些标准除了能使运作更为有效，还能产生很强的国际认同感。然而，标准化并不意味着完全一致，考虑到当地的市场条件，对最终产品进行调整是必要的。例如，麦当劳特许经营的成功除了它拥有一个全球知名品牌和在各种国家市场都能轻易复制的商业体系，还源于其总部拥有的利用当地市场的智慧，即给被特许者留出调整店内设计和菜单的很大余地，以适应具体国家消费者的偏好和口味。

在国际特许经营活动中，美国公司占据主导地位。不过，随着单一货币和一系列统一的特许经营法的出现，欧盟内部的特许经营业务正在逐步成长，30% 的法国特许经营企业正在积极走出国门。

### （二）特许经营的优缺点

#### 1. 特许经营的优点

（1）特许者能够以特许经营的方式低成本、低风险地进入新市场，还可以在每个目标市场上通过标准化来保持全球一致性。

（2）特许经营是一种可以快速进行区域性扩张的进入模式。企业经常通过此种方式来率先抓住市场机遇从而获得竞争优势。例如，美体小铺（The Body Shop）遍布全球 55 个国家或地区的约 2 200 家店铺中 70% 以上是特许经营。

（3）特许者还能够从当地经营者所掌握的文化知识和技术中获益，这降低了特许者在不熟悉的市场上经营失败的风险，同时创造了竞争优势。

（4）对被特许者而言，从事别人已成功的事业可以减少经营成本和降低风险。例如，在马来西亚，相对于经营新生意 20% 的成功率，特许经营的成功率高达 90%。

（5）从政府角度来看，特许经营也是有利的。对提供国来说，特许经营并不会取代出口；对接受国来说，特许经营不会有太多的外汇流出，经营产生的大部分利润被留在国内。

#### 2. 特许经营的缺点

（1）特许者可能会发现在不同的国家管理大量的被特许者是件麻烦事。一个主要问题是被特许者的产品质量和营销策略在各个市场上很难保证统一。确保特许者拥有较强控制力的一种方法是在各个市场设立一个特许旗舰店，由它来负责监控各个被特许者的经营状况。

（2）被特许者可能会觉得在进行特许经营时丧失了组织的灵活性。特许合同会限制其战略和战术选择，有时被特许者甚至不得不营销属于特许企业其他部门的产品。

（3）特许者会面临保护自己整个经营系统的困难。尽管对公司名称和品牌的保护是可能的，但是国外市场上常常很快就会出现与其产品和服务类型及经营风格一样的经营者。

现实生活中，企业在进入一个国家的市场时，并不局限于单一的进入战略，而是综合其他进入方式。比如加拿大咖啡连锁经营品牌蒂姆·霍顿（Tim Hortons），先是与其特许经营商成立合资公司，该合资公司再以特许经营方式进入中国，并接受中国企业的投资，同时还积极与中国企业开展业务合作。蒂姆·霍顿进入中国市场的方式反映出跨国公司进入海外市场战略的一种新趋势——组合多种海外市场进入战略。参见案例分析 8－1。

## 案例分析8–1

### 蒂姆·霍顿进军中国市场

蒂姆·霍顿隶属于餐饮品牌国际有限公司（Restaurant Brands International Inc.，简称 RBI）。RBI 成立于 2015 年，旗下拥有汉堡王、派派斯等历史悠久的连锁快餐品牌。

蒂姆·霍顿号称“北美传奇咖啡馆”，是加拿大排名第一的快餐连锁餐厅，主要产品包括混合咖啡、茶和以浓咖啡为基础的冷热特色饮料，同时提供甜甜圈、烤三明治等新鲜烘焙食品，在当地以 63% 的市场份额碾压星巴克（市场份额仅为 7%）。数据显示，目前蒂姆·霍顿全球 4 900 多家门店中，有近 4 000 家分布在加拿大，每天卖出超过 500 万杯咖啡，80% 的加拿大人每月至少光顾一次。

近几年，我国咖啡市场颇为热闹，除星巴克和瑞幸在全国攻城略地竞相开店，可口可乐、娃哈哈、农夫山泉、伊利、蒙牛、喜茶、奈雪的茶也相继推出咖啡饮品。

市场研究机构凯度消费者指数公司的一份报告显示，2017 年仅 1/3 的中国消费者购买过热咖啡，这意味着中国咖啡行业潜力巨大。2019 年我国咖啡行业的市场规模达到 3 000 亿元，预计 2025 年可达 1 万亿元。面对这个高速发展的市场，外国巨头自然不愿错过。

2018 年 5 月，RBI 和其特许经营商笛卡尔资本集团（Cartesian Capital Group）合资成立蒂姆·霍顿中国公司。虽然蒂姆·霍顿在中国的门店数量并不多，但在一二线城市都有门店覆盖。根据官方介绍，自 2019 年首家门店落地中国市场以来，蒂姆·霍顿已在上海、北京、郑州、大连、杭州和重庆等一二线城市布局。

作为加拿大的“国民咖啡”，蒂姆·霍顿主打的是价格亲民，到中国后依旧延续这套性价比定位。目前主要提供两个产品系列，鲜萃咖啡（15 元起）和意式咖啡（20～30 元之间），价格介于星巴克和瑞幸之间。

蒂姆·霍顿加入的是一个竞争激烈的领域，谋求与中国企业合作无疑是提升其市场竞争力的合理选择。2020 年 5 月，蒂姆·霍顿得到了来自腾讯的上亿元战略投资，之后发展步伐加快，目前在 10 个一二线城市已开设了超过 150 家咖啡馆。

2021 年 2 月 26 日，蒂姆·霍顿中国完成了新一轮融资，再度获得红杉、腾讯的投资。同时，“近水楼台先得月”，蒂姆·霍顿借助微信生态在数字化创新上进行深度探索。通过实行会员制和线上线下融合经营，蒂姆·霍顿迄今积累了近 300 万名会员，80% 以上的销售来自会员，线上线下比接近 5：5。此外，蒂姆·霍顿还积极进行跨界营销，2020 年 11 月与腾讯联合打造的国内首家电竞主题咖啡店在上海开业，为用户提供了一个具有强社交属性的“电竞＋咖啡”生活新场景。

蒂姆·霍顿进入中国市场时间尚不长，所开门店已实现整体盈利，未来几年计划将在全国开设 1 500 家咖啡馆。作为一个能有效借力东道国市场资本力量，并充分利用合作伙伴优势的跨国连锁企业，蒂姆·霍顿有可能在中国市场走得更远。

资料来源：咖啡品牌 Tim Hortons 中国第一百家门店要来了！.（2020-10-21）. https://www.sohu.com/a/426390219_159612；加拿大国民咖啡再获腾讯加持，要在中国开 1 500 家店，挑战星巴克 .（2021-03-03）.https://www.sohu.com/a/453740670_100235743.

### （三）特许经营与许可经营的区别

特许经营在几个重要方面有别于许可经营。首先，特许经营可以使公司对其产品在目标市场上的销售拥有较强的控制力，被特许者通常必须遵循产品质量、日常管理职责和市场营销等方面的严格准则；其次，许可经营在制造业中相当普遍，而特许经营则基本上用于服务业，汽车销售代理、娱乐、住宿、餐饮以及商业服务等通常采用特许经营；最后，许可经营一般是无形资产的一次性转移，而特许经营则要求特许者提供持续的帮助，除了资产的最初转移，特许者一般还要为被特许者提供启动资金、经营培训、选址建议以及广告支持等。

## 三、管理合同

随着国际贸易的发展，商业技巧和管理技术成为可销售的商品，而且作用日益重要，管理合同进入模式应运而生。

### （一）管理合同的含义和特点

管理合同（management contract）是指两家企业之间签订协议，一家企业要在一段特定的时期内向另一家企业提供管理上的专业知识，并在一个具体期限内收取一定费用（一次性付费或者根据销售量多次付费）。这种形式的合同一般出现在发达市场和新兴市场国家的公共事业部门，包括转让专业化技术知识或转让一般管理方法的专业技能。

以管理合同模式进入国外市场，无须企业提供有形的资本投入，涉及的只是两种不同类型的知识——技术方面的专门知识和商务管理技巧，以及相关的人力资源向目标国市场的转移。

### （二）管理合同的优缺点

1. 管理合同的优点

管理合同能够使跨国公司和东道国都从中受益。首先，公司可以通过与其他企业签订管理合同来利用合适的国际商务机会，而不必使自己的大量有形资产面临投资风险，即可以在一种低风险的情况下使企业获得收入。

其次，东道国政府可以通过管理合同授权跨国公司来经营和改善本国的公用设施，特别是当一个国家缺少资金时。例如，哈萨克斯坦政府由于没有足够的资金来改进急需完善的电网系统，因此与总部位于瑞士苏黎世的 ABB 集团公司（电力和自动化技术领域的全球领先公司）签订了管理合同，授权后者在今后的 25 年内经营该国的电网系统。根据合同规定，ABB 集团公司需要帮助哈萨克斯坦政府偿还过去拖欠工人的工资，并在签订协议的前 3 年投资 2 亿多美元。

再次，东道国政府可以利用管理合同来提高当地工人和管理者的技能。例如，爱尔兰的 ESB 国际公司与非洲加纳的一家电厂签订了一份为期 3 年的合同，合同要求 ESB 国际公司不仅管理和经营该电厂，而且要对当地人员进行培训，使其掌握将来管理电厂运营所必须具备的技能。

最后，企业可以通过管理活动与目标市场的企业和政府接触，为以后的营销活动提供机会。

2. 管理合同的缺点

管理合同会给专业知识的提供者带来三个重要的不利之处。

第一，虽然管理合同可以降低投资于另一国的有形资产所面临的风险，但是对于合同提供方的员工来说就不是这么回事了，在政局不稳的国家，管理者的生命可能会处于非常危险的境地。

第二，提供专业知识的企业可能最终会在当地市场上培养出一个难以应付的新竞争对手。在掌握经营技能后，起初需要购买管理技能的企业有可能成为提供技能的企业的主要竞争对手。因此，跨国公司必须权衡管理合同所带来的利润与潜在的竞争对手所带来的问题的利弊。

第三，这种模式具有阶段性，即一旦合同约定完成，跨国公司就必须离开东道国，除非又有新的管理合同签订。

## 四、交钥匙工程

交钥匙工程是比管理合同提供更进一步的无形资产输入的契约式进入方式。

### （一）交钥匙工程的含义和特点

交钥匙工程（turn-key project/built-operate-transfer）是指一家企业为客户承担从设计、建设到设备安装和测试生产的整个业务项目，并最终将能够使用的项目交给客户。交钥匙工程这一术语源于这样的理解：客户在为该工程支付一笔固定费用后就不需要做其他的事，只需要从施工方拿到钥匙就能使其生产设施开始运作，也就是说，接受交钥匙工程的跨国公司在为客户准备生产设施时已经将所有工作都完成了。这种形式的合同经营在国际上常常用于大型机场、电站和其他大型基础设施建设项目。例如，印度电信公司就曾在马达加斯加和加纳两国承担了共耗资 2 800 万美元的两项交钥匙工程。

### （二）交钥匙工程与管理合同的比较

与管理合同类似，交钥匙工程通常规模较大而且经常有政府机构参与。与管理合同不同的是，交钥匙工程转移给客户的是特殊的工艺技术或生产设施设计，这些项目一般包括发电厂、机场、海港、通信系统和石化生产设备的建设等，这些项目在建成后将全部交付给客户。在管理合同中，服务的提供者仍可保留其资产——管理上的专业知识。

### （三）交钥匙工程的优缺点

1. 交钥匙工程的优点

交钥匙工程能使服务的提供方与接受方都从中受益。

首先，它可以使跨国公司专注于自身的核心竞争力，同时充分利用其无法独立承担的开发机遇。例如，埃克森美孚公司曾授予印度尼西亚的PT McDernott公司和日本的东洋工程公司一个交钥匙工程，由两者共同在印度尼西亚的苏门答腊岛修建一个液化天然气厂，提供方负责建造一个离岸的操作平台，铺设一条长达100千米的水下管道以及建造一个陆上液化天然气精炼厂。这一耗资3.16亿美元的项目只有在每家公司都将其独有的专门技术贡献出来并完成诸多设施的设计、修建和测试工作的前提下才是可行的。

其次，通过交钥匙工程，东道国政府可以让世界一流的跨国公司为其设计建造基础设施项目，有时还可以获得更多的好处。

**案例分析8-2**

如何交钥匙

跨国公司一般通过公开竞标来获得东道国政府发包的大型项目工程。一国政府向主要的承包商招标，获胜的承包商对招标项目负责，并从二线承包商处购得零部件组装系统。这样，该主要承包商就提供了一种“交钥匙解决方案”，因为购买者只要转动一把钥匙就能开启项目工作。但是，在现实中做到哪一步才能够“交钥匙”？

印度尼西亚政府发布了一个要在雅加达附近建造一座水泥厂的招标公告。一家美国公司提出投标建议，其中包括选址、工厂设计、聘用建筑工人、装配材料设备，最后将完成的工厂移交印度尼西亚政府。而一家日本公司的提案不仅包括以上这些服务，还包括招聘和培训工人以维持工厂运转、通过贸易公司将水泥产品出口、用水泥铺路以及在雅加达兴建新办公大楼。

虽然日本公司的方案需要印度尼西亚政府投入更多的资金，但它最终赢得了这个合同。显然，日本公司的观点不仅是建造一座水泥厂，而且包括促进印度尼西亚的经济发展。它的视野比客户的需求更开阔，这才是真正的交钥匙工程。

资料来源：菲利普·科特勒，凯文·莱恩·凯勒.营销管理：第14版：全球版.北京：中国人民大学出版社，2012：208.

2. 交钥匙工程的缺点

在交钥匙工程的诸多缺点中，必须一提的是有些跨国公司得到某个项目可能更多的是因为其他原因，而不是技术原因。交钥匙工程通常耗资巨大，并且由政府掌控，因此得到这些项目的过程可能不单纯依靠技术因素。比如，当招标过程不是完全公开时，那些与政府的关系最好的公司通常能够赢得项目合同，而合同的标价往往会被抬高。当然，其成本通常会转嫁到当地纳税人身上。

与管理合同类似，交钥匙工程也可能会培养出将来的竞争对手。一个新培养出来的竞争对手可能会在其本国市场上成为主要的供应商，并且很有可能在提供方经营的其他市场上也占据一席之地。因此，跨国公司会尽量避免参与那些存在将自己的核心竞争力转移给其他企业的风险的项目。

## 第3节 投资进入模式

出口进入和契约式进入都不涉及在国外直接生产，因此企业对国际市场的参与度是相对有限的。一般而言，在母国以外取得国际营销经验后，经理人员往往希望能以更加广泛的形式参与全球市场，通过国外直接投资来部分或全部地拥有企业。国外直接投资可使企业在关键市场就地进行生产、销售和竞争，使企业在某一市场上的参与度达到一个更高的水平。

在全球化背景下，国外直接投资日益成为跨国公司进入其他国家市场的主要方式。公司在当地组织生产，可能是出于对利用廉价劳动力、避免高额进口关税、降低高额运费、获得原材料的考虑，也可能是作为一种允许进入市场的方式。本章的“全球视野”呈现了中国跨国经营企业以投资模式进入国际市场的一些情况，营销视角 8－1 将展示国外企业进入中国市场的部分现状。一般而言，出于对自身目标和东道国环境的考虑，跨国经营企业进入海外市场时，可采用建立合资企业和独资企业的方式。

**营销视角 8－1　德国隐形冠军离不开中国　外资企业是中国双循环的践行者**

### 一、合资企业

与出口或许可经营相比，有当地合伙人参与的合资企业是一种更为广泛的进入国外市场的方式。

#### （一）合资企业的含义

两个或两个以上独立的经济实体为了实现共同的商业目标而成立并共同拥有的一家独立企业叫合资企业（joint venture）。合资企业的合伙人可以是私人企业、国有企业或者政府机构。每一方都可以用其他合伙人认为有价值的任何东西进行投资，包括管理才能、营销技巧、市场准入、生产技术、金融资本和研发方面的高级知识或技术等。

#### （二）合资进入的优缺点

1. 合资企业的优点

（1）采取合资企业进入模式的跨国公司可以减少金融风险以及政治不确定性的影响。一般来说，合资企业的合伙人所承担的风险比全资子公司要小——每个合伙人仅对其出资承担风险。

（2）跨国公司可以利用合资的方式渗透到国际市场中以规避各种限制。例如，有些国家的政府要求外国企业与国内企业共享所有权，或者采取一些激励措施来鼓励外国企业这样做。这种情况在发展中国家经常发生，其目的就是通过与国外合伙人合作，使本国企业从国际投资伙伴身上学到一些先进经验，从而提高自身的竞争力。中国在汽车领域就是如此要求的。进入中国市场的跨国公司必须和中国企业成立合资企业，而且双方拥有对等股权。法国的雪铁龙公司、日本的日产汽车公司和本田汽车公司都是通过和中国最大的汽车制造商之一东风汽车集团公司建立合资企业的方式，才得以进入中国市场的。为了提高中国汽车市场的开放度，中国政府将在2025年前放宽外资汽车制造商在中国运营合资公司的出资比例限制，如2020年日本丰田汽车公司在中国成立了出资比例达65%的燃料电池车合资企业。该企业以丰田的技术为基础，将与中国企业共同开发提供给大型汽车厂商的燃料电池车系统。

（3）跨国公司可以利用合资企业熟悉新的市场环境。如果能够成功地进入东道国市场，还可以为以后的深度介入积累经验。比如20世纪80年代，宝洁以与广东洁花日用品公司建立合资企业的方式在中国市场找到立足点，90年代初期从中方企业手中回购股份，成为一家独资公司。

（4）合资企业使各方合伙人有可能将不同价值链的实力结合起来从而形成合力。比如，娃哈哈与法国达能组建的合资企业就整合了娃哈哈对中国市场的深入了解和广阔的分销体系以及达能拥有的知名品牌、制造专长和先进生产工艺的优势。

（5）跨国公司利用合资的方式能够获得进入其他公司的国际经销网络的机会。美国的卡特彼勒公司和日本的三菱重工成立合资企业，以便获得与共同的竞争对手日本小松公司对抗的竞争力。在这一过程中，卡特彼勒获得了进入三菱重工在日本的经销网络的机会，而三菱重工也进入了卡特彼勒的国际经销网络，最终两家公司的国际竞争力都得到了提高。

（6）跨国公司还会出于对自我保护的考虑成立国际合资企业。与当地政府或由当地政府控制的企业进行合资，一旦合作成功，公司就可以与政府建立直接的利益关系，这样当地政府就会更少地干预公司的活动，因为干预意味着政府也可能遭受损失。另外，在一个民族感非常强的目标国市场中，这种战略也有助于建立一个更好的“本土”形象。

2. 合资企业的缺点

（1）合资企业的所有权问题可能造成合伙人之间的冲突。这是所有缺陷中最重要的一点，尤其是在所有权均等时，冲突可能会更常见，也就是说，当按50：50的股份比例进行合资时，每个合伙人都将参与企业的最高层管理。这种管理机制上的缺陷——任何一个合伙人都不能独立做出最终决策，将延长对市场变化的反应时间。此外，有关未来投资和利益分配问题的分歧也可能引发冲突。娃哈哈和达能的合资企业就是因为这样的冲突而最终解体。通过建立由其中一个合伙人占用51%或以上的股份并使其拥有决策权的非均等股份制，可以减少合作各方之间的冲突和意见分歧。

（2）当地政府部门的介入可能会削弱跨国公司对合资企业经营活动的控制力。这种情况主要发生在一些关系到国家文化和安全的敏感性产业中，如广播、基础设施和国防等。合资企业的利益可能会因当地政府出于对文化保护和国家安全的考虑而受到损失。

（3）一个充满活力的合资伙伴可能演变成一个更加强有力的竞争对手。例如，美国通用汽车公司和韩国大宇集团在1978年组成合资企业，为韩国市场生产汽车。到20世纪

90年代中期，通用汽车公司帮助大宇集团提高了其作为汽车生产商的竞争力，但后来大宇集团董事长金宇中终止了这个合资企业，因为企业条款阻止带有大宇名称的汽车出口。

## 二、全资子公司

跨国公司参与全球市场最广泛的方式之一是创建全资子公司。全资子公司需要最大限度地投入资金及管理力量，也为跨国公司提供了最大限度参与市场的手段。有些公司可能由许可经营或合资企业变为独资企业，以便在市场中得到更快的扩张、更多的控制或更高的利润。

### （一）全资子公司的含义

全资子公司（wholly owned subsidiary），也称独资企业，是指完全由唯一一家母公司所拥有或控制的子公司。母公司可以通过两种方式来设立全资子公司：第一种是从头开始成立一家新公司并修建全新的生产设备（例如工厂、办公室和机器设备等），这种方式也称为绿地投资（greenfield investment）；第二种是收购或兼并一家现有的企业，并将其设备纳为己用。如2018年8月玖龙纸业全资收购了美国缅因州奥尔德顿小镇上的一家具有130年历史的工厂，从而为自己制造瓦楞纸提供纸浆原料。截至2020年初，已为当地创造了450个工作岗位，并为小镇带来了生机。

重新建立一家子公司的主要缺点是耗时太长，因为修建新设施、雇用和培训工人、开发产品等都将花费大量时间。相反，寻找一家现有的、具备市场营销和销售能力的企业作为收购对象，相对来说比较容易。例如，全球电子零售业的两大巨头亚马逊公司（收购了卓越网）和eBay公司（收购了易趣网）都是通过收购本土企业快速进入中国市场的。受全球化趋势的推动，从20世纪末开始的跨国合并和收购至今方兴未艾，我国企业也积极地加入了这一进程，并且表现不凡（参见本章的“全球视野”）。

### （二）全资子公司的优缺点

1. 全资子公司的优点

（1）管理者可以完全控制子公司在目标市场上的日常经营活动，并确保有价值的技术、工艺和其他一些无形资产都留在子公司。这种完全控制的方式还可以减少其他竞争对手获取公司竞争优势的机会，尤其是在公司以技术作为竞争优势的情况下，这一点显得特别重要。另外，管理者对子公司的产出和价格也可以保持完全控制。与许可经营和特许经营方式有所不同，子公司创造的所有利润必须上交给母公司。

（2）跨国公司可以从全球战略的角度出发，把每个个别市场视作相互联系的全球市场的一部分，协调旗下所有子公司的活动。因此，拥有对全资子公司的完全控制权对于追求全球战略的全球公司来说更具吸引力。

2. 全资子公司的缺点

（1）这种方式可能要耗费大量资金，公司必须在内部集资或在金融市场上融资以获得资金。然而，对于中小型企业来说，要获得足够的资金往往非常困难。因此，一般来说，只有大型企业才有能力建立国际全资子公司。

（2）由于成立全资子公司需要占用公司的大量资源，因此公司面临的风险可能会很高。风险来源之一是目标市场政局或社会方面的不确定性或者说不稳定性，这类风险严重时会使公司的物质财产和员工的安危都受到威胁。

# 第4节　战略联盟进入模式

出口进入、契约式进入和投资进入是跨国公司进入全球市场惯用的模式，在全球化趋势的影响下，跨国公司面对的政治、经济、社会文化和技术环境已今非昔比，环境所呈现的空前的动荡、有活力和难以预料等特征要求跨国公司必须迅速做出反应并不断适应环境的变化。由于战略伙伴关系是发展全球战略的一个最快捷、成本最低的途径，因此建立国际战略联盟就成为跨国公司增强对环境的应变能力的新策略。在过去的几十年中，战略联盟作为进入方式其数量和在全球竞争战略中的重要性都在不断增加。据估计，自20世纪80年代中期以来，战略联盟的数量以每年20%～30%的比例增长。根据汤姆森金融公司的资料，1996年全球有5 200个新的战略联盟，到2000年这个数字已增加了一倍。

## 一、什么是战略联盟

战略联盟（strategic alliance）是两个或两个以上独立的企业为了相互需要、分担风险，通过实现共同目的以完成各自的战略目标而建立的一种合作关系。企业可以与其供应商、客户甚至竞争对手建立战略联盟。战略联盟可以是短期的，也可以是持续好几年的合作，这取决于参与各方的目标。

合作的企业如果来自不同国家，它们创建的就是国际战略联盟（international strategic alliance）。建立国际战略联盟的动机主要包括迅速开拓新市场、获得新技术、提高生产效率、降低营销成本、谋求战略性竞争策略、寻求额外的资金来源等。这里主要把战略联盟视为一种进入国际市场的模式。

## 二、战略联盟的特征与属性

战略联盟与其他市场进入模式存在重大差异。许可经营协议并不要求伙伴之间不断地转让技术或技能，因此这种协议不能算作战略联盟。传统意义上的合资企业基本上是针对某一国市场或针对某一具体问题而建立的联盟，很多中外合资企业都属于这种类型。真正的战略联盟伙伴关系则不同，表现出以下五种属性：

（1）两个或两个以上的公司制定一个短期或长期的联合战略，以期通过追求成本领先、差异化或二者兼顾的手段，取得全球领先地位。

（2）这种关系是互惠的，各方都拥有可以与其他方共享的特定优势。

（3）各方的视野和努力是全球性的，能超越本国及本地区的界限。

（4）这种关系是沿水平方向而不是垂直方向组织起来的，要求各方不断进行资源的横向转让，其准则是技术共享和资源统一调配。

（5）当参与各方在伙伴关系之外的市场竞争时，它们仍可保持各自的民族特点和价值理念。

## 三、战略联盟的优缺点

### （一）战略联盟的优点

（1）在资源紧张时，跨国公司可以利用战略联盟来分担国际投资项目的成本。很多公司利用联盟关系来大力开发新产品，这不但可以整合各方的最新技术，而且可以缩短现有产品的生命周期，而较短的产品生命周期又可以使公司较快地回笼资金以便进行下一轮投资，因此，许多公司都进行合作开发以分担新产品的研发费用。例如，日本的东芝公司、德国的西门子公司以及美国的IBM就曾共同承担在日本名古屋附近设厂的10亿美元费用，以开发一种小型、高效的计算机存储芯片。

（2）在某些情况下，战略联盟关系或许是确保跨国公司进入一个国家或地区市场的最好途径，还有一些公司利用战略联盟来进入合伙人在目标市场的分销渠道。

（3）战略联盟关系为联盟中的各方提供了重要的学习契机，一位专家把全球战略伙伴关系称为“学习的竞赛”。

### （二）战略联盟的缺点

（1）战略联盟最大的弊端是它可能会培养出一个当地甚至全球市场上的未来竞争对手。例如，一个合伙人可能会利用战略联盟去测试目标市场，并为设立自己的全资子公司做准备。因此，管理者必须权衡出现新的竞争对手带来的威胁与国际合作所能带来的收益之间的利弊。

（2）在战略联盟内，战略伙伴共享分派任务的控制权，这有可能会导致冲突，甚至最终毁掉合作关系（参见案例分析8－3）。因此，战略联盟合同应当包含尽可能多的预防性条款。

以上是对四种主要进入模式的介绍和分析。在现实的国际市场营销活动中，鉴于成本限制、顾客需求和大量竞争对手的存在，企业应根据公司目标严格审视每一个可以改善国际经营活动的机会，衡量每种进入模式的优劣，以选择适合自己和东道国市场环境的模式。之后据此制定国际市场营销组合战略，这将是下一篇所要关注的内容。

**案例分析8-3**

雷诺-日产-三菱联盟的共赢之惑

2016年雷诺－日产－三菱联盟正式成立，全球汽车产业的巨无霸宣告诞生。回顾三家企业建立联盟的经历，不免引人思考：联盟是否总能带来共赢？

雷诺－日产－三菱联盟的主导者是法国第二大汽车制造商雷诺，它是世界上最悠久的汽车公司和世界十大汽车公司之一，主要产品有雷诺牌轿车、公务用车及运动车等，产品质量及可靠性被认为是世界一流的。雷诺曾是一家国企，虽然股权经过多次变更稀释，但目前法国政府仍然持有其19.73%的股份。

日产是日本第一家以汽车为主业的企业，历史可以追溯到1911年，和劳斯莱斯、通用等差不多同期。1973年石油危机后，全世界的消费者开始选择小排量汽车，日本汽车开始大量进入欧美市场，并在美国、英国建厂，日产一度成为世界上最大的汽车出口商。但辉煌之后，日产走上了下坡路。到1999年，日产的业绩已经连续26年下滑，全球市场份额从1991年的6.6%下降至不到5%，背负的债务高达2.4万亿日元（约合233亿美元），接近崩溃。日产总裁到美国、欧洲寻找拯救者。最终，法国雷诺以54亿美元的价格买下了日产36.8%的股份，组建了雷诺-日产联盟。

联盟成立后，当时雷诺方的主要谈判者卡洛斯·戈恩被任命为日产公司的总裁兼首席运营官。只用了不到两年的时间，戈恩就让连续七年亏损的日产依靠日本人自己的力量实现首次盈利。2005年，戈恩开始同时担任日产、雷诺的董事长，管理着相隔万里的两个大型汽车企业。

三菱也是日本的老牌车企，但是泡沫经济破灭后遭受了重创，不像丰田、本田，其海外市场拓展也不算成功。后来，三菱还曝出故意隐瞒质量问题（在中国就曝出过刹车失灵问题），并先后关闭了位于北美、欧洲、澳大利亚的工厂。2000年开始，三菱汽车相继曝出召回隐瞒、油耗造假、胎压数据造假三次丑闻，俗称三菱一耻、三菱二耻、三菱三耻。三耻之后，三菱汽车几乎就要完结，面对大量索赔，消费者也不再敢买三菱汽车了。

2016年，戈恩让日产斥资2 373.5亿日元，买下三菱34%的股权，并获得管理层重大决定一票否决权。至此，雷诺-日产-三菱联盟正式成立。

联盟在全球共有122家工厂，各方开始协调合作：日产技术过硬，雷诺在欧洲有市场优势，发展得都很顺利。2018年雷诺-日产-三菱联盟在全球市场共卖出汽车1 076万辆，全世界每卖出9辆车就有1辆来自该联盟。

但是，联盟的形成过程和股权格局留下了隐患，尽管说这是联盟，不是并购，但雷诺拥有日产近44%的股份，有投票权。而日产只拥有雷诺15%的股份，且没有投票权。这意味着，在联盟中雷诺更像是老大哥，然而在业务上日产却更强。据统计，从1999年到2018年，日产一共向雷诺分红超过6 000亿日元，而计入雷诺-日产联盟合并决算的日产利润更是在2.5万亿日元以上。最近几年来，雷诺五成以上的利润都是日产贡献的。

如此看来，与其说雷诺车造得好，不如说十几年前它投资得好，再加上三菱，日本人对维持这种实质不平等的地位不满意。而法国人不光要赚钱，还想彻底吞并日产，并由戈恩开始运作雷诺与日产合并之事。日产集团作为日本汽车行业的头部企业，对日本工业和经济都至关重要，绝不可能间接受法国公司控制。很快，戈恩受到日本政府多项指控，最后离开联盟。

戈恩离开之后，合并计划被彻底搁置。与戈恩时代没有多少交集的内田诚接管了日产，业务尚未熟悉便遭遇了新冠肺炎疫情带来的环境危机。

为共克时艰，2020年5月27日，雷诺-日产-三菱联盟联合发布“引领者-伴随者”全球市场战略，即“新中期市场计划”。三家成员公司力求互惠互利、合作共赢，在联合采购等联盟现有的优势基础上，充分利用各自优势，支持盟友发展，巩固市场地位。联盟将全球不同区域市场命名为“标杆区域”：中国、北美和日本市场的标杆公司为日产；欧洲、俄罗斯、南美和北非市场的标杆公司为雷诺；东南亚和大洋洲市场的标杆公司则为三菱。三家公司都各自侧重于其核心区域，并对现有资源进行充分利用，使用各自最具竞争力的配置来生产引领者车型和伴随者车型。计划至2025年，联盟中近50%的车型将遵循该“引领者－伴随者”模式进行开发和生产，三家成员可分摊固定成本，从而各成员的资产得到充分利用，成员用于生产车型的投资最高将节约40%，最终打造合作共赢共同体。

然而“新中期市场计划”没有来得及带领集团走出困境。2020年雷诺上半年净亏损近74亿欧元，刷新了集团纪录。日产在2019财年巨亏6 712亿日元后，2020年第一财季再亏损2 855亿日元。三菱也未能幸免，2019财年净亏257.8亿日元。

如今联盟成员各自处境艰难，对于此次创纪录的营业亏损，雷诺更是直指受到了日产的拖累，并表示正在努力削减成本以渡过难关。

“新中期市场计划”如果能够成功实行，互惠互助无疑能给三家带来利好，也将大大增强经受疫情打击后三家的生存能力。

但戈恩一事已经证明了雷诺的野心、日产的防备、三菱的无助；疫情期间日产对雷诺带来的影响也导致了雷诺不屑遮掩的嫌弃；三菱更是为缩减成本放弃继续扩张，逐渐退出全球部分市场，其中包括中国市场……这样的联盟，还能够实现合作共赢吗？

资料来源：正解局．戈恩新年大逃亡：不是日本的国耻，而是日本的胜利．(2020-01-07)．http://www.ceconline.com/manufacturing/ma/8800103801/01/?_ga=2.11789812.1145936271.1624356412-301079630.1624356412；外媒聚焦日产“救星”如何沦为国际逃犯．参考消息，2020-01-04 (4)；贾新光．雷诺－日产－三菱联盟：兄弟本是同林鸟，大难临头能飞否？．(2020-08-07)．https://www.sohu.com/a/411987670_152364.

问题：

1. 依据雷诺－日产－三菱联盟中三家企业的股权构成，分析三家企业在联盟中的地位和作用。

2. 雷诺－日产－三菱联盟给三家企业各带来了何种收获？该案例是否表明战略联盟是一种进入海外市场的有效方式？

3. 剔除外部环境的影响，造成雷诺－日产－三菱联盟目前困境的主要因素还有哪些？这些因素会阻碍联盟未来的发展吗？

## 基本概念

| | | | |
|---|---|---|---|
| 间接出口 | 直接出口 | 许可经营 | 特许经营 |
| 管理合同 | 合资企业 | 交钥匙工程 | 全资子公司 |
| 战略联盟 | | | |

## 思考题

1. 进入国际市场的模式主要有哪几种？
2. 直接出口与间接出口相比有哪些优缺点？

3. 许可经营和特许经营有何异同？

4. 管理合同和交钥匙工程各有何特点？

5. 战略联盟是一种进入国际市场的有效方式吗？

6. 你同意“如何进入新的全球市场是大多数企业在国际营销中面临的最重大决策”的观点吗？请说明理由。

## 实训练习

查阅相关资料，比照克莱斯勒－菲亚特从组建联盟到2014年菲亚特完成收购克莱斯勒100%的股权后更名为菲亚特克莱斯勒汽车公司（FCA）一事，分析雷诺－日产－三菱联盟将来可能的发展趋势。

05

第5篇

# 国际市场营销组合战略

完成了前4篇所包含的工作后，跨国公司就进入了它所选定的某些或某个目标市场，这时的重任是制定合适的营销组合战略。通过前面章节的学习，我们已经知道在经济全球化时代，“全球思考，地区行动”是跨国公司必须具有的战略导向，这意味着公司在制定营销组合战略时，必须在标准化与本地化之间找到有效的平衡点，否则就可能功亏一篑。如百思买、优步就因为无法在中国市场找到合适的营销组合战略，不得不退出这个它们曾经寄予很大希望的巨大市场。

依据“全球思考，地区行动”的战略导向，跨国公司在制定针对某一目标市场的营销组合战略时，要调整营销组合各因素在标准化和本土化之间的平衡点。一般而言，营销组合四因素中产品最容易标准化，促销活动的标准化相对较难，而分销和价格最难以标准化。

为此，本篇对全球营销组合战略的分析和阐述立足于如何针对这四个因素的特征来平衡标准化与本地化的战略要求，同时对营销组合各因素在国际市场营销中的特别方面以及营销整合应注意的问题给予了重点关注。

# 第9章 国际营销产品与品牌决策

营销组合计划始于形成有效的产品和品牌，以满足目标顾客的需要和欲望。

## | 学习目标 |

- 理解产品五个层次的含义和构成要素。
- 理解跨国公司将品牌策略提升到产品战略的核心地位的重要性和必要性。
- 了解三种国际市场营销的产品战略导向。
- 掌握五种国际市场营销的产品/沟通战略类型。
- 了解新产品的创新类型。
- 掌握开发全球新产品的基本程序。

全球视野

### 新"中国制造"

消费者会将对国家的看法和态度延伸到来自这些国家的产品和品牌上，形成所谓的原产国形象。从品牌营销的技巧上可称之为联合品牌，即将企业与国家联系在一起的品牌。在原产国形象比较中，德国与瑞士常名列前茅，紧随其后的一般是日本和美国，中国、印度的排名往往靠后。

不过一个国家的原产国形象并不是固化的，而是逐渐演化发展的。例如，最初的"德国制造"标签是由英国人提出的，用于警告德国产品质量不佳。日本和韩国的产品在西方曾被认为是劣质产品，但如今它们在汽车和电子产品领域占据了一席之地。"中国制造"近年来也正在经历这种转变。

先来看看"中国制造"在德国消费者心目中的变化。华为在2012—2016年发布的中国在德国形象调查报告显示，过半数德国受访者称"中国制造"为质量不佳的产品。但近年的各种调查表明，中国产品的使用人数及吸引力都在稳步增长。华为、小米等中国品牌在德国越来越受欢迎。德国质量协会2017年进行的研究显示，七成受访者对中国消费电子产品持积极态度，许多年轻人与华为、TikTok等品牌一起成长，对中国产品的接受度也在不断提升。

被发达国家消费者认可的"中国制造"不只是电子产品，在巴黎、纽约等时尚之都，"中国设计"正在获得认可。在曼哈顿的时尚精品店，中国设计师推出的服装系列受到纽约购物者的热烈欢迎。随着中国设计师与西方大牌零售商展开跨界合作，"中国制造"的标签正在改变其原先的负面含义。在法国巴黎奢侈精品店云集的"金三角"地区，1997年成立于上海的之禾集团开设了其首家海外旗舰店，向世界服装高端市场展示中国品牌。尽管还有不少欧洲消费者对贴有"中国制造"标签的衣服持质量低下的陈旧观念，但业内人士完全了解中国制造业所处的水平——质量实际上正变得越来越好。

中国消费者当然也感受到了"中国制造"的变化。麦肯锡2020年的一份报告显示，中国消费者在19类产品中的13类倾向选择国货，包括乳制品、化妆品、服装、手机和平板电脑等。世界品牌实验室的数据显示，服装和鞋类制造商安踏体育用品公司在2018年超过耐克，成为中国排名第二的体育用品公司，仅次于阿迪达斯；美妆品牌完美日记对欧莱雅和雅诗兰黛等品牌日益构成了威胁。市场调研机构博圣轩咨询公司称，在中国排名前十的化妆品品牌中，本土品牌占了七个。从婴儿食品、瓶装水到运动服和护肤品，中国品牌正在对依赖中国经济增长的全球竞争对手造成压力。

这一波中国品牌的新浪潮不可阻挡，新"中国制造"的崛起只是一场变革的开始。

资料来源：中国制造在巴黎日益受欢迎.参考消息，2020-01-02（15）；西方时尚界逐渐接受中国设计.参考消息，2020-01-02（15）；在德国，中国制造形象正在变好.环球时报，2020-09-17（6）；德媒：中国人越来越热衷"国货".环球时报，2020-11-16（6）；国人对"中国制造"信心满满　本土品牌超越国际大牌.参考消息，2020-12-04（15）.

---

在企业营销组合方案中，产品是最关键的因素，其他营销因素都必须与产品相配合。正如"全球视野"所示，在国际市场上，消费者主要是通过品牌以及原产国形象来界定产品价值的。

产品是对所需价值的全面满足，因此，企业要从整体产品的角度理解产品的不同层次在满足顾客需求中所起的作用，并从产品的不同层次来体现国际市场营销中产品战略在标准化和本土化之间的平衡。如今，全球更多的市场正趋于完善，而能以核心价值来区分的产品越来越少，在很多情况下，顾客寻找的是特定的品牌，因此，将品牌策略提升到产品战略的核心地位是必需的。

为了有效地利用市场机会，企业决策者必须根据企业的战略目标和东道国市场的情况选择不同的产品及相应的营销组合战略。市场日趋全球化，在全球市场开发和管理产品是企业必须面对的挑战，当然也蕴含着诱人的机会，而产品创新是推动全球产品开发的关键力量。

本章通过三节来阐述上述内容：第1节阐述产品和品牌的基本概念并分析如何通过对产品不同层次构成要素的调整来实施标准化或者本土化战略；第2节分析全球产品战略的

主要类型；第 3 节探讨全球产品的开发和企业创新。

# 第 1 节　产品和品牌的基本概念

产品是营销组合计划首先要考虑的关键因素。企业经营的每一个方面（包括促销、分销和定价决策）必须与产品决策相配合，因此，准确理解产品的相关概念至关重要。菲利普·科特勒认为，“产品是能够提供给市场以满足需要和欲望的任何东西。产品在市场上包括实体商品、服务、体验、事件、人物、地点、财产、组织、信息和创意”。

这是个很宽泛的定义，包含可触知的产品、不可触知的产品和思想等，无论是哪一种形态，都能分解成不同的层次或益处，用来满足购买者寻求的不同利益。营销者在设计产品和制定产品策略时需要考虑产品的不同层次，而国际营销者也正是通过对不同层次产品的调整，来寻找产品标准化和本土化战略的平衡点。

## 一、产品的五个层次及其在标准化、本土化战略中的作用

### （一）产品的五个层次

营销者需要考虑五个产品层次，每个层次都增加了更多的顾客价值，共同构成了顾客价值层级。

1. 核心利益

核心利益（core benefit）是顾客真正购买的基本服务或利益，也是产品存在和销售的基本原因，构成了产品最基本的层次。消费者购买洗衣机是为了洁净衣物，产业用户采购钻机是为了打孔。营销者必须把自己看作利益的提供者。

2. 基础产品

基础产品（basic product）即产品的基本形式，营销者必须将核心利益转化为基础产品。基础产品是一种方式，包括设计说明、产品特征、质量水平、商标、包装等要素，营销者通过它将核心利益的内容体现出来，从而创造一个真正的产品。

3. 期望产品

期望产品（expected product）是购买者购买产品时通常希望和默认的一组属性和条件。比如，消费者认为耳机和电源适配器是购买手机时的默认配置，苹果公司 2020 年对外宣布其 iPhone12 的 4 款产品均不随机赠送耳机和电源适配器，新产品的包装中仅包括手机和充电线，结果引发了消费者的不满。

4. 附加产品

附加产品（augmented product）包括增加的服务和利益。这些附加值本身并不构成产品的内在成分，但生产者或零售商可以用它们来强化产品的优点和吸引力，例如安装、用户培训和售后服务等。需要注意的是，每个附加利益都会增加成本，而且会很快转变为期望产品。

### 5. 潜在产品

潜在产品（potential product）即产品在未来所有可能的演变趋势和前景，它体现了产品的动态和战略上的特质。潜在产品反映的是更高层次的附加价值和差别优势，使产品比竞争对手的产品和替代品更具优势，形成这种潜在优势是很多企业成功的基础。比如，响应电动车主对在家里不用给车连接插头就能充电的期待，宝马 530e iPerformance 插电式混合动力汽车将在全球首批采用无线充电，这无疑会提升宝马在电动汽车市场的竞争力。

产品的五个层次都不同程度地满足了购买者的需要，但市场营销领域的竞争主要发生在外围层次，也就是期望产品、附加产品和潜在产品上。

## （二）调整产品构成——满足标准化和本土化战略要求

如前所述，国际市场营销中有关产品战略制定的一个很重要的方面是关于标准化和本土化的战略选择，这个选择是通过对所提供产品的不同层次做出标准化和本土化的调整来实现的。

核心利益最容易标准化，因为不同文化背景下的消费者对产品所提供的基本服务和利益的要求是相似的。从企业的角度看，对核心利益的生产平台进行大规模改造可能得不偿失，因为平台的改动会影响生产过程，从而需要额外的资金投入。

产品决策的本土化倾向往往是通过对产品设计、功能特性、风格、色彩以及其他方面进行改动而实现的。为迎合特定文化的偏好可以改变产品的外观设计，或者根据市场需要增删产品的功能特性等。如罗技公司在中国市场将其鼠标的一些非必需功能去掉，以满足中国消费者的低价格偏好。

包装是基础产品的重要构成部分，也是一个经常需要调整的因素。包装的本土化调整可能是出于运输安全和促销方面的考虑而进行的主动改变，也可能是因为不符合目标国市场的法律法规的要求而进行的被动改变。比如，很多国家对包装物的尺寸、度量单位以及标签内容都有特殊的规定。

标签是包装的一部分，指用来表示产品或品牌、产品等级、构成成分、使用方法和保养要求等信息的符号、图案、文字以及这些因素的混合体。标签内容往往体现着一国的法律要求，因此需要根据实际情况进行本土化的调整。参见营销视角 9－1。

**营销视角 9－1 欧洲食品标签让你吃得明明白白**

对于附加产品，诸如维修、保养、送货、安装和保证等无形部分，国际营销者也要特别关注，不同国家的消费者对这些内容的要求不尽相同，也会涉及相关的法律问题，因此属于调整的范围。总之，产品构成层次可以作为一个有用的指南，在企业制定标准化和本土化产品策略时，能够帮助企业确定必须对产品的哪些方面加以改变。

# 二、品牌和原产国形象

在产品的各构成要素中，品牌形象最为直观，消费者从品牌中所感知的价值是决定产品在各种市场中定位的主要因素。很多情况下，顾客寻找的是特定品牌，而不仅仅是产品。另外，产品设计、生产或组装地所在国的国家形象也会影响消费者对产品质量和可靠性的看法。国家形象也是产品质量中一个很重要的因素。因此，有必要对品牌和原产国形象做专门的分析和讨论。

### （一）品牌的含义和特性

品牌（brand）是一个名称、术语、符号、设计或者所有这些的组合，代表着一家特定企业的一个或一组产品或服务，并与其他竞争对手的产品或服务相区别。

品牌是产品的特色，也是产品展现给消费者的形象的核心部分。它能够告知消费者一个产品的来源，代表着一家特定企业对一种特定产品的承诺，还可以帮助消费者寻找并瞄准特定的产品。

品牌的特性不只由企业决定，消费者会将他们观察、使用（或消费）某一产品的全部经历，同他们听到和读到的关于该产品和品牌的所有信息（价格和分销等方面的情况都会考虑在内）加以整合从而形成品牌形象（brand image），这其实就是对品牌的定位。品牌形象既涉及产品本身，也涉及销售该产品的企业，它存在于顾客的心中，是无形的。不过企业会设计出自己的标识（logo）、独特包装等，以作为自己品牌的直观代表。

### （二）品牌资产

品牌资产（brand equity）或品牌价值反映了企业在营销品牌方面的前期投资所积累的附加值，是由品牌与消费者长期形成的关系所创造的，关系越牢固，品牌资产就越大。品牌的高价值可以表现为很高的品牌忠诚度、知名度、质量和联想力，以及特殊的专利、商标和分销渠道等方面的内容。一个响亮的品牌确实可以成为企业最有价值的资产以及竞争优势的主要来源。

评估一个品牌的价值是件很困难的事，往往需要借助专门的公司。凯度（Kantar）就是这样一家公司，它提供的品牌价值评价得到了广泛认可。2021 年凯度最具价值全球品牌前十强如表 9－1 所示。

**表 9－1　2021 年最具价值全球品牌十强排行榜**　　单位：亿美元

| 2021 年排名 | 品牌 | 行业 | 品牌价值 | 2020 年排名 | 品牌价值同比变化 |
|---|---|---|---|---|---|
| 1 | 亚马逊 | 零售 | 6 838.52 | 1 | 64% |
| 2 | 苹果 | 科技 | 6 119.97 | 2 | 74% |
| 3 | 谷歌 | 科技 | 4 579.98 | 4 | 42% |
| 4 | 微软 | 科技 | 4 102.71 | 3 | 26% |
| 5 | 腾讯 | 科技 | 2 409.31 | 7 | 60% |
| 6 | 脸书 | 科技 | 2 267.44 | 8 | 54% |
| 7 | 阿里巴巴 | 零售 | 1 969.12 | 6 | 29% |

续表

| 2021 年排名 | 品牌 | 行业 | 品牌价值 | 2020 年排名 | 品牌价值同比变化 |
|---|---|---|---|---|---|
| 8 | 维萨信用卡 | 支付 | 1 912.85 | 5 | 2% |
| 9 | 麦当劳 | 快餐 | 1 549.21 | 9 | 20% |
| 10 | 万事达卡 | 支付 | 1 128.76 | 10 | 4% |

资料来源：凯度公司网站。

凯度公司称[①]，全球百强品牌的总价值为7.1万亿美元（相当于法国和德国的国内生产总值之和），全球百强品牌的总价值增长了42%，是过去15年平均增长率的4倍多。美国品牌仍占据主导地位，在前100个品牌的总价值中占到74%。中国有18家企业进入2021品牌百强榜，中国品牌整体呈现出持续的强劲上升，其中拼多多、美团、茅台和TikTok实现品牌价值翻番。在前100个品牌的总价值中，中国品牌占14%，而10年前仅占11%，欧洲品牌在前100个品牌的总价值中的占比则从10年前的20%降至8%，被中国品牌超越。不过2021年品牌价值增幅最高的是特斯拉，同比增长275%，达到426亿美元。

### （三）产品、品牌策略

在国际产品和品牌管理中，企业有三种相关的产品、品牌策略可以选择。不同的策略体现了企业对产品标准化战略的不同考虑。

#### 1. 当地产品和当地品牌

当地产品和当地品牌（local product & local brand）就是在单一国家市场推出的产品或品牌。有时，跨国公司推出当地产品和当地品牌是为了迎合一个特定国家市场的需要或偏好。换言之，公司采取的是本土化战略。例如，可口可乐公司就专门为中国市场开发了几种饮料，如“天与地”“水森活”等。

#### 2. 国际产品和国际品牌

国际产品和国际品牌（international product & international brand）是为某一地区的数个国家市场设计的。例如很多欧洲产品和欧洲品牌只在欧洲销售，世界其他地方没有。戴姆勒公司的双座Smart汽车早期就仅向欧洲提供，后来开始在美国、中国等国家上市。改进版的Smart因其对城市环境的友好性，得到很多国家消费者的认同，销售范围已扩张到全球30多个国家或地区。可见，虽然该策略强调的是区域产品的一致性，寻求的是区域化效益，但是，一旦时机成熟，国际产品和国际品牌就有可能成为全球产品和全球品牌（global product & global brand）。

#### 3. 全球产品和全球品牌

生产和技术以及消费的全球化促使各跨国公司开发全球性产品，品牌全球化的进程也在不断加速。全球产品适合全球市场的要求与需要，全球品牌则在世界各地都使用同样的名称并具有相同的形象和定位。吉列公司就创造了全球产品并利用了全球品牌。它将世界

① 全球百强排行榜出炉：中国品牌价值超越欧洲．参考消息，2021-06-23（6）．

市场视作一个整体，以同一品牌向各国消费者销售同样的产品，甚至使用仅仅是语言不同的标准化广告，这种高度标准化的战略使吉列从中获得了许多益处和优势。

需要特别注意的是，全球产品与全球品牌还不是一回事。可口可乐公司指导品牌管理的基本战略原则在全球各地都一样，在所有国家都有类似的定位和营销，表现了一种开心、美好时刻和享乐的全球品牌形象，但它的产品并不是完全全球化的，往往会调整产品以迎合当地的口味。显然，全球产品并不意味着完全标准化。

另外，全球产品和全球品牌的开发也不总是同步的。下面主要分析全球品牌的开发，有关全球产品的开发放到下一节。

### （四）全球品牌的开发

全球品牌使跨国公司在全世界拥有一个统一的形象，并在引进与此品牌有关的产品时可以提高效率、节约成本。不过，寻求建立全球品牌的经理们必须首先考虑这样做是否适合他们的公司或市场。第一，经理们必须现实地评估其预想的规模经济能否实现；第二，他们必须认识到建立一支成功的全球品牌队伍的困难性；第三，经理们还必须提防这种情况，即单一品牌并不能成功地适用于所有市场。

在是否将所有品牌都全球化这个问题上，并非所有公司都走同一条路。除了可口可乐、吉列、家乐氏和李维斯之类的在全世界使用同一品牌的公司，其他很多跨国公司如雀巢、联合利华和宝洁都是一些品牌在全世界销售，而其他品牌则是针对各个不同的国家。

尽管如此，全球品牌会为标准化生产和营销提供机会，创建全球品牌依然很有吸引力。比如，联合利华就将其1 400个当地品牌削减到400多个，而且将更多的精力放在了25个全球品牌上。何时让某个品牌全球化呢？答案是视情况而定——市场说了算。凡有可能，则使用全球品牌；凡有必要，则使用当地品牌。参见案例分析9－1。

**案例分析9–1**

**玛氏公司开发全球品牌**

玛氏公司在不同国家使用不同品牌销售其外裹巧克力的焦糖棒，如在美国使用士力架（Snickers），在英国使用马拉松（Marathon），因而面临品牌全球化的问题。管理层决定将这种已是全球产品的巧克力棒开发成一个全球品牌。这个决定会带来一定的风险，例如英国的消费者可能会将“Snickers”与英国指代女性内衣的俚语“Knickers”联想到一起。玛氏将其在欧洲非常成功的巧克力饼干Raider改名为在美国使用的特趣（Twix）品牌。

在这两个例子中，单一的品牌名称使玛氏获得了跨越国境开展同一产品宣传的杠杆效应。现在经理们被迫从全球角度考虑士力架和特趣的定位，这是这些糖果产品以不同的当地品牌营销时所不需要做的。面对这一难题，玛氏的营销部门认为掌握人类的单项需求——满足食欲，是关系到获得丰硕商业大奖的问题。从香港到利马，人们都知道“一块能顶一顿饭”的士力架。虽然掌握了这种情感还不能100%地拥有全球糖果市场，但它的吸引力足以使士力架成为世界第一糖果品牌，而事实正是如此。

现在，玛氏公司是全球最大的食品生产商之一，拥有众多世界知名的全球品牌。这些品牌中，价值超过10亿美元的品牌包括德芙、玛氏、M&M'S、士力架和特趣等。

资料来源：沃伦·J. 基根，马克·C. 格林. 全球营销：第6版. 北京：中国人民大学出版社，2015：300-301.

### （五）产品的原产国形象

国际市场营销中的一个基本事实是，对某些国家的看法和态度往往会延伸到来自这些国家的产品和品牌，形成原产国形象（也称原产地效应），即由于产品的设计、制造、装配国（地方或地点）的不同，消费者对产品和品牌产生积极或消极看法的现象。

消费者由于自身经历、道听途说和媒体宣传而对某些国家和某类产品存在笼统又有些模糊的印象。比如，消费者认为意大利的皮革制品、法国的香水、中国的丝绸、日本的电器、牙买加的朗姆酒等是最优质的。

消费者对某个国家的成见或刻板印象常常基于该国的工业化进程和发达程度，工业化国家具有产品质量最佳的形象，而发展中国家的产品常与质量欠佳等负面评价联系在一起。这些成见是对某个国家生产的产品的质量的总体看法，而对特定种类的产品的偏见可能更深。比如技术含量越高的产品，如果是在新兴市场国家和发展中国家生产的，人们对其看法越消极。在发展中国家还存在这样的现象——进口产品比国产货更受欢迎。

对国家的成见可能会给在特定市场中的企业的国际竞争带来相当不利的影响。当一个国家的制造商所生产的高质量产品因为原产国的消极形象而被认为质量低于其他国家的同类产品时，可以用两种方法来解决：一种方法是掩盖产品的原产地（当然是在法律允许的范围内），在包装、标签和产品设计上尽量减少原产国的痕迹；另一种方法是保持产品的外国身份，并试图通过好的营销传播策略来改变购买者对产品的态度。当然，这不是一朝一夕就能做到的。

并非所有的消费者都在乎产品的原产地。最近的一项研究发现，消费者的知识越丰富，对产品的原产地越敏感。另一项研究表明，不同消费群体的原产地效应有所不同。像日本消费者就比美国消费者对原产地更为敏感，他们在购买大米、肉类制品等产品时很在意是不是本国生产的。跨国公司在开发产品和制定营销战略时，必须考虑这个因素，并采取有效的营销策略，克服消费者对某些国家的成见，否则将妨碍产品的成功。

值得注意的是，一个特定国家的制造声誉可能随着时间而改变。现代、大宇和三星等全球性公司在国际市场上的良好表现，使在20世纪80年代名声不佳的“韩国制造”在消费者心目中的形象大为改观。现在，由于华为、海尔、小米、腾讯等企业在全球市场上异军突起，同样的事情也正发生在“中国制造”上。参见本章的“全球视野”。

## 第2节　国际市场营销产品战略选择

对产品和品牌概念的了解可以帮助营销人员有效地制定平衡标准化战略与本土化战略优缺点的产品战略导向和具体的产品/沟通战略。

## 一、国际市场营销的产品战略导向

根据跨国公司的目标和市场需要，产品战略导向包括产品延伸战略、产品调整战略以及产品创新战略三种类型。每种产品战略导向的形成与企业持有的不同全球营销导向密不可分。

### （一）产品延伸战略

产品延伸战略（product extension strategy）只要求将产品几乎原封不动地提供给（即延伸至）本国之外的市场，反映出母国中心导向和全球所有的市场都相同的假定。已经开发出成功的当地产品或品牌的企业可以采用产品延伸战略。

### （二）产品调整战略

产品调整战略（product adjustment strategy）要求企业根据特定国家市场的需求与其他情况，对产品的设计、功能或包装等产品构成要素加以改变。那些在国内市场已建立起良好的产品和品牌形象，并持有多中心导向的跨国公司，在进一步开拓全球市场时可选择这类战略。

### （三）产品创新战略

产品创新战略（product invention strategy）要求企业着眼于世界市场，“从零开始”开发新产品。持有全球中心导向、能从全球统一市场的角度看待市场之间的实际差别的跨国公司往往会选择这类战略。

## 二、国际市场营销的产品/沟通战略类型

对产品战略导向的选择会影响营销组合的其他因素，尤其与沟通战略关联密切。因此，可以从产品和沟通两个维度以及各自在延伸和调整两个方向上的变化，将产品延伸、产品调整战略具体化为四种产品战略，再加上产品创新，就构成了相对完整的五种国际市场营销产品 / 沟通战略类型，下面逐一分析。

### （一）产品延伸 / 沟通延伸战略

产品延伸 / 沟通延伸战略（product-communication extension strategy）指跨国公司在两个或更多的国家市场或目标子市场中，运用与国内市场相同的广告和促销诉求方式，销售几乎未加改动的同样的产品。

在合适的条件下，这是一种最简单的在本国市场以外寻求机会的战略。不过双重延伸战略的适用范围比较有限，相对而言，运用于工业品比运用于消费品成功的概率更高，因为工业品的消费不会像消费品那样深受文化的影响。

这一战略对企业最大的吸引力在于可以削减成本，主要表现在由于设计和制造的规模经济效应、库存节约和消除产品重复研发所减少的成本，同时标准化的营销宣传能带来规模收益。

尽管产品延伸/沟通延伸战略有助于在短期内节省成本，但实际上可能只有少数企业能够通过采用这种战略取得成功，更多的公司可能在市场上败下阵来。美国的金宝汤公司（Campbell Soup）就是一例，该公司经过一番痛苦的经历后才懂得全球消费者对于汤的口味绝对千差万别。

### （二）产品延伸/沟通调整战略

产品延伸/沟通调整战略（product extension-communication adjustment strategy）是指跨国公司向国外市场提供的产品是一样的，但促销组合要加以调整以适应特定的市场。

企业之所以在产品延伸的同时要调整营销沟通计划，主要是由于国外消费者对产品质量和价值的看法与本国的不同，同样的产品在不同的文化中满足的是可能不同的需要。比如麦当劳的“巨无霸”在美国市场是一种便捷的食品，在发展中国家可能意味着高档、奢侈以及美国式的生活方式，这种差异无疑要求企业改变沟通诉求。此外，不同国家由于社会发展水平的不同以及文化习惯的影响，对特定沟通手段的可用性以及消费者对其的接受度也是不同的，这意味着企业有时还得调整自己的促销手段。

### （三）产品调整/沟通延伸战略

产品调整/沟通延伸战略（product adjustment-communication extension strategy）是指不加修改而直接延伸本国市场的基本沟通战略，同时对产品加以调整以适应当地的使用环境或偏好。埃克森公司是坚持这种战略的典型。埃克森通过修改汽油的配方以适应不同市场常见的气候状况，但没有改变其基本的广告语：“让老虎进入你的油箱。”

### （四）产品调整/沟通调整战略

产品调整/沟通调整战略（product-communication adjustment strategy）是指产品和沟通都要调整，以适应消费者对产品的特殊偏好和不同的沟通诉求。例如亨氏的战略要求产品和广告两者都要适合目标市场，亨氏通过焦点小组座谈来决定外国消费者需要什么口味和形象的产品。美国人喜欢相对甜一点的番茄酱，欧洲人则偏爱辛辣味多一些的番茄酱。亨氏快速调整产品，在广告宣传上也积极迎合目标市场的文化偏好。在瑞典，亨氏广告隐去了美国制造的信息，以至于瑞典人没有意识到亨氏是美国的品牌，亨氏他们感觉那是德国的品牌；在德国，强调美国制造颇受欢迎；在希腊，广告展示了将番茄酱倒在面食、鸡蛋和肉块上的画面；在日本，广告教家庭主妇把番茄酱用作煎蛋饼、香肠、意大利面等西式食品中的佐料。这种产品调整/沟通调整战略使亨氏的海外营销工作取得了成功。

### （五）产品创新战略

产品创新战略（product invention strategy）是指针对市场要求推出新产品，是一项要求高但具有潜在回报的产品战略。发达国家企业在进入欠发达国家的大众市场以及工业化国家的重要子市场时会采用此战略。高露洁在开发其全效牙膏时采用了产品创新战略，这种新型牙膏的配方、形象及对最终消费者的吸引力都是重新专门设计的，目的是便于跨越国界。高露洁全效牙膏目前在100个国家或地区销售，每年可以创造1.5亿美元的收入。

想走向全球的发展中国家的制造商也运用产品创新战略，如海尔专门针对美国市场开发了迷你冰箱。

大多数跨国公司期望找到一种能够优化自身利润的长远的产品 / 沟通战略。上述五种战略中哪一种更能有效地达到这个目标？答案是并无普遍适用的战略。

在识别和提出有利可图的产品 / 沟通战略计划方面，不同企业的意愿、能力以及它们面临的市场竞争环境等诸多方面都存在差异，因此并不存在适合任何企业、任何环境的最佳战略。总之，适合的产品 / 沟通战略是产品本身、市场以及企业调整适应成本和制造成本这几个关键因素相互作用的结果，只有通过对产品 / 市场组合、企业能力和成本的分析，营销者才能制定出最能获利的产品 / 沟通战略。

# 第 3 节　产品创新和开发全球产品

在当今充满活力与竞争的市场环境下，许多企业都认识到持续不断地开发和推出新产品才是生存和发展的关键。对一个实施全球营销战略的企业而言，新产品不再是针对某个单一市场而是为全球市场开发的。

## 一、新产品的类型

什么是新产品？可以从企业的角度来回答这个问题，即本企业以前未曾提供给市场的产品或新品牌的产品；也可以从产品与消费者的关系中得到评定，即消费者以前在市场上未曾见到的产品。严格来讲，开发新产品的动力是出于市场需求而不是制造商的便利，因此对新产品的认识最好从消费者的角度进行。

以消费者为导向的视角将对新产品的关注点落在消费者如何看待新产品的“新”，以及他们对新产品做出怎样的消费反应上。考虑到购买者对待新产品的方式，企业的创新可以分为三种方式：连续型创新、动态连续型创新、间断型创新。它们对应着三种类型的新产品。

### （一）连续型创新

连续型创新（continuous innovation）产品是典型的现有产品的“新型号和改进型”产品。开发这类产品的费用较低，对现有消费模式的干扰很小，购买者需要学习的地方也最少。在快速流通的消费品市场上，经常可以看到这类新产品上市。比如洗发用品从“可以去屑”到“让你的头发更柔顺”的发展、变化，就是一个典型的连续型创新产品的开发过程。这类新产品不要求消费者有新的消费行为，因此消费者接受这类产品的速度较快。

### （二）动态连续型创新

动态连续型创新（dynamically continuous innovation）产品与前几代产品共有某些特性，但又包含产生附加值的新特性，如性能有所提高或使用更加方便。尽管消费者可以参照过去熟识的产品来认识这类产品，但附加的新特性需要消费者调整自己的某些消费行为，会对已有的消费模式造成一定程度的间断。比如，相对于以前的牙刷，电动牙刷就是一种动态连续型创新产品，引入市场后消费者可能需要去认识新增的功能，并部分地改变自己的消费模式。

### （三）间断型创新

间断（不连续）型创新（discontinuous innovation）产品可能是一种全新的发明或创新，它要求消费者有全新的使用经验。消费者必须了解产品的基本观念，把它与自己的生活联系在一起，并看到产品如何与自己的生活相符。在这个过程中有质疑、有接受，因此，产品开发的成功率可能会低于前两种。首次出现在市场上的产品都属于此类型，比如电脑、手机等产品在最初上市时，曾使人们的生活和工作方式发生急剧的变化。由于这类产品往往是伴随着重大的科技进步和技术革新才问世的，因而在整个新产品中所占的比重并不高。

在这三种创新中，第一种连续型创新是持续改善流程、产品、服务；第二种动态连续型创新是持续地利用既有知识去开发新的、不同的产品；第三种间断型创新是真正的创新。企业在开发新产品的过程中，这三种方法需要同时并用。另外，创新出现在企业经营的各个环节，而不只是在产品设计上。① 参见营销视角 9－2。

**营销视角 9－2　从“山寨者到科技先驱”：中国企业的创新之路**

## 二、新产品的开发

在全球化背景下，无论是哪种新产品，都需要跨国公司着眼于全球市场来开发。营销人员、设计人员和工程师必须跳出特定市场的局限进行思考，遵循全球产品开发的程序，创造出在全世界都具有优越价值的新产品。

### （一）从全球市场考虑新产品开发

开发新产品需要支付高昂的研发费用。随着竞争的加剧，一些企业发现，设计、开发全球产品可以降低产品的研发成本。它们的目标通常是建立一个可以迅速且廉价地转向不同国家市场的单一生产平台，为产品设计元素或部件。企业如果拥有全球产品平台，在需要时便可拿出一个在全球设计基础上的修改版，而不必为不同国家或地理区域分别进行设计，即从全球市场考虑新产品开发。

开发全球产品的主要目标并不是推出一个适用于所有市场的标准化产品，而是使所开发的新产品或产品线能吸引全球市场。目前，很多跨国公司的许多产品都是为全球市场开发的，当技术可行时再将不同市场的特殊要求整合进来。一些公司的做法是使设计的产品符合主要市场的需求和其他主要的规定，然后（如有必要）稍微调整使其符合一个较小市场的要求。例如，日产汽车公司先开发出样板车型，然后只需进行很小的调整就能适用于各个市场。日产汽车公司还提供了一批附加车型，以满足各国当地细分市场的需要。由此，该公司将基本车型从 48 种简化到 28 种，而且新产品能同时进入公司的所有市场。

① 彼得·德鲁克. 后资本主义社会. 北京：东方出版社，2009：148.

开发全球产品的战略适用于所有跨国公司吗？对于汽车、彩电、计算机等典型的全球性行业，毫无疑问需要从全球市场的角度来开发新产品。对于那些不具备全球性行业特征的企业，如雀巢这样的包装食品企业，同样可以通过开发一定程度的全球产品来获得成本上的好处。

总之，在开发新产品时，企业应尽可能做到全球性和区域性产品要有跨国界的效用，也应该注意挖掘本地化产品在其他国家销售的可能性。例如，海尔就将其针对美国市场开发的高端冰箱在中国市场销售，满足富裕人群的需求。

## （二）全球产品的开发过程

新产品的开发过程包括八个步骤：设计思想的产生、设计思想的筛选、设计思想的开发与测试、市场营销策略的制定、产品经营分析、产品的开发、产品的市场测试和产品的商业推广。全球产品的开发过程也应遵照这些步骤，而且在所有的开发步骤中，都应该追求全球化的益处。

全球公司在开发产品过程中要充分利用其在世界各地的资源优势，即使在母国开发产品，所有相关的子公司也应参与进来。奥的斯公司开发新产品 Elevonic 电梯的过程就是一个好的例证，这种电梯是由分布在 5 个国家或地区的 6 个研发机构开发的。奥的斯集团在美国的机构负责系统的合成，在日本的机构负责设计特殊的发动机以使电梯运行平稳，在法国的机构使电梯门的系统趋于完善，在德国的机构负责电子系统，在西班牙的机构负责改善电梯的传动部件。这样的开发方式节约了近 1 000 万美元的成本，并且将开发周期从 4 年缩短到 2 年。

一般而言，一个典型的全球开发项目应包括以下活动。

### 1. 母公司管理部门担负的责任

第一，制订全球统一的新技术开发和新产品设计方案，以达到全球设计、生产和采购的标准，并向各子公司传达有关的设计信息和要求。

第二，管理有关产品开发项目的计划、开发、制造、推广和支持等活动，以及指导和支持业务活动所涉及的小组，保证活动得以实现。

第三，对全球项目中所有的活动进行整合和协调。

### 2. 相关子公司担负的责任

第一，明确各子公司在产品开发中的分工及其在与母公司管理部门的技术合作中应达到的特殊要求。

第二，完成子公司应承担的其他计划、制造、推广和支持活动。

第三，找出与母公司管理部门的计划和活动不协调的地方。

在产品开发初期，全球化的重点是明确和评价对母公司管理部门和子公司的要求，并将其列入计划之中。在产品开发后期，关注的重点是有效地开发和设计具有最小差异的全球产品和增强各子公司的支持系统的能力。

这样的开发过程能使母公司和子公司以及子公司之间进行有效的互动和交流，使得产品开发活动的整个过程建立在全球性的基础之上，从而使所开发的产品能服务于全球市场。另外，需要特别注意的是，开发过程须保持流畅和持续性。目前很多制造业的特点是技术变化快，新产品晚进入市场 9～12 个月，收益就可能损失一半，为此要尽量缩短开发时间。

### （三）全球产品的测试

全球产品的测试是新产品开发中一个非常关键的环节，测试内容包括产品功能测试和市场测试（也称试销）。功能测试的目的主要是了解产品性能的可靠性，一般在实验室进行。市场测试的目的是了解产品被目标市场接受的程度，包括消费者和经销商如何处理、使用和再购买产品。一般是在特定市场进行小批量试销，用以估算产品在全球市场的销售前景。

市场测试涉及对产品实际使用情况的评估，显得更为重要。试销可以先在一个有代表性的国家市场进行，然后根据试销情况在全球市场推广。一些国家常被作为全球产品的测试市场。如宝洁和高露洁投放到拉丁美洲市场的产品常在巴西进行测试，联合利华打算在亚洲推广的产品常在泰国进行测试。

新产品的失败率很高（消费品的失败率估计为 67%～95%），因此在新产品全面进入市场前，要进行全面的营销组合测试。除了产品的使用性能，还包括产品说明书、包装、广告、渠道和定价等所有的营销因素。市场试销不是可有可无的。

试销需要依据科学的方法进行。针对消费品市场，研究者提出了四种试销方法：销售波研究、模拟市场测试、控制测试营销和测试市场。这些方法在市场营销学中有详细介绍，本书不再赘述。在产品全面进入市场前，测试都将不间断地进行以提高新产品的竞争能力。

### （四）全球产品的推广

全球产品的推广意味着在有限的时间内将产品导入 3 个或更多的国家。比如苹果公司于 2012 年 3 月开始在美国、中国等多市场同步出售新款 iPad。iPhone 智能手机也沿袭了这一策略，2016 年 iPhone 7 与 iPhone 7 Plus 上市时，首发的国家与地区达 27 个之多。在全球主要市场同步推广新产品可以营造声势，增强其对市场的吸引力。

为了达到这个目的，跨国公司必须采取一系列措施。各东道国的市场经理应该在产品策略形成的第一个阶段就参与进来，以确保整个公司和产品的广告信息中包含各东道国和区域市场的信息。可以建立一个产品推广小组（包括产品、营销策划、生产、销售、服务、技术和沟通促销部门的代表），并按不同于国内营销的分工合作方式进行，以便增强产品在各国的竞争力。

即使是针对全球市场开发的产品，在推广以前也应适当考虑东道国市场的特殊要求并做相应的推广策略调整，推广所用资料必须考虑文化和文字表达方面的国际差异。全球产品的推广需要对中间商进行更多的培训，同时也需要得到销售渠道更多的支持。

一项成功的产品推广能带来很多益处。首先，企业得以同时在重要市场展示其技术，也有助于促使企业在某些国家的分支机构下决心进行产品更新；其次，全球推广可以显示企业的实力并提升企业的公众形象。微软、苹果这样的全球性公司基本上都采用全球推广。

成功的产品还需要其他营销要素去配合，才能真正走进市场，这是后面三章要讲述的内容。

上述对新产品开发的阐述主要围绕实体产品进行，近年来随着科技发展推动企业制造模式和消费模式的变化，新产品开发领域出现了从主打卖实体产品转向卖服务的深刻变化。制造企业要想抓住这个市场变动趋势，就要改变传统的制造模式——将从单纯以原材料、零部件为基础的制造模式，升级为以信息和知识为基础的产业，提高信息和知识在产品构成中的比重，以便在提高产品附加值的同时可助力企业从单纯的制造领域向服务领域延伸，为企业开拓更广泛的利润来源。苹果公司是这方面转型的典范，参见案例分析9－2。

**案例分析9–2**

### 苹果公司的产品战略变革

纽约时间2020年8月19日，苹果公司成为首家市值超过2万亿美元的美国公司。苹果公司自成立伊始到市值突破1万亿美元，花了42年，而从1万亿美元到突破2万亿美元，仅用时两年。与快速增长的股价比，苹果公司的营收和利润的增长要缓慢得多。截至2020年9月底的这一财年中，苹果公司预计将获得2 740亿美元的营收和570亿美元的利润，相比2015年的2 340亿美元的营收和533亿美元的利润，仅分别增长17%和7%。而其股价同期却翻了两番。这一反差反映出苹果公司正朝着成为一个技术或消费平台，而不是更具周期性的硬件公司的方向发展。

iPhone的销售额不再像过去那样是推动苹果公司增长的因素。过去五年里，iPhone的营收锐减了16%，在苹果公司总销售额中的占比从63%下降到2020年第三季度的44%。然而，在苹果智能手表和AirPods耳机获得成功的推动下，苹果公司可穿戴设备和配件部门高歌猛进，营收增长144%，达到64.5亿美元；平板电脑部门的营收增长45%，达到64.5亿美元；服务业务增长162%，达到132亿美元。苹果公司对硬件销售的依赖程度在降低，也不再过于依赖其标志性产品iPhone。统计数据显示，首次购买iPhone的人数在2016年达到1.29亿人的历史峰值后，每年都在下降。

在苹果公司2020年9月15日名为“时光飞逝”的新产品发布会上，iPhone 12不再是主角，苹果重点展示了配件业务和其他硬件，包括第六代苹果智能手表和称为AirPods Studio的头戴式耳机，以及名为AirTag的物品追踪器，以便向公众展示华尔街已经认识到的变化——该公司已经从依赖智能手机服务转向产品组合越来越多样化。

根据西班牙卡利纳斯咨询公司估计，苹果公司每卖出100部iPhone，就有49副iPro耳机和14块苹果手表出货。相比之下，三星每卖出100部旗舰手机盖乐世S，有34副Buds耳机和14块配套手表出货。苹果设备的利润率通常也更高，例如三星盖乐世Buds的售价为85美元，Plus版的售价为140美元；而苹果Airpods的售价为134美元，Pro版的售价为229美元。卡利纳斯表示，在全球智能手表市场，2020年第二季度，苹果的市场份额为40%，是最接近它的竞争对手华为的两倍。与此同时，苹果服务新增的一项业务可能是包括音乐、视频、游戏、新闻等在内的订阅服务捆绑包，据说名为 Apple one。

苹果公司在过去两年里并没有做出多少创新，最重要的创新可以说是其几乎无可匹敌的盈利能力。苹果公司首席执行官库克建立了一个复杂的全球网络，将客户锁在苹果生态中，这样他们每隔几年就会购买新产品，并按月付费使用苹果的数字服务套件。苹果产品已经牢牢控制了人们交流、娱乐及购物的方式。

如今的苹果公司已经成为移动通信设备、可穿戴设备、服务配件、支付金融以及体验公司。苹果公司股价上涨，反映出投资者对苹果公司做出的业务重点转移越来越有信心。

资料来源：辛斌．苹果靠什么成为全球市值第一．环球时报，2020-08-03（11）；外媒热议：苹果市值首次突破两万亿．参考消息，2020-08-21（4）；新 iPhone 或缺席苹果发布会 英媒称苹果产品组合日益多样化．参考消息，2020-09-11（4）．

问题：

1. 阐述苹果公司产品战略转移的方向和主要内容。

2. 苹果公司的这种产品战略转移具有普遍性吗？其他企业可以效仿吗？

3. 从创新对社会经济发展的推动来讲，苹果的这种战略转移有无负面作用？请说明理由。

## 基本概念

产品延伸战略　产品调整战略　产品创新战略　连续型创新
动态连续型创新　间断型创新

## 思考题

1. 跨国公司如何通过对产品五个层次的调整，在标准化与本土化之间找到平衡点？
2. 跨国公司持有的产品战略导向主要受什么因素影响？
3. 跨国公司如何选择具体的产品 / 沟通战略？
4. 为何需要从消费者和市场的角度理解和开发新产品？
5. 开发全球产品就是设计、生产标准化产品吗？

## 实训练习

查阅 2007—2020 年凯度公司提供的最具价值全球品牌百强榜，关注中国品牌在其中的变化情况，并解释这个变化趋势。

# 第10章 国际定价策略

定价策略的真正问题是价值，而非价格。狭义来看，价格是对产品或服务的标价；广义来看，价格表现的是消费者在交换中所获得和使用的产品或服务的价值。

## 学习目标

- 了解影响国际定价的主要因素，掌握国际定价的基本程序。
- 从战术和战略两个层面理解国际定价决策在国际营销组合中的作用。
- 了解国际新产品定价的重要性，并掌握初次定价的三种基本方法。
- 掌握出口定价的两种基本策略，理解出口定价面临的价格升级和倾销的成因与解决方法。

全球视野

### 有效的价格策略助中国车获得海外市场认可

近年来，中国汽车在俄罗斯市场越来越受欢迎。2020年俄罗斯汽车总体销售量出现了下降，但中国品牌汽车的销量却逆势增长62.5%。销量最好的中国汽车品牌分别是长城哈弗（17 381辆）、吉利（15 475辆）、奇瑞（11 452辆），分别位居俄罗斯汽车销量榜的第16位、第17位和第21位。此外长安汽车和一汽集团的一些车型在俄罗斯市场也有良好表现。

SUV是在俄罗斯最受欢迎的中国品牌车型，价格适中且性能可靠。吉利GeelyAtlas的售价约为100万卢布（约合11万元人民币），哈弗H6的售价约为93万卢布，奇瑞瑞虎5的售价约为100万卢布、瑞虎3的售价约为74.5万卢布。俄罗斯的专家认为，俄罗斯市场上的中国汽车有着最高的性价比，相对较低的价钱即可买到高配的汽车，而且即便是标配的中国汽车，通常也配有空调、全部电子电控和其他便利设备等完善的配饰，这无疑增加了中国汽车的吸引力。而且，中国汽车在组装质量、乘坐舒适度和安全性能几个方面也都取得了长足进步，品牌形象提升很快。

中国车企在其他一些新兴市场也有良好的发展势头：在东南亚市场上，上汽集团的五菱品牌凭借低价通用车型获得了印度尼西亚2%的市场份额；在北非，埃及是中国汽车云集之地，可以时常见到奇瑞、比亚迪、吉利、华晨、长城等中国汽车品牌；在南美的巴西，中国车企的表现也越来越亮眼，2019年1—8月，奇瑞与巴西CAOA集团的合资公司CAOA奇瑞，在当地市场实现销量约1.2万辆，市场份额0.8%，增幅高居首位。而且中国汽车性价比高，也博得了越来越多巴西网约车企业的青睐。虽然，目前中国汽车在巴西的市场份额不到1%，不过增长势头明显。

与传统汽车将出海发展重心放在新兴市场不同，中国电动汽车的主攻目标在欧美等发达国家市场。几年前，中国汽车还不被西方市场放在眼里，但现在中国汽车的设计能力已赶上甚至超越了西方，尤其是在电动车方面。

目前来看，中国电动车能对欧美车企造成影响的主要是售价便宜的车型。例如，英国目前在售的性价比最高的电动车是MG ZS，仅2.5万英镑，是上汽集团的一种车型；威马汽车EX5的售价仅为2万美元左右，续航里程则有望达到520千米。许多中国车型如今都已具备欧美标准的参数与设计，售价却很低，酷似20世纪80年代风靡全球的日本汽车。

资料来源：黄培昭，李晓骁，等．“中国车”在新兴市场争取获得更多认可．环球时报，2020-01-13（11）；詹姆斯·莫里斯：从笑柄到赶超，中国车让欧美感到压力．环球时报，2020-07-20（6）；柳玉鹏．中国车去年在俄销量增长62.5%. 环球时报，2021-05-31（11）.

---

从“全球视野”可以看到，我国汽车制造商凭借恰当、有效的价格策略，在一些海外市场崭露头角。成功、鲜活的营销实践再次证明：定价决策不只是一个战术问题，更是企业整体营销战略的关键之一。

价格在营销组合中是唯一能产生收入的因素，其他因素都表现为成本。国际营销者尽管拥有合适的产品，选择了恰当的销售渠道，进行了正确的促销，但如果定价不当，所有的努力仍将付诸东流。给产品制定一个恰当的价格至关重要，产品的价格不仅要考虑成本、税金和利润等财务因素，还必须反映东道国市场消费者对产品质量或价值的期望。

在国际营销者承担的所有任务中，制定恰当的价格是最困难的任务之一。原因有两个：第一，价格不仅是讨价还价的工具、战胜对手的市场竞争武器，还是体现企业和产品的形象与地位的指示器，是为企业直接创造收入，使其在一定的利润下吸引并留住顾客的重要手段。在制定价格时，企业管理层不仅要认识到定价在战术水平上刺激短期需求的重要性，还要看到其在跨国营销中的战略意义。第二，由于企业从事国际营销所处的阶段不同，定价决策也不同。企业在从事出口营销、跨国营销和全球营销的不同情况下，制定价格的努力也很不相同。鉴于此，本章在阐述完有关定价的基本内容后，将分两节阐述出口定价、跨国营销定价和全球营销定价时适用的定价策略、方法，以及在定价中遇到的诸如价格升级、倾销、灰色营销和转移定价等问题。

# 第1节　国际定价基础

与国内定价一样，国际定价要考虑新进入市场的定价、定价的改变和产品组合定价等，这些定价工作会随着企业融入国外市场的程度和市场类型的改变而改变。

价格应在成本底线和市场能够承受的范围之间变动，它不应当是固定不变的，企业如果能将价格变化的范围扩大，在制定价格时的选择就会增加。当然，价格的可行性范围不是企业可以任意确定的，它受到很多不确定因素的影响。定价是一个复杂的过程，需要用严谨的步骤来规范。细致了解和准确掌握定价的基本程序，无疑会增加企业对价格变化的合理范围的了解，并提高定价的主动权。下面从定价环境评估、定价战略选择、定价策略和定价方法选择三个方面阐述国际定价的主要步骤。

## 一、定价环境评估

价格不只是加总了成本、利润和税金后的一个具体数值，其核心在于价格是企业与购买者交流的一种方式（价格是购买者判断商品档次和吸引力大小的基本依据），以及获得竞争优势的主要工具，因此，制定价格的首要步骤是评估影响定价的内外部环境，即仔细分析影响定价的因素（见表10－1）。

表10－1　影响定价的内外部因素

| 外部因素 | 内部因素 |
|---|---|
| 1. 顾客和消费者 | 1. 企业目标 |
| 2. 需求和价格弹性 | 2. 产品因素 |
| 3. 竞争对手的反应 | 3. 成本结构 |
| 4. 币值波动和汇率风险 | 4. 分销系统和促销因素 |
| 5. 政府因素 | 5. 企业整体价格定位 |

国际营销中定价环境评估所依据的理论和方法与国内营销并无二致，这里就不再对影响企业定价的内外部因素进行赘述了。

## 二、定价战略选择

定价决策面临相当程度的复杂性和不确定性。对于一个不想仅在市场上追随他者而想主导自己价格决策的企业而言，需要有整体性的定价战略以及相应的战术来适应一个特定国际市场的营销环境，并对消费者和竞争对手对一个特定的定价可能出现的反应做出预测，以此指导定价工作。

### （一）定价战略的含义

定价战略（pricing strategy）是在企业定价目标的约束下形成的一个指导并控制定价决策的思想、政策框架。定价决策必须在此框架内做出，而且要符合企业的总目标和整体利益。定价战略有助于明确定价在市场营销中的角色和用途，提供足够的指导性规范，以使企业在市场中保持协调一致的形象。

定价战略具体涉及初次定价、产品组合定价和价格调整三个层面，每一层面又因企业的国际营销状况不同而有差别。

### （二）初次定价战略

初次定价（first-time pricing）也称新进入市场的定价，主要包括撇脂定价、追随定价和渗透定价三种战略。

#### 1. 撇脂定价战略

撇脂定价战略（market skimming strategy）常常是针对为某特定品牌或为专用或独特产品支付高价的目标子市场所采取的定价方法。撇脂定价的目标是制定高价格，以在短期内获得尽可能多的利润。使用撇脂定价战略，必须保证产品是独一无二的，且一些细分市场愿意为此支付高价。那些以差异化战略或将其产品定位于高价子市场来寻求竞争优势的企业，经常使用撇脂定价战略。路易·威登和其他以全球精英子市场为目标市场的奢侈品营销公司就运用了撇脂定价战略。

撇脂定价有许多优势，它可以使企业建立高质量的品牌形象，吸引那些为首次尝试新产品而不计较价格的潮流领导者以及那些追求身份地位的消费者（他们把高价看作产品非同一般的标志）。与此同时，高价格预留了较大的降价空间，为开发低价格、更大众化的市场做好铺垫。

当然，撇脂定价也存在风险。第一，高价格会抬高消费者的期望。一旦消费者在使用中感觉不好，产品会被认为品质不佳，或价格虚高，从而背上恶名，市场前景堪忧。比如美国奢侈品牌近一两年在华遭冷落，原因在于设计乏善可陈，少有让人们能感知到的价值，而价格却很昂贵。第二，撇脂定价战略下的高利润可能会吸引来众多的竞争对手。撇脂定价的成功很大程度上取决于竞争对手反应的能力和速度。梅赛德斯－奔驰公司多年来一直运用撇脂定价战略，但高昂的价格给丰田公司创造了市场缝隙，使其能够以低于梅赛德斯－奔驰的价格推出雷克萨斯系列豪华轿车，蚕食了梅赛德斯－奔驰在高档汽车市场上的份额。

#### 2. 追随定价战略

尽管企业通常将价格作为差异化的工具，但是国际市场营销经理可能不得不接受已有的市场定价。企业在进入某一国外市场时，如果类似的产品已经存在，自己又无明显的竞争优势，就需要采用市场追随定价战略（follow pricing strategy），即根据竞争对手的价格决定自己的价格。

追随定价要求调整产品等营销因素以适应可能的价格。这种方法要求企业对产品成本有完全的了解，对产品生命周期有完全的信心，因为产品生命周期必须足够长才能保证产品进入市场后逐渐获利。这是一种针对竞争对手的反应性的定价战略，如果销售量没有明显增加，也没有产生满意的回报，这种定价就有可能出问题。

20 世纪 90 年代，韩国汽车制造商现代起亚刚进入美国轿车市场时名不见经传，而且当地市场充斥着类似产品，市场已经饱和。于是现代起亚将其伊兰特轿车定位在与本田思域和丰田花冠同样的档次上——都是面向城市居民、30 岁以上的三口之家或四口之家，适用于上下班、接送孩子和假日郊游等，但价格低 25%。经过 20 多年的努力，从追求价格优势到逐步提升产品档次，现代起亚在美国市场占据了一席之地。到 2011 年其销售增长速度已远远超过丰田和本田，这一业绩的取得与它进入美国市场后采取的合适的定价战略有很大关系。

3. 渗透定价战略

为了在最短的时间内赢得最大的市场份额，企业可能让自己的新产品的定价比竞争对手都低，为了扩大销售而牺牲部分利润，表现出很强的攻击性，这就是渗透定价战略（penetration pricing strategy）。

渗透定价要求将价格降低到足以迅速获取市场份额的水平上。采用渗透定价战略的产品以低价出售，以获得较好的销售量和高市场占有率，但单位商品获利微薄。因此，这种战略一般要求市场规模大、消费者对价格敏感以及随着销售量的提高能降低生产和销售成本；要求企业具有可获得规模经济效益的制造部门和低成本的劳动力，生产和销售效率高，可以有效控制成本。渗透定价在产品需求弹性较大的条件下更有效。

除了有利于刺激需求、扩大市场占有率之外，与撇脂定价相比，渗透定价具有攻击性，能阻碍其他产品进入市场。不过渗透定价的基本假设是更低的价格能增加销量，但这个假设不一定总成立。换言之，低价格并不总能带来高销量，而且渗透定价还可能使企业面临低价格造成的低质量品牌形象的风险，若策略不成功，企业很难再提高价格，这种产品就不得不一直以低价格出现在消费者面前了。

20 世纪 80 年代，索尼对其推出的很多新产品都使用了渗透定价战略。在开发便携式 CD 播放机时，首批次产品的单机成本估计将超过 600 美元，这在美国和其他目标市场都是一个销不动的价格，因此盛田昭夫董事长指示经理们将单价定在 300 美元内，以进行市场渗透，最终实现了占领美国市场的目标。索尼是全球营销公司，它在这些市场可望达到的销售额使它能够实现规模经济和较低的成本。而一个初次进行出口的企业不大可能使用渗透定价战略，原因很简单，渗透定价经常意味着产品可能会在相当一段时期内以亏损价销售。刚刚开始出口的企业不像索尼公司，它们无法消化这种损失，也不可能拥有到位的营销体系（包括运输、分销和销售组织），而该体系恰恰能使索尼之类的全球性公司有效地利用渗透战略。不过当企业推出的新产品的原创性不足时，在不具备获得专利保护的情况下，使用渗透定价可能是唯一的选择。

## （三）产品组合定价战略

如果某产品属于一个系列，那么它不应与该系列中的其他产品割裂开来定价，整个系列必须被视作一个整体，不同产品服务于不同目的，共同为整体做贡献。在这种情况下，企业要寻找一个使整个产品组合能获得最大利润的价格体系，可以让一种产品的回报率比较低，而另一种则定高价。下面具体介绍两种方法。

1. 产品线定价法

该方法针对同一产品线上的不同产品制定不同的价格以显示其差异性。为了满足大量细分市场的需求，企业通常宁愿发展产品线而不愿搞单项产品。产品线中有些定价是为了防御竞争对手或从现有的竞争对手手中获得市场份额，有些是为了强调品牌形象，还有些是为了给企业贡献利润。由于各种产品在需求和成本之间有内在的相互关系，并受到不同程度竞争的影响，产品组合定价并不好掌控。不过，能娴熟使用该方法的企业也不在少数，英特尔公司就是其中之一。

1997年，英特尔将微处理器市场细分为廉价的个人电脑和性能极强的服务器等若干子市场，对不同产品制定不同价格，以不同售价的产品满足特定市场。例如赛扬（Celeron）针对的是廉价的个人电脑，售价仅为150美元，它使该公司顺利进入了低端个人电脑市场；而奔腾4主要用来满足服务器市场，根据速度的不同，售价在300～600美元，是该公司的盈利性产品。

2. 附属产品定价法

有些企业的产品需要配合其他产品使用，即产品组合是由主要产品和附属产品构成的。在这种情况下企业对购买频率低的主要产品制定相对较低的价格，而对需要不断购买的附属产品制定相对较高的价格。比如，生产剃须刀刀架和照相机的厂商常常将它们的价格定得低，而对刀片和胶卷这样的易耗品制定较高的价格，这就是附属产品或伴侣产品定价法。

有不少跨国公司热衷于这种定价策略。以惠普公司为例，1996年，墨盒、特种打印纸的大量销售大大提高了利润，惠普大幅降低了打印机的价格，有些产品的降幅高达60%。打印机价格的降低促使销量增大，进一步扩大了配用产品的市场，尽管这些产品的价格并不低廉，如其墨盒的售价在20～200美元。进入21世纪后，墨盒连同其他一些配用消耗品的销售已经成为惠普利润的主要来源。

### （四）价格调整战略

长期来看，价格很少是一成不变的，企业常常面临是降价还是提价的问题。为了获得更大的市场占有率，企业需要发动降价；由于成本上升的压力或者出于对其他战略的考虑，企业需要发动提价。价格变化对企业的销量、利润率、市场稳定性以及品牌形象都会产生重大影响，而且如果调整幅度过大，还会引起消费者和竞争对手做出某种反应，因此价格调整需要慎重。

1. 发动降价的原因

（1）产能过剩。过多的生产能力迫使企业降低价格，不过，价格下调的发起者可能会面临一场价格战。

（2）控制市场。企业主动发动降价以控制市场。如果一家企业在市场上享有价格和成本方面的强大优势，而且不会受到竞争法规的制裁，那么它会希望巩固自己的主导地位，方法是采取有选择的降价或全面降价，这种行动有助于消灭竞争对手，或至少把一些竞争对手淘汰出局，但采取这种方法的企业也在冒风险，那就是会让消费者对价格更敏感。

（3）市场竞争。如果某企业的市场份额遭到了竞争对手的侵吞或蚕食，或者市场需求比较弱，那么企业可以采取降价或低价策略，尽量减轻对自己的威胁，来保卫自己的地位。

2. 发动提价的原因

（1）成本增长。这是引起提价的主要原因。与生产率提高不相称的成本增长，压低了利润幅度，导致企业提高价格。成功的提价能增加相当大的利润空间，但也存在将涨价成本转嫁给顾客的嫌疑。因此，任何一次提价都必须存在一种合理的理由，并将真实情况告知顾客。目前的现实是，企业不能想当然地将原材料价格的上涨不受阻碍地、自动地转嫁给消费者，这样的做法可能会导致顾客流失，也可能引起东道国政府的干预。

（2）市场供不应求。如果需求高涨，货品出现了短缺，供应商就会用价格来限制需求，或利用这个机会增加盈利，这种情况下的涨价可能会面临东道国的反垄断调查以及惩罚。

当一个企业出于上述原因发动提价时，有两种具体方法可供选择：可以一次性地大幅提价，也可以小幅多次提价。一般来说，顾客可能容易接受有规律的小幅提价而不是大幅提价。

## 三、定价策略和定价方法选择

### （一）定价策略

在很多营销学教材里，定价战略和定价策略被作为同一概念使用，主要原因可能是“战略”和“策略”的英文都是“strategy”，这里区分出定价战略和定价策略，并非要从字面或者理论上探讨二者到底有何区别，而是出于营销实践的需要。

从上面的内容可以看出，定价战略关注的是企业如何在初次定价、如何对价格进行调整和对产品组合定价等方面做出全局性的筹划和指导。实际定价工作将如何遵循定价战略规划的方向以及对路径的选择，还需通过具体的、可操作的实施方法来实现，这就是定价策略要起的作用。

与国内定价不同的是，在国际市场营销中，定价策略首先要考虑价格的标准化和非标准化问题。实际上，价格在营销组合因素中是最难标准化的。另外，企业所处的营销阶段或营销状态也直接影响着定价策略的制定和选择。即使采取标准化定价决策，在出口营销和全球营销（包括跨国营销）情况下，具体的定价策略选择也是有区别的，由此引发的定价问题也很不同，这里不再就定价策略做共性阐述，后面分两节分别对出口定价策略和全球定价策略进行详细讨论。

### （二）定价方法

在确定了国际市场的定价策略后，企业就要考虑具体的定价方法了。采取何种定价方法取决于企业的定价导向，有三种定价导向可供企业选择：成本导向、竞争导向以及需求导向，每种导向对应若干定价方法，其理论与国内营销并无二致，差别主要在操作层面。

处在出口营销阶段的企业可能更偏向于以成本作为定价的主要依据，而对于一个全球性企业来说可能会更多地从需求和竞争的角度考虑自己的定价方法。具体内容在第 2 节和第 3 节详述。

完成了上述各环节的工作后，企业就可以为其产品或服务确定一个具体的价格了，但这并不意味着定价工作的结束。在国际市场上没有固定不变的价格，企业要根据顾客的需求、分销中的市场地位或者交易条件等对价格不断调整，主要的调整方法包括折扣、折让和地理调整等。比如肯德基（中国）于 2011 年初进行了地理调整，启用细分差别定价策略，在不同城市、不同商圈，综合考虑每家餐厅的租金、营业状况等因素，依据各餐厅的实际情况差别定价。

# 第 2 节　出口定价策略及其面临的问题

在国际市场营销中，存在两种普遍的出口定价策略：世界范围内的标准定价和双重定价。每种策略所适用的定价导向与方法以及可能面临的问题有所不同。我们首先来看这两种定价策略，之后分析出口定价中面临的问题。

## 一、出口定价策略和方法

### （一）世界范围内的标准定价

世界范围内的标准定价（standard worldwide pricing）是指在全球不同的目标市场统一定价，或者以平均的单位固定成本、变动成本和出口相关成本为基础定价。

世界范围内的标准定价以成本为导向，但是该定价策略很难实现。首先，生产成本在各国是不同的，要保证成本相同对于在不同国家设厂的企业来说几乎不可能，因此，销售价格一般会反映出生产成本的差异。

其次，即使只在同一个地方进行生产（以保证同样的生产成本），把产品运输到某个市场的成本也可能会高于运到其他市场的成本。销售成本在不同市场上也是不同的，在分销体系更有效率的地方，销售价格往往会比分销体系无效率的地方要低。因此，企业并不能保证其产品在各个目标市场上的销售价格完全相同。

再次，企业还必须考虑当地消费者的购买能力。在低购买力市场，管理人员可能会选择压低定价，使更多的消费者能够购买产品，以扩大市场份额。

最后，企业还要考虑汇率的变动情况。当生产地所在国的汇率相对于目标市场国的汇率上升时，产品在目标市场上的价格就会更高一些。

由于世界范围内的标准定价会出现以上问题，因此双重定价使用更为广泛。

### （二）双重定价

双重定价（dual pricing）是指企业在国内市场和国外市场制定各不相同的价格。通常情况下，由于出口中增加的各项成本，产品在国外市场的价格高于国内（或者生产地）市场的价格。不过，有些时候，某些企业认为国内市场的销售足以弥补所有产品的生产成本（研发投入、管理费用、日常开支等），出口产品只要能够弥补一些额外的出口成本以及在目标市场上的销售成本（如关税）就可以了，这时，产品的出口价格也可能低于国内市场价格。

要想在国际营销活动中成功地运用双重定价策略，企业必须能够将国内购买者与国际购买者分隔开来。如果某市场上的购买者发现自己支付的价格比另一个市场上的购买者支付的高，他们就可能取消订单，或者他们会通过套利（在产品卖价低的地方购进产品，然后运到卖价高的地方）的方式来获利。

### （三）出口定价的两种方法

出口产品的定价可采用成本导向或市场导向定价法，两种导向下的具体定价方法不同。

#### 1. 成本导向下的定价方法

基于成本定价的企业必须确定，是采用完全成本定价法还是变动成本定价法。

（1）成本加成法（cost-plus method）。采用完全成本定价法（full-cost pricing）的企业认为，同一种产品的每一件都应当分摊总的固定成本和变动成本。这一方法适用于变动成本高而固定成本相对较低的企业。在这种情况下，通常采用成本加成法，即总成本（国内、国外全部的实际成本）加上一定的利润。尽管这种定价能保证毛利，但可能因为价格过高而降低竞争力。为此，一些出口商可能考虑一种灵活的、跟随具体环境而变化的加成策略，根据客户、订货批量或竞争激烈程度给予折扣，定价也可以抵消汇率波动的影响。

（2）变动成本定价法（variable-cost pricing）或边际成本法（marginal cost method）。采用变动成本定价法的企业，只考虑出口产品的变动成本即边际成本，因此也称为边际成本法。这些企业把国外销售额看作额外的收入，认为扣除变动成本的收益都是对总利润的贡献。这些企业能在国外市场推出最有竞争力的价格。不过，由于它们以低于国内市场的价格在国外销售产品，很可能会受到倾销的指控，面临被课以反倾销税或被处以罚款的风险，这会抵消其原有的竞争优势。不管怎样，变动成本定价法或边际成本法对于固定成本高且生产能力过剩的企业来说，不失为一种可行的方法，超过变动成本的收入能分摊一部分固定成本，对企业来说就相当于收益。

不同国家的出口商往往采用不同的定价方法。比如，韩国企业在国际市场上的定价就比国内市场更有竞争力；而美国企业在制定出口价格时，似乎对成本和利润考虑得更多一点。

#### 2. 市场导向下的定价方法

把定价作为企业战略一部分的企业往往采取以市场为导向的定价方法，市场导向下的定价方法主要是市场差别定价法（market-differentiated pricing），即根据市场的不同情况制定不同的价格。

市场导向下的定价方法不仅关注顾客对不同价格水平的反应，还充分考虑市场竞争状况。采用这种灵活的定价方法的前提是企业应该对市场需求的性质和弹性以及竞争对手的情况很了解。

有两种情况较常见。其一是跨国企业可能基于消费者对产品价值的认知，制定一个远高于成本的价格，比如意大利时尚品牌阿玛尼，在美国市场为那些希望拥有限量版T恤以彰显其身份的消费者，以275美元的高昂价格销售少量的黑色T恤。

其二是为了进入或者更好地渗透一个新市场，出口商倾向于遵从渗透定价战略导向，在努力降低成本的基础上制定尽可能低的价格。参见营销视角10－1。

**营销视角10－1　从拆解大疆无人机中看到的竞争力**

总体来说，企业参与出口越多，积累的经验越丰富，定价的过程越灵活，就越倾向于使用市场导向下的定价方法；新参与出口的企业更愿意采用成本导向下的定价方法。

## 二、出口定价面临的问题

在出口营销中，企业最常遇到的问题是价格升级和倾销。

### （一）价格升级

价格升级（price escalation）是指产品在从一个国家出口到另一个国家的过程中由于受到装运费、保险费、包装费、关税以及较长的渠道、较高的中间商毛利、专门税费、行政管理费、汇率波动等因素的影响而最终价格上涨的情况。这些成本中的绝大部分是由进出口引起的，它们共同把最终价格提升到比出口国市场高得多的水平。比如，一个古驰手提包在意大利卖120美元，在日本卖240美元。

价格升级导致的一个关键问题是，外国消费者是否应为进口商品支付比国产商品更高的价格？由于价格太高，一些产品只能局限于在富裕的、对价格不敏感的细分市场进行销售。价格升级一旦形成，将迅速地螺旋式上升，当卖给中间商的价格高时，产品周转率会降低，中间商因此会要求更高的毛利，这又使价格进一步提高，最终可能只有富人才会购买。

价格升级不利于企业产品在国外市场的销售，应采取一定的方法减少该现象。降低价格升级的途径有四个：降低制造成本、降低关税、降低分销成本、利用自贸区的优惠条款。具体内容在相关章节都有介绍，这里不再赘述。

### （二）倾销

在国际营销中，企业为了提高自己在国际市场的竞争力，会想方设法压低自己的价格，有时甚至采用变动成本定价法确定价格，但低价出口常会受到倾销的指控。倾销（dumping）是一个重要的国际营销定价问题。

关于倾销有不同的解释，一种解释是，如果产品在国际市场上以低于生产成本的价格销售，即可被认为是倾销；另一种解释是，如果某一产品在国外市场的售价低于国内市场的售价，即是倾销。

倾销是一种可以对某国（或地区）的产业造成损害的不正当竞争行为，其目的或是销售过剩产品，或是维持生产规模，或是赚取外汇。最终目的通常是排挤乃至挤垮他国相同或类似产品的生产者，以垄断市场、提高价格、获取超额垄断利润。

倾销行为给正常的国际贸易关系带来的危害不可小觑，各国都通过制定反倾销法抑制和对抗倾销行为。

1. 倾销的确定

倾销的确定是实施反倾销措施的首要条件。根据世界贸易组织的相关规定，倾销应具有三个条件：（1）进口商品的出厂价格低于正常价值；（2）给进口国同类产品的工业生产造成实质性损害，或存在此种威胁，或对某一工业的兴建造成实质性阻碍；（3）低于正常价值的销售与损害之间存在因果关系。以上三个条件必须同时具备才可对倾销产品征收不超过倾销幅度的特别关税。

2. 反倾销

目前，各国政府出于保护本国贸易和产业的目的，更严厉地实施反倾销法，迫使国际营销者寻找能规避这些法规的办法。比如，在进口国装配就是降低价格、避免倾销指控的一条途径。然而，如果价格差异大于在进口国装配节省的成本，则这些通常被称为“螺丝刀工厂”的企业仍然会受到倾销指控。另一条途径是适当调整产品，使其归入关税低的类别。例如，中国打火机企业为了规避欧盟对中国一次性充气打火机征收 16.9% 的反补贴税，在打火机上增加了一个阀门，使其列入“不可随意处置”产品类别，从而免税。营销者也可以通过重视产品附加值和服务来实行产品差异化，降低被诉倾销的风险。

中国政府积极地在 WTO 框架下保护中国企业的利益。国务院在 1997 年 3 月通过了《反倾销和反补贴条例》，目的是针对伤害中国某一现有工业或严重阻碍中国某一同类现有工业的倾销或出口补贴进行回击。参见营销视角 10－2。

**营销视角 10－2　中国对产于澳大利亚的葡萄酒采取反倾销措施**

# 第 3 节　全球定价策略及其面临的问题

与出口营销相比，处于全球营销以及跨国营销阶段的企业的营销活动的主要共性在于制造基地的非母国性，这主要是出于对降低成本和接近销售市场的考虑。那些属于全球性行业的跨国公司可以将世界市场视为一个统一市场，并实施一价定律（law of one price），即给自己在全球不同市场销售的产品制定一个统一的价格。一价定律通常被认为适用于集成电路、原油和商用飞机这样的全球性行业，如波音 787 客机在全球的售价都是相同的，其实这也只是目录价格一致而已，真正的成交价格会根据客户订购量的多少以及是否提早订购新机型而大幅调整。这些全球性公司尚且不能实施真正的一价定律，那些产品不存在全球市场的企业，由于进入不同国家市场的成本、市场需求、消费者偏好、政策法规以及市场竞争状况等诸多影响定价的因素不同，一价定律更不适用。因此，绝大多数企业要根据目标市场的实际情况制定非统一的价格。

这也意味着全球营销公司的经理需要采用不同的定价策略以关照到公司业务涉及的每个国家市场的价格上下限和最佳价格等事宜。同时，在实施一个特定的价格政策时，也要考虑会遇到什么价格问题以及怎样去解决。

## 一、全球定价策略

撇开具体的定价方法，跨国公司的全球定价策略有三种。

### （一）延伸或母国中心定价法

延伸或母国中心定价法（extension/ethnocentric pricing）是指以产品在母国市场的价格作为参照，制定统一的国际市场销售价格。这种定价法的优点是非常简便，实施起来不考虑最终销售市场的情况；缺点是由于不考虑每个国家市场的竞争和市场状况，制定的价格在不同的市场可能低于或高于消费者的心理预期价格，导致收益方面的损失，无法使企业在各国市场或在全球的收益最大化。

美国玩具制造商美泰公司曾将为本国制造的产品稍加改造后投向国外市场，且几乎未考虑所进入市场的收入水平和购买力，直接将美国价格转换成当地货币价格，结果，它的很多玩具因在全球市场定价过高而销售不畅。正是因为存在这样的缺点，曾经执行这一定价策略的跨国公司开始采取其他定价策略。

### （二）调整或多中心定价法

由于全球市场的多样性，全球定价决策的趋势是适应当地市场的情况，因此调整或多中心定价法（adjustment/polycentric pricing）得到普遍使用。

调整或多中心定价法允许各子公司、附属公司或独立分销商制定它们认为最适合当地市场的价格。宜家采用的就是多中心定价法，公司的政策是在每个市场上保持同类产品的最低价，但在各东道国市场，该国的经理在考虑当地市场的诸如竞争状况、工资、赋税以及广告费等因素后自行确定价格。一般而言，宜家在自身品牌最强势的国家，价格较高。比如相比美国市场，宜家在意大利的价格稍高，因为当地竞争对手一般是规模小、档次较高的家具店。刚进入中国时，由于本土竞争对手实力弱，因此宜家的价格也偏高，后续根据市场状况的变化进行了调整，价格趋于走低。

多数跨国公司的国外定价决策是由主管当地公司的管理者来做的，他们主要考虑怎样适应当地市场，不大关注如何协调各国间的价格差异问题。在一个信息可以充分流动的时代，相邻市场间如果存在巨大的价格差异，会损害跨国公司在顾客心目中的形象，并助长灰色市场的形成。因此，采用这种定价策略时，公司总部要加强对各个目标市场定价工作的指导和协调。首先，保证不同市场的产品定价能符合公司的产品定位，使高端产品不至于以二三流的价格出售，当然也不能让一个在发达国家很普通的产品到发展中国家后成了价格高昂的奢侈品；其次，定价策略要体现公司的总体营销目标，如果公司的目标是在东道国击败竞争对手，其产品价格水平就要比竞争对手低，而且要随时根据竞争对手价格的变动来调整自己产品的价格。对其他影响定价的因素如成本、需求以及东道国的环境限制等方面的考虑，交由当地经理人员处理。充分考虑上述各种因素的影响，可以保证制定出更具本土化的价格。

### （三）全球中心定价法

随着全球一体化进程的推进，在全球和区域内对定价的控制和协调具有了新的意义，全球中心定价法显得很必要。

采用这种方法的企业既不制定单一的全球价格，也不允许子公司或当地分销商独立做出定价决策。全球中心定价法（geocentric pricing）是一种折中的方法，它的理念是，在做出定价决策时除了要满足公司的全球统一定价目标外，还应当承认当地市场的独特因素。这些因素包括当地成本、收入水平、竞争和当地的营销策略。此外，价格还需要与营销方案的其他因素相结合，必须考虑到广告的成本和所选的分销渠道。

以苹果公司为例，苹果公司的产品属于全球性产品，出于维护品牌形象、盈利以及保证自有销售渠道的顺畅等方面的考虑，苹果公司对各目标市场的销售价格有着很强的控制欲和控制能力，实施的是典型的全球中心定价法。根据德国的比价网站 Idealo Internet GmbH 2012 年初公布的数据，在苹果专卖店购买产品时，巴西人比其他国家的人平均要多付出 28% 的价格。巴西价格最高的原因是其高税负及高进口关税。苹果产品的进口商须缴纳一项名为 ICMS 的交易税，然后是约 9% 的社保税，还有工业品税和进口关税。此外，还有用卡车把 iPad 和 iPhone 从南部或东南部港口运至几小时路程外的城市时遇到的巴西著名的运输瓶颈。这些费用加进去后，产品价格自然水涨船高，而讲究身份的巴西人愿意为被视为电子产品中的奢侈品的苹果产品掏更多的钱。

就普通消费品而言，当地消费者的收入水平是影响定价决策的关键因素。一般情况下，在低收入市场的定价要低于市场通用价，同时，为了不使产品价格在不同收入水平的国家差异过大，全球营销企业应当考虑接受较低的毛利率。一旦出现灰色营销等套利问题时，需要由总部出面协调价格。

在这三种方法中，全球中心定价法最适合全球竞争战略，该策略会促使企业在确定价格时考虑全球市场和全球竞争者，所制定的价格应支持其全球战略目标，而不是使单一国家市场的业绩最优。

## 二、全球定价面临的问题

毋庸置疑，价格是企业实现其营销目标的主要因素和手段。然而，由于国际营销环境的动态性和复杂性，跨国公司在运用一定的定价策略达成特定目标时，可能会引发一些问题。

首先，企业为了制定更本土化的价格而产生的同种产品在不同国家和地区的价格差异现象，导致灰色市场盛行。

其次，全球性公司的定价支持的是全球战略目标，而不是使单一国家业绩最优的目标，此时转移定价就很必要，由此也会在内部和外部面临一些挑战。

最后，跨国公司越能对产品的最终销售价格加以控制，就越能更好地实现营销计划，然而在此过程中也可能陷入价格限定的泥潭。下面详细分析在全球定价中存在的这三种问题。

## （一）灰色市场货品和灰色市场

灰色市场货品（gray market goods）是由未经授权的人或组织销售的、从一个国家出口到另一个国家的有品牌的真品。销售该品牌商品的非授权经销商所形成的市场渠道，称为灰色市场（gray market）。

典型的灰色市场货品属于存在定价差异和套利的国际著名品牌。当同一品牌的产品在某国与他国相比价格低廉且易于获得时，常会出现灰色市场。灰色市场包括平行进口、再进口和横向进口三种类型。

### 1. 平行进口

平行进口（parallel importing）是指商品原产地的市场价格远低于商品进口国的市场价格，使得未经授权的贸易商从原产地取得商品，并销售至该商品的进口国，与授权的销售渠道形成平行竞争，这是灰色市场的主要类型。

只要两个市场间的价格差异大于运输成本，平行市场就有存在的可能。产生价格差异的具体原因可以是产品供应短缺（国外市场）、制造商在特定市场使用撇脂策略以及进口配额和高关税等，或者诸原因的综合。

### 2. 再进口

再进口（reimporting）是指原产地的市场价格明显高于商品进口国的市场价格，造成未经授权的贸易商将商品回销至原产地。

### 3. 横向进口

横向进口（lateral importing）发生在两个商品进口国之间，例如产于日本的相机由中国出口至欧洲，美国制造的胶片由中国出口至德国等。

从上面的分析可以看出，不同市场间价格差异所带来的套利机会是形成灰色市场的主要原因，有些价格差异是由跨国公司不可控制的外力或客观情况造成的，如关税、国际汇率波动、政府政策法规或者相同产品在不同市场面临不同的产品生命周期等，有些则是跨国公司自身的策略所为，如给渠道商不同的授权条件、歧视性价格策略以及不同市场上的利润目标不同等。

灰色市场的存在势必会影响跨国公司的整体经营目标。短期来看，灰色市场的存在为跨国公司的产品有效地渗透到国外市场提供了可行的渠道，这种迂回的战略显然可以为品牌拥有者创造额外的销售业绩，但是长期而言，灰色市场会破坏品牌拥有者的价格及渠道策略，严重时可能瓦解品牌拥有者辛苦建立的渠道及服务体系。更进一步的影响是，因为灰色渠道商无法提供完整的产品价值（如无法提供客户保证和完善的售后服务），损害了消费者的利益，最终使品牌拥有者丧失顾客的信任与忠诚，进而丧失潜在的市场。让品牌制造商更为烦恼的是全球化和互联网带来的贸易的便捷和价格信息的透明，使平行进口等灰色销售越来越难以避免。

灰色市场正在快速发展，对品牌公司的干扰和影响也越发明显，要制止这种现象并非易事。出于保护自由市场和自由贸易的原因，在很多国家灰色市场是合法的，只有美国和欧盟颁布了相关的法规予以限制。在美国，灰色市场产品受《1930 年关税法》的管制，该法第 526 条明确禁止未经品牌拥有者授权就进口国外产品。然而该法也规定了几个例外，使得负责实施这项法规的美国海关和法院系统在处理灰色市场产品时有相当大的余地，结果像法国出产的香槟就可以合法地由灰色营销者销售。在欧盟，欧洲法院于 1998 年 7 月裁定，从欧盟以外的灰色市场上不经制造商许可进口高质量产品并在欧盟内进行转售，这种行为是非法的。

既然无法完全通过法律手段制止灰色市场，跨国公司不如对灰色市场采取先发性应对策略。一种策略是加强市场细分和产品差异化，使灰色市场产品缺乏吸引力；另一种策略是积极找出并终止分销商把产品销售给灰色营销者的活动，即建立能有效管理分销渠道的系统。当然，更为直接有效的方法就是调整定价决策，尽可能消除市场间巨大的价格差异。

然而，互联网的出现使灰色营销者既能得到价格的信息，又能接触到消费者，给灰色营销者带来了更多的便利，灰色市场这一现象还会持续下去。

### （二）价格限定

价格限定（price fixing）是指两个或两个以上的企业秘密地为它们的产品设定近似的价格，以达到控制市场价格、获得高额利润的一种操纵价格的行为。

根据参与同谋的企业类型的不同，价格限定分为水平价格限定（horizontal price fixing）和垂直价格限定（vertical price fixing）两种类型。

处于同一行业的、制造并营销同一种产品的竞争对手合谋保持高价的行为属于水平价格限定。比如 21 世纪初开始，日本 9 家汽车零配件企业，合谋以操纵价格向克莱斯勒、福特、通用等美国汽车公司，以及本田、马自达、三菱、日产、丰田和富士重工等日本企业在美国的子公司出售零配件，操纵价格行为持续 10 多年。2013 年美国司法部对这些企业以长期合谋操纵出售给美国汽车制造商的零部件的价格为由，对这 9 家企业定罪，处以 7.5 亿美元的罚金。

制造商与批发商或零售商串通以维持产品的某种零售价格，就构成了垂直价格限定。比如 2008 年美赞臣、多美滋、雅培、富仕兰和恒天然等一些乳制品跨国公司，借三聚氰胺事件后中国市场对国外婴幼儿配方奶粉的需求持续高涨之机，限定零售商以抬高后的价格售卖自己的产品，在 2013 年被中国发展改革委以违反了反垄断法，限制竞争行为为由，处以约 6.7 亿元的罚款。

企业对市场价格的控制力直接影响着其营销目标的达成，任何一个企业在有能力的情况下都会有控制自己产品最终销售价格的意图，不过必须将这种控制行为约束在相关国家法律法规容许的范围内。否则很可能触犯东道国市场的相关反垄断法律而受到惩罚。

### （三）转移定价

转移定价（transfer pricing）是指跨国公司内各子公司、分支机构或母子公司之间转移产品时的销售定价。转移定价涉及的是跨国公司内部的交换，即属于同一母公司的买方与卖方之间的交易。使用的价格体系不是由交易双方按市场供求关系和独立竞争原则确定的，而是根据跨国公司的战略目标和整体利益最大化原则由总公司上层决策者人为确定的。其中，有些情形具有正当的商业理由，而有些则涉嫌人为操纵价格，目的在于逃避关税及公司营业税。也正是由于这个原因，转移定价成了国际定价中一个很重要的问题。

随着全球化进程和跨国兼并的快速推进，跨国公司在世界各地的子公司、合资企业、公司所属的分销系统以及其他营销机构的数目不断增加，转移定价越发普遍。以美国为例，据专家估计，美国公司在海外约有2.3万家子公司，25%的美国出口贸易是美国公司与其国外子公司或附属机构之间的交易，占美国商品运输总量1/4的运量是由驻外公司发往美国国内公司内部的货物，每一批这类发货都涉及转移定价的问题，即子公司与母公司或子公司之间以什么样的价格进行交易。

存在内部交易的跨国公司一般会有自己的转移定价体系，该体系的核心指导思想是，为了增加整个公司的最终利润，可以对设在不同国家的生产或销售机构之间调拨产品的价格进行调整，即基于不同的方法制定公司内部交易产品的价格。

### 1. 转移定价的方法

（1）基于成本的转移定价（cost-based transfer price）。多数情况下，跨国公司使用成本加成法确定转移定价，以此要求每一家子公司或其他分支机构都成为独立的利润中心。不过为了使公司总体利益最大化，计价时的成本可能是公司内效率最高的生产单位的制造成本或子公司当地的制造成本，界定成本的方法会影响关税和跨国公司子公司、附属公司的销售税。

（2）基于市场的转移定价（market-based transfer price）。这是最能体现营销导向的定价，派生于在国际市场中具有竞争力的价格，是正常市场交易价格的一个近似值。该方法不仅最易为东道国和本国的税务及海关部门接受，也是跨国公司迫使内部的供货集团控制和削减成本，以便同外部的卖主竞争的一个办法，对参与交易的子公司而言比较公平。

（3）协商转移定价（negotiated transfer price）。该方法允许公司的附属公司相互协商，制定内部调拨价格。在市场价格经常变化的情况下可能会使用这种方法。该价格应该以毫无关联的买方或卖方在公开市场上形成的价格为基础，如果在外部市场找不到与交易产品有关的无关联交易伙伴，要证明协商定价的合法性就有难度了，要让东道国政府相信跨国公司与子公司之间真正地进行过价格谈判常常是困难的。因此，公司内部定价系统应该运用正当的会计方法，使有关国家的税务当局不会以不合理的转移定价为由找麻烦。

基于市场的转移定价最易为税务当局所接受，也最有可能为国外的子公司所接受，但跨国公司并不总是以这种方法来制定内部调拨价，跨国公司经营业务所在国的营业税以及关税等各不相同，这使得跨国公司可以通过有意地提高或降低产品价格来避税谋利。

### 2. 转移定价和逃避税收

当关税和营业税都较高时，跨国公司有强烈的冲动通过调整转移价格来减轻税负，具体有以下几种操控方法。

（1）在将产品调拨到处于高关税国家的所属单位时，尽量压低转移价格，以减小征税基础，从而减轻关税负担。

（2）在将产品调拨到设在高所得税国家的所属单位时，尽量提高转移价格，从而可以少缴所得税，并将利润转移至低所得税国家。

（3）当外国政府限制将股利汇回本国时，可以提高调拨到该国所属单位的产品或零部件的价格，以加大成本的方式将利润抽回。

总之，定价低可以降低关税；定价高可扣除的成本亦高，进而可以降低公司营业税。跨国公司通过有意地提高或降低内部交易价格，能够最大限度地节省税收支出。然而，这种做法不一定恰当，也不总是能够完全实施。

### 3. 转移定价面临的挑战

转移定价面临内外部两方面的挑战。

（1）内部的挑战。内部的挑战主要是如何处理好跨国公司内部各子公司和分支机构间利益的再分配问题，以及如何激励受到转移定价影响的子公司及其他附属机构。

如果跨国公司的经营管理导向是视各子公司为独立的利润中心，那么必须考虑转移定价对子公司名义和实际业绩的影响。为了增大总公司的利润，可能会使一个为整个公司的利润贡献了很大份额的子公司背负着很低的名义利润，这很容易打击士气。另外，如果公司没有恰当的考核制度和文件做指导，实行内部定价将会使内部考核变得棘手和复杂，甚至产生不利于竞争或奖懒罚勤等更为严重的问题。为了解决这些问题，公司需要调整业绩考核机制，方法可以是双重簿记、补偿预算和独立的利润计划等，但是这可能违反本国或东道国的相关法律法规。

（2）外部的挑战。外部的挑战是如何处理跨国公司与本国或东道国税务部门的关系。货物跨越国界就是一次买卖，跨国公司的转移定价不仅是税务部门感兴趣的事，因为它们要收取不菲的所得税，而且是海关感兴趣的事，因为它们要对货物征收适量的关税。转移定价存在逃避税收的可能，无论是母国还是东道国的海关和税务部门都在细致地审查跨国公司的这种做法。

### 案例分析10-1

#### 五菱宏光的竞争利器不只是廉价

2020年9月，上海通用五菱宏光MINI电动车（EV）在中国市场热销20 150辆，销量超过了世界上最大的EV制造商特斯拉。五菱宏光最令人震惊的是其价格，充电6～7小时可行驶120千米的宏光MINI EV最低配置款（没有空调），售价仅为2.88万元。五菱宏光的设计理念是制造购物和通勤用的“人民的代步车”，这款车型有利于EV在地方城市和农村的普及。

很多人认为，五菱宏光的成功无非是以简单粗暴的低价竞争侥幸赢得了市场。然而，回顾它的诞生历史可以发现，五菱汽车走过的路漫长且艰辛。五菱汽车的渊源可以追溯到1958年创立的柳州动力机械厂，早在20世纪80年代，它就通过仿制日本微型车成功转型为微型车生产企业，90年代已成功打开了东南亚的微型车市场。转型早、市场专注度高，为五菱日后成为中国的MPV（多用途汽车）之王奠定了基础。2002年，上海汽车集团股份有限公司、美国通用汽车公司、广西汽车集团有限公司（原柳州五菱汽车有限责任公司）三方成立了上汽通用五菱汽车股份公司，为五菱品牌的微车生产提供了强大的技术和产能助力。五菱品牌相继推出了微客五菱之光、轻客五菱荣光，2010 年五菱宏光横空问世。

从仿制日本微型车到五菱宏光问世，20 年的光阴，五菱汽车经历了反复尝试和摸索，仅从上汽通用五菱成立算起，8 年的时间生产了 100 万辆微型车，才有了五菱宏光的诞生。可见"人民的代步车"市场定位虽不高，但起点并不低，其成功源于厚积薄发，而非廉价竞争的侥幸。五菱宏光选择了一条性价比最优的路线，在消费者可接受的价格空间里满足其主要需求。

五菱宏光的雄心不只在国内市场。伴随着"销量超过特斯拉，欧盟境内最畅销，最实惠的电动汽车来了"这句广告词，立陶宛的石板路上开始出现越来越多的小型电动汽车"Freze Nikrob EV"。乍看车名不同，但这实际就是中国上汽通用五菱的廉价电动汽车宏光 MINI EV。该公司同当地企业开展了生产合作，由五菱提供技术和零件，当地公司进行装配，由于安全性能有所提升，当地 9 999 欧元的起售价是中国国内售价的两倍多。

据中国媒体报道，2021 年 1—2 月，宏光 MINI EV 在全球共售出 56 929 辆，超过特斯拉 Model 3。立陶宛当地企业称，廉价小巧的城市 EV 是当地的一大缺口，同现有主要车型相比，宏光 MINI EV 价格优惠 20%，且小巧灵活，适合在较窄的路段行驶。有观点认为受近期去碳化热潮的影响，同样的需求也将遍及亚洲，公司计划下一步将产品推广至东亚和中东市场。

英国艾尔西汽车市场咨询公司的分析师称：中国 EV 在价格设计和品质上的综合竞争力较强，很可能在海外大获成功。日本 SG 控股公司旗下的佐川急便已决定购置中国的小型 EV 作为工作用车。中国分析师指出，在去碳化浪潮的推动下，中国的廉价 EV 可能会遍布世界各地的大街小巷，迎来自己的春天。借助这样的机会和自身的本领，五菱宏光可以走得更高、更远。

资料来源：中国国产低价电动车销量碾压特斯拉．参考消息，2020-12-03（6）；日媒：五菱销量超特斯拉海外人气高．参考消息，2021-04-27（6）；关不羽．五菱宏光成"秋名山车神"：成功源于提供性价比最优解．南方周末，2021-04-29（B16）．

问题：

1. 五菱宏光的销量为何能在中国和全球 EV 市场超越特斯拉？
2. 如何理解"五菱宏光的竞争利器不只是廉价"？
3. 分析五菱宏光进入全球市场的机会和风险。

## 基本概念

| | | | |
|---|---|---|---|
| 双重定价 | 价格升级 | 母国中心定价法 | 多中心定价法 |
| 转移定价 | 价格限定 | 全球中心定价法 | |

## 思考题

1. 国际新产品定价有哪些方法？
2. 在出口营销中如何使用双重定价策略？

3. 什么是倾销和价格升级？它们对企业的国际营销活动有何影响？

4. 母国中心定价法、多中心定价法和全球中心定价法有何区别？对一个全球公司来说，它更适合采取哪种定价策略？

5. 什么是灰色市场？这种现象的出现涉及跨国公司哪方面的营销策略？

6. 什么是转移定价？转移定价会引发哪些问题？跨国公司应如何应对？

## 实训练习

关注中国各品牌的电动汽车在欧洲、东南亚等全球市场的战略动向和市场表现，依据迈克尔·波特的国家竞争优势理论，分析中国电动汽车业能否在不远的将来具备国家竞争优势。

## 第11章 国际分销渠道决策

分销渠道的存在目的就是为顾客创造效用。建立积极、可靠的分销渠道是国际营销者所面临的最关键、最富有挑战性的任务。

### |学习目标|

- 了解国际市场分销模式的多样性及其对营销成本和效率的影响。
- 了解中间商在分销渠道中的主要作用，掌握管理中间商的基本策略。
- 理解分销渠道策略对国际市场营销战略的影响。
- 了解和掌握电子商务对传统分销渠道的影响。
- 了解新零售的特征和发展趋势。

全球视野

**零售业的未来在亚洲，中国是其灵感之源**

在20世纪的大部分时间里，美国一直处在零售业发展的前沿。豪华百货商店如雨后春笋般涌现在城市里，崭新发亮的新商场遍布郊区，大型连锁超市大规模地出现在全国各地……世纪之交，当电子商务开始重塑这个行业时，美国许多零售商仍在专注于实体建设。

时代潮流势不可挡。2019年在电子商务的冲击下，美国传统零售商四面楚歌，当年3月，百年老店西尔斯暂时避免了被破产清算的命运，其没落凸显了美国传统零售业的衰败。上述趋势并非美国独有，同年英国实体店的客流量创下了2008年金融危机之后的新低，各地关闭了16 073家店铺，14.31万个就业岗位消失。

但这不是零售业的末日，只要有消费者就会有零售业。只是现如今的零售业从根本上发生了变化，零售战略从“我如何吸引人们来我的店面”基本上转向“我如何为实现配送到家进行优化”和“我如何围绕线上线下的万物数字化进行优化”。推动和领导这一变革的是以中国为代表的亚洲国家与地区。美国战略咨询公司贝恩公司在一份新报告中说：在中国和该地区的其他地方，零售业正在跨越美国和欧洲曾经艰难走过的发展阶段，转向数字化销售，这让该地区成为全球零售创新的领导者。贝恩公司展望了数字化销售情境：一个无需现金，手机屏幕成为新店面的零售世界。实体店仍会存在，但大多是当作吸引相关消费的商品展示厅，或者作为即兴消费的商品库房。产品价格由人工智能设定，总部办公室技术员的数量超过了商家数量。

新冠肺炎疫情加快了这个展望成为现实的进程，后疫情时代的全球零售业将从中国已经出现的网购趋势中汲取灵感。中国所在的亚太地区贡献了全球零售增长的3/4和网上零售增长的2/3，引领这一销售增长的是三家中国零售商——阿里巴巴、京东和拼多多。中国今天发生的事情将不同程度地发生在其他市场。2020年中国出现的一个趋势是直播网络购物，一定程度上是由于智能手机和宽带上网的普及，中国逐渐形成了数字购物生态系统，直播只是它的一个例子。物流网络和后台技术也帮助缩减了送货时间和成本，中国消费者如今可以享受到生鲜杂货等商品一小时送达。

在亚太地区内部，有48个国家或许会紧跟中国零售业的发展步伐，这其中既有日本这样的成熟市场，也有印度和印度尼西亚等快速发展的市场。就零售业的未来而言，人们应当关注中国。

资料来源：传统商业如何面对“零售末日”挑战．参考消息，2019-03-19（4）；2019年成英零售业最困难年份．参考消息，2020-01-02（4）；报告认为亚太零售业可从中国汲取灵感．参考消息，2020-08-21（15）；零售业的未来在亚洲．参考消息，2020-08-25（15）．

---

以市场为导向的企业的职责之一就是要在适当的时间、适当的地点，将产品送到顾客手中，在每一个国家和每一个市场，所有消费品和工业品最终必须经历这样一个分销过程。这是一个计划、实施并控制产品从最初生产出来到最终被消费的完整过程。正如“全球视野”所示，这个过程正在经历巨大的变化。

与国内营销不同，跨国公司在制定分销战略时还必须具有整体渠道的观点，即要根据两个相关决策来制定其国际分销战略，即如何使商品进入一个国家以及如何在一国国内进行分销。第一个问题在第8章中已经讨论了，本章将重点放在一国国内的分销决策上。

恰当选择分销战略事关重大，分销渠道决策影响着国际营销战略的方方面面。在国际营销中，分销渠道是各国营销系统中差异最大的领域，不同目标市场的分销结构差异很大，设计和管理国际分销渠道成为国际营销者面临的一个重大挑战。

本章第1节介绍分销渠道的概念和国际分销战略面临的挑战；第2节讨论设计国际分销渠道的主要步骤；鉴于零售商在渠道系统中扮演着极为重要的角色，第3节介绍全球零售业的主要类型以及零售的发展新趋势；第4节概要介绍物流设计、供应链管理等方面的内容。

# 第1节 国际分销渠道概述

分销渠道存在的目标就是为顾客创造效用，包括地点效用（产品或服务在潜在顾客方便到达的地点容易得到）、时间效用（产品或服务在顾客需要时可以得到）、形式效用（经加工可用的、状态良好的产品且随时可用）和信息效用（顾客对产品特征和利益的疑问能够得到解答和沟通）。这些效用可以成为竞争优势的基本来源，并且是构成企业整体价值主张的重要部分，比如，可口可乐公司就通过其分销渠道创造的地点效用，体现出可口可乐“唾手可得”的价值主张，并谋得在全球市场中行业领导者的地位。显而易见，选择分销渠道战略是营销管理者要做的一个关键决策。

## 一、国际分销渠道

国际分销渠道（international distribution channel）简单来说是指生产商经过或不经过国际中间商将产品或服务转移到国外最终消费者（用户）的全部市场机构。如前所述，国际分销渠道由两部分构成：一是企业进入国际市场的渠道，即国家间渠道；二是各国国内的分销渠道。我们这里要研究的是第二部分的内容。就此而言，国际分销渠道决策跟国内分销渠道决策在渠道目标、结构以及设计步骤诸方面并无本质差别，不过由于不同国家、不同市场上影响渠道决策的因素不同，国际分销渠道的设计不能完全照搬在母国或一国之内的成功经验，更可能的是在不同地方要利用不同的分销渠道。比如在比较小的市场可以直接销售产品给零售商；在比较大的市场可以通过代理商分销产品；在某个地区可以采用独家经销；在另一个地区可能需要通过尽可能多的经销商来销售产品。可以这么认为，对大多数跨国公司来说，适合的渠道系统是在适应当地市场条件的过程中逐步形成的。

## 二、分销渠道决策的重要性

分销渠道决策是企业管理层面临的关键的营销组合决策，企业所选择的渠道将直接影响其他营销决策。企业的定价取决于它是利用哪种规模和质量的经销商，企业的推销力度和广告决策也受到对经销商的培训和激励状况的影响。此外，渠道决策是营销组合决策中一项最具长期性特点的决策，建立一个分销系统通常需要若干年，并且不轻易改变，因此能否做出正确的渠道决策至关重要。

以往，企业营销者在进行渠道决策时往往只将注意力集中在中间商和顾客等渠道成员上，如今，它们不再把注意力局限于目前的供应商、分销商和顾客，而是检查连接原材料、零部件和成品的整个供应链，考察商品是如何向最终消费者运动的。企业也开始关注供应商的上游供应商与分销商的下游顾客。同时，为了打破渠道成员之间的各种壁垒以建立垂直营销系统，一些企业（生产商）开始以投资或管理的方式参与零售业或供应链的其他运作部分。

## 三、国际分销战略面临的挑战

跨国公司进入一国市场后，需要利用中间商等营销中间机构来有效地推动产品广泛进入目标市场。不同国家的分销系统和预期产品的销售水平存在或大或小的差距，这意味着国际营销管理人员必须应对很多重大挑战，才能制定出适应当地市场机会和条件的分销战略。在此过程中需要重点考虑以下几个问题：（1）如何选择外国中介？（2）怎样与中介建立关系？（3）怎样应对全球市场中的各类零售基础设施？（4）如何在新的和已有的分销模式之间找到最佳结合点（参见营销视角 11－1）？（5）如何管理国外市场的实体分销事宜？这些问题将在下一节具体分析和探讨。

**营销视角 11－1 奢侈品公司试水中国直播热潮**

# 第 2 节 国际分销渠道的设计决策和管理决策

跨国公司在进行渠道设计时，需要面对采用何种渠道模式、如何选择中间商等问题，它们与在国内分销管理中遇到的问题并无很大不同，但是由于不同国家可供选择的渠道结构和分销模式不同，加大了企业设计国际分销渠道的难度。

下面依据分销渠道的设计过程对国际营销渠道设计和管理中的一些难点和重点进行针对性分析。

## 一、渠道设计的主要步骤

渠道的设计主要包括四个步骤：分析顾客需要，建立渠道目标和结构，识别主要的渠道选择方案，评价主要渠道。

### （一）分析顾客需要

在设计营销渠道时，营销人员必须了解目标顾客需要的服务产出水平。一个渠道系统的服务产出水平取决于允许典型顾客一次购买的单位数量、顾客等待收到货物的平均时间、为顾客购买产品所提供的方便程度、销售渠道提供的商品花色品种的丰富度、渠道提供的附加服务五个因素及其整合后的状况。由于较高的服务产出水平意味着渠道成本的增加并导致较高的价格，不同市场中的顾客会对服务产出水平与价格的关系有不同的看法，因此设计渠道时并不是一味要提高服务产出水平。

### （二）建立渠道目标和结构

渠道目标应体现顾客需要的服务产出水平，依据顾客期望的不同服务产出水平确定不同的渠道目标，即在通过渠道为顾客所创造的地点效用、时间效用、形式效用和信息效用方面加以取舍或进行不同侧重的组合。

不同渠道目标对应着不同的渠道结构。消费品渠道的设计旨在把产品销售给最终用户，而工业品渠道则是把产品销售给那些在生产过程中使用，或在运营中使用该产品的制造商或组织，两者具有不同的渠道结构。

就消费品渠道而言，一种渠道结构是通过互联网、邮购、各种上门销售或者自营零售商店，直接将产品卖给顾客；其他渠道结构则是利用或涉及销售队伍、代理商（经纪人）、批发商和零售商的各种搭配组合。消费品渠道的目标和结构受消费者情况、产品特征、中间商能力和服务水平以及外部环境的影响。参见营销视角 11－2。

**营销视角 11－2　世界知名品牌加入直销潮流**

### （三）识别主要的渠道选择方案

在确定了渠道目标和基本的渠道结构后，企业接着要识别可以选择的渠道方案。产品可以经过不同的渠道到达消费者手中，每种渠道都有各自的优势和劣势，大多数企业运用混合渠道。

跨国公司在全球范围扩展其业务时必须确定是使用现有的渠道还是建立自己的渠道。在进入一个品牌和供应关系都已确立的竞争性市场时，企业经常会遇到渠道壁垒。如果管理层决定直接介入，企业就要运营自己的销售队伍或零售店，正如苹果公司所为。不过在新市场中的直接介入会导致可观的支出，在新市场经营起始阶段，销售组织因为没有足够的销售量来抵补高额的管理费用以及销售代表和销售部主管的聘用和培训费用，经营亏损不可避免，因此，任何企业在考虑直接建立销售队伍时，都应该准备在一段合理的时期内承担销售队伍造成的亏损。

间接介入也是一种选择。间接介入需要利用独立代理商、分销商、批发商和零售商。选择这类渠道模式时，需要考虑中间商的类型、所需的中间商数目、每个渠道成员的条件及其相互责任等。这些方面的决策至关重要又富有挑战性，后面做专门分析。

国际市场营销计划中的渠道方案必须符合企业的竞争地位和在每个国家市场中的整体营销目标。如前所述，不论采取何种渠道方案或策略，形成符合企业整体目标的国际分销渠道的过程中企业都要受顾客特征和产品特征及其他因素的限制。

### （四）评价主要渠道

企业的渠道目标是多层次的，不能依靠单一的渠道模式去达到目标，因此，现实生活中很多企业都会使用混合渠道模式。

多种渠道并用无疑会扩大和深化企业的市场覆盖，不过不同渠道在经济性、可控制性和适应性方面是不同的，企业需要以此为标准，对已选择和拟选择的渠道方案进行评估，以在渠道设计中对更有利和更有效的方案有所侧重。

在评价和选择最有效的渠道安排时，首先要分析不同渠道可能会导致的不同销量和成本，即评估渠道的经济性如何。降低渠道成本是理性的，但是低成本的渠道通常是低接触率的渠道，而且渠道体系的建设会有一个投入期，在此期间，有些渠道模式可能不仅无法实现销售业绩的提升，反而会侵蚀现有的资源，因此做这方面的分析时，需要有战略眼光。

无论何种分销渠道，本质都是企业要借此把产品和服务送达最终用户，一种渠道能否很好地体现企业要为顾客提供的服务产出水平也是评估渠道时必须考虑的，这主要通过对渠道的控制性和适应性的分析来实现。相对于直销模式，间接分销模式在这两方面的得分都较低。

此外，企业所处的营销环境在不断变化，要求企业能及时有效地调整其渠道设计（参见案例分析 11－1），这就意味着要在渠道选择中找出有高度适应性的渠道结构，除了与中间商在一个特定时期内维持合作，还要具备快速调整渠道设计的政策和能力。

**案例分析11–1**

微软关闭全球线下直营店

2020 年 6 月 27 日，微软宣布对其零售业务进行战略调整，全球 82 家直营店撤出零售业，仅保留位于伦敦、纽约、悉尼和公司总部所在地美国雷德蒙德附近的门店，但店内不再销售任何商品，只作为微软体验中心运营。零售团队成员将继续服务各地客户，远程提供销售、培训和支持服务。

微软从 2009 年开始效仿在美国大量开设门店的苹果公司，成立了自己的连锁零售门店，这些门店不仅销售 Surface 电脑、Xbox 游戏机等微软产品，还销售戴尔、惠普和联想等制造商的设备。此外，门店还展示了 HoloLens 混合现实头戴式设备等新技术。

然而，苹果门店在经济上的成功始终是微软门店难以企及的，其中产品构成是一个主要原因。近年来，微软一直更多地依赖云计算等服务，其推出的 PC 硬件终端的主要产品 Surface 系列在消费市场上反响平平。另外，停止对手机系统的 Windows Phone 更新后，微软不再拥有自己的智能手机产品，而苹果手机仍是苹果商店业务发展的推动力。分析师估计，2019 年微软零售商店的年度营收约为 2 亿美元，占公司年度整体营收的 1% 都不到，而苹果的零售战略正在推动客户更多进行直接购买，零售店及其网站收入占苹果 2019 财年总收入的 31%。

在微软关闭的门店中，有 72 家位于美国，其余位于加拿大、澳大利亚和英国。微软表示将继续投资于公司官方网站上的数字商店以及 X box 和 Windows 商店，从而实现每个月在 190 个市场覆盖逾 12 亿顾客的目标。零售团队成员将继续服务各地客户，远程提供销售、培训和支持服务。

微软忽略产品特性而盲目跟随苹果布局线下，最终受制于自身短板未能成功。而现在，微软回归线上产品优势，布局线上相关新业态，或许能更好地触达用户需求。

资料来源：微软关闭全球线下直营店．参考消息，2020-06-28（4）；微软关闭全球直营店，国内线下店为何幸免于难？.（2020-07-02）. https://baijiahao.baidu.com/s？id=1671110826980464614&wfr=spider&for=pc.

## 二、渠道管理决策

在确定了渠道方案后，企业必须实施渠道设计方案，建立国际分销渠道，这往往是一个艰难的过程，需要完成寻找、选择、培训、激励和评价以及控制中间商等诸多工作，并且随着时间的变化，还要对渠道安排进行必要的调整。

### （一）寻找和选择中间商

寻找中间商首先要从市场研究和确定评价中间商的标准开始。由于中间商的不同以及它们与企业关系性质的不同，标准不尽相同。不过，基本的评价标准应包括四方面的内容：销售量、财力、管理的稳定性和能力、企业的性质和声誉。确定标准后，关键的问题是如何发现能够经营本公司商品的中间商。

企业可以运用本国或东道国的商务部门和促进贸易的专门机构、驻国外的商会、正式出版的企业名录，来获取相关中间商的信息，也可以在东道国的媒体刊登广告诚征代理商。随着电子商务影响力的提升和销售覆盖范围的扩大，亚马逊、阿里巴巴这类电商平台可以成为跨国公司最初进入某个国际市场时的首选合作伙伴。

由于各国的分销系统差别很大，找到足够和合适的中间商并非易事，特别是企业首次进入新市场时，务必十分小心地选择渠道中介。由于缺乏有关当地商业惯例的知识，企业通常需要寻找一个当地的且与潜在客户有联系的分销商。

在已找到的潜在的中间商中，有的销售量或潜在销售量小，有的资金不足，有的根本不可信，在很多情况下，如果制造商在国外默默无闻，中间商的声誉就成了制造商的声誉。选择合适、胜任的中间商比寻找潜在的中间商更具挑战性。

### （二）培训渠道成员

中间商是企业渠道战略中至关重要的一部分，企业应该具有并连续不断地传达这样一个观点，即把中间商作为合伙人看待，一起努力满足最终用户的需求。为此企业需要仔细地计划并执行对中间商的培训，如安排市场调研课程以及其他能力培养课程，以提高中间商的工作业绩并使其能为企业的最终顾客提供应有的服务。比如，微软公司要求第三方（包括中间商）的服务工程师要学完一系列的课程并参加资格证书考试，通过考试者通常称为微软认证专家，这些人就可以用这个称号开展业务。

### （三）激励中间商

中间商的积极性和销售量之间存在明显的正相关关系，因此采取一定的措施激励中间商是非常必要的。一般而言，可以用来维持中间商对企业产品的兴趣和支持的激励措施大致可以分为五类：金钱回报、心理奖赏、沟通、企业支持以及与企业的和睦关系。为了设法获得中间商的合作，大多数制造商采用各种正面鼓励，例如较高的毛利、特殊优惠、各种奖励、合作性广告补助、陈列津贴以及推销竞赛等，有时则采用反面制裁，如威胁要降低毛利、放慢交货或者终止关系等。

不过仅凭这样的刺激－反应方式是不够的，较为精明的企业会努力与其分销商结成长期的伙伴关系，以便在市场覆盖面、存货水平、市场开发、客户要求、技术建议和服务以及市场信息等方面，获得中间商的帮助。

### （四）评价渠道成员

制造商必须定期按一定标准衡量中间商的表现，例如，销售配额完成情况、平均存货水平、向顾客交货的时间、对损坏和遗失商品的处理、与企业促销和培训计划的合作情况等。当中间商的工作达不到标准或者市场形势的改变要求企业对分销结构进行重组时，就可能有必要终止与某些中间商或某些类别的中间商的关系。

企业的渠道决策通常涉及对各种中间商长期的法律承诺和义务，因此要终止或改变这类承诺，代价往往很高昂。例如在哥伦比亚，企业若要解雇某个代理人，必须付出一笔钱（通常是这个代理人年均收入的10%乘以他服务的年限），才能最终解决问题。这一方面表明在与中间商签订合同时，企业必须将与中间商之间的关系特征书写成文，并明确规定要求终止协议的相关事宜；另一方面也说明精心选择中间商、避免解约才是上策。

### （五）控制中间商

在国际经营中，对分销体系和对中间商的控制是必不可少的。对渠道的控制一方面要考虑对整个分销体系实行总体控制，确保产品是由企业满意的中间商经营的，防止因在特定市场出现灰色市场或平行进口而对渠道失去控制。

另一方面是对具体中间商的控制。中间商可能会努力实现自己而不是制造商的目标，他们有时会“挑肥拣瘦”，即只按自己的产品或品牌需求向制造商订购；或者只在制造商的众多产品线中订购少量的产品种类。解决这个问题的有效办法有：一是制造商投入一定的资源，与理想的中间商建立伙伴关系，并起到领导作用；二是采取措施绕开那些“挑肥拣瘦”的中间商，或者建立自己的直销组织，但这必定会产生直接投入费用。

尽管在对渠道管理决策的分析中，是将对中间商的寻找、选择、培训、激励和评价以及控制等工作分开阐述的，实际上这些活动并不能截然分开，制造商应将这些活动视为一个整体考虑，这样有助于做出正确的渠道管理决策（参见营销视角11－3）。

**营销视角11－3　渠道决策的七条原则**

### （六）渠道改进安排

制造商必须定期检查和改进渠道安排。当分销渠道不能按计划运作或面临购买方式发生变化、市场扩大、新的竞争对手出现和创新的分销渠道出现以及产品进入产品生命周期的最后阶段这些情况时，有必要对渠道进行改进。

具体措施包括增减个别渠道成员，增减某些特定的渠道类型，或者建立一个全新的销售模式。最困难的决策是改进整个渠道战略，不过当现行的分销系统与满足目标顾客需求的理想系统之间的差距增大时，改进整个渠道战略势在必行。

## 第3节　全球零售业的发展趋势

零售业在跨国公司的分销渠道中扮演着重要角色，零售业的变化趋势对制造商的分销渠道结构有着极为重要的影响。传统的零售业是一种典型的零散产业，即该行业由许多中小型企业构成，不存在能够左右整个行业的市场领袖。零售业的这一特性（也称为低密集度）曾赋予制造商更大的权力，因为小规模的零售企业易于管理和控制。

然而，20 世纪 70 年代中期以来，成功的零售商对全球扩张的兴趣不断增长，出现了一些在全球范围内拥有巨大实力的零售企业，分销体系中的权力开始向零售商倾斜。

进入 21 世纪后，电子商务的兴起以及亚马逊、阿里巴巴这类电商巨头的出现，对跨国零售巨头的发展带来了巨大冲击，而且使制造商对于它们的依赖程度进一步提升，全球零售业的发展呈现出快速演进的新态势。

## 一、零售业国际化发展趋势

与制造业相比，零售业的国际化起步较晚，20 世纪 70 年代后期，欧洲的一些零售商开始涉足本国以外的市场。20 世纪 80 年代中期，大型零售商面对的市场形势发生了变化：一方面，大型零售企业发展迅速，实力增强，国内市场的发展却受到局限；另一方面，发达国家的消费者需求趋同，零售企业向国外市场扩张的机会出现了，而且产生于美国的连锁经营形式的发展和推广加快了零售企业国际化的步伐，世界零售业巨头开启了大规模国际化的进程。

20 世纪 80 年代末以来，随着科学技术的飞速发展，国际分工和合作进一步深化，零售商跨国经营的步伐明显加快。1986—2003 年，世界零售百强企业平均跨国经营国家数从 2.8 个增加到 10.1 个，平均拥有外国业务国家数从 4.7 个增加到 14 个。位居前 10 位的企业在各国的店铺总数都超过了 1 000 家。

与经济全球化进程加快同步，零售业的国际化扩张成为世界经济发展的一大潮流。2010 年世界 500 强企业中有 10% 是零售企业，包括美国的沃尔玛，法国的家乐福、欧尚，荷兰的阿霍德，德国的麦德龙，比利时的德尔海兹，英国的乐购，日本的伊藤洋华堂和瑞典的宜家等在内的世界著名零售企业，跨国销售额超过 100 亿美元，并在当地的零售市场取得了重要的地位。

目前，尽管经济全球化的进程在减速，但零售业的国际化扩张还在持续。2019年《财富》杂志世界 500 强企业中有 48 家是零售企业，其中美国有 19 家，法国 6 家，中国 5 家——京东（第 14 位）、阿里巴巴（第 21 位）、苏宁（第 32 位）、长江和记（第 35 位）、小米（第 42 位）。详细情况参见表 11－1。

**表 11－1 《财富》杂志 2019 年全球 500 强中零售业 15 强名单** 单位：百万美元

| 零售业 15 强排名 | 《财富》500 强排名 | 公司名称 | 营业收入 | 行业 / 领域 | 国家 |
|---|---|---|---|---|---|
| 1 | 1 | 沃尔玛 | 515 405 | 综合零售 | 美国 |
| 2 | 13 | 亚马逊 | 407 009 | 互联网服务和零售 | 美国 |
| 3 | 35 | 开市客 | 141 576 | 综合零售 | 美国 |
| 4 | 40 | 沃博联 | 131 537 | 食品店和杂货店 | 美国 |
| 5 | 47 | 克罗格 | 121 162 | 食品店和杂货店 | 美国 |

续表

| 零售业 15 强排名 | 《财富》500 强排名 | 公司名称 | 营业收入 | 行业 / 领域 | 国家 |
|---|---|---|---|---|---|
| 6 | 62 | 家得宝 | 108 203 | 专业零售 | 美国 |
| 7 | 76 | 雀巢公司 | 95 513 | 食品快消 | 瑞士 |
| 8 | 81 | 家乐福 | 91 955 | 食品店和杂货店 | 法国 |
| 9 | 103 | Tesco | 84 271 | 食品店和杂货店 | 英国 |
| 10 | 118 | 日本永旺集团 | 77 123 | 食品店和杂货店 | 日本 |
| 11 | 122 | 塔吉特 | 75 356 | 综合零售 | 美国 |
| 12 | 127 | 皇家阿霍德德尔海兹集团 | 74 104 | 食品店和杂货店 | 荷兰 |
| 13 | 133 | 美国劳氏公司 | 71 309 | 专业零售 | 美国 |
| 14 | 139 | 京东集团 | 69 848 | 互联网服务和零售 | 中国 |
| 15 | 146 | 宝洁公司 | 60 167 | 日化快消 | 美国 |

资料来源：2019 年世界 500 强，零售业 48 家公司上榜，中国仅 5 家入围．(2019-07-23)．https://www.sohu.com/a/328890153_115035.

从表中可以看出零售跨国巨头主要分布在美国、欧洲等发达国家和地区，而且这些地方的零售企业多以实体零售业态起家并长期经营。中国的京东、阿里巴巴则以电商业务为主挺进了 48 强。

这些数据显示发达国家在传统零售业表现强势，这与它们零售业发展历史长，资本总量大，集中化程度、体系化程度和整合度都较高密切相关。而随着互联网技术、在线支付等现代技术的快速发展，以中国为代表的新兴市场国家的零售业出现了跨越式发展，相对落后的实体零售业反而成了推动电子商务快速发展的一个重要力量（参见本章的“全球视野”）。以京东、阿里巴巴为代表的中国电商企业在全球零售业领域异军突起，改变了西方零售巨头独占鳌头的局面。

## 二、全球零售模式和业态发展

零售业的国际扩张带来了两个影响：一是冲击传统的零售模式；二是在扩张过程中创造和传递新的零售业态。

### （一）全球各异的零售模式和变化趋势

一个国家的分销体系是经过很长时间才发展起来的，与各国的历史、地理、政治状况和经济发展水平有着千丝万缕的联系，表现在零售业就是不同国家的零售结构各不相同。

可以从零售业密集程度、资本投入程度、零售店的规模几个方面描述、分析和评价特定国家的传统零售模式。

1. 零售业密集程度

不同市场间的零售业密集程度差别很大。高密集度的零售业赋予了制造商更大的权力，某一个零售商拒绝销售企业的产品对企业的整体销售情况不会产生太大影响。日本和意大利以及很多发展中国家零售业的密集程度高，因而制造商的权力相对较大。

2. 资本投入程度

低水平资本投入是大多数发展中国家零售业的特点，这些国家中很少有大型、针对性强并具有专类产品展示架和电子销售设备的零售连锁店，而多为新技术整合程度低（售货员站在柜台后用收款机或计算器售货）的狭小店铺。

3. 零售店的规模

发展中国家的零售商数量多，规模普遍较小，有不少属于家庭零售业，往往根据需求经验存货，经营产品范围小，没有完整的产品系列，缺乏寻求个性化发展的条件，在经营品种、存货、促销和信贷等方面对批发商和制造商有较高的依赖性。

发达国家的传统零售业在上述几个指标上的表现普遍好于发展中国家，零售商在分销渠道中处于相对主动的地位，不依靠批发商，制造商对其的影响和控制度也较低。美、德、法、英是传统零售业最先进的国家，零售业的集中化程度、体系化程度、资本总量和整合程度都较高。这些国家的零售业通过大规模定制渗透到生产领域，延伸了产业链，扩大了业务范围和利润来源，同时通过有效的数据库开展关系营销。一方面与供应商建立伙伴关系，依靠电子数据交换系统降低库存，并确保持续、及时补货；另一方面与顾客进行交互式营销，以个性化的方式吸引顾客进店购买，并提供最优化的产品分类模式提高顾客的满意度。

### （二）全球零售业态及其变化

零售业态是零售企业的经营形态，它随着消费者生活方式和零售企业的营销战略的变化而不断创新。从零售业发展历程来看，其业态创新的思路大体经历了这样几个阶段——从以商品为中心到以消费者为中心，再到目前世界零售巨头以消费趋势为中心。

围绕消费者需求的变化衍生出零售业态的多次革命，从早期的百货商店、便利店，发展到 21 世纪前 10 年的大型综合超市、食品超级市场、便利店、百货店、折扣店、家居用品中心、专业商店、会员俱乐部、名牌货廉价店、超级市场、无店铺零售等多种业态形式并存的格局，再到现今的电子商务平台、线上线下合一企业以及最近出现的无人超市等新业态不断涌现。全球零售业态日益多元化，不同业态在占地面积、服务水平、产品线的宽度和深度等标准以及线上线下融合等方面都有明显的差别，跨国公司进行渠道决策时需更加慎重。

## 三、零售业发展新趋势

零售业发展的新趋势与电子商务的兴起密不可分。简单来说，电子商务就是企业利用互联网作为沟通渠道开展的商品和服务的交换。1995 年，亚马逊和 eBay 在美国的成立宣告了电子商务的兴起。此后，这种新兴经济活动迅速席卷全球。

电子商务主要包括B2B（business to business）、B2C（business to customer）、C2C（consumer to consumer）三种基本形式，鉴于这里要关注的是零售业发展的新趋势，因此主要从购买者角度来看待电子商务交易，如此其重心就落在网络购物上，主要涉及电子商务的B2C和C2C两种形式。进入21世纪的第二个10年后，网络购物发展异常迅猛，已经从很多方面冲击了现有的零售模式和零售业态，给跨国公司的渠道决策带来诸多变数。

### （一）网络购物的含义、起源和发展

网络购物（shopping online）就是通过互联网检索商品信息，并通过电子订购单发出购物请求，通过私人支票账号或信用卡以及其他支付方式付费，厂商或卖家以邮购方式发货，或者通过快递公司送货上门的一种购物方式。该模式中交易双方从洽谈、签约到货款的支付、交货通知等整个交易过程都是通过网络完成的。

网络购物是20世纪90年代伴随着互联网普及而产生的，发源地在美国。随着互联网用户的快速增加以及在线支付技术和物流配送体系的完善，电子商务在2003年前后开始在全球快速发展，网络购物也开始被上网群体普遍接受，当时亚马逊和eBay分别是B2C和C2C的典型代表。而阿里巴巴的天猫和淘宝是B2C和C2C领域的后来居上者。自2014年起阿里巴巴的年销售额就大于亚马逊和eBay零售额的总和。

### （二）全球电子商务之网络购物发展的特点

新一轮科技革命和产业变革交汇孕育的电子商务，极大提高了经济运行的质量和效率，改变了人类的生产生活方式。2019年，全球电子商务销售额就已达到26.7万亿美元，相当于全球GDP的近1/3。

#### 1. 市场规模不断扩大

2020年零售业网上销售额实现了12年来的最快增长，网上销售额占零售销售总额的比重由2019年的16%升至19%，2021年这种趋势可能不会发生逆转。

#### 2. 亚太地区电子商务增长快速

欧美地区的电子商务起步早、应用广。美国仍是电子商务第一大国，其2019年的电商销售额接近9.6万亿美元。然而，企业对企业（B2B）交易占当年其电商销售总额的87%。日本以3.4万亿美元的电商销售额排名第二，但B2B占电商销售总额的九成以上。

中国作为第三大电商市场（2.6万亿美元）与美国和日本的情况不同，近60%的电商销售额是由企业对消费者（B2C）交易贡献的。中国的线上购物者多达6.39亿人，而美国只有1.89亿人。结果就是，2020年中国的线上零售额已占到零售总额的近25%。韩国（26%）和英国（23%）在这方面也领先美国，美国的线上零售额只占零售总额的14%。

电子商务起源于欧美，但兴盛于亚太。2014—2019年，亚太地区的线上销售增长几乎是世界其他地区的两倍。2019年，电子商务已经占到亚太地区销售额的19%；而在世界其他地区，这一比例仅为11%。

#### 3. 中国是全球最大的网络购物市场

从2006年开始，我国网上销售就一直呈现超高速增长。2020年中国电子商务零售市

场的规模达到 2 万亿美元，超过美国和欧洲的总和。据市场研究机构 eMarketer 2021 年 3 月发布的报告，2021 年中国 52% 的零售销售（约 2.7 万亿美元）将通过网络渠道完成，从而将使中国成为首个电商在总体销售额中占比超过一半的国家。

中国的电子商务零售市场除去规模庞大外，在一些重要方面也与过去以及西方的电子商务行业有显著不同。它更有活力，打破了在西方仍然很常见的不同类型服务之间的界限。点击模式已经过时，中国的网络购物平台现在融合了数字支付、团购、社交媒体、游戏、即时通信、短视频和直播。中国的方式已日益盛行，东南亚、印度和拉美的多家主要电子商务公司都受到中国电商战略的影响，横跨西方和中国市场的大型消费品公司可能也会传播中国电商企业的理念和商业策略。

### （三）网络购物的优势以及对零售实体店的影响

网络购物突破了传统商务的障碍，无论对消费者、企业还是市场都有巨大的吸引力和影响力。首先，对于消费者来说，网络购物可以在家“逛商店”，订货不受时间的限制，而且从订货到货物上门无须亲临现场，既省时又省力。网络购物中，消费者可以获得大量的商品信息，能够买到当地没有的商品。由于网上销售商品省去了店面租金、雇员工资及储存保管等一系列费用，价格一般较实体商店的同类商品便宜。

其次，对于商家来说，由于网上销售没有库存压力、经营成本低、销售辐射面广、经营规模不受场地限制等，通过互联网对市场信息的及时反馈适时调整经营战略，有利于提高企业的经营效益和参与国际竞争的能力。

最后，对于整个市场经济来说，这种新型的购物模式可以在更大的范围内、更多的层面上以更高的效率实现资源配置。

正是由于这些优势，网络购物的出现和发展已经对传统零售业带来不少的负面影响，侵占了部分传统渠道的市场份额，对实体店造成了冲击，而且在不同的国家影响不尽相同。

近 20 年来，消费模式在全球很多地方都发生了深刻的变化，大众消费演变成更加碎片化的、随意的、追求方便的购买行为，这成就了电商和社区周边的中小型商店，却给大型百货公司和零售卖场带来很多不利影响。不过传统零售具备的一些天然优势（顾客可以亲眼看到、触摸和测试产品，有切实的购物服务，中小交易无交货延迟，提供传统的购物环境）依然很有价值，使得诸如亚马逊、阿里巴巴和京东这些大型电商在融合线上和线下优势的过程中探索发展新零售之路。

### （四）新零售及其发展趋势

一般认为，新零售的概念是 2016 年 10 月由阿里巴巴集团在杭州云栖大会上率先提出的，其认为纯电商时代已经过去，未来十年、二十年是新零售时代。新零售由此开始受到业界及学界的广泛关注，迅速成为零售行业发展的焦点。经过几年的发展，新零售的内涵日益清晰，可以这么认为：新零售是基于消费者需求，运用大数据、人工智能等先进技术手段，升级改造商品的生产、流通和销售过程，进而重塑业态结构和生态圈，实现线上线下与物流的深度融合的零售新模式。实业界与理论界公认新零售具有四个基本特征：以消费者为核心、线上线下融合、技术创新驱动、供应链和价值链重构。

1.新零售的发展路径①

（1）线上线下与物流协同发展。线上线下深度融合是新零售的核心，物流是线上线下深度融合的基础。采取线上线下协同模式的企业或布局线下实体企业（如阿里巴巴的盒马鲜生模式）；或链通实体企业业务（如沃尔玛将其在中国的全部门店接入沃尔玛小程序和“京东到家”线上平台）；或开设多业态的自营实体（如亚马逊就经营着生鲜超市、书店、亚马逊 GO 便利店等实体店）。

线上线下与物流协同发展表现为或扩充自营物流网络，提高物流智能化、自动化水平，利用数据技术赋能物流（如京东物流）；或搭建物流网络支点，软硬结合整合社会物流资源（如阿里巴巴牵头的菜鸟联盟）。

（2）体验式消费满足消费者多维需求。零售的本质是每时每刻为消费者提供超出期望的服务，新零售借助数字技术的创造力，主要通过大数据分析掌握消费者需求，达到以消费者体验为中心的目的。如永辉打造的“高端超市 + 食材餐饮 + 永辉生活 App”这一“超级物种”，就是一个基于电商平台及高端体验店的新零售模式的典型代表。

（3）供应链重构与资源重配。零售的核心要素有两个：一是消费者需求始终变化，二是供应链效率需要不断提升。新零售其实并没有改变零售的本质要素，但是源于消费主导和数据技术驱动，新零售将实现对供应链的变革与重构，构建面向需求的高效敏捷供应链体系，充分高效利用各种资源。新零售时代，消费将逆向牵引供应链变革与重构，其实质是由传统生产主导供应链转向消费主导供应链。

2.新零售的发展趋势

（1）线上线下融合需突破发展瓶颈。2018 年起，我国网络零售额增速开始逐年下滑，流量红利、人口红利、信息技术红利消退已现端倪，企业对于流量的争夺日趋白热化，平台间竞争加剧。一方面，电商平台巨头通过沉淀的用户优势抢占市场；另一方面，以抖音、快手、小红书为代表的内容电商平台快速崛起，构成新竞争格局，导致线上渠道获客成本持续攀升。大型平台企业凭借着流量和供应链积累，将战场重新拉回线下。作为流量营销渠道的补充，线下渠道本身可以通过体验增强平台服务能力，但常规门店的交易型销售特点并不能充分满足顾客的体验式消费需求，再加之客源有限，线下门店运营效率亟待提升。

（2）响应消费者需求的新变化。中国新零售增长的根本动力是我国消费趋势的变化，近期趋势主要包括单身人口的增加、低线城市消费者的转变、“健康与绿色”生活方式的引领效应增强、对完全实现“互联互通”和数字化需求的提升以及以 90 后、95 后和 00 后为主的 Z 世代消费者成为新消费的主力人群。

这意味着新零售的发展要从五个方面推进：从购物到娱乐、从单纯消费到联合创造、从个性化的产品到个性化的综合购物体验、从单向市场营销或品牌形象传播到互动式的持续对话、从供应链改善到大规模定制，以满足消费者提升创新体验的需求。②

① 韩彩珍，王宝义 . 新零售的研究现状与趋势 [J]. 中国流通经济，2018（12）：26-27.

② 中国新零售的发展趋势为企业及私募股权基金带来机遇 . http://www.100ec.cn/detail--6520446.html. 2019-07-30.

（3）重视新零售的新内涵：重构“人”，构建以消费者为中心的经营模式。[①]上述消费者需求五个维度的变化，推动新零售内涵向重构“人”演化，追求构建以消费者为中心的经营模式，该变化的主要推动者是制造商。

在新零售之前的发展阶段中，平台和传统零售企业是主要的引领者，现阶段借助第三方信息技术公司的支持，制造商走向推动新零售发展的前台。制造商不再着眼于收割流量，而是把发力点放在建立与消费者的连接，借助数字化技术深入发掘与消费者紧密相关的信息和数据，并利用这些数据优化整条价值链，包括与消费者互动、需求预测、实时供应链优化、产品开发等。小米公司是这个变化的先行者，其线下门店提供全生态链产品体验，线上渠道汇集用户的使用体验和改进建议，直接反馈到后台研发部门对产品与服务进行升级迭代。但对许多传统制造商来说，其本身并不具有为应对消费者行为的不断变化，打造智能供应链，评估需求模式，实时应对市场变化的技术能力，因此，需要第三方信息技术公司提供支持。

（4）数字化技术赋能新零售。消费者对电商平台、社交媒体和移动支付无缝衔接的要求，会进一步提升数字化技术赋能新零售的需求。制造商的产品与服务如果没有由数据驱动或展示，其会在市场竞争中因不能及时有效地满足快速变化的消费需求而被逐渐淘汰。为跟上数字化营销实践和技术创新的步伐，就需建立数字化组织，为此制造商一般需要信息技术公司赋能。例如，2020 年安踏集团借助 IBM 为其量身定制的新零售解决方案，通过改善价值链上的信息流，自动创建、安排和优化其财务、生产、物流和供应链流程，显著提高了解读消费者需求变化的能力，实现了从库存消耗、产品类别、地理区域、目标年龄组等多个维度对消费者需求变化进行更频繁、更精细的分析，帮助确保每个产品线都能达到最佳质量，利用每个销售机会实现销售增长。[②]

移动支付、互联网，甚至人工智能等数字技术将线上和线下渠道相结合，助推着新零售进一步发展。但从本质看新零售本身不是目的，更多是一种方式，反映的是在社会、人口及科技发展的变动趋势下，消费者需求及偏好的不断演变，因此，无论现在还是未来，消费者始终是推动新零售增长的核心。

## 第 4 节　实体分销和物流管理以及供应链和价值链管理

企业在选择了销售渠道之后，应有效地组织实物（产品）移动，使之在适当的时间和地点交付给顾客，这就是实体分销（physical distribution）。实体分销管理就是通过对产品的储运管理让顾客在其期望的时间和地点买到产品和服务从而增加顾客的感知价值，企业可以通过良好的物流和价值链管理来达到上述目标。

---

① 新零售的低层逻辑到底是什么？ http://www.cb.com.cn/index/show/gd/cv/cv1361431041494.2021-09-16.

② 安踏加速数字化转型 获取零售洞察 构建智慧企业 . https://www.ibm.com/downloads/cas/MBZVLW2O.

## 一、实体分销和物流管理

如今，顾客对能否快速有效地获得产品有了更高的要求，顾客希望更频繁地送货，这样他们就不用负担过多的存货；他们需要更短的订货周期，也就是说供应商必须保持高水平的存货以便随时供货；他们希望得到更严格的送货时间承诺；他们需要符合标准的包装、价格标签和展示厅。满足这些要求无疑会增加企业的成本，但是从营销的本质来看，企业不能拒绝大多数要求，可行的办法就是提高物流管理的水平。

### （一）物流和物流管理

物流是指一个企业处理和运送外销货物的过程。这一过程可能是直接的，即利用本公司的运输工具；也可能是间接的，即利用外部代理机构和渠道结构来从事运送工作。

物流过程会发生大量的成本耗费，尽量控制物流成本是一项十分重要的工作，企业可以通过有效的物流管理来降低物流成本，进而降低售价，获得较高毛利。

物流管理是指从生产环节的末端（成品）到终端顾客这一过程中，对商品的储备和运送进行的组织和管理。

虽然进行有效的物流管理的成本并不低，但是一个优秀的物流方案能成为营销竞争中的潜在优势。企业通过改进物流来提供更好的服务、更快的周转时间或更低的价格，从而吸引更多的顾客。

### （二）物流管理过程

物流管理涉及四个重要的决策：如何处理订单（订单程序）？商品储存地点应该设在何处（仓储）？手头应该有多少储备商品（存货）？如何运送商品（运输）？

#### 1. 订单程序

订单程序是一个接受、记录、了解和加工订单产品以及开列发货清单、核对收付款信息、检验用户信用、传递发货通知的过程。今天，大多数企业正在努力缩短从订单到收款的周期，即从拿到订单到付款的这段时间。借助计算机系统和相关软件，可以使订单处理周期大大加快。比如，大型零售商可以通过互联网和计算机等电子设备，使其地区性的配送库房与供应商的供货系统连接起来，将订单加工、运输计划、生产计划、存货水平以及财务管理整合成一个有机的综合系统，提高订货处理效率。

#### 2. 仓储

产品生产和消费的周期很少能够完全一致，因此每个企业在其商品待售时，必须把它们储存起来。储存功能可以缓解产量和市场销量间的差异。关于仓储决策的一个主要方面是企业必须决定储存的合理数量，在方便货物较快地送达顾客与合理的仓储成本之间找到平衡点。为此不少企业会减少地方性的中转仓库，而在能够于短时间内辐射到周边市场的地区商流、物流、信息流、资金流的综合汇集地建立中央配送中心，以期高效地从供货商那里接收货物，并完成各商店和顾客的订单，还有些企业干脆将这一职能外包给第三方物流公司。

### 3. 存货

销售人员总是希望其企业备有充足的库存，以便随时满足顾客的订货，但是维持大量存货会增加成本。存货管理就是要解决顾客服务和物流成本之间的矛盾。存货管理的一项工作是要确保企业既不出现生产用零部件或成品的短缺，也不会因为有过多的存货而增加费用和风险。另一项工作是平衡订单处理成本和存货持有成本。为解决这个矛盾，企业可以利用先进的技术改进补货系统。

### 4. 运输

对任何一个物流系统来说，运输都是核心。运输就是要及时地将商品运达特定的地点，以在一个渠道系统内保证迫切的服务需求，或保持一定的备货水平。

企业可以在五种运输方式中进行选择：铁路、航空、卡车、水路和管道。每种运输工具都有各自的优缺点。运输工具的选择将影响产品的价格、准时送货的执行和商品抵达时的损耗情况等，而这些又将影响顾客的满意度。使用何种运输模式取决于特定的营销环境、企业的总体战略或者输入港口的环境。

**营销视角 11－4　中国“菜鸟”革新全球物流**

尽管以上将物流管理分解为四个步骤加以介绍，但其本质强调的是上述四种活动的整合（参见营销视角 11－4）。一旦将物流管理视为一个整体，就意味着将物流管理的概念扩展到了供应链管理。

## 二、供应链管理和价值链管理

### （一）供应链管理

供应链管理（supply chain management）的起点要早于实体分销，注重正确输入（原材料、组件和资本设备）过程，有效地把它们转化为制成品，分发到最终目的地，它甚至还扩展到研究企业的供应商怎样获得输入品。对供应链的分析能帮助企业识别优秀的供应商和分销商，并帮助它们在供应链中提高生产效率，这最终将导致企业的成本下降。

随着市场竞争的加剧和理性购买者比例的提高，一家企业只有比竞争对手为顾客创造更多的价值，才可能获得竞争优势。

### （二）价值链管理

价值链（value chain）是组织工作活动的整个系列，从原材料加工开始，到产品送到终端用户手里结束，每一个步骤都增加价值。完整的价值链可能包括供应者的供应者到顾客的顾客的所有部分。

价值链管理（value chain management）的内涵比供应链管理要更宽泛和丰富。供应链管理是内部导向的，主要集中在资源流进组织的效率，而价值链管理则是外部导向的，既关注原材料等的输入，也关注产品和服务的输出；供应链管理是效率导向的，目标是降低成本和使组织提高产量，而价值链管理是效益导向的，目标是为顾客创造更高的价值。

在价值链管理中，最终顾客掌握着决定权，他们决定价值之所在，决定如何创造价值和提供价值。通过价值链管理，管理者试图找出一种独特的组合，给顾客提供解决方案——以最快的速度和竞争对手不能达到的价格真正满足顾客的需要。

价值链上的参与者协作得越好，提供给顾客的解决方案就越佳。为顾客创造价值时，顾客的需要和愿望得到满足，价值链上的每个人都会受益。

物流、供应链和价值链管理日益感受着新零售发展的影响力，本章第3节的相关内容可以看到，亚马逊、阿里巴巴和京东这类电商平台在力推线上线下融合的过程中，已经对现有的物流和供应链体系带来了重大影响。亚马逊的全球供应链系统已经开始在美国和全球挑战联邦快递、UPS，或许它将会成为一个全球主要的快递服务企业；阿里巴巴在全球物流和供应链服务以及基础设施上已投入重资；京东也有自己强大的物流网络并进行着海外扩张。

这一切无一不影响着企业的国际分销渠道策略。跨国公司若能调整好自己的物流、供应链、价值链管理策略，就可以借力于此提高自己的分销效率。比如日本花王公司2015年在阿里巴巴集团的天猫国际购物网站上设立了店铺，从日本向中国消费者发售产品，日本的交通运输公司日本通运公司搭上顺风车与阿里巴巴集团结盟，为那些在天猫国际上销售产品的日本企业提供快递服务。2016年日本快递业巨头雅玛多控股集团有限公司与京东结成联盟，让中国消费者能以更便宜的运费更快地拿到他们在京东网站上购买的日本产品。

## 案例分析11-2

### 亚马逊中国“海外购”战略转型

2019年4月亚马逊中国发表声明：为了寻求战略转型，将于当年7月18日起，停止为亚马逊中国网站上的第三方卖家提供卖家服务，但会继续投入并推动包括亚马逊海外购、亚马逊全球开店、Kindle和亚马逊云计算等业务在中国的发展。尽管亚马逊中国否认此乃“退出中国市场”，但其在中国电商市场的失败是不争的事实。

2004年亚马逊通过收购卓越网，高调进军中国市场。巅峰时期亚马逊在中国电商业务的市场份额曾达到20%，年销售额高达70亿美元。但到2018年，亚马逊在中国市场的份额仅剩0.6%，并最终于2019年7月以关闭在中国境内的第三方电商业务，为其逐渐“没落”的中国市场电商业务画上了句号。

作为在世界500强榜单中排名前列、在全球最具价值品牌百强榜单中位居首位的跨国巨头，亚马逊在中国市场的败退引发了众多评议。公认的一个关键原因是亚马逊在中国的本土化战略失当以及当地竞争对手阿里巴巴、京东等的发展势头太强。用其CEO贝索斯的话来说：“我们大多是把在日本、德国、英国、西班牙、法国、意大利、美国等地取得成功的做法复制到中国，事实上，在中国，我们需要更多的市场定制。”

作为一个典型的全球公司，亚马逊是不可能轻易放弃中国这个全球最大的网购市场的。亚马逊调整了其在中国市场的战略决策，重心转向跨境电商。中国有大量的中等收入群体，以他们为主体的中国消费者对商品品质要求的不断提升是亚马逊跨境电商发展的重大推力。有数据显示，2018年中国“海淘”用户已突破1亿人，2019年跨境电商市场的交易规模突破10万亿元。

汲取了在中国电商业务败落的教训，亚马逊在推动中国海外购战略时做了诸多本土化的努力。

顺应中国消费者“海外购，购全球”的消费理念，亚马逊为中国用户提供亚马逊海外购平台，直连亚马逊美、英、日、德多个国际站点的服务，扩大了中国消费者海外购的商品选择范围。同时采取措施解决物流短板问题，打造了跨境前置仓模式——根据大数据预测消费者的潜在需求，提前将部分热销商品从亚马逊美国及欧洲调拨到跨境前置仓存放。当中国消费者下单时，由跨境前置仓直接发运，可实现最快3个工作日送达中国82个城市，有效缩短了跨境递送时间。

另外，一改之前“消极营销”的做派，为中国用户定制促销活动。2020年11月13日，亚马逊中国宣布，开启史上最长“真黑五”全球狂欢，从当日起横跨整个11月，并覆盖“黑色星期五”和“网络星期一”两大海外促销节点。在年终跨境购物季最重磅的促销节点，中国消费者可购买来自亚马逊美、英、日、德四大站点总量超过3 000万种的海外正品，以及超过48万个多元化的国际品牌，享受数十万低至四折的海外同步优惠及超过30场的中国定制优惠。

亚马逊集中资源推动中国市场海外购业务的战略初见成效，其在中国的跨境电商从最初仅接入来自亚马逊美国的8万种商品，到如今引入逾3 000万种来自亚马逊美国、英国、日本和德国的海外商品；从最初的仅涵盖几万个海外品牌，到如今有超过48万个国际大牌供选择；而“黑色星期五”在中国也从最初只有亚马逊用户参与的购物节，发展成为多个电商参与的年终购物季狂欢的“下半场”（“双十一”被认为是“上半场”）。

亚马逊中国海外购的愿景是：让中国消费者第一时间同步享受到全球高品质生活，或为中国消费者量身定制产品和福利；同时亚马逊海外购可在商品保真、海淘选购、跨境物流等方面，为业界提供具有借鉴意义的模式和解决方案。

愿景与现实有无差距，等待市场和时间检验。

资料来源：张玥，陶冶．亚马逊败给了谁？．南方周末，2019-04-25（B9）；李岩川．数字新消费点亮“线上丝绸之路”．环球时报，2020-11-04（11）；亚马逊开启历史上最长“真黑五”．环球时报，2020-11-16（11）．

问题：

1. 分析国外厂商通过亚马逊跨境电商将商品出售给中国消费者时的渠道设计方案的特征及优缺点。

2. 中国企业如何利用亚马逊的跨境电商业务进入海外市场？

3. 查阅资料分析亚马逊的中国海外购业务，与中国几个主要电商的相关业务是否存在竞争关系？分析双方各自的竞争优势与劣势。

## 基本概念

| | | | |
|---|---|---|---|
| 国际分销渠道 | 网络购物 | 实体分销 | 新零售 |
| 物流管理 | 供应链管理 | 价值链管理 | |

## 思考题

1. 国际分销渠道由哪两部分构成？国际渠道决策主要关注的是哪一部分？
2. 全球多样化的分销渠道模式对跨国公司的分销渠道决策有何影响？
3. 分销渠道设计包含哪几个主要步骤？
4. 跨国公司如何在国外市场寻找、选择和管理中间商？
5. 新零售发展趋势呈现什么特点？对跨国公司的渠道决策有何影响？
6. 良好的供应链和价值链管理对跨国公司的渠道战略有何促进作用？

## 实训练习

以网络购物和实体店消费为主题访谈你的同学与朋友，从他们的购买品类、选购商品的单位价值、购买频次等方面的习惯及其变化中寻找新零售的影响痕迹。

第12章 # 国际营销沟通决策

每个营销组合计划必须包括企业怎样使用营销传播，以便与顾客、预期顾客和其他利益方进行沟通。

**| 学习目标 |**

- 了解国际营销沟通的含义、过程和作用。
- 了解企业在全球沟通中面临的最大挑战。
- 掌握五种传播工具的特点，理解整合营销传播。
- 了解和掌握国际营销沟通的基本战略。

全球视野

### 2021 年欧洲杯的“获胜者”可能是中国人

经验和统计数据告诉人们，赞助国际大型赛事（也称为“体育营销”）是快速提升企业品牌影响力的有效途径。在 2021 年的欧洲杯上，中国企业海信、支付宝、TikTok 和 vivo 大出风头，4 家企业在绿茵场边醒目的广告引起了世界媒体的广泛关注。

欧洲杯（也称欧锦赛）是公认的全球最高水平的洲际足球赛事之一，也是世界上商业价值最大的体育赛事之一。4 家中国企业占本届欧洲杯 12 家官方赞助商数量的 1/3（其他主要赞助商包括美国联邦快递、可口可乐、德国大众汽车、俄罗斯天然气工业股份公司、卡塔尔航空公司等），创下欧洲杯历史上最多中国企业赞助的纪录。

在本届欧洲杯赛事中，赞助商通过合作所获得的最有效权益是 51 场比赛中 LED 广告的展示，平均每家赞助商有 7 分钟的呈现，4 家中国企业加起来有近半个小时的广告。出现在赛场边的广告是中英文交替，表明我国赞助企业在希望吸引更多国内受众的同时也瞄准了海外观众和市场。欧洲杯拥有遍布全世界 200 多个国家和地区的观众，他们不可能无视这些在场边广告牌上出现的品牌标志。

在4家中国赞助商中，海信已经从这种广告战略中尝到了甜头。早在2016年首次赞助法国欧洲杯时，海信就频繁出现在法国的电视广告中，公司还为球迷区配备了超大屏幕，如此大手笔换来了显著的回报——根据海信方面公布的数据，2016年后，海信在11个国家的知名度提升了6%，在德国、法国、英国、意大利、西班牙等更是全面建立起口碑。这届欧洲杯期间，海信为观赛量身打造了U7系列激光电视，助力观赛体验更加完美。到今天，海信总收入的40%来自海外市场，已是名副其实的全球公司。

支付宝2018年就和欧足联签署了一份为期8年、价值2亿欧元的天价赞助合同，希望借此把业务推广到欧洲的华人社群；智能手机品牌vivo 2020年下半年正式登陆欧洲市场，希望借欧洲杯之机提高销售业绩；短视频平台TikTok则希望“通过球迷分享他们的激情”，吸引更多年轻人使用TikTok。

这几家中国企业已取得了实际的广告效果，哪怕普通海外观众不认识广告牌上的汉字，至少也留下了“中国人很喜欢足球”“实力强劲的中国企业很舍得在足球、体育事业上投资”的印象，许多消费者也通过社交媒体上传这些广告的截图。

索尼和松下等日本电子品牌在20世纪80年代首次出现在欧洲杯的广告牌上，三星和LG等韩国企业在90年代后期紧随其后，现在轮到中国品牌亮相，这是中国企业全球影响力提升的标志。如欧洲媒体所说：无论是哪个国家的足球队在7月举起欧洲杯的奖杯，“获胜者”可以是中国人。全球化、数字化和政治经济变革的力量反映在赞助商的组合中，将在终场哨响后的很长时间内继续发挥用。

资料来源：欧洲杯，撕开一道中国彩电加速全球化的口子．蓝科技网．(2021-06-29)．https://baijiahao.baidu.com/s?id=1703893403053584051&wfr=spider&for=pc；刘洋．等，中企欧锦赛打广告，效果如何．环球时报，2021-06-30(11)．

---

在国际营销中企业不仅要提供优良且符合顾客需要的产品，还需要采用合适的沟通手段和方式，就相关产品的信息与潜在的、现实的顾客和零售商、供应商、其他利益相关者以及社会公众进行有效的沟通。如“全球视野”所示，有效的营销沟通会提升企业品牌形象并增加销量。

沟通是发送者和接收者之间为达成思想上的相通或一致而进行的活动，其本质是发送者和接收者之间意义的共享。营销沟通主要是企业和消费者之间意义的共享，简单来说，就是一家企业必须了解消费者的需求，而消费者也能够知道企业可以提供什么，如何满足他们的需求。

营销沟通需要借助一定的手段，具体包括广告、公共关系、销售促进、人员推销和直接营销五种主要的传播工具。每种工具都有其独特性和成本，适合不同的市场情况。使用这些工具最有效的方法是将它们结合起来，这就是促销组合。近几年来，对促销组合的理解和运用已从单纯地组合这些工具上升到对不同工具所提供的分散信息进行无缝对接，以提供明确的、连续一致的和最大的传播影响力，整合营销传播的观念开始发挥作用。

营销学中对有效营销沟通的一般性要求也适用于国际市场营销，然而，由于各个国家和地区存在文化、经济、法律等营销环境的差异，企业与中间商和消费者等沟通对象之间可能形成地理、文化和心理的区隔，使得国际营销沟通有其独特之处。

本章第 1 节阐述国际营销沟通的过程和作用，第 2 节和第 3 节介绍五种常用的营销沟通工具，并分析如何在企业营销组合战略框架内有效地整合营销传播。

# 第 1 节　国际营销沟通的过程、作用和战略

沟通是意义的传递和理解，如果信息或想法没有被传送到，则意味着沟通没有发生。国际营销沟通涉及为现有和潜在的消费者以及其他对企业全球发展和国际声誉有潜在影响的利益相关者提供信息并与之交流信息以达到特定目的。这不仅是一个信息传递的过程，更是说服的过程。在国内营销中实现这一过程已颇具难度，国际营销活动中市场环境、媒体有效性、语言文字、文化敏感性以及促销管理等诸多方面存在差异，使这一过程面临更大的挑战。

## 一、国际营销沟通过程

### （一）国际营销沟通过程简述

国际营销沟通过程如图 12 - 1 所示。

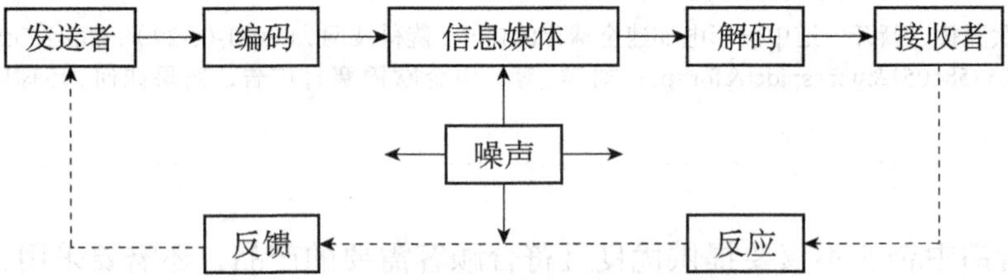


**图 12 - 1　营销沟通过程中的诸要素及其作用**

图 12 - 1 的模型强调了有效沟通的关键因素，其中任何一个部分出现差错，最终都会影响整个沟通过程的准确性。

在国际营销中，创建有效的沟通并不是件很容易的事，存在许多导致沟通失败或错误的因素，因此，有必要了解在国际营销沟通中需要特别注意的事项。

### （二）创建有效的国际营销沟通应注意的事项

#### 1. 传递的信息应该反映目标市场的需求

要使沟通有效，发送者必须明确目标市场的具体需求，知道要把什么信息传播给目标接收者。如果营销者只是依赖自我参照标准而不是通过有效的市场调研去确定目标市场需求，往往会犯错误。比如，在美国拥有健康的牙齿被认为很重要，含氟防龋齿牙膏销售形势很好，但在另一些市场，如英国和加拿大的法语地区，人们更看重牙膏消除口气的功用，如果一开始就把这些市场的基本需求理解错了，向英国市场传达的是预防龋齿之类的

信息，那么即使其余的步骤都正确无误，整个沟通过程也会失败。

2. 以能被目标市场接受的方式编码，防止解码与编码的偏离

发送者的编码过程必须与接收者的解码过程相吻合，当信息在一种文化中编码而在另一种文化中解码时，沟通过程就变得复杂。在这一过程中，诸如颜色、时间、价值观、信仰、幽默、口味、代言人是否合适等因素都可能会导致国际营销者编码错误。而文化的差异可能导致编码方式不能得到接收者的认可。

3. 保证接收者能够理解所传递的意义

现实生活中有多种因素单独或综合在一起造成了沟通过程中接收者无法和发起者共享所要传达的意义，包括对信息传递方式的错误理解产生了不恰当信息，编码不当产生了无意义的信息，因媒体选择不当无法把目标信息传递给接收者，因解码不当而曲解或误解信息等，这些负面影响要尽可能避免。

4. 重视反馈

反馈作为对沟通其他阶段效果的核查在沟通过程中非常重要，不衡量沟通效果的企业往往不能及时改正信息源、编码、媒体选择、解码和接收者方面的错误，恰当的反馈系统可以使企业在因沟通不当而造成重大损失之前改正错误。

除了上述步骤可能产生问题，国际营销沟通过程的效果还会受到噪声的影响。噪声包括所有其他外在的会降低沟通效果的影响因素，如可能影响最终沟通效果的竞争对手的销售人员以及接收端的混乱。噪声是一种破坏性的力量，会干扰沟通的每一个步骤，常常不受信息发送者或接收者的控制。

通过上面的分析可以看出，在国际营销沟通过程的任何一个步骤，文化的差异性或营销者的自我参照标准都可能影响沟通的最终效果，因此培养、提高国际营销沟通人员的文化敏感性是非常重要的。参见案例分析 12－1。

**案例分析12–1**

让女性待在厨房，汉堡王挨批

2021 年“三八”国际妇女节当天，汉堡王英国分店在其官方推特上发文称“女性应该待在厨房”，遭到网民的猛烈抨击，人们认为这是一种“不尊重女性”“歧视女性”的言论。尽管汉堡王在这条推文的下方解释称这一文案是为了宣传汉堡王的女性厨师培养计划，但仍引来不少争议。

汉堡王其实是想通过“为更多女性员工提供烹饪的机会，以改变英国餐饮业性别比失衡的现状”。汉堡王称：“目前，世界上只有 20% 的厨师是女性。我们的使命是改变餐饮业的性别平衡，使女性员工有机会从事烹饪事业。当然，如果女性愿意（从事这份工作）的话。”

但网民对此不买账，批评汉堡王“把性别歧视当作卖点。”有网民评论称：“明明可以用更好的方式，却非要用这样的广告语吸睛。”甚至有网民反击道：“汉堡王应该待在垃圾桶。”汉堡王的同行肯德基也在评论区“补刀”：“删掉这条推文的最好时机就是发布的那

一刻，其次就是现在。”

解释无用，汉堡王删掉了原推文并重发推文道歉，称此前发布的推文有误。

资料来源：罗希．让女性待在厨房，汉堡王“好心”挨批．环球时报，2020-03-10（11）．

## 二、国际营销沟通的作用

传统上国际营销沟通主要是提供一种机制，使得企业可以将其产品或服务的特色和益处通过促销组合以最低的成本提供给不同国家的现有和潜在顾客，最终目的是说服顾客购买特定的产品或服务，但现在企业在国外市场需要与更大范围的利益相关者交流，要达到的沟通目标也日趋多元化，因此国际营销沟通的作用就不能仅仅局限在传统意义上，而是需要从以下三种战略角度来看。

### （一）传播产品和服务的差别

在全球化背景下，一方面，由于市场竞争日益激烈，生产技术成熟和扩散的速度在不断加快，同一行业企业所提供产品或服务的实物形态或具体服务程序方面的差异越来越小；另一方面，为了在竞争中取胜，企业又要尽可能寻求差异。这就要求国际营销沟通除了发挥传统功能，更应该体现企业的产品和服务的差异化特点。

### （二）向国际利益相关者传播企业形象

随着消费者接触到的营销沟通深度和广度的增加，怎样使产品或服务独具特色日益成为挑战。在这种情况下，企业自身的形象就变得至关重要，积极的形象可以放大和促进其他促销工具所起的作用，而消极的形象则相反，甚至有时还会导致消费者对企业提供的产品和服务进行抵制。比如21世纪初耐克就因为其产品是在印度的“血汗工厂”生产的而遭到美国消费者的抵制。

企业除了要注意在消费者心目中的形象，还应关注其他利益相关者对企业的要求，包括要向一国政府证实自己所从事的国际市场营销活动是正当且有益于对方的；向股东证明自己对投资的责任感；向媒体、一般公众证明其是可信赖的，对当地社区、环境和雇员的利益是极为关注的。这些要求无疑极大地加大了国际营销沟通的范围和难度。

一般而言，企业通常通过公共关系活动来塑造和提升自己的形象，当然也可以借助广告媒体的知名度和覆盖范围来传递自己的目标形象。

### （三）利用营销沟通与利益相关者建立联系

日益激烈的全球竞争为消费者提供了对产品和服务的更多选择，也带来了新的体验，购买新产品的风险大大降低，消费者不再轻易倾向于或忠诚于某个供应商或品牌。

随着营销传播成本的日益增长和需要面对更广阔的国际受众，企业愈发认识到，吸引新顾客所需的成本远高于维持现有顾客的成本，因此企业开始高度关注顾客终身价值，即顾客长期从企业购买产品或服务所创造的价值，关系营销也因此在国际市场营销中日益重要。

借助信息和传播技术的发展，企业能够通过大量不同的传播手段，与顾客和其他利益相关者进行更为有效的联系，甚至是一对一的沟通，明确他们的需要，并与其建立长期、良好的关系。

## 三、国际营销沟通战略

跨国公司在制定沟通战略时，要进行标准化和本土化的战略权衡。进行跨国营销的企业可能会采用标准化的沟通活动，以控制促销成本，但是出于对文化背景、法律等诸多因素的考虑，很少有企业会将国际营销沟通活动的所有方面都标准化。

### （一）标准化战略

首先，国际营销沟通标准化的动因来自企业对提高效率的要求。标准化形成的规模经济效益可以节约促销成本，支出的削减可能是由于减少了促销策划成本、经济合理地利用员工的时间或者借鉴了不同国家成功的营销沟通项目和过程。

其次，标准化沟通可以向消费者提供明显的附加值，尤其是产品或服务中包含的无形价值。消费者相信可从某个受到全球广泛认可的形象中获得身份认可等方面的附加价值。如瑞士历史最为悠久的独立家族制表企业百达翡丽（Patek Philippe）就借助“没人能拥有百达翡丽，只不过为下一代保管而已”这样的标准化经典广告语，表达了百达翡丽腕表的尊贵不仅在于它的精确、独特、卓越与高贵，而且在于它的耐用、恒久与延续。在此理念推动下，拥有（佩戴或收藏）百达翡丽表成为“爱表者”的象征与追求。

最后，针对产品和品牌的标准化沟通可以增进利益相关者对它们的了解，有助于形成统一的企业形象。比如，吉列公司对其所有产品在全球范围的广告使用统一的广告语——“吉列，男士的选择”，以此来塑造一致的形象。

标准化的好处很有吸引力，今天，有很多跨国公司正尝试着通过在所有的市场上使用相同的广告等促销工具来建立全球统一的品牌形象。然而，考虑到许多当地因素的影响，调整传播策略不可避免。

### （二）本土化战略

跨国公司在发展全球性标准化沟通计划上面临大量挑战：必须决定产品定位是否适合这个国家；必须决定广告风格是否可以被目标受众接受；必须决定是用总部广告还是用当地广告……概括来讲，由于文化、法律、政策规定以及不同国家媒体的可利用性等诸多因素的差异，企业要对沟通战略进行调整。

文化因素决定着如何解释各种现象，如果认知结构不同，对同一信息的理解也就不同。此外，基于传统习惯形成的常识或刻板印象也是导致广告沟通等促销活动失效或不成功的原因。例如，宝洁公司在日本最初为帮宝适牌尿不湿做的广告是一只仙鹤把帮宝适牌尿不湿送到千家万户，让宝洁公司沮丧的是该广告没能达到预期的效果，事后对消费者进行的调查发现，日本消费者对这只鸟为什么送尿不湿感到迷惑不解。根据日本的民间传说，把婴儿带给父母的是漂在河面上的巨大桃子而不是仙鹤。

另外，跨国公司在进入新市场时还可能会面临品牌含义发生变化或产生文化冲突而不得不更换品牌名称的窘境。高露洁公司 Cue 品牌牙膏在进入法国市场时就遇到了这样的问题。该品牌名称在英语中没有任何意义，到了法语里却有俗语“屁股”之意，显然一支牙膏不能冠以这样的名称。广州汽车公司乘用车有限公司计划成为首个进入美国市场的中国汽车生产商，2017 年在美国销售传祺牌汽车，不巧的是传祺的英语名称 Trumpich 与美国时任总统特朗普（Trump）的名字很像，政治敏锐性和品牌研究显示的反馈（据悉当时特朗普在美国的反对声高涨，这对该品牌在美国市场的推广不利）使广汽集团决定弃用传祺品牌名称，代之一个新的名称。

最后还需要关注与营销沟通有关的法律法规对可促销产品范围的限制、对促销手段的管制以及直接对广告某些方面的控制。例如，烟草产品的广告在许多国家受到管制；许多国家对药品广告有限制；在奥地利，法律明文禁止有奖销售、发放赠品和使用优惠券，因为该国认为上述都属于现金折扣的范畴。

很多国家都有专门针对广告的法律条文甚至广告法，对广告的表现形式和内容都有不同的限制和要求。以比较广告为例，在美国比较广告是合法的；英国、爱尔兰、西班牙和葡萄牙禁止指名的比较广告；在德国使用比较词语为非法；比利时和卢森堡公开禁止比较广告；亚洲的很多国家如中国、印度和日本也不允许做比较广告，不过在菲律宾，“头号可乐”这样的词语是可以接受的。

在许多国家，电视广告受到严格的管制。在挪威和瑞典，电视广告不可以针对 12 岁以下的儿童；希腊、丹麦、澳大利亚以及荷兰等国也限制针对儿童的广告；马来西亚政府规定在该国播出的电视广告必须在马来西亚制作；在德国，两次广告时段之间的间隔时间不得少于 30 分钟，每小时的广告不得超过 12 分钟；英国的商业电视台每小时的广告时间不得超过 7 分钟；有些国家还征收广告特别税，如在奥地利，电视广告要缴纳 10% 的税。

还有就是媒体本身的影响，不同国家的媒体的可获得性、费用和覆盖面都存在差异，这迫使跨国公司对其促销计划和方案进行适应性调整。例如，在东欧，由于发行量大的杂志和其他出版物的纸张和印刷质量差，高露洁公司不得不放弃传统的大量使用印刷媒体做广告的做法，改用其他媒体；在埃及，饱受静电干扰的电视和低质量的广告牌使得可口可乐和雀巢等公司曾把广告印刷在沿尼罗河航行的三桅小帆船的帆上。在世界很多市场，单一媒体的覆盖面很小，必须通过多种多样的媒体才能把信息传播给市场上大部分的潜在买主，所有这些因素都使本土化战略变得很有必要。

## 四、主要的国际营销沟通工具和整合营销传播

### （一）主要的国际营销沟通工具

前面已提到国际营销沟通可使用五种主要的沟通传播工具，从与沟通对象的交互式特征看，这些工具可分为单向（大众传播工具）和双向（极具个性化的工具）两种，具体如表 12－1 所示。

**表 12－1　主要的国际营销沟通工具**

| 单向沟通 | | | 双向沟通 | |
|---|---|---|---|---|
| 广告 | 公共关系 | 销售促进 | 人员推销 | 直接营销 |
| 报纸、杂志、互联网、广播、电视、户外等媒介广告 | 年报、内部刊物、媒体关系、重大事件、游说赞助、名人代言、隐性营销等 | 返点、价格折扣、商品目录、样品、赠券、礼品、竞赛等 | 上门推销、销售演示、贸易促销会等 | 直邮、数据库营销、网络营销、电话营销、短信营销、社交媒体营销等 |

资料来源：斯文德·霍伦森. 国际市场营销学：原书第 7 版. 北京：机械工业出版社，2019：445.

每种工具都有其独有的优势以及在完成特定沟通目标时能够起的关键作用，具体内容在本章第 2 节和第 3 节中详述。

## （二）整合营销传播

许多企业主要依赖一两种传播工具来达到它们的传播目标，但是随着顾客复杂性的日益增加、传播信息的多元化以及新类型媒体的增多，整合营销传播成了一项紧迫的工作。

### 1. 整合营销传播的含义

整合营销传播（integrated marketing communication，IMC）这一概念是 20 世纪 80 年代中期由美国营销大师唐·舒尔茨率先提出的，其含义是将与企业进行市场营销有关的一切传播活动统一化的过程。整合营销传播力图把广告、人员推销、销售促进、公共关系、直接营销等一切传播活动都涵盖于营销沟通活动的范围之内，并且组合这些活动，通过对分散信息的无缝结合，产生明确的、连续一致的和最大的传播影响力。

整合营销传播从广告心理学入手，强调与顾客进行多方面的接触，并通过接触点向消费者传播一致的、清晰的企业形象。这种接触点小至产品的包装，大至企业的新闻发布会，每一次与消费者的接触都会影响消费者对企业的认知程度，如果所有的接触点都能传播相同的正向信息，就能使企业的传播影响力最大化。

### 2. 整合营销传播的优缺点以及面临的挑战

整合营销传播将会产生巨大的销售影响力，它使管理层考虑企业接触顾客的每一种方法、企业怎样传播其定位、每种媒体的相对重要性和发布时间；它会提高企业的传播能力，将恰当的信息在恰当的时间和恰当的地点传播给恰当的顾客。

尽管很多跨国公司都将整合营销传播作为目标，但事实上开展这项活动很困难，原因主要在于许多企业的营销经理认为有效整合营销传播方案的实施面临各个传播单位缺乏协调的障碍。长期以来，不同的传播手段需要不同的专业知识，由不同的专业人员负责，某一领域的传播人员往往并不具备其他传播工具的知识。当企业要借助不同的传播手段实现传播目标时，一般需要和不同的传播公司合作，这显然无法保证各个传播单位之间所传播的信息一致。尽管像奥美、扬·罗必凯这样的大型广告代理商具有在销售促进、公共关系和直接营销上的专业技术，推行一站式服务，但很多企业（它们的顾客）并不购买它们的整合营销传播包，而是喜欢用各自独立的广告代理商。

尽管存在上述困难，整合营销传播所能产生的最大化传播影响力的优势仍很有吸引力，一些大型广告代理商也在努力改善自己提供给企业的整合营销传播服务，有不少跨国公司开始选择将其相当一部分营销传播业务交给一家广告代理商，像施乐、惠普这样的全球性公司开始聚集广告、直接营销、公共关系和雇员沟通等方面的专家，建立“超级顾问团”，每年召开若干次会议、进行若干次培训以改善他们之间的沟通。

对整合营销传播观念的接受会极大地影响企业的促销组合和营销沟通战略，使企业从系统、整体的角度来看待和运用不同的促销手段。

## 第 2 节　国际营销沟通工具Ⅰ：广告、公共关系和销售促进

广告的对象主要是消费者，其功能是通过刺激、激发和迎合消费者的需求、欲望、渴望来诠释产品和服务如何满足需求的特性。公共关系可以使企业与员工、工会、供货商、相关政府部门、媒体以及更多能影响其业务的团体和公众建立有效并且相互理解的关系，以在经营活动中获得支持。销售促进包括很多有趣的短期战术工具，能引起短期的效果，对长期的营销战略也起到极其重要的补充作用。

### 一、广告

广告通常是消费品沟通组合中最重要的部分，而对大多数企业来说，广告的重要性要低于人员推销的作用。另外，由于存在单向传播方式的局限，广告面向国际用户进行沟通时面临很多困难。其中最大的困难是如何从全球广告的角度来制定广告战略，同时平衡标准化和本土化的利弊。

#### （一）全球广告

在始于 20 世纪 90 年代的全球化浪潮之前，企业面对多元化国际市场做广告宣传时，需要考虑的一个关键问题就是广告的哪些方面可以标准化、哪些需要调整。在全球化背景下，特别是对全球性企业而言，其广告首先应是全球广告。标准化与本土化的问题依然存在，不过要从全球广告的角度来考虑。

1. 全球广告的形式和特征

全球广告（global advertising）可视为特意运用具有全球适应性的艺术形式、文案、照片、广告语和其他因素传播信息。戴比尔斯公司的“钻石恒久远，一颗永流传”的广告、丰田汽车公司“有路必有丰田车”的广告，都是典型的全球广告。

具有统一主题的全球广告有助于构建产品和品牌的长期形象，减少制作广告的相关费用，节省大量开支。不过，即使是全球性公司，也不总能有效地运用全球广告，由于文化差异和其他方面因素的影响，运用针对单一国家的广告宣传也是必要的。例如，可口可乐公司就曾为中国市场制作一则中国化的广告，该广告营造出在一个乡村里中国老百姓用传统方式庆祝春节的场景，喜庆欢快的场景及其中蕴含的一家全球性公司对中国风俗的理解和尊重，打动了中国消费者的心，提升了其品牌形象。

近几年，大量标准化全球品牌的出现加快了全球广告的发展，权衡广告的标准化和本土化是跨国公司制定广告决策时需要考虑的一个重要问题。

### 2. 全球广告的标准化与本土化之争

广告标准化与本土化之争的焦点是国际营销中具体的广告信息和媒体策略是否应该因地区和国家的不同而异。

持有标准化观点的学者认为，地球村时代正在迅速到来，全世界消费者的品位和偏好日趋一致，不同地方的人会出于相同的原因需要相同的产品，企业可以采取“同一个世界，同一种声音”的做法，通过标准划一的全球广告来获取巨大的规模经济效益。

遵从本土化思维的广告主（企业）对地球村的论点表示怀疑，他们坚持认为，不同国家的消费者之间仍有差异，即使不同国家的人会从产品的基本功能中寻求共同的价值和利益，消费者对产品的其他特征以及对产品以外的属性的认知和追求往往也是不同的。例如，20 世纪 90 年代，有些国家的消费者将耐克视为引领潮流的品牌，其体现出的身份和品位足以令人羡慕；然而在另一些国家，穿耐克被视为挥金如土的纨绔子弟所为。类似的例子很多，可见，不同国家消费者行为的差异依然存在，要想真正触及并触动他们，就必须使用为不同国家量身定制的广告。本土化思维的支持者还指出，广告宣传中大部分愚蠢的错误都是由于广告主（企业）没能理解并适应他国文化造成的。

最近的研究发现，对文化问题重视的广告经理往往偏向于本土化广告，而对文化问题不太敏感的广告经理则倾向于标准化广告，负责在当地执行全球广告的经理可能对全球广告表现出强烈的抵触。总的来说，两种观点各有利弊：一方面，全球广告会带来降低成本、增强控制、充分利用潜在有效的全球诉求点等实际的好处；另一方面，本土化广告注重产品或品牌在每个国家或文化中的独特属性，可以更有针对性地与当地受众沟通。使用哪一种广告取决于企业在具体市场的目标以及营销经理对两种广告利弊的权衡。

解决全球广告标准化与本土化之争的一个有效方法是采用模板广告。模板广告（pattern advertising）介于全盘标准化广告和完全本土化广告之间，属于中间策略，主要是建立一个全球性的统一的沟通主题，采用一些相同的基本广告设计元素，而其中的文案、美工或其他要素可以根据每个国家市场的需要进行修改。例如，百事公司用 4 部广告主题高度相似（年轻人在聚会上取乐或在海滩上嬉戏，强调青春、活力、团体）的电视广告片宣传产品，根据北美、南美、欧洲、非洲和亚洲等地的一般地理环境和族裔特征，对场景和所用模特加以修改。广告中的音乐也经过调整，以适应各地的不同品位，如在北美洲用摇滚乐，在拉丁美洲用巴萨诺瓦音乐，在非洲用强节奏爵士音乐。百事公司通过确保广告主题统一、视觉表现方式适合当地情况的办法来平衡全球广告标准化与本土化的利弊。然而，一则国际广告中的哪些因素可以做本土化调整，实际操作起来并不容易。

此外，企业也可以采用建立一个国际性广告资料库的办法，其中有适合每个国家风格的广告，可口可乐和固特异公司就是使用这种方法的典型代表。

有些企业允许其各国管理人员在原则许可的范围之内，创造具有各国特色的广告。例如 2012 年伦敦奥运会期间，松下在中国市场上投放的电视广告就以“为中国健儿加油”

为广告主题来打动中国市场。

全球广告为企业创造了广告的规模经济效益，同时使企业更易于使用分销渠道，因为从零售商的角度来看，全球品牌产品在货架上遭受冷落的可能性较小，有全球广告支持的全球品牌可能更有吸引力。尽管如此，由于文化差异的存在，本土化广告依然很重要。

### （二）制定国际广告策略

在制定国际广告方案和策略时，营销经理必须首先确定目标市场和购买者动机，然后做出制定广告方案所需的五项主要决策：广告的目标是什么？广告预算是多少？要传送什么信息？使用什么媒体？如何评价广告效果？目标市场在第7章做过分析，这里主要考虑如何制订广告方案。

无论在何地，制订广告方案的过程和步骤都是相同的，不过企业在制定国际广告决策时，必须考虑如何对广告方案进行适应性调整。在所有的广告决策步骤中，以下几个方面较其他方面更需要倾向于本土化。

#### 1. 建立广告目标

广告目标（advertising objective）是指在一个特定时期内，针对某些特定的目标受众所要完成的特定传播任务和所要达到的沟通程度。

广告目标必须服从先前制定的有关目标市场、市场定位和营销组合的诸多决策。许多特定的沟通和销售目标都可以由广告来传达。广告目标可根据通知、说服、提醒或强化的作用来分类。由于同一产品（即使是标准化的全球性产品）在世界不同地方所处的产品生命周期不同，消费者对其需求偏好以及购买动机存在差异，世界各地的广告目标也大为不同。福特汽车公司考虑到不同国家对其产品的消费动机不同，强调了不同的传播任务。在美国，福特 Escort 汽车广告强调的是便宜，因为这种车在美国被看作入门水准的汽车，但在印度，Escort 汽车常常由专职司机开着，福特因此将其作为高级轿车推出。还有很多类似这样的产品，消费者对它们的基本功能的追求是一致的，但存在对产品可能带来的价值和效用的独特期待，正因如此，广告目标需要进行本土化调整。

#### 2. 决策广告预算

对从事国际市场营销的企业而言，广告是其宣传产品、树立品牌形象的重要手段，没有足够的广告预算，很难打开国际市场。像三星、苹果、宝洁、联合利华、欧莱雅这些公司，它们的全球性在某种程度上其实得益于在国外市场上的大手笔广告投入。

不过，企业怎样才能知道广告支出是否适当呢？如果广告支出过低，可能沟通和促销效果甚微；如果广告支出过高，又会浪费宝贵的资金。营销学家一直试图创立一些确定广告预算的模型，比如维达尔和沃尔夫创立的要求增加广告费用的模型以及约翰·李特尔提出的确定广告预算的适应模型，也许因为这些模型遗漏了一些影响广告支出的重要因素，也许因为这些模型过于复杂，它们对实践的推动并不大，不少企业是根据自己的经验、竞争状况以及要在特定市场达到的目标来确定广告预算的。

以三星为例，2012 年它的广告费用为 42 亿美元，超过可口可乐（33 亿美元），成为全球广告费最高的企业。之后，三星的广告费一直高居全球企业广告支出榜首。2017 年其营销费用为 102 亿美元，其中广告直接支出 31 亿美元。巨额的营销和广告开支与三星的整体战略布局密不可分。三星过去是以生产半导体零件为主的企业，客户主要是索尼、苹果等成品制造商，这种商业关系一般不需要做广告或者开展营销活动。但是自从 2006 年三星在全球电视机市场的占有率达到第一位之后，消费者直接购买的三星产品成为三星的主力商品，2013 年，消费者直接购买的三星产品所产生的营业利润占了三星总营业利润的 70% 左右。与工业品不同的是，广告和营销在消费品的销售中起决定性作用，这促使三星大幅提高了营销费用。

另外，全球化以及全球市场竞争的加剧也会促使企业增加广告预算和开支。以亚马逊为例，1995 年刚成立时其广告支出约为 30 000 美元，随着经营范围的扩大，并日益向全球市场渗透，其广告支出也在节节攀升。到 2019 年时，广告支出激增至 110 亿美元，接近全球广告支出的 2%，成为全球最大的广告主。①

在广告界有一句话广为流传，“我的广告花费有一半浪费了，可我不知道浪费的是哪一半”（20 世纪初一个叫约翰・华纳梅克的商人所说）。可见，如何制定有效的广告预算、衡量广告费用效果这个问题仍然没有很好地解决。实际情况是市场越重要、规模越大、竞争越激烈，企业花的广告费用越高。2019 年全球十大广告市场如表 12－2 所示。

**表 12－2　2019 年全球十大广告市场**

| 排名 | 国家 | 广告支出金额（十亿美元） |
|---|---|---|
| 1 | 美国 | 242.52 |
| 2 | 中国 | 87.53 |
| 3 | 日本 | 46.63 |
| 4 | 英国 | 29.01 |
| 5 | 德国 | 24.80 |
| 6 | 法国 | 13.44 |
| 7 | 巴西 | 12.83 |
| 8 | 韩国 | 12.72 |
| 9 | 澳大利亚 | 11.43 |
| 10 | 加拿大 | 11.05 |

资料来源：前瞻产业研究院 .

### 3. 选择广告信息

选择广告信息主要是解决两个问题：对已确定的目标受众说什么以及怎样说。前者指的是广告的内容，后者指的是广告的表现形式。

广告要说什么，首先要考虑消费者想听什么。一般而言，购买者从一个产品中期望

① 全球最大的广告主易主——亚马逊接棒.（2020-08-05）. https://xw.qq.com/amphtml/20200805A0Y2TI00.

获得的回报有 4 种：理性的、感觉的、社会性的和自我满足的。购买者可以从使用结果经验、产品使用经验或者偶然使用经验中得到这些回报，综合这 4 种回报和 3 种经验，可以产生 12 种广告信息，这些就是广告宣传所要强调的主题。例如，“使衣服更清洁”这一诉求乃是源于使用结果经验的理性回报。一则好的广告通常只强调一个主题，过多的信息反而会分散受众的注意力。

广告怎么说，即如何表达信息，也是一个很重要的问题。通常文化差异对广告信息内容的影响较小，对信息表达方式影响较大，因此跨国公司可以在不同市场采用同样的广告主题，只是选用不同的信息表达方式。比如，法国达能公司针对其乳酪产品在不同市场传达相同的信息主题——在健康与享乐之间的恰当平衡，但是传达方式不同：在美国，达能乳酪的宣传重点是健康、充满活力，强调其纵情的一面；而在法国，达能乳酪宣称为享乐型健康食品。

由于在不同文化中消费者期望从产品中获得的回报的偏好不同，跨国公司可能需要用不同的方式传达不同的主题。在某些国家的广告着重理性定位，在另一些国家则着重情感定位。美国消费者的购买决策更理性，针对该市场的广告通常设计成理性诉求并展现产品鲜明的特点和利益，如“使衣服更干净”“迅速解除痛苦”等。针对日本市场的广告往往更间接并侧重情感诉求，例如，日产公司的汽车广告表现的并非汽车，而是美丽的大自然，使消费者对产品产生情感上的联系和反应。英国的广告则呈现一种高冷的幽默，更加关注感性内容。相比之下，德国的广告不那么幽默，更直接地传达信息。

在制作广告信息时，无论是信息内容还是表达方式，都需要符合以下要求，即广告主和其代理商必须保证所创作的广告要符合东道国的社会伦理规范，不僭越法律准则。有这样一则宣传防治乳腺癌的广告，画面展示了一位迷人的女性穿着紧身衣，引得街上的男性目不转睛地盯着她看，画外音说：“但愿女人们像男人们那样注意她们的胸部”，这则广告在日本非常成功，但是在法国彻底失败了，原因是用幽默的方式来谈论严肃的疾病使法国人感到不快。

需要特别强调的是，真实是广告的生命，广告应保证对消费者的公开性和诚实性，很多国家都有相关的法律和规定来管理广告。在选择广告信息特别是表达方式时，尤其要注意这方面的要求，无论采用什么样的夸张手法，企业都必须避免虚假和欺骗性的广告。

4. 媒体决策

在选择广告信息后，广告主的下一个任务是选择负载广告信息的媒体。可用的媒体大致可以归为三类：印刷媒体、电子媒体和其他媒体。印刷媒体的种类有很多，如报纸（日报、周报）和杂志；电子媒体主要包括广播、电视、电子显示屏、互联网等；其他媒体包括户外广告、路牌广告和直接邮寄广告等；还有不少新媒体（如各种移动终端、电梯媒体）或新的广告展示手段。

从全球广告市场来看，不同类别的媒体的重要性相差较大且发展变化的趋势不同。曾作为全球最大广告市场媒体的电视广告，受互联网广告的影响，最近几年增长缓慢，在全球广告市场中的份额持续下滑，从 2012 年的 39.4% 下降到 2019 年的 32.6%，但未来仍然会是主流的信息传播媒介之一。报纸、杂志等传统纸质媒体受互联网的冲击最为明显，传统的纸质媒体受众已越来越习惯于数字化的信息传播方式。纸质媒体的广告市场份额在10年前超过40%，但到了2019年其市场份额已不足15%（见图12－2）。未来几年内，纸质媒体的广告支出还将持续下滑。由于户外广告与互联网广告、电视广告不构成直接冲突，因此受互联网广告崛起的冲击较小（2016年为6.71%，2019年为6.6%）。

2017年互联网已经超过电视，成为世界上最大的广告媒体。实力传播2017年5月发布的《全球30大媒体主》显示，谷歌与脸书赚取了全球所有媒体广告支出的20%。2020年谷歌与脸书已控制了全球60%的数字广告。“用户的注意力在哪里，广告主的钱就投向哪里”，这条广告界长期坚持的原则在移动互联网时代依然适用。

此外，许多国家的媒体消费模式也处在不同程度的变动中。在英国等许多国家，随着报纸发行量和读者数量的下降，报纸行业正面临广告市场加速下滑的困境。在印度则相反，印度报业在数量、发行量和收入方面一直保持增长，2016年报纸的广告收入增长率达到7.8%。即便是在全球纸质媒体广告陷入寒冬的2016年，印度报纸也是广告主青睐的媒介，报纸广告的增幅达到6.3%。很长一段时期，电视一直是中国市场最重要的媒体之一，而在2017年，百度、腾讯这样的数字平台的广告收入开始超越电视媒体。在莫斯科，由于交通拥堵严重，广告牌是该市场的首选媒体。

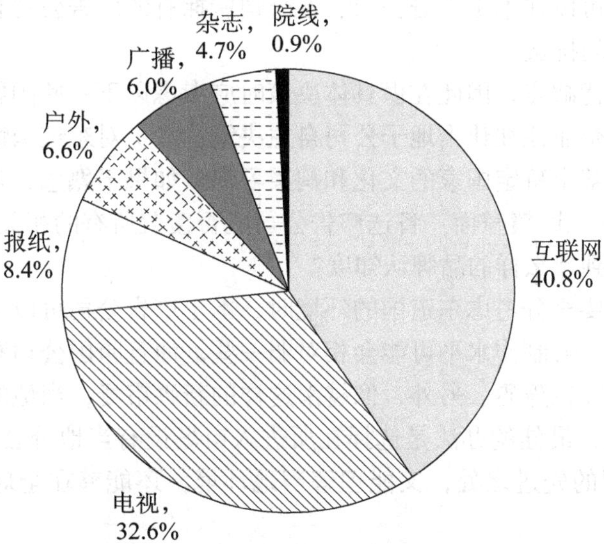


**图12－2　2019年全球广告媒体市场构成**

资料来源：立鼎产业研究中心．

全球范围的媒体决策还需要考虑企业使用媒体的习惯。不同企业可能会有不同的媒体习惯，有的企业几乎把能用的各种媒体全都用到，可口可乐就是个例子，有的企业倾向于使用一两种媒体，例如贝纳通多年来仅通过印刷媒体和户外媒体做广告，而三星比较看重电视广告。

媒体决策中还包括一个很重要的内容——评价广告效果。广告效果主要指广告的传播效果和销售效果。衡量广告对于消费者知晓、认识和偏好的影响已经不容易，广告的销售效果更难以测量，尽管如此，越来越多的企业都在努力衡量广告支出的效果，而且不再仅满足于对传播效果的衡量，更关注广告对销售的影响。有学者在分析了12种经常购买的消费产品品牌后得出结论：广告对增加忠诚购买者的购买数量很有效，但对引导忠诚度并不一定产生积累效果，而且赢得新购买者的效果不佳，产品特点、陈列和价格比广告有更大的影响。不过这个结论并未得到普遍的认可，广告效果的衡量依然是个棘手的问题。

### 5. 选择广告公司

大多数跨国公司会使用外部广告代理商，帮助它们开展广告活动以及选择和购买媒体。有些企业也自己制作广告，例如香奈尔、贝纳通都依靠自己内部的营销和广告人员制作广告。还有的企业是同时使用上述两种方法，比如可口可乐有自己的广告公司艾吉创作公司（Edge Creative），同时也用李奥贝纳等广告代理商。为支持营销和广告职能的整合，如今跨国公司选择广告公司承担营销沟通任务的趋势正在加强。比如1995年，高露洁公司将5亿美元的全球广告业务交由扬·罗必凯公司；同年，IBM将全球广告制作交予奥美公司。广告公司为顺应这一发展趋势，进行国际性兼并，建立合资企业，扩大地理覆盖范围，提高在全球广告项目上为客户服务的能力。美国、日本和欧洲的广告公司率先开始了其国际化进程。

随着跨国公司对广告服务需求的增长，各个国家的本土广告公司也在发展。国际营销者在选择广告公司时可以在本土广告公司、本公司所拥有的广告公司和一家拥有当地分公司的全球广告公司之间挑选。

每个方案都有其优缺点，因此在做具体决策时应考虑以下一些问题：（1）本企业的组织结构。实行分权的企业往往让当地子公司自主决策。（2）对东道国情况的反应能力。全球广告公司是否熟悉某个特定国家的文化和购买习惯？如果不熟悉，是否应该选择一家当地的广告公司？（3）地区覆盖面。备选广告公司能否覆盖所有的相关市场？（4）购买者的感知。企业想要达到什么样的品牌认知度？

总体而言，当需要充分考虑东道国的环境时，本土广告公司可以为跨国公司提供最好的文化诠释，但是其广告制作水平可能会相对弱一些，而且跨国公司和当地广告公司之间的跨文化交流也可能存在障碍。另外，像越南这样的新兴市场，当地的法律要求有当地的广告公司参与。因此，最佳的办法是选择在所进入市场设有当地分公司的全球广告公司，因为其既具备大公司的先进之处，又能理解当地环境，还能够在全球发起协调一致的广告战。

目前全球最大的六个广告集团公司（按2020年营业收入排序）分别是WPP（英国，153.07亿美元）、奥姆尼康（美国，130.24亿美元）、阳狮（法国，103.81亿美元）、埃培智（美国，95.36亿美元）、电通（日本，88.95亿美元）和哈瓦斯（法国，22.87亿美元）。[①]这些广告集团公司基本上都是伞状公司或集团控股公司，分别包括一家或几家核心广告公司，以及从事直接营销、营销服务、公共关系或调研等业务的部门。

以WPP集团为例，它旗下有60多个子公司，包括三个全球运作的全资广告代理商（扬·罗比凯、奥美、智威汤逊）、两个全球运作的媒体公司（传力传媒与尚扬媒介）、凯度（Kantar）研究集团的几个调查公司、数个公关公司（博雅公关、伟达公关）以及一些区域性、专业性的公司。WPP集团为大客户建立专门的服务团队，调动所有子公司的资

① http://www.199it.com/archives/1215845.html.

源，为品牌提供最佳服务。这让它赢得了为全球500强中的330多家以及众多世界级公司提供营销宣传、公共关系、市场调研等多种服务的机会。

2018年后，随着全球广告产业从单纯的广告代理，到综合性广告，再到数字媒体整合营销传播的转型，WPP这些传统广告集团公司受到了以来自Alphabet公司为代表的互联网企业的冲击（见图12－2）。如今，全球最大的广告商是谷歌，谷歌的主要业务是在线广告，根据其母公司Alphabet 2020年年报显示，在公司近1 830亿美元的营收中有1 470亿美元（超过80%）来自谷歌的广告业务。

## 二、公共关系

在国际营销沟通中，企业不仅要建设性地与其顾客、供应商和经销商沟通交流，还要与公众（对企业实现其目标有实际或潜在的兴趣或影响的任何群体）建立联系，这项工作属于公共关系的范畴。

### （一）公共关系的内涵、特点和基本功能

公共关系（public relation，PR）简称公关，包括企业用于促进或保护企业形象或产品和品牌形象的各种计划和活动。公共关系虽然在促销组合中处于次一级（相对于广告）的地位，但是它有助于企业形成并保持与关键公众的良好关系。

一般大型企业会设立专门的职能部门（公关部门）来管理公关活动。公关部门有两项基本任务：一是营造有利的新闻报道环境，借以传播和展示本企业及其产品和品牌的信息；二是回应关于本企业的负面新闻报道以及企业在世界不同地区的活动可能引起的争议。

公共关系的基本工具包括新闻报道（新闻发布稿、通讯/简报、新闻发布会）、成套的介绍材料、邀请参观工厂及其他企业设施、专业杂志上的文章、企业刊物及宣传册、企业人员参与电视台和电台的访谈节目、互联网网页以及其他特别活动等，其中新闻报道的影响力最大。因此，公关部门的人员需要与新闻界建立良好的互动关系，鼓励媒体用最正面的形式展示本企业的新闻和信息。

### （二）公共关系在国际营销沟通中的作用

公共关系不仅要鼓励媒体对企业进行正面报道，而且要对不利的事件、传说和谣言做出及时有效的反应，后者也常称为危机公关。能否通过公关活动化解不利于企业的事件或报道，是对企业公关能力的重大考验。

企业赞助也是公共关系的一个方面，它与广告的关系很明显。烟草公司在赞助体育活动方面特别积极，以绕开政府的广告管制。像可口可乐、麦当劳、三星这些跨国公司都从对国际性体育赛事的赞助中获取过好处，我国企业在这方面也有一番作为（参见本章的“全球视野”）。

教育是企业赞助的另一个领域，宝洁公司就通过对中国希望工程长达10多年的持续赞助，获得了公众广泛的认可。

## 三、销售促进

销售促进（sales promotion）是为达到具体的销售和市场目标，根据整体营销战略框架设计的、为增加产品或服务的附加价值而采用的一系列营销战术，包括多数属于短期性的刺激工具，用以刺激消费者和经销商较迅速或较大量地购买或销售某一产品或服务。

作为一种有效的推销工具，销售促进现在已被更多的高层管理人员接受。尽管如此，由于销售促进不断地运用削减价格、优惠券、处理价格、赠品等手段，在购买者的观念里可能会减少产品的价值，一个有名的品牌如果有 30% 以上的时间在打折，就很可能会存在危险。大量使用销售促进会降低品牌忠诚度，提高顾客对价格的敏感度，淡化品牌质量概念，偏重短期行为，而且销售促进主要吸引追求交易优惠的消费者，这类消费者只要能获得交易优惠就会转换品牌。销售促进不大会在成熟的市场内产生新的和长期的购买者。忠诚的品牌购买者不会轻易地由于竞争性的促销而改变他们的购买习惯。

因此，企业需要将销售促进与广告结合起来使用。一项研究表明，单纯的价格促销仅能使产品销售量增加 15%；当它与广告相结合时，销售量可增加 19%；当它与广告和销售点陈列相结合时，销售量可增加 24%。

### （一）销售促进的目标

如果说广告提供了购买的理由，那么销售促进则提供了迅速购买的刺激。不过由于销售促进针对的对象不同，所要达到的目的也是有差异的。

#### 1. 针对消费者

针对消费者时，可利用刺激型的促销方式来吸引新的试用者和奖励忠诚的顾客，提高偶然性用户的重复购买率。销售促进经常会吸引那些品牌转换者，因为品牌转换者首先寻找的是低价格、高质量的产品或赠品，但是销售促进未必能促使他们成为忠诚的品牌使用者。

#### 2. 针对经销商

针对经销商的目的在于吸引经销商经营新的商品品种和保持较高水平的存货，鼓励经销商购买过季产品，储存相关品种，抵消竞争性促销的影响。

#### 3. 针对销售队伍

针对销售队伍时，要达到的目标包括鼓励他们支持一种新产品或新型号，鼓励他们寻找更多的潜在顾客和刺激他们推销过季产品。

### （二）销售促进的主要工具

销售促进的对象包括消费者、经销商和销售队伍三类，因此销售促进的工具也需分类使用。

#### 1. 消费者促销工具

针对消费者的促销工具主要包括样品、优惠券、现金返还、减价、赠品、光顾奖励、免费试用等，选择具体工具时需要考虑市场类型、促销目标、竞争情况以及每种工具的成本－效益和相关国家的法律法规等情况。

2. 商贸促销工具

针对经销商和销售队伍的促销工具统称为商贸促销工具，主要包括价格折扣、广告和陈列、折让、免费样品、贸易展览会、销售人员竞赛和特定广告等。

（1）使用商贸促销工具要达到的目标。商贸促销工具常用来提升产品在分销渠道中的可获得性，主要为达到下列具体目标：说服零售商和批发商经销制造商的品牌；说服零售商和批发商比平时多进货；使零售商通过宣传产品特色、展示以及降价来推广品牌；刺激零售商和推销人员推销本企业的产品。

（2）使用商贸促销工具的必要性。在全球很多国家，尽管存在差异，总体来看购买力正越来越集中到少数大型零售商手中，这一变化提高了它们要求制造商增加商贸促销费用的能力，握有强大购买力的零售商已开始依赖来自制造商的促销资金促销产品，零售商在得到更多的促销资金后才会将企业的产品保留在货架上。

### （三）制订销售促进方案时对标准化与本土化平衡的考虑

在制订销售促进方案时还需考虑一个关键问题，即促销工作究竟应由公司总部来指挥，还是应交给所在国当地的经理。以下四种因素通常会使公司总部更多地介入销售促进活动：成本、复杂性、全球品牌建树和跨国贸易。因此，我们在发现一度对消费者和商贸促销实行多中心制的雀巢公司和其他大公司已经在重新安排它们的销售促进工作时并不会感到奇怪。由于营销环境的不同，对销售促进计划的本土化调整依然是必要的。

在确定促销活动本土化的程度时，必须考虑诸多因素：

（1）在经济发展水平较低的国家，低收入限制了可用促销手段的种类，在这类国家，更可能采用免费赠送样品和演示的办法，而不是赠券。

（2）消费品赠样和赠券适用于成长中的市场，在成熟市场中可能需要实行贸易补贴或品牌忠诚度方案。

（3）不同市场的消费者对具体促销手段或方案的看法也不尽相同。例如，日本消费者不喜欢在出口付款处使用赠券，某种超值优惠可能被视为金钱上的浪费。

（4）东道国的规定可能不允许在当地使用某种促销方式，如中国就不允许进行有奖销售。

（5）零售业的行业结构也会影响销售促进的运用。例如，在美国和部分欧洲国家，零售业高度集中，由沃尔玛等少数主要竞争者统治市场，这种情形要求在销售商和消费者两个方面都大力开展促销活动；相反，在零售业比较分散的国家（如日本）需要进行促销活动的压力就小些。

## 第3节　国际营销沟通工具Ⅱ：人员推销和直接营销

人员推销在购买过程的最后阶段，特别是在建立购买者的偏好、信任和行动时，是最有效的工具。直接营销的形式多种多样，如直邮、电话营销、互联网营销。它们具有的共同点是用来实现买者和卖者间的双向交流，是建立和维持长期的买者与卖者关系的主要方法。

这些营销沟通手段所具有的基本特征并不因企业的营销活动跨越了国界而发生根本性的改变，只是增加了其他一些特征。

## 一、人员推销

人员推销（personal selling）是一种最古老的促销手段，信息技术的发展在不断改变销售代表的工作手段和方法，但其在促销组合中的重要性并未减弱。

### （一）人员推销的含义、作用

人员推销是一种代表一家企业的销售代表和潜在购买者之间进行面对面交流的营销沟通，其短期目的是达成一项交易，长远目的是与顾客建立一种相互信赖的关系。

销售人员是联系公司与顾客最直接的纽带，在大多数顾客眼中，销售人员就是企业的象征，反过来，销售代表又给企业带回许多有关顾客的有用信息，帮助企业改进和制定制造和营销方面的决策。相比消费品，人员推销在价格昂贵又不经常购买的工业品销售中，起着更重要的作用。不过，人员推销对诸如汽车这样的消费品而言，仍十分重要。

企业需要围绕销售队伍的设计、选拔、培训、激励、管理等方面的工作制定人员推销决策。不断变化的国际营销环境使人员推销决策的各个方面面临许多独特的问题。

### （二）设计销售队伍

虽然销售是销售代表的中心活动，但是开发新顾客、维护与老顾客的关系、在售前售后满足顾客的需求、收集信息等也都很重要，因此找到合适的销售人员，组建一支有效的销售队伍并非易事。

设计销售队伍需要在分析现实和潜在的顾客、销售环境以及企业资源和实力的基础上，做出关于销售人员数量、特征和任务安排诸方面的决策，其中最基本的问题是销售队伍的国籍构成。一般而言，企业有本国外派人员、聘用当地人员和选用第三国人员三种选择，每种选择都有实施的条件限制和优缺点。

大多数跨国公司在经过多次创建销售队伍的摸索后，现在都倾向于建立混合的销售队伍，由外派人员、当地国民和第三国人员构成均衡的组合。

### （三）选拔销售人员

为了有效地招聘到各类国际销售人员，企业管理层必须详细规定对人员的要求，并以正式的职务说明书将这些要求书面化、具体化，不仅要说明每一种销售岗位的职责，还应包括对在特定国家工作的人员的特殊要求。

一般而言，跨国公司对本国外派人员和所雇用的当地人员以及第三国人员的要求不尽相同。

对所选拔的本国外派人员的要求如下：首先，要具有杰出的独立工作能力，能独立做出决策和承诺，不必事事向公司汇报，而且应当对国外工作持积极乐观的态度。其次，必须具有文化敏感性和文化移情能力，能敏锐地意识到不同国家的行为差异，但又不能过于敏感，以至于使自身行为受到不利影响。再次，要会讲一门或几门外语。学习语言可以增强对他国文化的理解，并改善商业关系，懂得外语能清楚表明外派人员具有了解其他文化的意愿。经验显示，消费者期望从懂得他们的语言和文化、可以与其交流的销售代表那里购买产品，因此外派人员如果能用当地语言进行交流，有助于提高绩效。最后，必须精力充沛，喜欢或至少不厌烦旅行。

### （四）培训销售人员

对国外市场销售人员的培训主要从销售模式、文化意识和外语技能三个方面入手。

#### 1. 销售模式

鉴于销售方式的具体性，有关销售模式的培训重在指导思路而非提供操作程序。目前在世界范围内广泛应用的是美国学者提出的“战略 - 顾问式销售模式”。该模式分为五个相互依存的步骤：（1）让销售代表信奉营销观念；（2）与未来和现有的顾客建立高质量关系；（3）形成一个有助于销售代表挑选和提供适合顾客需要的产品的计划；（4）形成一个确保销售人员能最大限度地回应顾客需要的计划；（5）进行面对面的实际销售。前四个步骤侧重于制定相关策略，第五步主要分析进入面对面销售阶段后应注意的问题，其预期效果是追求与顾客建立高质量的伙伴关系。

#### 2. 文化意识

许多跨国公司将培训销售人员的重点放在国际市场营销所需要的实用技巧上，而忽略了了解外国文化的重要性。部分外派人员工作不成功不是因为缺乏营销技巧，而是因为没有充分了解文化差异对营销技巧的影响。

文化意识并不能只靠掌握外语来获得，一个会讲多种语言的销售人员拥有用当地语言解释产品的优势，但一个具有多元文化背景的销售人员可以激励他国消费者去购买这种产品，这是关键的区别。因此，特别需要通过对文化技巧的培训强化外派人员的文化意识。

高超的文化技巧在各种文化背景下的作用和高超的社交技巧相似，可以使人们即使不了解某种特定文化的详细情况，也能应付自如。文化技巧也像社交技巧一样，可以通过学习来掌握。

#### 3. 外语技能

外语技能非常重要。它不仅能使国际营销者与当地人更容易、更准确地沟通，而且能使当地人将营销者视为“自己人”，这本身就是一种竞争优势。如果想在未来的国际营销中成为主角，就必须学习其他语言，培养语言技能，以增强对他国文化的理解，并改善商业关系。

### （五）管理和激励销售队伍

#### 1. 管理销售人员

销售人员管理最常用的方法是，设定一定的工作绩效标准，并采用一定的激励机制促使其有效地工作。一般情况下，正向的激励比硬性的工作定额更能激发积极性。不同文化背景下对销售代表的管理所采用的方法不尽相同。在美国这样的个人主义倾向明显的国家，主要管理工具是对完成工作定额的要求和正向的激励机制；而在日本这样的集体主义文化国家，企业文化、与同事及主管人员之间的频繁交流是激励与管理销售代表的有效工具。

2. 激励销售人员

推销工作在任何地方都是艰苦和充满竞争的，因而需要不断激励销售人员，调动他们的积极性，使他们以最佳状态投入工作。由于企业面对的是来自不同文化、具有不同价值观的国际销售人员，因此激励销售人员是项困难、复杂的工作，制定激励措施时必须考虑跨文化的影响。

## 二、特殊形式的营销沟通

特殊形式的营销沟通是指不包括广告、公共关系、人员推销和销售促进这些传统沟通方式的其他沟通手段，主要有直接营销、产品植入和社交媒体营销等，每种方式都有其独特的沟通效果。

### （一）直接营销

直接营销（direct marketing）是一种不通过营销中间人，使用直接渠道对消费者进行送达和交付商品和服务的行为，其目的主要是从顾客处获得订单，获得可衡量的反应，企业可以使用直接邮寄、产品目录营销、电话营销、互动电视、自动售货亭、互联网和移动终端获得回应，并建立包括购买记录和其他信息的消费者数据库。

1. 直接营销迅速增长的原因

自20世纪90年代起，随着全球化程度的加深，直接营销在世界各国受欢迎的程度呈增长态势。以欧盟为例，据欧盟委员会预计，在不久的将来，用于直接营销的支出将会超过用于传统广告的支出。促使直接营销迅速增长的因素有很多：第一，科技的进步使企业更容易直接接触到顾客，借助互联网、电子邮件、移动电话和传真机使得产品选择和订货更加简单，信用卡的广泛普及和使用提供了方便快捷的支付机制；第二，社会生活节奏的加快以及双职工家庭的增多，使消费者缺乏出门采购商品的时间；第三，交通堵塞、停车麻烦，以及缺乏零售店的销售帮助和结账时排队等刺激了在家购买的需要。

2. 直接营销的优缺点

直接营销给顾客带来许多好处。在家中购物有趣、方便并能避免嘈杂之累，节约了时间并向消费者提供了更大范围和数量的商品选择。直接营销给销售者带来了一系列好处，它可以十分具体地选择一个适当的时刻接近预期顾客，通过测量顾客的反应，决定最能盈利的方案，并通过所获得的消费者信息定制个性化的服务，有助于和每一个顾客建立长期联系。

直接营销的兴起为全球和国际营销提供了不少便利，跨国公司可以借助互联网等科技手段，避开地理位置限制与顾客直接沟通，考虑不同消费市场的差别，努力适应消费市场的高度多样化，践行“全球思考，地区行动”的理念。

当然，现实中的直接营销活动也存在很多缺点。直接营销日益增加的硬性销售状况令人生厌；电视导购通过展示精美商品以及宣称大减价来捕获缺少销售防御的购买者；有些直销人员会利用信息不对称的不公平优势误导冲动或没有经验的购买者；还存在所提供的私人信息被以牟利的方式泄露的危险；有许多批评家担心营销者太了解消费者的生活，会滥用这些知识优势操纵消费者……这些问题日益对消费者接受直接营销的态度产生负面影响，降低了对直接营销的反应率，导致国家和地方进行法律干预。因此，直接营销者应向消费者提供他们真正需要的东西，凭借诚实的态度和良好的营销手段，使消费者乐于接受通过直接营销提供的产品。

### （二）产品植入

产品植入（product placement）又称植入式广告，是指将产品或品牌及其代表性的视觉符号甚至服务内容策略性地融入电影、电视剧或电视节目之中，通过场景的再现，让观众在不知不觉中留下对产品及品牌的印象，继而达到营销产品的目的。

企业可以用产品植入的办法获得独特的展现形式，安排产品和品牌出现在人们喜爱的电视节目、电影和其他类型的演出中。由于受众对广告有天生的抵触心理，把商品融入这些娱乐形式的做法往往比硬性推销效果好得多。

#### 1. 产品植入的方式

产品植入的方式很多，主要包括场景植入、对白植入、情节植入和形象植入。

（1）场景植入，主要是指品牌视觉符号或商品本身作为媒体内容中故事发生的场景或场景组成的一部分出现。

（2）对白植入，就是在电影、电视、小说中通过人物的对话巧妙地将品牌植入其中。

（3）情节植入，是指某一品牌的商品成为推动整个故事情节的有机组成部分，品牌或商品不再仅仅是在生活场景或人物对白中出现，而是几乎贯穿整个故事。

（4）形象植入，是指根据品牌具有的符号意义，将某一品牌商品或服务植入电影、电视或其他媒体之中，成为故事主人公个性和内涵的外在表现形式，同时通过故事情节或生活细节，不断演绎品牌原有的意义，丰富品牌的内涵，增强品牌的个性，进一步提升品牌的形象。

#### 2. 产品植入常用的媒体

产品植入相当于隐性广告或软广告，可运用于电影、电视以及报纸、杂志、网络游戏、手机短信等各种媒介，甚至小说之中。就国际营销沟通而言，在具有全球影响力的电影中植入产品更为常见，是一种有效的国际营销沟通手段。

电影是大众性的娱乐媒介，具有轰动效应的大片在全世界的观众人数可以达到数千万。正因为如此，许多想进行产品植入的企业都渴望与007系列电影这种高声望影片建立联系。宝马公司在1996年推出新的敞篷跑车Z3时，就把Z3放进第18部007影片《黄金眼》中，结果得到全球范围的宣传。《黄金眼》的后续片《明日帝国》对全球名牌促销的金额达1亿美元，爱立信、喜力、欧米茄、布里奥尼（Brioni）和威士国际都在影片中植入了自己的产品。三星在产品植入方面更是有惊人之举，定制了一款黑客帝国主题的手机给《黑客帝国》影片主人公使用。

### 3. 产品植入对国际营销的影响

产品植入给国际营销者特别是包装消费品企业提供了一个实施全球化战略的良好机会。这种策略实际上决定了产品的标准化做法，因为一旦一个镜头已经拍成并编入电影或电视节目中，产品的形象也随之“定格”，而且将一成不变地出现在世界各地。尽管如此，还是有必要防止不利反应的出现，因为产品植入是在未经观众许可的情况下使他们下意识地成为销售对象，一旦他们明白自己受到企业和媒介的联合操纵，可能会对植入产品信息做出负面反应，他们将用愤怒的态度和抵触的心理对待这一切（植入的产品和品牌以及接纳植入的媒体）。怎样使用产品植入才算得当？宏盟传媒集团的一位经理说：“不应带有强制性，不应使人受到侵扰。如果有人说这是‘带货’行为，是产品植入，那就不灵了。”

## （三）社交媒体营销

社交媒体营销（social media marketing）简单来讲就是基于社交媒体而发生的营销活动。

社交媒体是消费者之间或消费者同企业之间分享信息、图片、音频和视频信息的沟通方式。社交媒体允许营销者在网络上建立公共形象并发布公共信息，以及强化其他传播活动的效果。目前社交媒体已经成为影响消费者行为诸多方面的主要因素，包括形成产品意识、获取产品信息和消费意见、形成对品牌或产品的态度、促成购买行为的发生和购后沟通与评价等。通过有效利用社交媒体，企业可以扩大营销沟通的范围、提升企业的营销沟通效果并获得实实在在的订单以及消费者数据。社交媒体营销正日益成为一种非传统的、重要的直接营销手段。参见营销视角 12－1。

**营销视角 12－1　西方时尚品牌和奢侈品牌在中国的社交媒体营销**

### 1. 主要的社交媒体平台[①]

社交媒体主要有三种平台：在线社区和论坛、博客（个人网络日志）、社交网站。

（1）在线社区和论坛。在线社区和论坛的规模各异且有多种形式，许多社区和论坛都是消费者出于非营利目的自发建立的，与任何企业没有经济关系。其他一些社区和论坛则是由企业出资成立的，成员通过帖子或即时信息与企业或其他成员讨论关于企业产品和品牌的具体问题。

在线社区和论坛的关键作用是能够创造将社区成员紧密联系在一起的个人或群组活动。网络社区和论坛中的信息流是双向的，能够为企业提供有用的、并且难以获得的消费者信息和见解。葛兰素史克公司准备推出它的首款瘦身药 Alli 时，赞助了一个瘦身社区，公司发现从该社区中获得的反馈信息比从传统焦点小组获得的信息更有价值。

（2）博客。博客这类时常更新的网络日志，已经成为口碑传播的重要阵地。博客的类型多种多样，有些是比较私人化的，有些则是为了接触和影响更为广泛的受众。博客的一个显著作用是能够将具有相同兴趣的人聚集在一起，流行的博客造就了意见领袖，许多消

① 菲利普·科特勒，凯文·莱恩·凯勒. 营销管理：第14版：全球版. 北京：中国人民大学出版社，2012：586-588.

费者通过浏览博客中的产品信息和评价制定自己的购买决策。

（3）社交网站。国内外主要的社交网站包括脸书、推特、YouTube、微信、微博、抖音等，社交网站已经成为B2B和B2C营销领域的重要力量。许多企业都开设了某些社交媒体的官方账号，用来发布企业和产品的信息。在社交网站非营利性质的条件下，如何吸引注意力和说服消费者是一个巨大的挑战。由于社交网站的内容是由用户自己发布的，发布广告可能招致反感甚至是攻击性的评论留言。

社交媒体使得消费者能够同品牌以前所未有的深度和广度进行互动，因此，充分了解、把握社交媒体营销的运作过程，对企业有效利用这种沟通工具很必要。

### 2. 社交媒体营销的6C模型[①]

社交媒体本质上是承载内容的工具。社交媒体营销就是企业将语言、文字、图片和视频或者这几种要素综合呈现的内容“推”到载体上，促使围绕这一内容形成大量的网络对话并将受众“拉”进其内容中，获得特定沟通反应的过程。整个过程包含企业（company）、内容（content）、控制（control）、社区（community）、消费者（consumer）、交流（communication）6个要素的互动，简称为6C模型（见图12－3）。

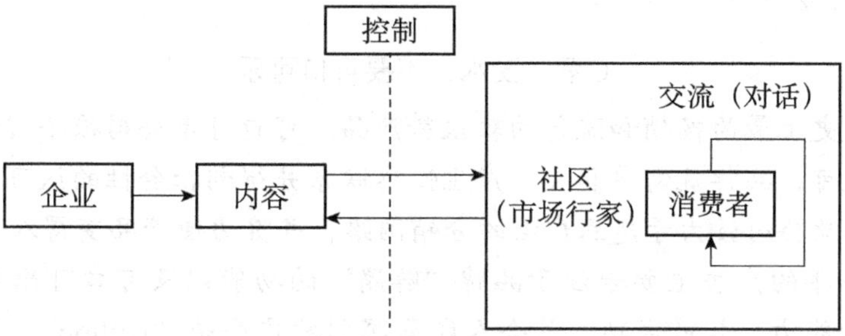


**图12－3　社交媒体营销的6C模型**

（1）企业和内容。6C模型始于企业及其所创造的内容，企业要采取措施生成可以产生话题的内容并将其推入（播种）到网络链条上，使其成为社交媒体上受众围绕内容进行互动的催化剂。

（2）控制。图12－3中的虚线代表控制要突破的一个屏障，企业对其品牌的控制越过该屏障后到达网上的社区和客户。为了加速其品牌信息的病毒式传播，企业有时要放弃数字版权和模块，以鼓励在线社区成员复制、修改、重新粘贴和转发相关内容。该阶段的关键是企业（内容创建者）必须接受甚至欢迎它们已经不再完全控制这些内容的事实。

（3）社区。企业创建内容，并且把它推到象征性控制边界的另一边，感兴趣的社区会将内容接收下来。图12－3中表示“推”和“拉”的箭头反映了消费者和作为内容创建者的企业之间的“发送和接收”过程，此时沟通转为双向。社区不受企业限制，企业通常是一个被动的观察者角色，可以通过在线讨论了解市场中的“消费者行为”。

（4）消费者和网络交流（对话）。当大量的网络对话都围绕这一现象和内容展开时，最终的参与就表现出来了，如图12－3所示。6C模型将在线社区和潜在消费者区分开来，

① 斯文德·霍伦森. 国际市场营销学：原书第7版. 北京：机械工业出版社. 2019：467-469.

后者通常是前者的一个子集。在线社区也可能包括那些听说过基于网络的提议但没有直接参与的人。总的来说，消费者的参与度越高，意味着消费者越愿意关注一个品牌，而不仅仅是在销售点处决定购买。

3. 有效利用社交媒体营销

社交网络使消费者之间可以互相交流，这是传统的口碑传播的延伸。虽然企业不能直接控制这种C2C信息，但它们确实有能力影响消费者之间的对话。

（1）企业需利用社交媒体与其客户交流。企业需要组建一个社交媒体的员工后援团队，他们可以在网上与潜在的和实际的消费者积极互动，以影响消费者的行为。

（2）应该将社交媒体营销与传统的营销传播工具整合使用。可以将所有形式的社交媒体变为设计和实施整合营销策略的潜在工具。现如今营销人员不能忽视社交媒体现象，因为现有的市场信息是基于个人消费者的经验。然而，社交媒体营销中的市场信息有许多是完全独立于企业控制的，这就增强了消费者之间相互沟通的能力，进一步强化了更好地满足顾客需要、消除其不满的必要性和重要性。

**案例分析12-2**

C罗：要水，不要可口可乐

可口可乐是史上最为畅销和流行的软饮料产品。可口可乐公司很早就认识到，如果想获得全世界的认可，品牌就需要和大众产生情感联系并得到社会性的认可，而且产品必须"唾手可得"。因此公司致力于建立广泛的分销网络，并努力使产品变得人见人爱。

可口可乐多年的广告主要专注于品牌"解渴"的功能以及可口可乐具有沟通人与人之间关系的神奇能力。其最成功、最令人印象深刻的广告是"Hilltop"，该广告的口号是"我想要给世界买一瓶可口可乐"。广告在1971年推出，屏幕呈现的是来自世界各地的年轻人在意大利的一座小山坡上分享欢乐祥和的时刻，每人手握一瓶可乐在动情歌唱。广告触动了很多消费者的情感，在全球的宣传效果也很好，以至于该广告歌曲成为当年最流行的十大单曲之一。

可口可乐的过人之处在于它能创造流行、催人奋进的广告活动，并且活动能够很好地推广到各个国家，翻译成各种语言，融入各种文化。

可口可乐的大众传播策略随着环境的变化而不断调整，如今，它已经结合使用了多种媒介，包括电视、广播、印刷品、互联网、店内广告、数码广告、广告牌、公共关系、事件营销、小纪念品甚至自己的博物馆。公司的目标受众和覆盖范围极其广泛，这使得选择正确的媒体和营销信息至关重要。可口可乐善于借助大型事件来吸引观众的注意力，从1928年起就赞助奥运会，公司每年对体育赛事的赞助金额超过10亿美元。自1988年以来，可口可乐也一直是欧洲杯的主要赞助商。

然而，2021年6月14日，可口可乐经历了一场"噩梦"。当天，欧洲杯新闻发布会开始后，葡萄牙著名球星克里斯蒂亚诺·罗纳尔多（C罗）在桌前坐了下来，看到面前摆着两瓶可口可乐。随后他带着一种不屑的表情推开了"唾手可得"的可乐，并向所有人展示了一瓶没有品牌标签的水，说道："要水，不要可口可乐。"这件事看似很小，却产生了真真切切的严重后果：可口可乐公司的股价一天内急降1.6%，市值从2 420亿美元跌到2 380亿美元，损失近40亿美元。

可口可乐的发言人对此表示，他们为新闻发布会上的教练和球员准备了多种饮品，其中就包括水，“每个人都有权选择自己喜好的饮料，每个人都有自己的口味和需求”。

的确，每个人都有权选择自己喜好的饮料。可口可乐的成功之处就是让世界上许许多多的“每个人”选择了可乐，没有任何其他产品能做到如此随处可见、如此被广泛接受。可口可乐自称为“幸福工厂”，它对自己光明的未来充满乐观。可是，如果有许许多多的“每个人”为了自身的健康，像C罗一样“要水，不要可口可乐”，可口可乐的未来还会是光明的吗？

资料来源：菲利普·科特勒，凯文·莱恩·凯勒．营销管理：第14版：全球版．北京：中国人民大学出版社，2012：571-572；C罗“要水不要可口可乐”．参考消息，2021-06-17（4）；吕克．C罗：进球创纪录，“喝水”坑可乐．环球时报，2021-06-17（12）．

问题：

1. C罗“要水，不要可口可乐”一事引起全球范围内的广泛关注，这对一直善于借助大型事件来吸引观众的注意力的可口可乐公司而言意味着什么？

2. 如何解读C罗“要水，不要可口可乐”一事导致的可口可乐公司的股价下跌？可口可乐公司有必要调整自己的营销沟通策略吗？

3. 作为一家已经成功地向世界各地数十亿人营销了自己产品的公司，可口可乐公司未来的发展可能会遇到哪些风险？如何化解？

## 基本概念

整合营销传播　　全球广告　　模板广告　　直接营销

产品植入

## 思考题

1. 在国际营销沟通过程中需要注意哪些事项？如何用战略眼光看待全球化背景下国际营销沟通的作用？

2. 如何解决全球广告中的标准化与本土化之争？

3. 公共关系和销售促进分别在国际营销沟通中起何作用？

4. 企业如何培训国外市场销售人员？

5. 直接营销有何优缺点？企业如何在国际营销沟通中有效使用这一手段？

6. 收集相关案例，分析产品植入是不是一种有效的国际营销沟通手段。

## 实训练习

观察你周围的人对可口可乐的态度，了解什么样的人更可能出于对健康的考虑放弃这类饮料。这样的人在可口可乐消费者中占的比例大吗？可口可乐公司是否会因为其产品的性质而遭遇发展困境？

# 参考文献


［1］斯文德·霍伦森．国际市场营销学：原书第7版，北京：机械工业出版社．2019.

［2］大前研一．低增长社会：保护主义与反全球化危机的应对之道．北京：北京时代华文书局，2019.

［3］沃伦·J. 基根，马克·C. 格林．全球营销：第6版．北京：中国人民大学出版社，2015.

［4］迈克尔·钦科陶，伊卡·龙凯宁．国际市场营销学：第10版．北京：中国人民大学出版社，2015.

［5］海伦·德雷斯凯．国际管理：跨国与跨文化管理：第8版．北京：中国人民大学出版社，2015.

［6］克劳斯·施瓦布．第四次工业革命：转型的力量．北京：中信出版社，2016.

［7］菲利普·科特勒，凯文·莱恩·凯勒．营销管理：第14版：全球版．北京：中国人民大学出版社，2012.

［8］斯蒂芬·P. 罗宾斯，戴维·A. 德森佐，玛丽·库尔特．管理学：原理与实践：第9版．北京：机械工业出版社，2015.

［9］沃伦·J. 基根，马克·C. 格林．全球营销学：第4版．北京：中国人民大学出版社，2009.

［10］菲利普·R. 凯特奥拉，玛丽·C. 吉利，约翰·L. 格雷厄姆．国际市场营销学：第14版．北京：机械工业出版社，2010.

［11］约翰·J. 怀尔德，肯尼思·L. 怀尔德，J.C.Y. 韩季赢．国际商务：第4版．北京：北京大学出版社，2009.

［12］伊泽贝尔·杜尔，罗宾·劳尔．国际营销战略：第3版．北京：清华大学出版社，2004.

［13］张新胜，王湲，杰夫·拉索尔，等．国际管理学：全球化时代的管理．北京：中国人民大学出版社，2002.

［14］菲利普·科特勒．营销管理：第11版．上海：上海人民出版社，2003.

［15］迈克尔·R. 津科特，伊尔卡·A. 朗凯恩．国际市场营销学：第8版．北京：电子工业出版社，2007.

［16］崔新健．国际市场营销．北京：高等教育出版社，2008.

［17］丹尼尔·A. 雷恩．管理思想史：第5版．北京：中国人民大学出版社，2009.

［18］彼得·德鲁克．管理的实践．北京：机械工业出版社，2006.

［19］斯蒂芬·P. 罗宾斯，玛丽·库尔特．管理学：第9版．北京：中国人民大学出版社，2008.

[20] 弗朗西斯·布拉星顿，史蒂芬·佩提特 . 市场营销学：第 2 版 . 桂林：广西师范大学出版社，2001.
[21] 吴晓云 . 国际市场营销学教程 . 天津：天津大学出版社，2004.
[22] 彼得·德鲁克 . 后资本主义社会 . 北京：东方出版社，2009.

中国人民大学出版社　管理分社

# 教师教学服务说明

中国人民大学出版社管理分社以出版工商管理和公共管理类精品图书为宗旨。为更好地服务一线教师，我们着力建设了一批数字化、立体化的网络教学资源。教师可以通过以下方式获得免费下载教学资源的权限：

- 在中国人民大学出版社网站 www.crup.com.cn 进行注册，注册后进入“会员中心”，在左侧点击“我的教师认证”，填写相关信息，提交后等待审核。我们将在一个工作日内为您开通相关资源的下载权限。
- 如您急需教学资源或需要其他帮助，请加入教师 QQ 群或在工作时间与我们联络。

## 中国人民大学出版社　管理分社

**教师 QQ 群：** 648333426（工商管理）　114970332（财会）　648117133（公共管理）
教师群仅限教师加入，入群请备注（学校＋姓名）

**联系电话：** 010-62515735，62515987，62515782，82501048，62514760

**电子邮箱：** glcbfs@crup.com.cn

**通讯地址：** 北京市海淀区中关村大街甲 59 号文化大厦 1501 室（100872）

管理书社　　人大社财会　　公共管理与政治学悦读坊